中国城市
福利依赖问题研究

The Welfare Dependency Problem
in Urban China

刘璐婵 著

南京大学出版社

图书在版编目(CIP)数据

中国城市福利依赖问题研究/刘璐婵著.
—南京：南京大学出版社，2022.7
ISBN 978-7-305-25126-9

Ⅰ.①中… Ⅱ.①刘… Ⅲ.①社会福利制度-研究-中国 Ⅳ.①D632.1

中国版本图书馆 CIP 数据核字(2021)第 236903 号

出版发行	南京大学出版社
社　　址	南京市汉口路 22 号　邮编 210093
出 版 人	金鑫荣
书　　名	**中国城市福利依赖问题研究**
著　　者	刘璐婵
责任编辑	张倩倩
照　　排	南京开卷文化传媒有限公司
印　　刷	江苏凤凰数码印务有限公司
开　　本	718mm×1000mm　1/16　印张 20.25　字数 353 千
版　　次	2022 年 7 月第 1 版　2022 年 7 月第 1 次印刷
ISBN	978-7-305-25126-9
定　　价	78.00 元
网　　址	http://www.njupco.com
官方微博	http://weibo.com/njupco
微信服务	njupress
销售热线	025-83594756

* 版权所有，侵权必究
* 凡购买南大版图书，如有印装质量问题，请与所购
　图书销售部门联系调换

国家社科基金后期资助项目
出版说明

后期资助项目是国家社科基金设立的一类重要项目,旨在鼓励广大社科研究者潜心治学,支持基础研究多出优秀成果。它是经过严格评审,从接近完成的科研成果中遴选立项的。为扩大后期资助项目的影响,更好地推动学术发展,促进成果转化,全国哲学社会科学工作办公室按照"统一设计、统一标识、统一版式、形成系列"的总体要求,组织出版国家社科基金后期资助项目成果。

全国哲学社会科学工作办公室

目 录

上篇 福利依赖:研究脉络与理论透视

第一章 导 论 ………………………………………………………… 3
  一、福利依赖研究的缘起 …………………………………………… 3
  二、城市福利依赖之问 ……………………………………………… 6
  三、中国城市福利依赖研究的题中之意 …………………………… 11
  四、概念界定与研究方法 …………………………………………… 15
  五、本书的章节安排 ………………………………………………… 20

第二章 福利依赖的研究脉络 ………………………………………… 21
  一、西方国家福利依赖研究的三条理论主线 ……………………… 21
  二、中国福利依赖研究的承袭与本土化 …………………………… 37

第三章 福利依赖研究的争论 ………………………………………… 45
  一、福利依赖三条理论主线的局限性 ……………………………… 45
  二、福利依赖研究本土化引发的争论 ……………………………… 51

第四章 典型与非典型:福利依赖的分野 …………………………… 54
  一、典型福利依赖:美国的案例 …………………………………… 54
  二、中国城市中的"非典型福利依赖" ……………………………… 69

第五章　非典型福利依赖的本土化理论框架 …… 78
一、生命历程理论视角 …… 78
二、非典型福利依赖的深层逻辑 …… 86
三、生命历程与制度支持：一个新的研究框架 …… 90

中篇　非典型福利依赖：表现、类型与成因

第六章　非典型福利依赖的表现与类型 …… 101
一、非典型福利依赖的表现 …… 101
二、非典型福利依赖的类型 …… 120

第七章　非典型福利依赖者生命历程的变迁 …… 128
一、非典型福利依赖者遭遇的重大事件 …… 128
二、非典型福利依赖者与家庭成员的生活关联 …… 133
三、非典型福利依赖者经历的宏观社会变迁 …… 137
四、生命历程变迁对非典型福利依赖者的影响 …… 141

第八章　生命历程变迁背景下依赖者的救助需求与制度支持 …… 148
一、不同类型非典型福利依赖者的救助需求 …… 148
二、不同类型非典型福利依赖者获得的制度支持 …… 176

第九章　生命历程与制度支持不匹配：催生非典型福利依赖的制度原因 …… 195
一、滞后的救助理念催生非典型福利依赖 …… 195
二、救助项目设置未能应对依赖者生命历程的变迁 …… 203
三、救助结构与规则缺陷形成福利依赖诱因 …… 208
四、激活措施无助于恢复劳动自立能力 …… 214
五、忽视生命历程导致依赖预防机制缺位 …… 219

下篇　非典型福利依赖的干预机制

第十章　建立非典型福利依赖的追踪与响应机制 ⋯⋯⋯⋯ 225
　一、建立全生命周期的追踪跟进救助机制 ⋯⋯⋯⋯⋯⋯ 225
　二、建立重大事件救助以完善救助响应机制 ⋯⋯⋯⋯⋯ 234

第十一章　建立非典型福利依赖的多重消解机制 ⋯⋯⋯⋯ 242
　一、消除非典型福利依赖的制度诱因 ⋯⋯⋯⋯⋯⋯⋯⋯ 242
　二、结合依赖类型制定个性化救助方案 ⋯⋯⋯⋯⋯⋯⋯ 252

第十二章　建立非典型福利依赖的长效预防机制 ⋯⋯⋯⋯ 262
　一、恢复自我保障与抗风险能力 ⋯⋯⋯⋯⋯⋯⋯⋯⋯⋯ 262
　二、激活依赖者，开辟"向上竞争"的通道 ⋯⋯⋯⋯⋯⋯ 267

参考文献 ⋯⋯⋯⋯⋯⋯⋯⋯⋯⋯⋯⋯⋯⋯⋯⋯⋯⋯⋯⋯⋯ 273

附　录 ⋯⋯⋯⋯⋯⋯⋯⋯⋯⋯⋯⋯⋯⋯⋯⋯⋯⋯⋯⋯⋯⋯ 300

上 篇

福利依赖:研究脉络与理论透视

贫困是大规模的、持久的全球问题。通过在社会资源的再分配上采用无须承担供款义务的公共援助，福利国家试图干预并消解贫困人口的生存窘境。然而，一系列"向贫困开战"的社会政策仍难掩贫困者个人与家庭生活的失控状态，"福利依赖"这种被主流社会价值质疑与谴责的受助行为逐步引发学界的诸多争论。随着越来越多的学者将福利依赖研究纳入重要的研究谱系中，福利依赖的研究边界不断扩展，目前已成了多学科共同参与的场域，并催生出了横跨经济、政治、社会、心理等学科的研究框架。

与西方国家类似，中国在社会保障制度建设过程中也面临着关于"处于劳动年龄、具有劳动能力者长期接受救助"的福利依赖诘问。那么，我国的福利依赖问题能否对标国外的福利依赖问题？与典型的福利依赖者相比，我国城市低保受助者的群体形象、受助行为表现、福利动态模式及其背后的行动逻辑是否存在本质上的差别？若此"懒汉"非彼"懒汉"，那么该如何理解福利依赖的典型与非典型分野，如何构建分析框架来诠释我国面临的非典型福利依赖问题？

本书的上篇将围绕"是什么"，对福利依赖进行理论脉络的回顾，在此基础上厘清当前的理论分歧，并通过讨论福利依赖的分野引出"非典型福利依赖"，来回应"中国是否存在福利依赖"的质询。此外，上篇部分还将扎根于中国现实，根据非典型福利依赖的深层逻辑引入生命历程视角，抽象出"生命历程—制度支持"的解释框架，为后续解读非典型福利依赖的生成逻辑，归纳中国情境下福利依赖的"非典型化"奠定基础。

第一章 导 论

一、福利依赖研究的缘起

20世纪是世界各国福利制度蓬勃发展的黄金时期。当公民身份随社会权利的丰盈而确立,劳动就业、医疗卫生、文化教育、住房安居等福祉开始不断向贫困人口扩展,这种"真实的文明"令贫困治理进入了全新阶段。在更广泛的全球语境下,各国的社会福利行动超越了迥异的意识形态、话语体系与社会思潮,既加速了人类整体福祉的增进,又不动声色但成效明显地降低了底层群体的非商品化程度。

1948年福利国家建立伊始,福利权利运动汇集了来自经济、政治与社会等多重舆论场的关注。作为"发达工业化民主国家的本质特征"[①],公共福利计划逐步制度化,深刻地改变了社会资源的分配逻辑,进而再造了弱势公民的利益格局。随着社会福利在20世纪40年代至70年代初大规模扩张,各国公共物品与服务的供给在类型、数量、标准上都得到了极大的提升[②],贫困人口的境况不断好转:低收入群体的营养水平提高、穷人拥有了自己的卫生保健计划、病残者得到了社会化照护。甚至在排斥公共福利项目的美国,公共援助都成了重要的社会机制。然而,1973年石油输出国组织(OPEC)提高了原油价格,引爆了石油危机,随后西方国家普遍陷入经济低迷期。长期的滞涨"伴随着对社会政策有效性和负担能力的质疑"[③],使福利国家深陷舆论抨击与要求削减福利的呼声之中。20世纪70年代中期起,西方世界的福利政策不断收紧,保守哲学重返政策舞

---

① 皮尔逊:《福利制度的新政治学》,汪淳波、苗正民译,北京:商务印书馆,2004年版,第6页。
② 迪尼托:《社会福利:政治与公共政策》,第五版,何敬、葛其伟译,杨伟民校,北京:中国人民大学出版社,2007年版,第42页。
③ Neil Gilbert, Paul Terrell:《社会福利政策引论》,沈黎译,上海:华东理工大学出版社,2013年版,第43页。

台,社会救助制度因其庞大的财政支出、不明确的政策效果以及援助对象的负面形象等消极反馈迎来了大刀阔斧的改革。多数国家面向贫困者的计划与项目要么遭到削减,要么提高了资助门槛,设置了苛刻的领受条件,例如美国的改革口号就从约翰逊政府的"向贫困开战"转变为里根政府的"帮助真正贫困的人",再转变为克林顿政府的"终结我们所知的福利"。

在改革福利制度的呼声中,来自吉尔德(G. Gilder)、默里(C. Murray)、米德(L. Mead)等人的批评集中于"福利依赖"问题。学者们认为,美国的公共援助制度不仅是无效的,而且对接受援助的贫困者产生了消极影响。福利的负面激励集中在降低劳动参与意愿与行为上,"导致了工作伦理和自主意识的腐蚀,诱使低收入者抛弃工作和家庭,并引发了严重的道德风险"[1][2]。默里称"不参与劳动力市场的年轻男性令下层阶级(underclass)壮大,这种对自己不负责任的社会阶层威胁着英美社会",这恰恰是由于"国家提供的福利削弱了就业以及承担责任的动机"[3]。同样,自由主义者莫伊尼汉(D. Moynihan)、新保守主义者吉尔德等人先后提出了"贫困文化""依赖文化"等观点,引致社会对贫困者的评价急转直下。人们普遍认为,给予失业的父亲福利支持会影响他们的工作积极性。[4] 米德、菲尔德(F. Field)、埃尔伍德(D. Ellwood)和贝恩(M. Bane)等人则回顾了救助制度对受助者劳动参与的负面影响。米德提出"救助制度向穷人传递出错误的信号,令其误认为福利能够替代工作,并且制度的设计确实导致了这一点"[5]。学者们担心福利制度受助者再难重返劳动力市场,余生将与救助相伴,这种现象被描述为"福利依赖"(welfare dependency)。

进入20世纪末期后,全球的福利制度因面临人口老龄化、家庭结构变迁、经济社会转型等压力而转向紧缩期,不同福利体制的国家不约而同地开始恢复福利制度的再商品化功能[6],并重建福利制度与劳动力市场的互动

---

[1] 吉尔德:《财富与贫困:国民财富的创造和企业家精神》,蒋宗强译,北京:中信出版社,2019年版,第191-217页。
[2] Mead, L. M. (1986). "The real crisis." Society, 23(2), 12-15.
[3] Murray, C. A. (1990). The Emerging British Underclass. London: Institute of Economic Affairs, p.71.
[4] 金斯伯格:《福利分化:比较社会政策批判导论》,姚俊、张丽译,杭州:浙江大学出版社,2010年版,第118页。
[5] Murray, C. A. (1984). Losing ground: American social policy, 1950—1980, tenth-anniversary edition. New York: Basic Books, pp.154-166.
[6] 瑟勒博-凯泽编著《福利国家的变迁:比较视野》,文姚丽主译,北京:中国人民大学出版社,2020年版,第7页。

模式,以向"赋能国家"(Enabling State Model)转变①。解决福利依赖问题成了福利国家议事日程中的重点。② 在盎格鲁-撒克逊等自由主义福利体制国家,福利改革聚焦于增强救助制度的劳动激励因素,例如借助"工作福利"模式(workfare)提升受助者的工作积极性,或者增设条件防止救助项目滥用,意在重新订立福利国家与贫困者间的契约。在欧陆等保守主义福利体制国家和斯堪的纳维亚等社会民主主义福利体制国家,控制福利制度的成本以及"重新校准"是各项改革的主旨③,比"纠正与激励因素不相匹配的项目"更加温和的、渐进式的措施占据了福利改革的主要视野,受助者被鼓励通过劳动实现自立。随着 21 世纪的到来,贝克(U. Beck)、埃斯平-安德森(G. Esping-Andersen)、泰勒-顾柏(P. Taylor-Gooby)等学者指出,福利国家面临的是一个与以往不同的社会处境,个体本身、家庭、生态环境、职业劳动等等的"社会前提消解在现代化之中",福利国家既往的制度基础随着新风险的出现而动荡,新的社会秩序随之崛起。④⑤⑥ 随着贫穷和不平等的扩张,传统福利手段的政策性功能失效,福利依赖有了泛化的趋势,相关研究愈发炙热。

中国已建立了覆盖全民的社会保障体系,社会救助体系作为社会保障制度的重要基石,也得到了快速建设与发展,经过数十年的改革与调整,形成了以最低生活保障制度为核心的社会救助体系框架,国民的基本生活保障权益得以确立。⑦ 党的十九届四中全会指出,要坚持和完善统筹城乡的民生保障制度,满足人民日益增长的美好生活需要。在社会救助领域,要建立解决相对贫困的长效机制,这对贫困救助事业提出了更高的要求。然而,当前我国的社会救助制度尚不完善,最低生活保障制度仍然存在一系列问题,随着西方国家有关福利依赖的报道或研究成果引发热议,我国的最低生活保障制度也引发了民众对"低保制度养懒汉"的忧虑:部分媒体热衷于挖掘低保户失业

---

① Neil Gilbert, Paul Terrell:《社会福利政策引论》,沈黎译,上海:华东理工大学出版社,2013年版,第 323 页。
② 吉尔伯特、沃黑斯等编《激活失业者——工作导向型政策跨国比较研究》,王金龙译,北京:中国劳动社会保障出版社,2004 年版,第 1 页。
③ 皮尔逊:《福利制度的新政治学》,汪淳波、苗正民译,北京:商务印书馆,2004 年版,第 612-663 页。
④ 乌尔里希·贝克:《风险社会:新的现代性之路》,张文杰、何博闻译,南京:译林出版社,2018 年版,第 8 页。
⑤ 埃斯平-安德森:《转型中的福利国家:全球经济中的国家调整》,杨刚译,北京:商务印书馆,2010 年版,第 13 页。
⑥ 泰勒-顾柏编著《新风险 新福利:欧洲福利国家的转变》,马继森译,北京:中国劳动社会保障出版社,2010 年版,第 1-21 页。
⑦ 郑功成主编《中国社会保障改革与发展战略(救助与福利卷)》,北京:人民出版社,2011 年版,第 3-4 页。

闲散的案例,报道强化了民众对低保户的负面印象①②③;各级政策制定者与执行者提出中国要防止出现福利冲动、福利依赖和福利过度问题,尤其是在推动共同富裕的过程中,更要强调人人参与、人人尽力和共同奋斗,防止"躺平",坚决防止落入"福利主义""养懒汉"的陷阱。④⑤ 在学界,有关西方国家福利依赖理论与制度,国内福利依赖思辨、对策与实践的研究日益丰富⑥⑦⑧⑨,研究者间的对话不断深化了对这一话题的理解与感悟,并在观点的对碰中将福利依赖研究向前推动。⑩⑪⑫⑬

随着脱贫攻坚任务的圆满完成,中国贫困治理事业又踏上了新的征程。在健全社会救助兜底机制的同时,防止骗保和养懒也是重要的议题⑭,因此福利依赖研究不仅是重要的,也是急迫的。本书沿着成熟的理论脉络探索,既回答了当前研究体系提出的理论谜题,又回应了中国现实中对"贫困人口是否变懒"的诘问;既将福利依赖研究嵌入贫困治理的宏观理论中,又通过微观演绎讲述了穷困家庭的真实故事,以期增进中国城市贫困人口的福祉,进而推进我国贫困治理能力的现代化。

二、城市福利依赖之问

当前人们争论的一个中心问题是,中国到底有没有像西方国家一样产

---

① 康劲:《低保金如何变成"养懒金"》,《工人日报》,2006年4月5日第1版。
② 李建勋:《重庆低保怪现象吞噬公共福利》,《中国商报》,2006年7月25日第2版。
③ 赖志凯、王凡:《申请低保者趋向年轻化》,《工人日报》,2006年3月31日第1版。
④ 习近平:《扎实推动共同富裕》,《求是》,2020年第20期。
⑤ 民政部:《关于加强完善低保制度和体系杜绝福利依赖的提案答复的函》,2018年9月30日,http://www.mca.gov.cn/article/gk/jytabljggk/zxwyta/201811/20181100013109.shtml。
⑥ 慈勤英:《福利依赖:事实抑或建构》,武汉:武汉大学出版社,2013年版,第3页。
⑦ 刘璐婵、林闽钢:《"养懒汉"是否存在?——城市低保制度中"福利依赖"问题研究》,《东岳论丛》,2015年第10期。
⑧ 张浩淼:《事实抑或建构:当代美国社会福利问题探析》,《社会科学战线》,2017年第7期。
⑨ 肖萌、陈虹霖、李飞跃:《低保对象为何退保难?动态分析策略下的退保模式及其变迁趋势研究》,《社会》,2019年第4期。
⑩ 韩克庆、郭瑜:《"福利依赖"是否存在?——中国城市低保制度的一个实证研究》,《社会学研究》,2012年第2期。
⑪ 林闽钢:《激活贫困者内生动力:理论视角和政策选择》,《社会保障评论》,2019年第1期。
⑫ 李棉管:《技术难题、政治过程与文化结果——"瞄准偏差"的三种研究视角及其对中国"精准扶贫"的启示》,《社会学研究》,2017年第1期。
⑬ 兰剑:《反贫困视域下社会救助依赖问题的解构及其治理》,北京:科学出版社,2018年版。
⑭ 习近平:《关于全面建成小康社会补短板问题》,《求是》,2020年第11期。http://www.qstheory.cn/dukan/qs/2020-05/31/c_1126055020.htm

生福利依赖。无论是定性描述还是定量研究,其结论都莫衷一是。那么,当我们在谈论福利依赖时,我们在谈论什么?

一直以来,社会救助制度在兜底保障方面发挥了重要作用。20世纪90年代,中国开始经历经济转型与制度变迁,国有部门在工业产值和就业人数的比重不断缩小[1],原本固若金汤的单位福利轰然解体,迫使国企下岗职工流向社会。在城市中,近千万下岗职工大量涌入贫困阶层,成了城市贫困人口的重要组成部分[2]。这些新贫者"有劳动能力但是没有工作,或者在工作但生活水平低下"[3],在遭受"继发性贫困"后没能重返社会经济运行系统,因此受到了原单位和劳动力市场的双重剥离[4],其在社会文化资源、居住区域、生活式样等方面陷入劣势[5]。1998年6月,中共中央、国务院印发了《关于切实做好国有企业下岗职工基本生活保障和再就业工作的通知》,构筑了"三条保障线",到了1999年9月,国务院颁布《城市居民最低生活保障条例》,正式为城市底层群体提供了制度保障。2020年,城市最低生活保障资金支出537.3亿元,获得临时救助的低保人员共计1 380.6万人次。[6] 2021年第二季度,城市最低生活保障户数473.1万户,覆盖773.2万人,低保平均标准达到693.5元/人·月。截至2021年7月,社会救助累计总支出达1449.1亿元。[7]

最新的民政统计数据显示,2020年我国城市最低生活保障制度的成年受助者中,除了无就业条件的295.9万人外,有劳动能力者共计233.5万人,其中在职人员8.9万人,灵活就业155.9万人,登记失业者多达68.7万人。[8] 从比重上来看,在成年受助者中,有劳动能力者占44.11%。在有劳动能力

---

[1] 周雪光:《国家与生活机遇:中国城市中的再分配与分层1949—1994》,郝大海译,北京:中国人民大学出版社,2014年版,第36页。

[2] Solinger, D. J. (2002). Labor market reform and the plight of the Laid-off proletariat. *The China Quarterly*, 170, 304 - 326.

[3] 彭华民:《福利三角中的社会排斥:对中国城市新贫困社群的一个实证研究》,上海:上海人民出版社,2007年版,第6页。

[4] 尹海洁、关士续:《经济转型与城市贫困人口生活状况的变化》,《中国人口科学》,2004年第2期。

[5] 陈映芳:《城市中国的逻辑》,北京:生活·读书·新知三联书店,2012年版,第440页。

[6] 中华人民共和国民政部编《中国民政统计年鉴2021》,北京:中国社会出版社,2021年版,第164-508页。

[7] 中华人民共和国民政部:2021年7月份民政统计数据,http://www.mca.gov.cn/article/sj/tjyb/2021/202107qgsj.html;2021年2季度民政统计数据,http://www.mca.gov.cn/article/sj/tjjb/2021/202102qgsj.html

[8] 中华人民共和国民政部编《中国民政统计年鉴2021》,北京:中国社会出版社,2021年版,第164-508页。

的受助者中,29.42%处于失业状态。换言之,领取社会救助的贫困者并不全是因病残弱而不具备劳动就业条件的无能为力者,相反,超过四成者都保有劳动能力。更重要的是,这些受助者甚至没有工作,救助金是其唯一的收入来源。震撼的数字,加上媒体对个别低保户案例的负面渲染,逐渐引发了"低保养懒汉"的质疑。那么,中国的"懒汉"是否就是国外普遍提到的"懒汉"呢?

国外文献对福利依赖者群体进行了形象描述,勾勒出了"典型的福利依赖"形象。例如,弗雷泽(N. Fraser)和戈尔登(L. Gordon)分析了美国公共援助项目受助者的形象变迁,发现福利依赖者的群体特征不断"女性化、少数族裔化以及年轻化",并且"由于受助者中有酒精及药物成瘾者,因此依赖还具有了病理学意味"。① 丹齐格等人通过分析1994年和1995年美国国内药物滥用调查(NHSDA)的数据发现,19%的福利受助者符合精神疾病标准且有吸毒史。② 在西方尤其是自由主义福利体制语境下,接受救助日益与失业、家庭破碎、未婚生子、药物滥用、酗酒等一系列社会问题紧紧相连③④。吉尔德写道,"他们之中有上了年纪而酒瘾很大的人、沦落街头的流浪者、忧郁消沉的罪犯及残疾人。女人将自己的孩子交给背部有伤、领取残疾人救助金的母亲抚养,自己和其他享受福利的单身母亲合租一套公寓,甚至偶尔会成为性工作者。女性往往有一个或多个私生子,而且不能确定孩子的父亲是谁,她们背负了很多债务,每次一领到救济金就花得一干二净"⑤。除了形象较为负面外,福利依赖者还被认为形成了底层文化。伍伦韦伯(W. Wüllenweber)认为,德国救助制度的受助者对后代的教育、个人经济、时间支配、健康等方面已经失控,这个新兴的下层阶级有着迥异于普通民众的"生活状态、审美倾向、媒体娱乐、崇拜对象和价值观",其在经济上的匮乏非但不是导致下层阶级行为模式的原因,反而是其特有文化引发的结果。⑥ 布尔迪厄描述过美国贫民窟,发现贫民窟已经形成了一个区分精细和等级

---

① Fraser, N., & Gordon, L. (1994). "A genealogy of dependency: Tracing a keyword of the U.S. welfare state." *Journal of Women in Culture and Society*, 19(2), 309–336.
② Jayakody, R., Danziger, S., Pollack, H. A. (2000). "Welfare reform, substance use, and mental health." *Journal of Health Politics Policy and Law*, 25(4), 623–651.
③ Schmidt, L., Dohan, D., Wiley, J., Zabkiewicz, D. (2002). "Addiction and Welfare Dependency: Interpreting the Connectio." *Social Problems*, 49(2), 221–241.
④ Moore. K. (1978). "Teenage childbirth and welfare dependency." *Family Planning Perspectives*, 10(4), 233–235.
⑤ 吉尔德:《财富与贫困:国民财富的创造和企业家精神》,蒋宗强译,北京:中信出版社,2019年版,第199—200页。
⑥ 伍伦韦伯:《反社会的人》,李欣译,北京:光明日报出版社,2014年版,第67—70页。

化的寄生世界,有着特殊的组织规则。① 更重要的是,福利依赖者被认为丧失了工作伦理:"扶贫项目不仅没有引导更多穷人加入劳动力队伍,反而促使许多穷人继续不事生产。扶贫项目甚至诱惑本来工作的人退出劳动力市场,打击他们从事初级工作的积极性,本来愿意工作的人也会发现自己对自立的渴望受到了福利制度的侵蚀。"②英国、日本的 NEET 族③更是拉高了青年失业率,并通过"丧文化"传递出消极的就业观。可以看出,典型的福利依赖者形象是较为负面的。

  随着研究的深入,新的发现逐渐澄清了这样一个事实:我国接受社会救助的城市贫困者与上述福利依赖者存在本质上的差别。在我国,社会救助制度受助者并没有大规模出现类似典型福利依赖者的行为问题,人们很难用不堪的词汇来形容福利依赖者。这些受助者也许就是大家生活圈里的拥有平凡生活轨迹和行为举止的普通人,没有未婚生子或吸毒,也没有整天烂醉如泥、惹是生非。他们只是被各种负担压弯了腰的群体,并非福利污名化的对象。此外,我国受助者群体也并未形成不思进取、消极堕落等积重难返的底层文化,整体价值观还是积极向上的。在享受最低生活保障制度的群体中,诸如"自暴自弃""甘于贫困"等负面情绪并没有异常凸显,而且很多低保家庭将脱贫的希望寄托在子代身上,希望避免贫困的代际传递。④ 并没有研究证明城市贫困者的行为方式和生活方式与社会主流文化倡导的不一致。就工作伦理而言,我国城市贫困者中相当比例的人是当年的下岗职工,他们进入社会救助制度后"仍然坚持了以劳动换所得的工作逻辑",因而保持了相当的劳动参与。⑤ 此外,研究还发现,即使城市贫困者失业了,他们也会保有强烈的自立意识和就业意愿,并不断进行工作搜寻⑥⑦。更重要的

---

① 皮埃尔·布尔迪厄:《世界的苦难:布尔迪厄的社会调查》,张祖建译,北京:中国人民大学出版社,2017年版,第226页。
② 沃特金斯·布鲁克:《平等不公正:美国被误导的收入不平等斗争》,启蒙编译所译,上海:上海社会科学院出版社,2019年版,第162-165页。
③ NEET 族(Not in Education, Employment or Training):指年龄在 15—34 岁之间,既不上学或参加培训,又不从事家务劳动的非劳动人口,被称为"家里蹲"。
④ 韩克庆、郭瑜:《"福利依赖"是否存在?——中国城市低保制度的一个实证研究》,《社会学研究》,2012年第2期。
⑤ 乔世东:《城市低保退出机制中存在的问题及对策研究——以济南市为例》,《东岳论丛》,2009年第10期。
⑥ 田奇恒、孟传慧:《城市低保社会福利受助者"就业意愿"与社会救助研究》,《人口与经济》,2008年第1期。
⑦ 高功敬、高灵芝:《城市低保的历史性质与福利依赖》,《南通大学学报》,2009年第3期。

是,隐性就业成了受助者的生存策略①②③,他们不仅积极参与劳动,甚至为了保留受助资格而主动将显性劳动转移至地下。不得不说,我国城市贫困者的工作伦理是正向且稳固的。上述特征都将我国受助者与典型福利依赖者区分开来,两者的本质区别使我国的"懒汉"并非一般意义上的"懒汉"。

如今,中国面临着经济转型与社会变迁的多重挑战,这些内部挑战"与外部世界的全球化相伴而生、相互交织"④。全球化引发的劳动力市场变迁与经济增速变缓等新常态强化了收入风险,同时老龄化背景下的家庭与人口变迁又引致支出风险,社会结构与运行机制的调整不断加速,强烈地影响了个体和家庭的生命历程。与其他群体相比,贫困群体的抗逆力更为低下⑤,其在不同生命阶段遭遇压力与困境时难以适应并做出调整,因此脆弱性不断累积。由于贫困者自我恢复的能力被削弱,故"难以负担起照顾自己的全部责任"⑥。此外,贫困者所在的家庭也不断陷落,这导致劣势在家庭成员间传递,而且社会支持网络的缺乏加剧了贫困的再生产⑦。可以说,20世纪末的国企改革使城市底层群体被"甩到社会结构之外"⑧,当前宏观经济社会变迁带来的冲击则将其推向了深层贫困。贫困者难以实现自立,只能长期滞留在救助制度中,不可避免地依靠福利制度生活,因此这种"有劳动能力的成年受助者接受救助"的福利依赖现象就出现了。但考虑到我国受助者与典型福利依赖者的本质区别,无法简单以"福利依赖"冠之,故认为发生在我国城市贫困人口中的是"非典型福利依赖"。

沿着这样的思路,本书的研究问题寻找到了新的起点:中国城市中的贫困阶层为何会陷于非典型福利依赖?长期以来,我国针对城市贫困群体设计了专门的救助制度,组织并实施了各项救助政策,以期提供从基本生活保

---

① 肖萌、李飞跃:《低保依赖的影响因素及对策——一个综合解释模型探讨》,《南开学报》,2017年第2期。
② 曹艳春、陈翀:《从低保标准到家庭运行标准——社会救助改革的革新与设计》,《现代经济探讨》,2016年第4期。
③ 李威、毕向阳:《城市低保对象福利依赖问题的实证研究——基于倾向得分匹配法的分析》,《社会建设》,2016年第5期。
④ 周晓虹等:《中国体验:全球化、社会转型与中国人社会心态的嬗变》,北京:社会科学文献出版社,2017年版,第9页。
⑤ 刘玉兰:《西方抗逆力理论:转型、演进、争辩和发展》,《国外社会科学》,2011年第6期。
⑥ 张浩淼:《转型期中国最低生活保障制度发展研究》,上海:上海交通大学出版社,2010年版,第143页。
⑦ 李正东:《贫困何以生产:城市低保家庭的贫困状况研究》,北京:中国社会出版社,2016年版,第115-129页。
⑧ 孙立平、郭于华:《制度实践与目标群体:下岗失业社会保障制度实际运作的研究》,北京:社会科学文献出版社,2010年版,第25页。

障到专项保障的层层保护。即使是在国家有力的帮扶与支持下,为何还有庞大的底层群体难以摆脱相对贫困?那些具有劳动能力的成年人是被何种羁绊束缚了奋斗的手脚,为什么勤勤恳恳换不来安榻良眠,甚至陷入越忙越穷的恶性循环?他们曾经历的动荡岁月与不堪言说的悲苦过往如何悄然改变了生命历程,如今又背负着怎样的后顾之忧与家庭使命?随着我国人口结构、就业环境等进一步变迁,面临阶段性生活困难的群体增加[1],那么城市贫困群体是否会进一步扩大,是否会有更多人陷入非典型福利依赖?在我国,社会救助制度虽已实现了"兜底线",但是面对贫困人口已变迁了的生命历程,现行制度能否及时做出调整?面对个体生命轨迹的滑落、所在家庭的整体塌陷以及底层群体的固化,救助制度与政策能否提供全面的收入保护、劳动激励以及风险预防?这些都是非典型福利依赖研究要解决的问题。

基于此,本书在梳理国外有关福利依赖研究脉络的基础上,指出了福利依赖的"典型"和"非典型"研究分野,对中国城市面临的福利依赖问题的本质进行了解读,并以此为基础引出中国城市贫困人口所面对的非典型福利依赖问题。围绕非典型福利依赖,本书力图解释中国城市为何会出现非典型福利依赖,生命历程与制度支持的不匹配是如何催生非典型福利依赖的,应当如何建立非典型福利依赖的干预机制,以调整生命历程与救助制度间的关系,最终消除非典型福利依赖。

三、中国城市福利依赖研究的题中之意

福利依赖的研究,在普遍面临危机的福利国家具有强有力的政策指导意义,在社会保障建设方兴未艾的中国,同样兼具理论意义和现实意义。

就理论意义而言,本书扩展了福利依赖的概念范畴,增加了福利依赖的研究视角,构建了适应于中国现实的分析框架。当前,国外关于福利依赖的研究已积累深厚,现有研究甚至可以追溯到福利国家陷入制度危机的早期,新自由主义、保守主义对福利国家的批评为福利依赖研究提供了最初的土壤。随着福利国家在自我纠正中不断壮大,越来越多的学者将福利依赖研究纳入了更重要的研究谱系中,并逐步演化出多个研究子领域。在不同的研究者看来,福利依赖问题能够从多个视角进行解读:文化视角、制度视角

---

[1] 胡晓义:《新中国社会保障发展史》,北京:中国劳动社会保障出版社:中国人事出版社,2019年版,第518页。

以及风险视角。这些研究视角扩展了福利依赖讨论的边界，使得福利依赖成了多学科共同参与的场域，并催生出了横跨经济、政治、社会、心理等学科的研究框架。

相比之下，中国的社会保障制度建设开展较晚，有关福利依赖的研究尚未建立体系，乃至基础概念仍未厘清。[①] 本书在对接当前研究脉络的基础上提出"非典型福利依赖"概念，一方面沿袭了福利依赖国际研究的传统，为本书与国际研究对话提供空间，另一方面又呈现出我国贫困群体与国外福利依赖者的本质区别，有助于演绎中国城市福利依赖者的特殊性。因此，非典型福利依赖概念的张力增加了。在研究视角上，无论是文化视角、制度视角还是风险视角，多注重国家与制度、经济与民生等宏大叙事，重视社会福利的整体性变迁，却缺乏对个体生活体验的观察与描述。这种重宏观、轻微观的传统令福利依赖研究忽视了对底层群体的细微体察，导致福利措施与贫困者的生命过程相剥离，最终使制度干预失败。本书选取的"生命历程"视角拥有联结宏观与微观的天然优势：个体的全部生命过程通过教育、就业、婚育等得以体现，恰恰现代福利国家又通过为人生的不同阶段提供保障来参与、干预个体的生活秩序乃至生命。"生命历程"视角实现了"制度—个体"的双向嵌入与塑造，精准地反映了宏观与微观的交互，是透视贫困者个体生活机遇与国家救助安排交互嵌入过程的绝佳窗口。基于此，"生命历程"理论既为观察贫困者及其家庭如何陷入福利依赖提供了历史性线索，又为国家救助制度的调整与干预安排了出路。再者，当前有关福利依赖的解释框架往往依托于西方福利国家的社会现实而搭建，无论是底层群体的行为表现还是公共救助项目的设置都与中国社会存在差别，导致相关理论的解释力不足。若要形成一个具有生命力的解释框架，就必须扎根于中国现实。本书结合中国社会救助制度建成前后的经济社会背景，将国人普遍面临的社会变迁与其独特的生活经历抽象为"生命历程—制度支持"解释框架，还原了城市贫困阶层在困境下的日常生活，展示了社会救助制度与受助者及其家庭的交互影响，进而归纳出中国情境下福利依赖的"非典型化"。本书既沿袭了传统的研究思路，又强调了中国现实的特殊性，通过重新解读福利依赖的生成逻辑，促成了这一研究的本土化。

就现实意义而言，在学术研究领域之外，贫困者的福利依赖同样是一个热门又不乏敏感的主题。公众对低保制度的关注引发了一轮又一轮热议，

---

① 刘璐婵：《"福利依赖"概念的建构逻辑——兼论中国"福利依赖"概念的选择》，《天府新论》，2016年第1期。

各类群体对是否"养懒汉"各执一词又莫衷一是;媒体的负面报道往往会强化公众舆论对受助者的苛责;政策制定者与执行者更加慎重,不断调整制度以预防负面结果的出现;贫困者群体则对"懒汉"的帽子感到委屈,但又缺乏自我表达的渠道与途径。本书回应了当前国家与公众关心的福利依赖问题,以期对现实有所帮助。

近年来,万斯(J. Vance)、艾伦瑞克(B. Ehrenreich)、伍伦韦伯、门仓贵史等人分别展示了美国普通白人工人阶层、德国下层阶级、日本穷忙族等各国穷人的生命历程。①②③④ 尽管各国的国情不同,但贫困者的众生相都有一个共同点:在当今社会,底层群体的命运愈发动荡飘摇。贝克认为,"丰裕社会中的焦虑与痛苦并不来自物质贫困化,而在于被投射到所有对象上的风险。"随着"个体化"趋势不断加强,人们将更加依赖劳动力市场。⑤ 同样,埃斯平-安德森也充分讨论了后工业时代新建的社会秩序,包括"不确定的职业、家庭安排的变动、女性就业等"对日常生活的影响⑥。在原有贫困维度的基础上,一系列生活处境和人生模式的变迁令穷人们遭遇了更广泛的冲击,贫困者的"群体形象"被新的风险因素修饰后平添悲戚色调。在这样的背景下,本书全方位展示了我国城市底层群体多舛的个体命运及其脆弱的家庭基础,并结合其低下的风险防范能力描绘了暗淡的前景,更重要的是,通过与美国典型福利依赖相对比,凸显了我国依赖者的"非典型性"。这一过程融合了对"非典型福利依赖者"的问卷调查、访谈资料与生活观察,既勾画了"非典型福利依赖者"的形象,又通过大量感性资料传递了贫困者的呼声与诉求。

与"谴责受害者"或"无条件的同情"的立场不同,本书对福利依赖的态度更中立。在经验观察的基础上,本书回顾了城市贫困人口在整体社会变迁中的自我调适,借助贫困者家庭的生活经历与日常生活情境分析了贫困者自我调适失败的原因。但是基于研究旨趣,本书更关注时代洪流中个体浮沉的命运如何被国家托起以及这个过程中或显或潜的局限性。经由探求个体生命周期与救助制度的交互过程,有关福利依赖的讨论最终会回归到

---

① 万斯:《乡下人的悲歌》,刘晓同、庄逸抒译,南京:江苏凤凰文艺出版社,2017年版。
② 芭芭拉·艾伦瑞克:《我在底层的生活》,林家瑄译,北京:北京联合出版公司,2014年版。
③ 伍伦韦伯:《反社会的人》,李欣译,北京:光明日报出版社,2014年版,第65-122页。
④ 门仓贵史:《穷忙族》,袁淼译,北京:中信出版社,2009年版。
⑤ 乌尔里希·贝克:《风险社会:新的现代性之路》,张文杰、何博闻译,南京:译林出版社,2018年版,第51-53页。
⑥ 埃斯平-安德森:《转型中的福利国家:全球经济中的国家调整》,杨刚译,北京:商务印书馆,2010年版,第13页。

政策系统与制度体系上来。

　　一直以来,贫困治理领域汇聚了经济学、社会学、政治学、管理学等多个学科,各种力量对福利制度的批判长盛不衰,尤其是当某项制度的目标是消除或减轻贫困。这就意味着当数以千亿计的帮扶资金流向穷人时,每一分钱都会引发争论:制度与政策是否"导致了无休止的浪费资源、不可预见的副作用、不明确的政治目标、不恰当的组织形式"等。① 类似的质疑充斥于福利依赖学术研究,在现实中也同样挑战着福利政策的顶层设计与基层执行。当前中国的社会救助制度已从生存救助发展为综合救助,但是在制度理念、制度结构、制度实施过程上仍然存在一系列问题,"不利于激励受助者退出受助行列"②。基于此,本书以福利依赖为切入点,全面考查社会救助制度的理念与原则、救助项目的结构与水平、监管体制与运行机制,进而反思现行救助制度的价值偏好、分配逻辑、赏罚机制、执行效率以及系统纠偏能力。这一系列工作围绕"生命历程—制度支持"展开,最终落脚于救助体系的整体优化升级。

　　如今,公共部门、志愿组织、自由市场共同应对着福利国家的转型与贫困的治理,也为消除福利依赖提供了新的思路:工作导向型社会政策依据"再商品化"导向推出了税收优惠、工作福利等措施,强化"收入对就业的依赖"③,致力于强制受助者重返劳动力市场;社会投资国家政策则倡导风险的预先防范以及人力资本投资;在更广泛的层面上,公共投资、经济惩罚和社会激励被组合起来,与积极劳动力市场政策(Active Labour Market Policies, ALMPs)一起被用于"激活失业者",失业福利与社会救助的领取者被纳入共同的激活政策框架④。在我国,自20世纪80年代开始实施扶贫项目以来,贫困群众收入大幅提高,生活条件得以改善,目前已取得前所未有的成就。在未来的中国,尤其是在"脱贫攻坚取得决定性成就"⑤之后,需要巩固贫困治理的成果,进一步通过建立长效机制来解决相对贫困问题,让城市贫困人口更有获得感、安全感和幸福感。本书通过研究城市中的"非典

---

① 罗思坦:《正义的制度:全面福利国家的道德和政治逻辑》,靳继东、丁浩译,北京:中国人民大学出版社,2017年版,第63页。
② 郑功成主编《中国社会保障改革与发展战略(救助与福利卷)》,北京:人民出版社,2011年版,第7页。
③ 瑟勒博-凯泽编著《福利国家的变迁:比较视野》,文姚丽主译,北京:中国人民大学出版社,2020年版,第7页。
④ 国际劳工组织编《世界社会保障报告:2017—2019》,华颖等译校,北京:中国劳动社会保障出版社,2019年版,第65页。
⑤ 习近平:《在决战决胜脱贫攻坚座谈会上的讲话》,新华网,2020 - 03 - 06. http://www.qstheory.cn/yaowen/2020 - 03/06/c_1125674761.htm

型"福利依赖问题,直面"躺平""福利陷阱"等国家与民众关切的问题,深入剖析了贫困治理所面对的"内生动力不足"以及"自力更生能力弱"等问题,为"缓解贫困、减少返贫、预防长期贫困"提供了政策依据,以期使民生保障事业做到"尽力而为、量力而行",进一步实现我国贫困治理能力的现代化。

四、概念界定与研究方法

(一) 概念界定

1. 福利依赖

在研究早期,部分文献更多地属于探索性研究,这些定性研究注重案例以及分析个案内部发生的特殊事件和过程,①因此并未严格界定"福利依赖"的概念。随着研究的深入,更多学者尝试对福利依赖进行制度或文化层面的分析,例如,莫伊尼汉(D. Moynihan)在1965年的报告中提出家庭结构的崩坏能够解释黑人的贫穷问题,并引发福利依赖的增加。② 报告用美国黑人接受公共援助的人数增长来侧面呈现福利依赖,虽然不够严谨,但是将贫困问题与福利制度衔接起来,开启了有关福利依赖的制度分析路径。类似地,有研究借用了贫困文化的路径演绎出依赖文化的概念,认为福利依赖是一种亚文化③。这些概念提出时所处的时代背景与政策环境不同,其各有侧重点,并且"不同的福利依赖概念背后是不同的福利逻辑"④,这导致福利依赖成为"一个承载了过多意识形态的术语"⑤。

随着研究的深入,有关福利依赖的定量分析不断增加,研究对福利依赖的概念界定也更注重操作化:弗雷泽和戈尔登发现,"依赖"一词在工业化时期以后逐渐带有污名化是由于劳动参与被不断强调,劳动力市场贡献与领

---

① 格尔茨、马奥尼:《两种传承:社会科学中的定性与定量研究》,上海:格致出版社:上海人民出版社,2016年版,第99页。

② Moynihan. D. P. (1965). *The Negro Family*: *The Case for National Action*. United States Department of Labor, History eSources. http://www.dol.gov/dol/aboutdol/history/webid-meynihan.htm. p.9

③ Saunders, P. (2004). "Only 18%? Why ACOSS is wrong to be complacent about welfare dependency." *Issue Analysis*, 51(2), 2-8.

④ 刘璐婵:《"福利依赖"概念的建构逻辑——兼论中国"福利依赖"概念的选择》,《天府新论》,2016年第1期。

⑤ O'Connor, B. (2001). "The Intellectual Origins of 'Welfare Dependency'." *Australian Journal of Social Issues*, 36(3), 221-236.

受福利处于评价光谱的两极。① 基于此,部分研究借助公共援助受助者的劳动参与来界定福利依赖②③④。这样界定的问题在于,尽管受助者的劳动参与是一个重要的方面,但是领受福利与劳动参与的关系较为复杂⑤,两者的因果关系并未得到证实,属于悬而未决的研究问题,因此不适合用来界定概念。此外,还有研究从受助者与救助制度关系的角度界定了福利依赖,例如界定为"受助者不愿退出社会救助制度"⑥⑦⑧,或者"对救助制度的过度利用"⑨,但是研究对退保意愿和制度滥用的操作化值得商榷。另外,美国健康和人类服务部则以家庭为单位来衡量收入,认为福利依赖是指"家庭中超过一半的年收入来源于各项政府转移收入"⑩。该定义从经济层面界定了福利依赖,有助于衡量贫困者对各类公共援助项目的依赖程度:家庭年收入中转移支付越多,依赖程度越高。但是此概念以家庭为单位,无法精确定位至个体,而且此定义在实践中运用的前提是精确掌握贫困者及其家庭的财产及收入情况,同时需要在划定依赖标准时平衡各地经济状况的差异,故存在一定的实施难度。

本书认为,福利依赖的概念界定需要满足几个原则:首先,福利依赖所指的对象是明确的;其次,福利依赖的表现是可观测的;再次,表述是客观中立,无须或褒或贬的感情色彩;最后,要便于研究间的对话,尤其是国际比较研究。因此,福利依赖可被界定为"处于劳动年龄且具有劳动能力者接受救助的现象"。此概念所指的对象将因患慢性病、精神或肢体残疾而丧失劳

---

① Fraser, N., & Gordon, L. (1994). "A genealogy of dependency: Tracing a keyword of the U.S. welfare state." *Journal of Women in Culture and Society*, 19(2), 309–336.
② 韩克庆、郭瑜:《"福利依赖"是否存在?——中国城市低保制度的一个实证研究》,《社会学研究》,2012年第2期。
③ 宁亚芳:《北京市城市最低生活保障制度就业激励机制的优化——基于负所得税视角》,《社会保障研究》,2013年第2期。
④ 陈元刚、李雪:《农村最低社会保障的福利依赖及防范研究——以重庆市涪陵区、湖北恩施市屯堡乡为例》,《科学发展》,2012年第10期。
⑤ 张浩淼:《救助、就业与福利依赖——兼论关于中国低保制度"养懒汉"的担忧》,《兰州学刊》,2014年第5期。
⑥ 林丛:《城市居民低保制度"福利依赖"问题研究》,《学习与实践》,2019年第12期。
⑦ 赵淑兰:《低保救助实践中的负激励效应研究》,《理论界》,2007年第12期。
⑧ 任晓敏、崔恒展:《城市低保救助制度的发展瓶颈及路经研究——以济南市为例》,《山东社会科学》,2014年第3期。
⑨ 白维军:《城市居民最低生活保障制度中的"贫困陷阱"研究——目标定位制下的负激励分析》,《西北人口》,2010年第2期。
⑩ U.S. Department of Health and Human Services. (2018). *Welfare Indicators and Risk Factors, Seventeenth Report to Congress.* https://aspe.hhs.gov/pdf-report/welfare-indicators-and-risk-factors-seventeenth-report-congress. p.1.

动能力的人以及不处于劳动年龄的儿童、老年人等群体除外,精确限定为具有劳动能力的成年人,防止以偏概全,同时接受救助的行为是可观测的,也是便于操作化的。更重要的是,此概念不涉及价值判断,立场中立,而且便于进行国家间的比较。

2. 典型福利依赖

在不同的时代背景、不同的救助制度环境下,处于劳动年龄且具有劳动能力者接受救助的现象屡见不鲜。但是福利依赖者群体内部有不同的分化,那些年轻但陷入问题行为中的非裔单亲母亲是典型的福利依赖者形象。例如,吉尔德勾画了领取抚养未成年子女家庭援助项目(Aid to Families with dependent Children,AFDC)的未婚单亲妈妈不负责任的散漫形象;万斯也描述了没有工作的贫困者如何"揩福利制度的油"①;《扫地出门》中那些住拖车、领着 W-2②、不断怀孕的女性也是福利依赖的形象代言人③。这些研究通过描写福利依赖者的生活方式、个体行为来提供大量感性材料,并抽象化为"典型福利依赖者"这一脸谱。本书将处于劳动年龄、具有劳动能力的年轻非裔单亲母亲接受救助的现象定义为典型福利依赖,以区别于一般性的福利依赖现象。因此,这些处于劳动年龄、具有劳动能力但接受救助的年轻非裔单亲母亲就是典型福利依赖者。

3. 非典型福利依赖

在我国的城市贫困人口中,救助制度受助者的群体形象、福利动态模式以及工作伦理决定了其与典型福利依赖者的分野。与典型福利依赖者不同,我国城市低保受助者中的福利依赖者既没有呈现出显著的性别、年龄和种族或族裔特点,也未体现出诸如酗酒、赌博、未婚生育等问题行为,因而与福利依赖的经典形象相去甚远。从依赖者的行为表现及其背后的行动逻辑来看,我国城市福利依赖者的受助并非是动态的,而是体现出了明显的长期化和持续化趋势,同时其工作逻辑未被制度干预,因此是非典型的福利依赖者,我国城市贫困治理所面临的是非典型福利依赖问题。

---

① 万斯:《乡下人的悲歌》,刘晓同、庄逸抒译,南京:江苏凤凰文艺出版社,2017年版,第130-132页。
② Wisconsin Works,简称 W-2,是指美国20世纪实施的一项名为"威斯康星要工作"的福利政策,属于工作福利的一种。核心要义是要求领取救助金者出去工作,用打卡上班的小时数兑换福利补助。1997年,W-2正式取代 AFDC。
③ 德斯蒙德:《扫地出门:美国城市的贫穷与暴力》,胡䜣谆、郑焕升译,桂林:广西师范大学出版社,2018年版,第77-78页。

研究显示,接受社会救助的时间长短是测量福利依赖的重要指标。达伦多夫(R. Dahrendorf)认为,个体生活故事的分析中最令人激动的维度就是时间。① 埃尔伍德(D. Ellwood)和贝恩(M. Bane)、穆德(C. Mood)、戈特沙尔克(P. Gottschalk)和莫菲特(R. A. Moffitt)、纽曼(M. Newman)等人的研究都显示研究受助时间对理解福利依赖有极大的帮助。②③④⑤ 库克(M. Cooke)将之归纳为时间维度上的"福利陷阱":受助的时间越长,越难以脱离救助。⑥ 同样,美国健康和人类服务部(Department of Health and Human Services)总结了贫困家庭面临的风险,并给出了福利依赖的评判指标。在诸多指标中,有关受助时间长短的指标也包括接受救助的累计时长和救助项目的单次领取时长。⑦ 就受助时长而言,在各国实施福利制度改革以前,由于受助未与工作要求直接挂钩,且未设置受助时限,因此受助者接受救助的单次时长和累计时长取决于个体因素,例如经济状况恶化或好转、致贫因素新增或消失等。然而福利制度改革后,多数国家采取了更为严格的救助方案,例如美国的贫困家庭临时救助制度(Temporary Assistance for Needy Families, TANF)将受助总时长限制为 2 年,导致贫困者的受助时长被人为截短。相比之下,我国社会救助制度尚未对受助时间提出要求,研究发现我国受助家庭接受救助的时间普遍长于 2 年,已出现了长期化的趋势。⑧ 鲁思来(L. Leisering)和莱布弗里德(S. Leibfried)将受助时长划分为多个等级:0 至 1 年为短期受助,1 至 3 年为中期受助,4 至 5 年为长期受

---

① Dahrendorf, R. (1999). Foreward. in Leisering, L., Leibfried, S. (Ed.). *Time and Poverty in Western Welfare States: United Germany in Perspective*. Cambridge: Cambridge University Press, pp.ix-xi.
② Bane, M., & Ellwood, D. (1986). "Slipping into and out of poverty: The dynamics of spells." *The Journal of Human Resources*, 21(1), 1–23.
③ Mood, C. (2011). "Lagging behind in good times: Immigrants and the increased dependence on social assistance in Sweden." *International journal of social welfare*, 20: 55–65.
④ Gottschalk, P., Moffitt, R. A. (1994). "Welfare dependence: Concepts, measures, and trends." *The American economic review*, 84(2): 38–42.
⑤ Newman, M. (2014). "Understanding welfare dependency." https://www.nzcpr.com/understanding-welfare-dependency/. 2014-05-25.
⑥ Cooke, M. (2009). "A welfare trap? The duration and dynamics of social assistance use among lone mothers in Canada." *Canadian Review of Sociology*, 46(3), 179–206.
⑦ U.S. Department of Health and Human Services. (2018). "Welfare Indicators and Risk Factors, Seventeenth Report to Congress." https://aspe.hhs.gov/pdf-report/welfare-indicators-and-risk-factors-seventeenth-report-congress. p.28.
⑧ 刘璐婵、林闽钢:《"养懒汉"是否存在?——城市低保制度中"福利依赖"问题研究》,《东岳论丛》,2015 年第 10 期。

助,5年以上为超长期受助①。穆德则直接将受助时长操作化为每年领取10至12个月救助金②。综合国内外研究,本书将长期受助界定为累计受助2年以上。

根据民政部门统计惯例,我国在统计城市低保人员时通常细分在职、灵活就业、登记失业以及未登记失业。根据统计指标解释,未登记失业是指"因丧失劳动能力、不具备劳动条件等各种原因未在当地就业服务机构进行求职登记的人员",囊括了全部丧失劳动能力的情况。因此,城市低保群体中的在职人员、灵活就业人员、登记失业人员即为福利依赖问题的研究对象。

再者,根据《中华人民共和国劳动法》等相关法律,劳动年龄是指16岁至退休年龄。当前我国规定的退休年龄从45岁到60岁不等,但是由于贫困者非正规就业与隐性就业较多,同时就业具有不稳定性,部分贫困者甚至未与雇主签订劳动合同,因此难以确定其退休年龄,但是大部分符合条件的贫困者年龄达到60周岁即可领取养老金。为便于测量,本书统一将60岁设置为退休年龄,则劳动年龄为16周岁至59周岁。

据此,"非典型福利依赖"指处于劳动年龄且具有劳动能力的受助者累计接受社会救助长达2年以上的现象。"非典型福利依赖者"指城市低保受助者中处于16周岁至59周岁之间,并且累计受助长达2年及以上的登记失业人员、在职人员和灵活就业人员。此外,本书所指的社会救助是指"以最低生活保障制度为主体的综合型社会救助体系"。③

(二) 研究方法

1. 问卷调查法

本书采用问卷调查法收集一手资料,调查组分别在东部、中部、西部选取了江苏省、安徽省以及甘肃省,于2018年7月至2019年2月开展调查,收集了南京市、宿迁市、滁州市、芜湖市、兰州市、天水市共计6城市500余份问卷。通过印制《城市低保家庭福利依赖调查问卷》,对符合填答条件的低保人员进行问卷调查。调查共发放问卷600份,回收问卷585份,有效问

---

① Leisering, L., Leibfried, S. (1999). *Time and Poverty in Western Welfare States: United Germany in Perspective*. Cambridge: Cambridge University Press, p.66.
② Mood, C. (2011). "Lagging behind in good times: Immigrants and the increased dependence on social assistance in Sweden." *International journal of social welfare*, 20: 55-65.
③ 郑功成等:《从饥寒交迫走向美好生活:中国民生70年:1949—2019》,长沙:湖南教育出版社,2019年版,第338页。

卷554份①，有效回收率92.3%。

2.结构式访谈法

调查组选取了45人进行了深度访谈。访谈于2019年12月2日至2020年1月8日之间开展，主要采取结构式访谈。访谈主要围绕依赖者所在家庭的社会救助受助情况、劳动参与情况、依赖者本人的生命历程、依赖者所在家庭成员的生命历程等关键问题展开。去除个别因过于简短而信息量不足的访谈，以及访谈背景噪音过大无法转为文字稿的访谈，最终成功访谈42人。

五、本书的章节安排

福利依赖研究有着扎实的田野根基、深厚的学理基础与丰富的制度实践，然而我国城市贫困者当前面临的是非典型福利依赖问题，因此需要跳出已有的研究框架来探寻适合于我国社会现实的解释框架。具体的内容安排如下：

本书的上篇围绕"是什么"，对福利依赖进行理论脉络的回顾，此基础上厘清当前的理论分歧，并通过讨论福利依赖的分野引出"非典型福利依赖"，来回应"中国是否存在福利依赖"的质询。此外，上篇部分还扎根于中国现实，根据非典型福利依赖的深层逻辑引入生命历程视角，抽象出"生命历程—制度支持"的解释框架，为后续解读非典型福利依赖的生成逻辑，归纳中国情境下福利依赖的"非典型化"奠定基础。

在中篇部分，本书围绕"为什么"，探究不同类型非典型福利依赖者的异质性，全面展示非典型福利依赖者生命历程的变迁，以及这些变迁对个体生活、家庭境况与群体命运的影响，并在此基础上重点分析生命历程变迁背景下非典型福利依赖者的救助需求与所获得的救助制度支持，剖析催生非典型福利依赖的制度原因。

研究下篇则围绕"怎么办"，重点分析如何通过建立追踪与响应机制、依赖消解机制和长效预防机制等一系列非典型福利依赖的干预机制，最终消除非典型福利依赖的制度因素。

---

① 在筛选研究对象时，此次调查通过就业状态来判断受助者的劳动能力，那些就业状态为在职、灵活就业、登记失业的受助者被认为具有劳动能力。但是在统计数据时发现，有部分被调查者其就业状态虽为在职或灵活就业，但其健康状况为残疾，并且持有残疾证。本研究认为此类受助者属于"值得救助者"，并非合适的研究对象，故将此类受助者填答的问卷视为无效问卷；此外，通过进行是否漏答、答题项是否相互矛盾等检查，去除无效问卷，最终获得有效问卷554份。

第二章　福利依赖的研究脉络

一、西方国家福利依赖研究的三条理论主线

自福利国家出现以来,有关福利依赖的担忧始终不绝于耳,学界对福利依赖的研究也随着福利国家改革的推进而不断深入。当前在西方世界,福利依赖已成为成熟的研究领域并积累了丰富的学术成果,现有研究呈现出三条清晰的理论脉络,形成了文化论、制度论与风险论三股力量。

(一)贫困文化理论

1958年,刘易斯(O. Lewis)在《桑切斯的孩子们》一书中提出了"贫困文化"(culture of poverty),认为文化是一种稳固恒久、代代传承的生活结构和生活方式。贫困文化是一种亚文化,产生于社会经济尺度上最底层的群体,形成了独特的家庭结构、人际关系、时间取向、价值观念、消费模式以及社区意识。[1] 在刘易斯看来,贫困文化具有一系列的经济、社会和心理特征(参见表2-1)。

1966年,刘易斯所著的《生涯:一个贫穷文化中的波多黎各家庭》再一次重复了贫困文化,为政治光谱上"谴责受害人"的力量提供了理论支持,也激发了美国林登·约翰逊总统提出"向贫困开战",导致了20世纪70年代至80年代的福利削减。[2] 与其说福利国家警惕贫困的蔓延,不如说其对贫困现象背后贫困文化的形成、传播和沿袭感到困扰。

---

[1] 刘易斯:《桑切斯的孩子们:一个墨西哥家庭的自传》,李雪顺译,上海:上海译文出版社,2014年版,第14-15页.

[2] Antuñano, E. D. (2019). "Mexico City as an Urban Laboratory: Oscar Lewis, the 'Culture of poverty' and the Transnational History of the Slum." *Journal of Urban History*, 45(4), 813-830.

表 2-1 贫困文化的经济、社会、心理特征

经济特征	社会心理特征	其他特征
长期为温饱操劳、失业或不充分就业、劳动报酬偏低、职业技术含量低、童工、无存款、经常性现金短缺、家中无食品储备、一日之内依需求少量多次购买食品、抵押个人物品、借高利贷、邻里间自发组织非正式信贷体系、购买二手服装和家具	生活区域拥挤、集群性高、酗酒频率高、解决纠纷经常诉诸暴力、用身体暴力教育孩子、向妻子施暴、涉性过早、自由恋爱结成婚姻、抛弃妻子比例较高、以母亲为中心的家庭模式、专断倾向强烈、极度强调家庭团结	极强的现时观念——不愿推迟享受欢悦、不愿谋划未来、基于艰难生活环境的顺天命思想、相信神权、女性殉道观念、对各类精神异常状况高度容忍

——资料来源：整理自刘易斯：《桑切斯的孩子们：一个墨西哥家庭的自传》，李雪顺译，上海：上海译文出版社，2014年版，第16页。

路德曾说过"职业劳动是由神所赋予的任务，甚至是神所规定的生活目的本身。"[①]在韦伯看来，劳动是新教蕴含的朴素职业观，也是资本主义兴起的奥义。这种对劳动的信仰和坚守在17世纪以后甚至上升到了法律层面，《济贫法》和《济贫法（修正案）》相关规定要求有劳动能力者必须劳动，尤其是贫困者，其劳动往往是强制的、具有惩罚性的。[②] 弗雷泽和戈尔登发现，工业化以后的劳动参与更是被自由主义市场观念所支配，有劳动能力但不劳动的人将承受强烈的污名。[③] 可见，劳动自立因被赋予了神圣的意味而倍受推崇，人们对贫困文化的排斥正是源自其对劳动致富信仰的坚守。

进入20世纪以来，马歇尔认为社会权利不断嵌入公民身份结构，消减了贫困阶层的痛苦，改变了整个社会的不平等模式，但"群体习俗与规范的推动力量很难复兴个体工作义务的意义，尤其是全身心地投入工作并勤奋劳作"[④]，因此需要实现权利与义务的动态平衡，尤其是工作的义务。在福利国家走入改革的十字路口时，越来越多的国家发现，劳动与受助似乎是一对不可调和的矛盾，越来越多受助者减少劳动或者不再劳动，这种风气在贫困者群体中日益盛行。例如，哈林顿描述了一个穷困潦倒者身处的为大众所不知的"另一个美国"，绝望是基本的社会情绪，悲观主义盛行。酗酒、不稳定的婚姻、暴力并非个别现象，而是整个社会阶层的生活常态。贫困并不

[①] 韦伯：《新教伦理与资本主义精神》，康乐、简惠美译，桂林：广西师范大学出版社，2010年版，第151页。

[②] Slack, P. (1990). *The English poor law*, 1531—1782. London：Macmillan, p.47.

[③] Fraser, N., & Gordon, L. (1994). "A genealogy of dependency：Tracing a keyword of the U.S. welfare state." *Journal of Women in Culture and Society*, 19(2), 309-336.

[④] T.H.马歇尔、安东尼·吉登斯：《公民身份与社会阶级》，郭忠华、刘训练编，南京：江苏人民出版社，2008年版，第35-57页。

是个人生活的一部分,而是生活的全部。在家庭层面,家庭成员缺乏教育和技能,健康状况堪忧,居住环境恶劣,斗志低迷且精神痛苦。① 类似地,吉尔德写道,"那些成年男子接受救助以来,在他们身上就产生了一种新式的顽固,他们不再自食其力,并经历着劳动的减少、家庭的破裂以及为获得福利做出任何牺牲,与勤劳、守纪律、有雄心壮志以及乐意冒险的美国人不同,那些福利依赖者已经深深地陷入了道德危险"②。巴里也认为穷人们"懒惰、无能,拥有欺诈型人格。他们不当管理自己的生活,因任性的行为陷入窘境"③。

对贫困者的批评并非空穴来风。研究发现,许多贫困者尤其是福利依赖者具有成瘾行为,药物滥用和酗酒与失业与福利依赖息息相关。④⑤ 此外,这类群体还滋生了依赖心理,自主意识不断丧失。⑥ 在桑德斯(P. Saunders)看来,福利依赖者就是以往那些难以自我控制、缺乏自我规划的贫困者,正是这些人沿袭了一贯的作风,把扭曲的价值观带入福利制度。他们"懒散、怠惰、低自尊",接受了福利后更是丧失了工作责任感与自立意识。⑦ 逐渐有学者认为,贫困者依赖福利的行为具有文化上的驱动力。哈林顿将穷困潦倒者形成的贫困文化与福利制度联系起来,本意是敦促公众审视福利国家对整个贫困阶层的忽视⑧,然而贫困文化自此与福利制度相嵌,成了福利依赖的绝佳归因。

在多数人看来,依赖文化与贫困文化拥有一个共同的来源,即"底层阶级"(underclass)。自缪尔达尔于1963年首次提出"底层阶级"以来⑨,福利国家逐渐注意到了"底层社会"的出现。⑩ 该群体在社会结构和文化理念上与传统的"体面工作阶层"相割裂,其所拥有的反工作、反社会的亚文化甚至

---

① Harrington, M. (1962). *The Other America: Poverty in the United States*. New York: Scribner, p.182-183.
② 吉尔德:《财富与贫困》,储玉坤等译,上海:上海译文出版社,1985年版,第100页。
③ 诺曼·巴里:《福利》,储建国译,长春:吉林人民出版社,2005年版,第168页。
④ Schmidt, L., Dohan, D., Wiley, J., Zabkiewicz, D. (2002). "Addiction and Welfare Dependency: Interpreting the Connectio." *Social Problems*, 49(2), 221-241.
⑤ Bush, I. R. Kraft, M. K. (2001). "Self-Sufficiency and Sobriety." *Journal of Social Work Practice in the Addictions*, 1(1), 41-64.
⑥ Aisami, R. S. (2010). "Welfare dependency as a performance problem that requires a performance improvement approach." *Performance Improvement*, 49(7), 17-21.
⑦ Saunders, P. (2004). "Only 18%? Why ACOSS is wrong to be complacent about welfare dependency." *Issue Analysis*, 51(2), 2-8.
⑧ Harrington, M. (1962). *The Other America: Poverty in the United States*. New York: Scribner, p.182.
⑨ Myrdal, G. (1963). *Challenge to Influence*. New York: Pantheon.
⑩ MacDonald, R. (1997). "Dangerous youth and the dangerous class." In MacDonald, R. (Ed.) *Youth, the 'underclass' and social exclusion*. London: Routledge, p.1.

威胁到了安全有序的稳定社会。莫伊尼汉(D. Moynihan)在1965年的报告中提出,黑人社区逐渐分化,一部分群体逐步滑落,成为社会底层。① 克拉克(K. B. Clark)在《黑人贫民窟》中写道,"下层社会的症状感染着美国的黑人贫民窟,包括人生抱负低、教育程度差、家庭不稳定、非法活动多、失业、犯罪、吸毒、酗酒、疾病缠身和过早死亡"②。在这个社会阶层中,拥有稳定的工作是罕见的,劳动价值观的局限性使个体无法跳出垃圾职业。班菲尔德(E. C. Banfield)认为,对于中上阶层而言,工作意味着自我发展、自我展示以及服务社会,大多数情况下工作令人兴奋、愉悦,就像游戏一样令人满足。而对于底层群体而言,工作仅仅是不得已而为之,而且纪律要求令人不满。更重要的是,底层社会亚文化中的规范与价值观常常容忍个人对工作的消极态度,因为个人往往与社会隔绝,无力改变现状③。可以说,在行为、规范和抱负迥异于主流社会的底层社会,由于工作伦理遭到破坏,个体逡巡于职业体系之外,就形成了"失业—接受救助—勉强再就业—失业—接受救助"的福利依赖怪圈。

近年来,类似婴儿彼得·康奈利④被其母及其男友折磨致死、香农·马修⑤被其母及其男友绑架诈取保险金等事件震惊了整个社会,英国又涌起有关底层社会的言论。人们认为这些噩梦般的家庭来自崩坏的、脆弱的底层社会,这些人"不只是穷,而且智力水平低下,犯罪常态化。他们世世代代生活在一个没有任何职业抱负的世界,人们似乎不仅没有读写能力,而且完全错过了教育或社会发展"。严重的是,底层群体还有扩大的趋势,许多原本体面的家

---

① Moynihan. D. P. (1965). *The Negro Family: The Case for National Action*. United States Department of Labor, History eSources. http://www.dol.gov/dol/aboutdol/history/webid-meynihan.htm. p.5–6.
② Clark, K. B. (1964). *Dark Ghetto: Dilemmas of Social Power*. New York: Harper and Row.
③ Banfield, E. C. (1974). *The Unheavenly City Revisited: A Revision of the Unheavenly City*. Boston: Little, Brown Company. p.139.
④ Peter Connelly是伦敦一个17个月大的男婴,死于2007年8月3日。Peter生前遭受其母Tracey多次身体虐待与忽视,后被辗转安置于儿童保护机构。在其母接受警告和惩罚后,Peter返回Tracey身边,并频繁接受社会工作者、警察和卫生专业人员的探访,但Peter仍被Tracey数次虐待,其母在社工探访时用巧克力涂抹Peter以掩饰其擦伤和割伤。此后Tracey男友Owen、男友弟弟及其15岁的女朋友搬入住宅,与Tracey共同向Peter施暴,导致Peter在8个多月的时间里遭受50多处内外伤,最终死在一张血迹斑斑的婴儿床上。Tracey2008年入狱,2013年释放,但2014年又因出售自己的不雅照再度入狱。资料来源:https://www.thesun.co.uk/news/4567187/baby-p-killers-tracey-connelly-steven-barker-jason-owen/
⑤ Shannon Matthews是利兹一个9岁的女孩,2008年2月被其母Karen下药并拘禁在床底,其母及其男友制造虚假绑架案,就是为了获得5万英镑的悬赏。资料来源:https://www.thesun.co.uk/news/2837686/shannon-matthews-now-fake-kidnapping-missing-karen-2018/

庭都被拉下水。①② 更令主流社会担忧的还有底层家庭对下一代的影响。有研究认为,在受助者家庭,父母接受救助的行为会被子女效仿。部分影响因素会由父代传递给子代,导致子代成年后复制受助行为。③ 由于接受救助已成为底层群体生活的一部分,因此按月领取救助金的生活方式是被默许的,这种对受助的习以为常逐步改变了子代的价值观和信仰。④ 可见,文化上的驱动力不仅导致了福利依赖,并使福利依赖成了一代又一代底层人民的生活常态。

实际上,贫困文化理论一直受到多方抨击,学界对文化论的批评也层出不穷。对于贫困文化提出的底层群体的各个特征,大量研究通过定量分析给出了相反的结果:在劳动参与方面,贫困者并没有表现出工作意愿的丧失,并且认同工作的意义与价值。⑤ 哈里斯(K. M. Harris)通过分析单亲妈妈借助工作摆脱福利的过程,发现接受救助的福利妈妈们其劳动参与十分活跃,超过三分之二的贫困女性在受助的同时还在工作。⑥ 现实中很难找到三代都失业的家庭。⑦ 在态度与价值观方面,邓肯(G. J. Duncan)、希尔(M. S. Hill)和霍夫曼(S. D. Hoffman)发现,福利与生活态度并无关联。领取 AFDC 的人对生活的控制感或其未来取向并无变化。⑧ 受助者认为自己是有工作意愿的。⑨ 尽管受助者在心理导向上的确会倾向于无条件接受救助,但事实证明他们仍会与主流的政治文化保持一致。⑩ 所以,麦克尼科尔

---

① Heawood, S. (2008). "The world around baby P is wrong, why are we afraid to say so." *The Independent on Sunday*, 16, 42-43.

② Centre for Social Justice. (2008). *Early intervention: Good parents, great kids. Better citizens*. Retrieved from https://www.centreforsocialjustice.org.uk/press-releases/early-interventiongood-parents-great-kids-better-citizens

③ Stenberg, S. Å. (2000). "Inheritance of welfare recipiency: An intergenerational study of social assistance recipiency in postwar Sweden." *Journal of Marriage and the Family*, 62(1), 228-239.

④ Kimenyi, M. S. (1991). "Rational choice, culture of poverty, and the intergenerational transmission of welfare dependency." *Southern Economic Journal*, 57(4), 947-960.

⑤ Macdonald, R., Shildrick, T., & Furlong, A. (2014). "In search of 'intergenerational cultures of worklessness': Hunting the yeti and shooting zombies." *Critical Social Policy*, 34(2), 199-220.

⑥ Harris, K. M. (1993). "Work and Welfare Among Single Mothers in Poverty." *American Journal of Sociology*, 99(2), 317-352.

⑦ Moles, O. (1971). "The relationship of family circumstances and personal history to use of public assistance." *Social Work*, 16(2), 37-46.

⑧ Duncan, G. J., Hill, M. S., Hoffman, S. D. (1988). "Welfare dependence within and across generations." *Science*, 239(4839), 467-471.

⑨ Collins, S. B., Carrier, T. S., Gazso, A. & Smith, C. (2020). "Resisting the Culture of Poverty Narrative: Perspectives of Social Assistance Recipients." *Journal of Poverty*, 24(1), 72-93.

⑩ Schneider, S., & Jacoby, W. (2003). "A culture of dependence? The relationship between public assistance and public opinion." *British Journal of Political Science*, 33(2), 213-231.

(J. Macnicol)认为,"底层社会"概念本质上是一个人为、行政的定义,是统计的产物,容易被持反对国家福利观点的保守主义者利用。① 就依赖文化的代际传递而言,柯林斯(S. B. Collins)等人通过调查救助制度受助者的态度发现,受助者承认接受救助是一种不可持续的生活状态,并且极力避免自己的子女步受助的后尘。这些受助者普遍否认了依赖文化的代际传递。② 希尔和邓肯借助密歇根收入动态追踪研究(Panel Study of Income Dynamics,PSID)的数据分析了父代家庭收入对子代经济社会成就的影响,发现父代接受救助对子代影响并不大:救助收入对子代的成就并无负面影响,当然救助金收入也并未用于投资子代,因而也没有正面促进作用。③ 64%的成长于福利依赖家庭的女性并未走上接受救助老路,"福利依赖会由父母传递给子女"的刻板印象缺乏事实依据。④ 此外,代代皆失业这种"僵尸论争"总会卷土重来,已然成为被政客用来攻击竞选对手的陈词滥调。⑤

在这样的背景下,有关贫困文化、依赖文化的研究逐渐式微,越来越多的研究者转向制度论。随着福利国家进入改革期,工作导向、选择性、私有化越发加快福利国家向赋能国家转变的进程,福利制度开始强调个人权利及个人工作责任和社会贡献间的平衡⑥,越来越多的社会救助政策以工作为基础,这也进一步引发了福利依赖研究范式的变迁。

(二) 制度缺陷理论

20 世纪 70 年代中期以后,福利国家扩张的黄金时期基本终结,石油危机之后,OECD 国家福利支出占 GDP 的比重逐渐趋缓。尽管养老保险、医疗保险、残疾人福利、公共救助、就业援助、日间照料等保障制度为公民撑起了一方保护天地,但是随着福利制度的脆弱性不断暴露,"原本用来弥补资

---

① Macnicol, J. (1987). "In Pursuit of the Underclass." *Journal of Social Policy*, 16(3), 293-318.
② Collins, S. B., Carrier, T. S., Gazso, A. & Smith, C. (2020). "Resisting the Culture of Poverty Narrative: Perspectives of Social Assistance Recipients." *Journal of Poverty*, 24(1), 72-93.
③ Hill, M. S., Duncan, G. J. (1987). "Parental family income and the socioeconomic attainment of children." *Social Science Research*, 16(1), 39-73.
④ Duncan, G. J., Hill, M. S., Hoffman, S. D. (1988). "Welfare dependence within and across generations." *Science*, 239(4839), 467-471.
⑤ Macdonald, R., Shildrick, T., & Furlong, A. (2014). "In search of 'intergenerational cultures of worklessness': Hunting the yeti and shooting zombies." *Critical Social Policy*, 34(2), 199-220.
⑥ Neil Gilbert, Paul Terrell:《社会福利政策引论》,沈黎译,上海:华东理工大学出版社,2013年版,第327页。

本主义社会缺陷的福利方案被批评为待解决社会问题的一部分"①。在西方发达国家,经济与社会力量开始重塑福利制度,其中一个重要维度就是将福利与责任相连。当前,保守主义者对福利制度"削弱工作动机"的判断已经演化为多数福利国家的基本共识,"福利依赖"被认为与福利系统的运作方式有关②,甚至是福利制度的缺陷之一,是福利国家造成了它本想解决的那些问题。③ 因此研究者开始重新审视福利依赖的文化解释框架,并寻求制度解释路径。

作为传统主义者(Traditionalism),主张成熟、德行的米德站在"新家长主义"(New Paternalism)的立场上反思了福利制度。他发现,AFDC 的申请人数自 20 世纪 70 年代起剧增,该制度面向的福利母亲选择以福利代替工作。在米德看来,这些受助者心智薄弱,难以有效管理自我行为,"其最大的特点就是无能以及拥有强烈的挫折感,并且缺乏推进自己利益的意愿和能力"④。与文化论的不同之处在于,米德将福利依赖现象进行了制度归因,认为作为福利的提供者,福利制度本应辅助其重新自我管理,但是政府拒绝严厉管理这些人,其受助的权利与义务并不均衡,因而福利依赖是福利国家忽视其家长责任的后果。⑤ 在米德的论述中,接受救助的贫困者扮演了小孩的角色,政府则扮演了家长的角色,家长要管理孩子并要求其履行工作义务,而且近年来家长式的管理在社会政策领域有了更广泛的应用⑥。但是批评者认为,"家长式管理"的核心是违背自由主义的,政府干预公民个人的生活选择与自由放任的逻辑体系无法自洽。更重要的是,受助者并非羸弱无能毫无规划,相反,受助者是理性的行动者,何时接受救助、受助时长、是否放弃工作都是综合考虑后所做的策略选择。⑦ 此外在操作层面上,家长式管理同样具有高成本、高执行难度等缺陷,因而难以实现。

---

① Neil Gilbert, Paul Terrell:《社会福利政策引论》,沈黎译,上海:华东理工大学出版社,2013年版,第 319 页。
② Andersen, D. (2020). "Stuck! Welfare state dependency as lived experience." *European Societies*, 22(3), 317–336.
③ Leisering, L., Leibfried, S. (1999). *Time and Poverty in Western Welfare States: United Germany in Perspective*. Cambridge: Cambridge University Press, p.145.
④ Mead, L. M. (1989). "The logic of workfare: The underclass and work policy." *The Annals of the American Academy of Political and Social Science*, 501, 156–169.
⑤ Mead, L. M. (1986). "The real crisis." *Society*, 23(2), 12–15.
⑥ Mead, L. M. (1997). *The New Paternalism: Supervisory Approaches to Poverty*. Washington, D.C.: Brookings Institution Press, p.2.
⑦ Murray, C. A. (1984). *Losing ground: American social policy, 1950—1980*, tenth-anniversary edition. New York: Basic Books, pp.154–166.

与米德不同,古典自由主义者默里的主张保留了自由主义的精髓,他认为福利制度的受助者是理性逐利的,受助者会借助福利制度做出有利于自己的决定,福利依赖正是受助者权衡后的应对策略,若简单地进行政府干预很难达到消除福利依赖的目标。在默里看来,福利和市场都是人们获取利益的途径,福利制度的设计不仅不能无视人的逐利本性,而且需要合理地加以利用。当前之所以出现福利依赖,正是由于福利制度的设计"缺乏未来导向",未引导受助者放眼未来,甚至"奖懒罚勤""无限期受助"等做法干扰了正常的奖惩机制,最终误导了受助者,使福利演化成了贫困者获益的固定渠道。① 类似地,菲尔德也认识到,福利依赖是贫困者出于人类利己的动机对福利制度设计缺陷的利用。②

　　相当多研究考察了福利制度自身的缺陷是如何催生福利依赖的。就救助形式而言,埃尔伍德(D. Ellwood)认为纯粹的现金待遇"针对的是贫困的症状而非起因,所以治标不治本"③。弗雷(B. Frey)提到了人类行为的内外部动力,他认为外在动机尤其是经济补偿的引入会破坏内在动机的有效性④,所以经济补偿甚至负面效果重重。霍因斯(H. W. Hoynes)和尚岑巴赫(D. W. Schanzenbach)则分析了食品券这类实物救助的效应,发现食品券的引入减少了受助者的劳动参与和工作时长。⑤ 就救助项目结构而言,约瑟夫(R. Joseph)认为美国的救助项目过于碎片化,不同救助项目分属不同部门管理,相互之间缺乏协调,更重要的是四大救助项目(TANF、SNAP、HCV、EITC)缺少预防性质。⑥ 就救助实施过程而言,菲尔德认为家计调查是福利申请环节的重要压力源,受助者为了顺利通过家计调查不得不刻意维持低收入和低储蓄。即使受助者已经获得了受助资格,其为了保有福利收入,不得不在后续的家计调查中隐瞒劳动收入或干脆选择长期失业,因此

---

① Murray, C. A. (1984). *Losing ground: American social policy, 1950—1980*, tenth-anniversary edition. New York: Basic Books, pp.154-166.
② Field, F. (1996). "Making welfare work: the underlying principles." In Deacon A. (Ed.), *Stakeholder Welfare*, London: Institute of Economic Affairs, pp. 7-44.
③ Ellwood, D. (1988). *Poor support*. New York: Basic Books, p. 7.
④ Frey, B. (2000). "Motivation and Human Behaviour." In Taylor-Gooby P. (Ed.) *Risk, Trust and Welfare*. Basingstoke: Palgrave Macmillan.
⑤ Hoynes, H. W., Schanzenbach, D. W. (2012). "Work incentives and the Food Stamp Program." *Journal of Public Economics*, 96(1-2), 151-162.
⑥ Joseph, R. (2019). "Poverty, Welfare, and Self-Sufficiency: Implications for the Social Work Profession." *Journal of Poverty*, 23(6), 505-520.

奖惩机制被扭转了。① 此外,救助运行过程中的资格筛选机制与时间规则也同样重要。② 埃尔伍德(D. T. Ellwood)和贝恩(M. J. Bane)通过时间因素识别出了长期受助者,发现福利开支主要集中在这部分人身上。③ 萨拉切诺(C. Saraceno)指出,贫困已成为正常生命历程中的风险之一,但救助制度提供时间若太长,超过了权宜之计的地位,就容易引发福利依赖。④ 就救助的效果而言,多数研究聚焦了救助的劳动供给效果,尤其是经济学领域的研究成果提供了实证支持:慷慨的社会救助给付会降低青年男性的就业率。随着救助金的增加,全体男性样本的就业率会下降一个百分点,低学历且无子女者的就业率下降3到5个百分点。⑤ 低收入家庭的工人面临着复杂的利益结构和高边际税率,这对个体劳动力供给产生了负面影响。⑥ 再者,弗里德贝格(L. Friedberg)发现福利规则的设置尤其是收入审查对劳动力供给是有影响的,当受助者的收入处于税收临界点附近时,仍然保持就业者为了避免收入审查带来的收入损失,会主动选择降低劳动供给以避税。⑦ 此外,还有研究具有针对性地分析了 AFDC 制度或 TANF 制度对劳动参与的影响方面,同样发现两者削减了受助者的劳动供给。⑧⑨⑩

可以认为,救助制度本身的设计存在多重缺陷,直接或间接导致受助者

---

① Field, F. (1996). "Making welfare work: the underlying principles." In Deacon A. (Ed.), *Stakeholder Welfare*, London: Institute of Economic Affairs, pp. 7-44.
② Saraceno, C. (2002). "Introduction: exploring social assistance dynamics." In Saraceno, C. (Ed.), *Social assistance dynamics in Europe: National and local poverty regimes*. Bristol: The Policy Press. p. 7.
③ Bane, M. J., & Ellwood, D. T. (1986). "Slipping into and out of poverty: The dynamics of spells." *The Journal of Human Resources*, 21(1), 1-23.
④ Saraceno, C. (2002). "Deconstructing themyth of welfare dependence." In Saraceno, C. (Ed.), *Social assistance dynamics in Europe: National and local poverty regimes*. Bristol: The Policy Press. p236.
⑤ Lemieux, T., Milligan, K. (2008). "Incentive effects of social assistance: A regression discontinuity approach." *Journal of Econometrics*, 142(2), 807-828.
⑥ Bruckmeier, K., Wiemers, J. (2018). "Benefit Take-Up and Labor Supply Incentives of Interdependent Means-Tested Benefit Programs for Low-Income Households." *Comparative Economic Studies*, 60, 583-604.
⑦ Friedberg, L. (2000). "The Labor Supply Effects of the Social Security Earnings Test." *Review of Economics and Statistics*, 82(1), 48-63.
⑧ Danziger, S., Haveman, R. Plotnick, R. (1981). "How Income Transfers Affect Work, Savings, and the Income Distribution." *Journal of Economic Literature*, 19(3), 975-1028.
⑨ Moffitt, R. (1992). "Incentive Effects of the U.S. Welfare System: A Review." *Journal of Economic Literature*, 30(1), 1-61.
⑩ Bargain, O., Doorley, K. (2011). "Caught in the trap? Welfare's disincentive and the labor supply of single men." *Journal of Public Economics*, 95, 1096-1110.

做出了依赖福利的选择。由此,默里等人主张废除福利制度,甚至提出"取消联邦、州和地方各级的所有福利转移项目"。① 当然,废除福利的建议过于激进,贫困者在无法自立的情况下仍然需要基本的援助,"简单地撤销福利只会让事情更糟,因为受助者还不能立刻自力更生"②,依赖者当下也只能依靠救助制度。③ 尽管默里的提议迎合了保守主义者的旨意,其后续在《钟形曲线》《分化》等书中关于种族、阶层、不平等问题的讨论也多次掀起争论,但是福利国家的地位仍难以撼动。其他学者则选择了更为温和的道路,即福利改革或"重建福利",寄希望于福利制度的调整或更新来消除福利依赖的"诱因"。随着改革的深入,激励贫困群体重返劳动力市场的观点日益占据了福利依赖论争的中心。当前通过福利制度改革来解决福利依赖问题的思路集中于以下两方面:

一方面,福利"去魅"。该思路致力于降低救助制度的吸引力,即削减福利开支、控制救助费用的总额、缩短受助者的领取时间、收紧家庭经济审查的限制条件,控制救助费用的总额④。例如,菲尔德尝试改进家计调查的方式,试图将所有利益相关者囊括进来,通过推出更广泛的保险形式来取代家计调查式的救助。⑤ 埃尔伍德和贝恩主张缩短受助者的领取时间,让"福利回归临时或过渡性救助的本色"。⑥ 另一方面,工作福利。工作福利的核心思想是"工作是对福利最好的改革",主旨是要求工作年龄内的福利申领者必须参与劳动、接受工作培训或出席强制性的就业辅助面谈⑦⑧,即把救助待遇与劳动自立责任相连,具有明确的"工作导向",以解决受助者权利与义务脱钩的问题。从某种程度上而言,熊彼特式的工作福利国家

---

① Murray, C. A. (2006). *In Our Hands: A Plan to Replace the Welfare State*. Washington, D.C.: American Enterprise Institute Press, pp. 8–14.

② Mead, L. M. (1986). "The real crisis." *Society*, 23(2), 12–15.

③ Surender, R., Noble, M., Wright, G., & Ntshongwana, P. (2010). "Social assistance and dependency in South Africa: An analysis of attitudes to paid work and social grants." *Journal of Social Policy*, 39(2), 203–221.

④ 皮尔逊:《拆散福利国家:里根、撒切尔和紧缩政治学》,徐绍培译,长春:吉林出版集团有限责任公司,2007年版,第6页。

⑤ Field, F. (1996). "Making welfare work: the underlying principles." In Deacon A. (Ed.), *Stakeholder Welfare*, London: Institute of Economic Affairs, pp. 7–44.

⑥ Bane, M. J., & Ellwood, D. T. (1986). "Slipping into and out of poverty: The dynamics of spells." *The Journal of Human Resources*, 21(1), 1–23.

⑦ 哈特利·迪安:《社会政策学十讲》,岳经纶、庄文嘉、温卓毅译,上海:格致出版社:上海人民出版社,2015年版,第63页。

⑧ Chan, C. K., & Ngok, K. (2015). "Workfare in the undemocratic states: The case of China." *International Social Work*, 59(4), 479–493.

(Schumpeterian Workfare States，SWS)逐步取代凯恩斯式的福利国家(Keynesian Welfare States，KWS)[①]，意味着工作导向已促使福利国家的社会政策范式发生转变，"工作"成为压倒一切的政策风向标。

(三) 风险社会理论

进入 21 世纪以来，有关福利国家转型的观点逐渐成形。越来越多的研究者提出，当今的风险社会已不再是传统的社会，以往的福利国家似乎已经难以应对当下的经济社会变迁，因此，福利国家转型势在必行。[②][③][④] 在福利国家整体面临挑战的同时，福利依赖的研究视角也发生了转换，人们越来越意识到，福利国家在福利依赖的形成过程中不仅不是决定性力量，反而承受了过多责难，因为面对新风险时，福利国家也是无力的。在这样的背景下，研究者将关注点转向了那些已知和未知的社会风险。

泰勒-顾柏发现，新的风险来自这些方面：女性就业改变了传统性别分工，导致家庭照护难以为继；技术进步提高了正规就业门槛，全球化进一步增加了劳动力市场的灵活化，使未来的就业困难重重；老龄化提高了社会照顾的成本，加剧了财政压力。新的风险既关乎劳动力市场又关乎家庭生活，并且更多地涉及年轻人、女性以及低技能者。[⑤] 同样，贝克也认为，风险社会条件下的未充分就业不断侵蚀传统的就业体系，基于弹性工时、兼职与远程工作等去标准化劳动形式的雇佣关系难以得到劳动契约和社会保险的保护，因此风险被转嫁给了劳动者。在家庭方面，伴随着个体化进程，女性开始逐步脱离刻板的"性别命运"，逐步走出家庭加入职业劳动，但工作—生活平衡的难题也加剧了家庭成员间的冲突。[⑥] 这些风险使弱势群体更加脆弱，不得不求助于福利制度，尤其是儿童照料、住房、通勤、药物

---

① Yay, G. G., Aksoy, T. (2018). "Globalization and the welfare state." *Quality & Quantity*, 52, 1015-1040.
② 乌尔里希·贝克:《风险社会:新的现代性之路》张文杰、何博闻译,南京:译林出版社,2018年版,第8页。
③ 埃斯平-安德森:《转型中的福利国家:全球经济中的国家调整》,杨刚译,北京:商务印书馆,2010年版,第13页。
④ 皮尔逊:《福利制度的新政治学》,汪淳波、苗正民译,北京:商务印书馆,2004年版,第6页。
⑤ 泰勒-顾柏编著《新风险 新福利:欧洲福利国家的转变》,马继森译,北京:中国劳动社会保障出版社,2010年版,第1-10页。
⑥ 乌尔里希·贝克:《风险社会:新的现代性之路》,张文杰、何博闻译,南京:译林出版社,2018年版,第131-181页。

滥用、家庭暴力等方面的援助。[①] 受助者是被迫困在福利制度中,而非其自主选择的结果[②],在多重风险无法消除的前提下,"即使将其推出救助制度,不久之后他们又会回来"。[③④] 那么,不同的风险是如何作用于贫困人口并催生福利依赖的呢?该理论脉络上的大量研究阐释了福利依赖的形成机理。

失业、非正规就业、在职贫困(in-work poverty 或 working poor),这一系列字眼充斥在 21 世纪初学者们关于福利国家暗淡前景的讨论中。如今的就业环境与传统工业社会的就业环境已大相径庭,以往线性、固化的就业模式发生变化,这些变化与全球化、第三产业的崛起和信息技术革命重叠,使劳动力市场环境更加复杂。对于劳动者而言,职业的不确定性增强,新型劳动契约使工作不再稳定[⑤]。同时工作的保障功能被削弱,部分工作难以提供社会保险和体面收入,劳动者即使有工作也容易陷入在职贫困。[⑥] 更严重的是,底层劳动者因人力资本薄弱、就业结构调整、经济周期波动、生产性岗位外流等原因面临工作机会的缺失[⑦⑧],陷入失业的泥潭难以自拔。

20 世纪末,许多研究以"空间错配"(spatial mismatch)理论来解释新的就业环境下失业的成因,以分析福利制度改革后福利依赖仍未被消除的原因。研究发现,老城区居高不下的失业率归因于就业岗位与居住地的"空间错配"。[⑨⑩] 在威尔逊(W. J. Wilson)看来,这种错配是地理空间距离上的:随着低技能要求的工作岗位迁去郊区,两极分化的劳动力市场也出现了地

[①] Haveman, R., Blank, R. M., Moffitt, R. A., Smeeding, T. M., Wallace, G. L. (2015). "The War on Poverty: Measurement, Trends, and Policy." *Journal of Policy Analysis and Management*, 34(3), 593–638.

[②] Andersen, D. (2020). "Stuck! Welfare state dependency as lived experience." *European Societies*, 22(3), 317–336.

[③] Hansen, H-T. (2009). "The dynamics of social assistance recipiency: Empirical evidence from Norway." *European Sociological Review*, 25(2), 215–231.

[④] Blank, R. M., & Ruggles, P. (1994). "Short-term recidivism among public-assistance recipients." *The American Economic Review*, 84(2), 49–53.

[⑤] 哈克:《风险大转移:新经济无保障和美国梦的幻灭》,刘杰等译,北京:中国社会科学出版社,2013 年版,第 65–68 页。

[⑥] Cheung, K. C. K., Chou, K. L. (2016). "Working poor in Hong Kong." *Social Indicators Research*, 129(1), 317–335.

[⑦] 埃斯平-安德森:《转型中的福利国家:全球经济中的国家调整》,杨刚译,北京:商务印书馆,2010 年版,第 12 页。

[⑧] Kwon, H. C. & Meyer, D. R. (2011). "How do economic downturns affect welfare leavers? A comparison of two cohorts." *Children and Youth Services Review*, 33, 588–597.

[⑨] Wilson, W. J. (1998). "Inner-City Dislocations." *Society*, 35(2), 270–277.

[⑩] Allard, S. W., Danziger, S. (2002). "Proximity and opportunity: How residence and race affect the employment of welfare recipients." *Housing Policy Debate*, 13(4), 675–700.

理空间上的区隔。这些岗位对无法靠公共交通抵达的老城区贫困者而言变得可望而不可即,而老城区的职位又有着更高的技能、经验和学历门槛。出于种族歧视、经济条件等原因的限制,求职者也很难为了"追逐岗位"从老城区搬去郊区,于是"工作消失"了。①② 在阿拉德(S. W. Allard)和丹齐格(S. Danziger)看来,除了通勤距离外,宅域内的岗位数量也能显示工作郊区化的趋势:通过构造岗位可及指数(access score),他们测量了找工作者在住宅周边所能找到的岗位数量。他们发现,随着时间推移,郊区的岗位可及指数明显超过老城区。由于住在老城区的人在住所周边找到的岗位数量更少,其工作的可能性要低于郊区 7.1%。③ 这样的空间错配意味着失业,短期后果是无所事事、街头骚乱、婚姻破碎乃至犯罪,长期后果则是老城区贫民窟化和福利依赖:失业的城市男性聚集在老城区,由于"缺乏与主流社会中的个人与制度的联系与互动"而长期陷入社会孤立之中,④难以通过再就业改善其生活境况。随着男性乏力的经济支持导致家庭解体,女性户主家庭数量剧增,后者容易陷入贫困尤其是长期贫困,进而与福利依赖"紧紧地捆在一起"⑤。较低的就业增长率、较低的就业人口比和较低的工资增长率与长期受助息息相关⑥,失业时间越长,越有可能产生福利依赖,导致部分失业的受助者"被锁定"在福利依赖中。⑦ 即使受助者尝试再就业,也会受限于就业能力不足、雇主偏好以及过往的就业经历而徘徊于劳动力市场之外。⑧⑨⑩

---

① 威尔逊:《当工作消失时:城市新穷人的世界》,成伯清、王佳鹏译,上海:上海人民出版社,2016 年版,第 41—58 页。
② 威尔逊:《真正的穷人:内城区、底层阶级和公共政策》,成伯清、鲍磊、张戌凡译,上海:上海人民出版社,2007 年版,第 84 页。
③ Allard, S. W., Danziger, S. (2002). "Proximity and opportunity: How residence and race affect the employment of welfare recipients." *Housing Policy Debate*, 13(4), 675–700.
④ 威尔逊:《真正的穷人:内城区、底层阶级和公共政策》,成伯清、鲍磊、张戌凡译,上海:上海人民出版社,2007 年版,第 84 页。
⑤ 威尔逊:《真正的穷人:内城区、底层阶级和公共政策》,成伯清、鲍磊、张戌凡译,上海:上海人民出版社,2007 年版,第 101 页。
⑥ Hoynes, H. W. (2000). "Local labor markets and welfare spells: Do demand conditions matter?" *The Review of Economics and Statistics*, 82(3), 351–368.
⑦ Melkersson, M., Saarela, J. (2004). "Welfare participation and welfare dependence among the unemployed." *Journal of Population Economics*, 17, 409–431.
⑧ Ayala, L. & Rodríguez, M. (2007). "Barriers to employment and welfare dynamics: Evidence from Spain." *Journal of Policy Modeling*, 29(2), 237–257.
⑨ Wilson, W. J. (1996—1997). "When work disappears." *Political Science Quarterly*, 111(4), 595.
⑩ Kelly, R. F. (1983). "Welfare dependency under depressed labor market conditions: Lessons from the 1970s for the 1980s." *Journal of Urban Affairs*, 5(4), 331–348.

类似地，有工作的受助者生活处境同样艰难，即使他们不断工作也未能避免福利依赖。在鲍曼(Z. Bauman)看来，"脆弱性和不确定性的幽灵萦绕在所有的工作之上，没有人可以确保免于失业"，甚至失业已经长久地转为"过剩"。对于贫困者而言，他们在当今劳动力市场中的命运往往是临时的、可替换的、用完即弃的，裁员或雇佣如影随形，很难通过谈判改善待遇与条件。① 艾丁(K. Edin)和雷恩(L. Lein)通过与大量受助者访谈发现，与失业者相比，工作者由于处于"在职贫困"中，他们的处境未能得到有效改善：就工作的收益而言，贫民窟里一小时5美元的垃圾职业没什么光明的前景，无论工作多努力，一份工作干多久，收入都处在低水平循环中。由于低薪工作无法帮助一个家庭维持生计，所以很多受助者要确保自己留在福利制度中。更重要的是，低薪工作不稳定、经常裁员，假如再次丢了工作，重新申领救助要花几个月，这期间没有任何收入，所以工作穷人(the working poor)更不会放弃福利。②

　　此外，风险社会也给家庭带来了新的风险，这些冲击既有价值观念上的，又有结构—功能上的。迪安(H. Dean)看到了家庭观念和习俗的变化令代内契约(intra-generational contract)的性别基础荡然无存，以及婚姻家庭关系的长期变化导致的单亲、独居、非婚生子乃至无家可归。③ 更重要的是，家庭的劳动收入模式、资源分配模式、照料模式全方位地变迁④，迫使家庭成员做出调整。一旦调整失败，家庭这一福利支柱就不断塌陷，与家庭相关的婚姻、子嗣抚育等影响个体脱离福利制度的重要变量将会持续发挥作用。⑤

　　首先，就婚姻而言，研究发现婚姻状态与个体的贫困程度息息相关。麦克劳克林(D. K. McLaughlin)和里希特(D. T. Lichter)发现，低收入女性群体的结婚率仅为非贫困女性的72%，低收入且失业者的结婚率仅为非贫困女性的66%。⑥ 在里希特等人的另一个研究中，已婚女性的贫困率仅为其

---

① 齐格蒙特·鲍曼：《工作、消费、新穷人》，仇子明、李兰译，长春：吉林出版集团有限责任公司，2010年版，第126-132页。
② Edin, K., Lein, L. (1997). *Making ends meet: How single mothers survive welfare and low-wage work*. New York: Russell Sage Foundation, pp.63-64.
③ 哈特利·迪安：《社会政策学十讲》，岳经纶、庄文嘉、温卓毅译，上海：格致出版社：上海人民出版社，2015年版，第120-136页。
④ 泰勒-顾柏编著《新风险　新福利：欧洲福利国家的转变》，马继森译，北京：中国劳动社会保障出版社，2010年版，第10-16页。
⑤ Sandefur, G. D., Cook, S. T. (1998). "Permanent exits from public assistance: The impact of duration, family, and work." *Social Forces*, 77(2), 763-787.
⑥ McLaughlin, D. K., Lichter, D. T. (1997). "Poverty and the marital behavior of young women." *Journal of Marriage and Family*, 59(3), 582-594.

他女性的 0.32%，而未婚妈妈的贫困率高得多。① 艾丁和里德(J. Reed)也发现，进入或维持婚姻对贫困群体而言困难重重，贫困者更有可能处于未婚、离婚等状态，但是他们仍可能生育后独自带着孩子组建单亲家庭。② 对于这些群体而言，他们不仅难以稳定地获得来自亲属和朋友的支持，而且有时还需要偿还这些亲友的支持，这大大增加了其负担。③ 在长期的经济劣势下，未婚者难以退出救助制度④，尤其是非婚生育者⑤。相比之下，已婚者更有可能短期依赖，甚至永久地退出救助制度。⑥⑦

其次，与工业社会的核心家庭结构不同，风险社会中单亲家庭、独居家庭越来越普遍，后者较弱的抗风险能力已被多数研究证实。在最早提出"家庭结构崩坏导致福利依赖"观点的莫伊尼汉(D. Moynihan)看来，家庭不仅不再是规避风险的港湾，反而成了福利依赖的孕育池。莫伊尼汉在 1965 年的报告中提出，与白人相比，随着美国黑人男性的经济能力难以支撑家庭，越来越多的黑人家庭解构，导致接受公共援助项目的人数不断增加，因此家庭结构的崩坏能够解释黑人的福利依赖问题。他认为，要解决福利依赖问题就需要解决黑人家庭结构的问题。⑧ 麦克拉纳罕(S. S. McLanahan)分析了脆弱家庭的贫困再生产问题，发现家庭结构不完整，尤其是非婚生育的家庭在家庭收入、父母健康、社会支持和养育质量方面的表现显著差于家庭结构完整的家庭。家庭结构不完整既是贫困的结果，也是贫困的原因，是贫困

---

① Lichter, D. T., Graefe, D. R., Brown, J. B. (2003). "Is Marriage a Panacea? Union Formation among Economically Disadvantaged Unwed Mothers." *Social Problems*, 50(1), 60-86.
② Edin, K., Reed, J. M. (2005). "Why Don't They Just Get Married? Barriers to Marriage among the Disadvantaged." *The Future of Children*, 15(2), 117-137.
③ Cook, K. E. (2012). "Social support in single parents' transition from welfare to work: Analysis of qualitative findings." *International Journal of Social Welfare*, 12(4), 338-350.
④ Sandefur, G. D., Cook, S. T. (1998). "Permanent exits from public assistance: The impact of duration, family, and work." *Social Forces*, 77(2), 763-787.
⑤ Lichter, D. T., Graefe, D. R., Brown, J. B. (2003). "Is Marriage a Panacea? Union Formation among Economically Disadvantaged Unwed Mothers." *Social Problems*, 50(1), 60-86.
⑥ Seefeldt, K. S., Orzol, S. M. (2005). "Watching the clock tick: Factors associated with TANF accumulation." *Social Work Research*, 29(4), 215-229.
⑦ Grossbard, S. (2005). "Women's labor supply, marriage, and welfare dependency." *Labour*, 19, 211-241.
⑧ Moynihan, D. P. (1965). *The Negro Family: The Case for National Action*. United States Department of Labor, History eSources. http://www.dol.gov/dol/aboutdol/history/webid-meynihan.htm. p.32.

再生产的一种机制。① 阿亚拉(L. Ayala)和罗德里格斯(M. Rodríguez)发现,与3人户或多人户相比,2人户或单人户更容易长期依赖救助制度。② 一旦经济波动导致收入锐减,此类家庭就不得不长期依靠福利制度过日子。③ 女性户主家庭增多导致贫困出现女性化倾向,有关福利依赖的研究也更多地聚焦于单亲家庭,尤其是单亲母亲家庭,发现单亲母亲家庭的脆弱性更高,女性户主在各个方面都处于劣势,因此难以避免福利依赖。④

最后,即使家庭结构完整,贫困者也越来越难以摆脱贫困和消除福利依赖。⑤ 这与家庭的异质性相关,更与迥异的家庭成员组成、日常安排、生活事件等息息相关。⑥ 一般而言,多子女家庭更有可能长期依赖。桑德福(G. D. Sandefur)和库克(S. T. Cook)认为,那些有两个及两个以上子嗣的女性不太可能永久地退出救助制度。⑦ 西费尔特(K. S. Seefeldt)和奥祖尔(S. M. Orzol)发现,每增加一个孩子,长期受助概率的就会增加32%,同时短期受助的概率会降低25%。因为儿童照料需求一方面会增加家庭开支,另一方面会将家长牢牢束缚在家庭中,其劳动参与受到严重制约。⑧ 若没有儿童照料服务,年轻母亲很难退出并长久地离开福利制度。⑨ 当子女年幼时,这种制约体现得更加明显。⑩ 此外,家庭成员的生命历程也会对彼此造成

---

① McLanahan, S. S. (2009). "Fragile families and the reproduction of poverty." *Annals of the American Academy of Political and Social Science*, 621(1), 111-131.

② Ayala, L. & Rodríguez, M. (2010). "Explaining welfare recidivism: What role do unemployment and initial spells have?" *Journal of Population Economics*, 23(2), 373-392.

③ Hernandez, D. C. & Ziol-Guest, K. M. (2009). "Income volatility and family structure patterns: Association with stability and change in Food Stamp Program participation." *Journal of Famliy and Economic Issues*, 30(4), 357-371.

④ McLanahan, S. S. (1988). "Family structure and dependency: Early transitions to female household headship." *Demography*, 25(1), 1-16.

⑤ Tach, L., Edin, K. (2017). "The Social Safety Net after Welfare Reform: Recent Developments and Consequences for Household Dynamics." *Annual Review of Sociology*, 43(1), 541-561.

⑥ Moffitt, R. (1998). *Welfare, the family, and reproductive behavior: research perspectives*. National Academies Press.

⑦ Sandefur, G. D., Cook, S. T. (1998). "Permanent exits from public assistance: The impact of duration, family, and work." *Social Forces*, 77(2), 763-787.

⑧ Seefeldt, K. S., Orzol, S. M. (2005). "Watching the clock tick: Factors associated with TANF accumulation." *Social Work Research*, 29(4), 215-229.

⑨ Huang, C., Kunz, J., Garfinkel, I. (2002). "The effect of child support on welfare exits and re-entries." *Journal of Policy Analysis and Management*, 21(4), 557-576.

⑩ Achdut, N., Stier, H. (2020). "Welfare-use Accumulation and Chronic Dependency in Israel: The Role of Structural Factors." *Journal of Social Policy*, 49(1), 81-101.

影响。科宁(P. Koning)注意到,部分救助制度受助家庭背负着债务,由于劳动收入的很大一部分会被用于偿付债务,所以这些受助家庭中的成员极不情愿恢复正常工作,因此,债务成了家庭陷入福利依赖的影响因素之一。①

可以看出,风险社会理论认为劳动力市场风险与家庭人口风险决定了福利依赖的产生,因此主张从这两个角度出发进行治理。新社会风险政策旨在"帮助更多的人通过有薪工作自食其力,提升民众在全球化市场上的经济竞争能力",因此,"劳动力市场的改革具有压倒一切的重要性"②。霍因斯也发现,雇用机会的增加与再就业的实现有助于受助者退出福利制度,同时也防止该群体重返福利:就业和收入的联合改善会使受助者一年内退出福利的可能性增加11%至12%,重返福利的可能性也降低6%至15%。③ 因此,排除福利依赖者的劳动参与障碍具有优先性。在家庭方面,恢复男性配偶的经济能力、保障家庭结构的完整性、合理控制家庭规模、提升儿童养育质量、解除家庭成员负面羁绊成为重中之重。④⑤⑥

二、中国福利依赖研究的承袭与本土化

与西方国家类似,中国在社会保障制度建设过程中也面临着关于福利依赖的诘问。为了回答"低保制度是否养懒汉"的问题,国内学者在国外研究的基础上开展了讨论,并结合本国国情进行了研判。目前,国内学界有关福利依赖的争论集中于"我国是否已经出现福利依赖",而理论上的分歧则集中于如何将福利依赖从社会现象转化为能够进行学理辨析的学术问题,以及如何通过构建本国的话语体系来回应西方提出的理论问题。就当前国内研究的演进方向而言,学者们大多延续了制度缺陷理论这条理

---

① Koning, P. (2015). "Making work pay for the indebted? Assessing the effects of debt services on welfare recipients." *Labour Economics*, 34, 152 – 161.
② 泰勒-顾柏编著《新风险 新福利:欧洲福利国家的转变》,马继森译,北京:中国劳动社会保障出版社,2010年版,第9页。
③ Hoynes, H. W. (2000). "Local labor markets and welfare spells: Do demand conditions matter?" *The Review of Economics and Statistics*, 82(3), 351 – 368.
④ Sandefur, G. D., Cook, S. T. (1998). "Permanent exits from public assistance: The impact of duration, family, and work." *Social Forces*, 77(2), 763 – 787.
⑤ Fitzgerald, J. M., Ribar, D. C. (2004). "Welfare reform and female headship." *Demography*, 41(2), 189 – 212.
⑥ Brady, D., Burroway, R. (2012). "Targeting, universalism, and single-mother poverty: a multilevel analysis across 18 affluent democracies." *Demography*, 49(2), 719 – 746.

论脉络,选择文化视角和风险视角的分析不多,还有部分研究则跳出了西方福利国家现有的理论框架,尝试对福利依赖问题进行中国本土化的解读。

(一) 国内研究对西方传统理论框架的承袭

首先,有学者借助文化视角分析了"福利依赖"问题。在袁小平和姜春燕看来,福利依赖是在福利递送过程中村庄与贫困农户福利观变化所催生的,这种"文化堕距"结合精准扶贫过程中的政治化、去道德化以及福利递送过程中的聚光灯效应,大大地强化了福利依赖。① 刘欣认为,这种精神贫困不仅是致贫原因,而且是贫困表征,更是减贫干预的后果。② 唐淑平和范燕宁则从心理层面对低保对象进行了考量,发现低保对象存在这样的心理特征:他们"并不因低保对象的身份而自卑",同时"对求职过程有畏难情绪"。③ 尤其在农村地区,低保制度对年轻劳动力产生了消极作用,"低保即安"的心理和"投机心理"普遍存在,并且自我谋生意识较弱。④ 兰剑和慈勤英认为,农村低保长期以来的执行偏差影响了制度的权威性,民众对基层执行的不信任破坏了制度环境,反过来强化了农村居民对该制度的滥用,因而加剧了农村地区"争当低保户"的现象。⑤

李棉管则从文化结果视角解释了福利污名化理论与扶贫或社会救助政策的文化相容性,提出污名化理论在国内的情境中适用性并不强,文化差异是导致福利资源漏出的重要原因。他认为,低保户羞耻感(shame of injustice)缺失可以从文化与福利价值观的角度上得到解释:在申领救助资源过程中,福利污名化往往构成了贫困者申请社会救助的心理障碍并引发了退缩心理,因而贫困者普遍依靠"需求支配策略"和"社会权利策略"来克服福利的污名化,即从心理上说服自己"别无选择",或者强化自身的权利观念以超越具体的情境。由于东亚国家和地区的社会权利意识还处于初步发展阶段,因此,贫困人口普遍采用"需求支配策略"来克服污名化,劝说自己

---

① 袁小平、姜春燕:《福利递送中的文化、制度与福利依赖——关于 A 村精准扶贫的观察与分析》,《学习论坛》,2020 年第 6 期。
② 刘欣:《致贫原因、贫困表征与干预后果——西方贫困研究脉络中的"精神贫困"问题》,《中国农业大学学报》,2019 年第 6 期。
③ 唐淑平、范燕宁:《低保对象福利依赖心理及反福利依赖的社会工作介入路径研究——基于对北京市海淀区的实地调查》,《社会政策研究》,2018 年第 3 期。
④ 甘晓成、帕丽旦木·布尔汗:《农村低保"福利依赖"现状调查与分析——基于对库车县农村低保群体的调查》,《新疆社科论坛》,2018 年第 4 期。
⑤ 兰剑、慈勤英:《后脱贫攻坚时期农村"争当低保户"现象的症结及其治理》,《农村经济》,2019 年第 4 期。

"无从选择",进而成为福利依赖者。① 当然,也有学者认为这种文化视角站不住脚,依赖文化并不存在。韩克庆和郭瑜发现,在享受最低生活保障制度的群体中,"自暴自弃""甘于贫困"等负面情绪并没有异常凸显。② 王卓祺和楼玮群也发现,受助者的自立意愿非常强烈,他们更期待退出救助制度。③

其次,部分研究延续了制度缺陷的理论视角。就救助的理念而言,李棉管认为,一个国家或地区的社会救助产生福利依赖的可能性在于制度设计,而这取决于社会救助制度的功能定位在于维持贫困还是减少贫困。目前我国社会救助制度的定位取向仍然是保障基本生活,过于短期关注"现时贫困"并缺乏对未来脱贫的长远关切,未能提供摆脱贫困的机会和条件,因此存在催生福利依赖的制度土壤。④ 就救助项目结构而言,刘丽娟等人将"低保金＋专项救助＋费用减免"的综合性福利称为"捆绑式福利"⑤,这种项目结构意味着享受低保会自动带来其他福利,而福利的叠加会增加低保的含金量和吸引力。⑥ 雷(Lei J.)和陈(C. K. Chan)也发现,社会救助制度中住房、医疗、教育等救助项目才是阻碍受助者退保的真正原因。⑦ 一旦贫困者退保,其生活水平较之于领取低保时的生活水平落差过大,这种"悬崖效应"就会加剧退保群体收入状况的恶化,进一步催生了低保户的退保惰性。⑧ 就救助运行过程中的时间规则而言,研究认为即使当前的动态管理能够确保低保户在退保后保留一段时间的救助金,但由于捆绑福利的取消抵消了实际收入的增长,仍然会使退保群体的实际收入低于名义收入。⑨ 宁亚芳

---

① 李棉管:《技术难题、政治过程与文化结果——"瞄准偏差"的三种研究视角及其对中国"精准扶贫"的启示》,《社会学研究》,2017年第1期。
② 韩克庆、郭瑜:《"福利依赖"是否存在?——中国城市低保制度的一个实证研究》,《社会学研究》,2012年第2期。
③ Wong, C., Lou, V. W. (2010). "'I wish to be self-reliant': Aspiration for self-reliance, need and life satisfaction, and exit dilemma of welfare recipients in Hong Kong." *Social Indicators Research*, 95, 519-534.
④ 李棉管:《社会救助如何才能减少贫困?——20世纪末至今的中国社会救助研究》,《社会建设》,2018年第4期。
⑤ 刘丽娟:《精准扶贫视域下的城乡低保瞄准机制研究》,《社会保障研究》,2018年第1期。
⑥ 王增文、邓大松:《倾向度匹配、救助依赖与瞄准机制——基于社会救助制度实施效应的经验分析》,《公共管理学报》,2012年第2期。
⑦ Lei, J., Chan, C. K. (2019). "Does China's public assistance scheme create welfare dependency? An assessment of the welfare of the Urban Minimum Living Standard Guarantee." *International Social Work*, 62(2), 487-501.
⑧ 安华、赵云月:《福利叠加与悬崖效应:如何让低保对象走出福利依赖?》,《中国民政》,2018年第9期。
⑨ 刘丽娟:《精准扶贫视域下的城乡低保瞄准机制研究》,《社会保障研究》,2018年第1期。

也认为,目前的渐退制度并没有充分保护受助者。① 此外,肖萌等人认为,救助管理部门对受助资格的判断和审查会影响福利依赖,这是通过对贫困个体或家庭的生命周期的观察实现的。其研究表明,较之于在正式单位工作和非正规就业,退休是较为容易观察到的,退休金对个体收入的提升也容易估算,因而退休的受助者被要求退出低保的可能性更高。故是否退休是福利依赖的重要影响因素之一。此外,受助者所处家庭的生命周期,如子女是否成年或是否毕业,同样影响了一个家庭是否退出低保制度。这是由于部分贫困家庭仅有未成年子女单人入保,一旦子女成年或从学校毕业,其受助资格就被取消,因此带动了全家退出低保制度。② 类似地,兰剑和慈勤英审视了农村低保制度的运行过程,发现低保资格认定存在操作空间,审核程序冗长增加申请难度,同时救助过程管理欠缺,退出机制不健全,都增加了受助者滞留在低保中的可能性。③

就救助的效果而言,多数研究聚焦了救助的劳动供给效果④⑤,指出当前实施的救助制度,尤其是最低生活保障制度改变了贫困者劳动就业的意愿乃至削减了受助者的劳动供给:由于计算低保金采用的补差模式实际上是对劳动收入的抵销,所形成的"福利折扣"相当于100%的隐性边际税率⑥。由于每挣一分劳动收入都会损失一分低保金,因此劳动参与被认为"划不来",这导致低保户或者选择隐性就业,或者干脆放弃工作。⑦⑧⑨ 贫困者为了持续受助,会有意识地选择符合低保救助条件的活动,自主选择福利依赖。⑩ 此

---

① 宁亚芳:《北京市城市最低生活保障制度就业激励机制的优化——基于负所得税视角》,《社会保障研究》,2013年第2期。
② 肖萌、李飞跃:《低保依赖的影响因素及对策——一个综合解释模型探讨》,《南开学报》,2017年第2期。
③ 兰剑、慈勤英:《后脱贫攻坚时期农村"争当低保户"现象的症结及其治理》,《农村经济》,2019年第4期。
④ 都阳、Albert Park:《中国的城市贫困:社会救助及其效应》,《经济研究》,2007年第12期。
⑤ 刘一伟:《"错位"还是"精准":最低生活保障与农户多维贫困》,《现代经济探讨》,2018年第4期。
⑥ 边恕:《解决城市低保制度就业负激励问题的方案探讨——基于"补差制"与"负所得税制"的分析》,《中国软科学》,2014年第10期。
⑦ 陈泽群:《"低保养懒人!":由指控低保户而显露出的福利体制问题》,《社会保障研究》,2007年第1期。
⑧ 戴卫东:《农村最低生活保障制度的财政支出分析——基于负所得税法和差额补助法的比较》,《河南社会科学》,2010年第5期。
⑨ 王锦花:《福利悖论:中国社会保护中的社会排斥——基于广州市的实证研究》,《武汉大学学报》,2016年第2期。
⑩ 殷俊、谢沁怡:《贫困是"被迫的"还是"选择的"?——基于农村低保群体的就业意愿分析》,《新疆社会科学》,2017年第6期。

外,目前的低保制度既没有明确的工作要求,也没有设置领取时限①,放弃劳动的成本过低。即使对贫困者提供了就业方面的援助,由于当前主推的职业推介服务致力于将服务对象快速推入次级劳动力市场,而非提供有利于重返正规劳动力市场的长期性、正规性培训服务,在脱贫的效果上并不理想。② 因此,当前实施的社会救助制度因引发了福利依赖而遭人诟病。

最后,部分学者还从风险社会的角度进行了分析。研究认为,我国低保制度受助者依赖救助制度,同样是由于在变动的劳动力市场中遭受了冲击,更重要的是,如今"人工智能鸿沟"不断压低低端岗位的工资水平,引发经济效益和福利分配在群体间的不公平③,同时技术进步对劳动密集型岗位的取代加剧底层劳动者的失业风险,迫使低技能工人从传统行业向服务行业转移。④⑤ 可以认为,就业质量偏低大大增加了底层群体的贫困程度⑥。更进一步,即使受助者有工作,其劳动收益也难以帮助其脱贫。刘祖云与林景认为,失业贫困是工业社会城市贫困的主要形式,在职贫困是后工业社会城市贫困的主要形式。随着服务业的扩张,我国城市中失业贫困与在职贫困并存,并转向以在职贫困为主。⑦ 目前我国城市工作贫困的发生率已达27%,贫困深度为84%,劳动者难以通过工作就业改善生计⑧。同时灵活就业、兼职就业等新业态会面临社会保险的缺失以及职业福利的缺位,使弱势群体陷入无保障状态。⑨ 肖萌等人分析了非正规就业结构下隐性就业对福利依赖的固化作用。他们认为,由于我国低保金仅能维持基本生活,所以受助者不得不从事工作。但是我国的就业结构正在向非正规就业转变,受助者普遍从事非正规就业,这种就业形式难以被观察,因此制约了退保活动。可以认为,我国受助者的就业动机与就业行为虽未受救助制度影响,但隐性就业确实

---

① 白维军:《城市居民最低生活保障制度中的"贫困陷阱"研究——目标定位制下的负激励分析》,《西北人口》,2010年第2期。
② 肖萌、李飞跃:《工作还是依赖?——低保对象就业行为的影响因素分析》,《人口学刊》,2017年第1期。
③ 王榮成:《人工智能时代我国就业公平的挑战及其应对》,《经济体制改革》,2020年第1期。
④ 周文斌:《机器人应用对人力资源管理的影响研究》,《南京大学学报》,2017年第6期。
⑤ 蒋南平、邹宇:《人工智能与中国劳动力供给侧结构性改革》,《四川大学学报》,2018年第1期。
⑥ 高功敬、高灵芝:《城市低保的历史性质与福利依赖》,《南通大学学报》,2009年第3期。
⑦ 刘祖云、林景:《社会转型与贫困蜕变——基于香港与内地城市微观数据的比较研究》,《江苏社会科学》,2019年第2期。
⑧ 涂丽、乐章:《城市工作贫困及其影响因素研究——来自CFPS数据的实证》,《人口与经济》,2018年第5期。
⑨ 张浩淼:《新业态、新风险与社会保障的适应性改革》,《改革与战略》,2019年第9期。

降低了退保的可能性,使福利依赖得以维持。① 同样,彭宅文认为受助者的隐性就业同时保留了低保待遇和劳动收入,前者有助于对冲非正规就业灵活性背后潜藏的失业风险,后者有助于弥补低保制度过低的保障水平。②

可见,全球化、高科技、高风险的社会特征冲击着城市贫困家庭,大大增加了城市家庭的贫困脆弱性。③ 贫困者在当前的劳动力市场中难以实现自立,无法靠自身的努力摆脱福利依赖。

(二)国内研究对福利依赖的本土化解读

随着社会政策改革路径由保障型转向增权型,激活贫困者的内生动力将成为核心议题。④ 中国的社会救助体系经过四十年的发展,已建立了"8+1"的体系架构,形成了新型救助格局,走出了一条具有中国特色的社会救助体系发展之路。⑤ 与西方国家的救助体系相比,我国的救助制度在援助理念、体系设计与制度实践方面更加适应中国的国情,因而讨论福利依赖的制度环境已经发生了变化。在这样的背景下,我国相关研究尝试对中国城市中的福利依赖现象进行本土化的解读。

社会救助制度首当其冲,成了质询的对象。张浩淼提出,社会救助导致福利依赖需要一些既存的条件,其中包括救助金的金额慷慨。⑥ 然而我国无论是宏观层面的救助支出规模还是微观层面的低保金水平都不高⑦⑧,因此慈勤英、兰剑与彭宅文等人提出,较低的救助金仅能用来维持生计,长期靠低保金生活是"无奈之举""权宜之计"。⑨⑩ 同时,岳经纶等人提出,国内

---

① 肖萌、陈虹霖、李飞跃:《低保对象为何退保难?动态分析策略下的退保模式及其变迁趋势研究》,《社会》,2019年第4期。
② 彭宅文:《最低生活保障制度与救助对象的劳动激励:"中国式福利依赖"及其调整》,《社会保障研究》,2009年第2期。
③ 祝建华:《城市居民家庭贫困脆弱性的测度、因素识别与消减策略》,《河北大学学报》,2019年第3期。
④ 林闽钢:《激活贫困者内生动力:理论视角和政策选择》,《社会保障评论》,2019年第1期。
⑤ 林闽钢:《我国社会救助体系发展四十年:回顾与前瞻》,《北京行政学院学报》,2018年第5期。
⑥ 张浩淼:《救助、就业与福利依赖——兼论关于中国低保制度'养懒汉'的担忧》,《兰州学刊》,2014年第5期。
⑦ 李春根、陈文美:《现阶段我国社会救助财政支出规模适度吗?——基于"巴洛法则"与柯布-道格拉斯生产函数的分析》,《华中师范大学学报》,2018年第4期。
⑧ 曹艳春:《我国城乡社会救助系统建设研究》,上海:上海人民出版社,2009年版,第135页。
⑨ 慈勤英、兰剑:《"福利"与"反福利依赖"——基于城市低保群体的失业与再就业行为分析》,《武汉大学学报》,2015年第4期。
⑩ 彭宅文:《最低生活保障制度与救助对象的劳动激励:"中国式福利依赖"及其调整》,《社会保障研究》,2009年第2期。

普遍实施的"工作福利"制度要求受助者积极找工作、接受技能培训或参加社区服务,实际上正是官方对"低保养懒汉"顾虑的一种体现,这种对福利依赖的制度防范被证明是无效的。①

尽管低水平的低保金不是催生福利依赖的土壤,救助制度中的其他项目却难辞其咎。刘璐婵和林闽钢发现,数量众多的低保家庭同时享受两至三项专项救助,超过三分之一者同时享受四至五项,侧面提高了救助水平。② 更重要的是,获得住房、教育、医疗等专项救助以获得低保为前提,并且与低保叠加享受,这不仅增加了低保资格的价值,而且增加了低保的实际收益。因此,低保制度对贫困人口而言仍然具有较强的吸引力。③④

此外,有研究在救助制度之外寻找解释。鉴于福利依赖的影响因素与致贫因素高度重叠,相当多研究逐步以贫困致因来解释福利依赖的发生。一般而言,人力资本、社会资本具有减贫效应,但是贫困者在此两者的产生和维持上面临困难⑤⑥:在人力资本方面,贫困者在年龄、性别、学历、健康状况等个体特征上的劣势降低了就业的可能性,因此也降低了低保户退出救助的可能性。⑦ 在社会资本方面,由于门槛效应、资源异质效应以及环境嵌入效应的存在,贫困者收入的增加受限于有限的社会网络关系,⑧并且随着市场化的推进,群体间社会资本存量的差距在不断拉大,非就业人员的社会资本不断消减。⑨ 这就导致贫困人口再就业面临难以逾越的障碍,进而无法通过劳动改变自身的贫困状态。此外,婚姻家庭因素

---

① Ngok, K., Chan, W.K., & Peng, Z.(2011). "Workfare in Mainland China: A Reaction to Welfare Dependency?" In *Welfare Reform in East Asia: Towards Workfare?* (Ed.), Chan, C.K. & Ngok, K.L, New York: Routledge. pp.17 – 40.
② 刘璐婵、林闽钢:《"养懒汉"是否存在?——城市低保制度中"福利依赖"问题研究》,《东岳论丛》,2015年第10期。
③ 曾崇碧:《中国低保福利依赖的成因及干预对策》,《重庆交通大学学报》,2009年第4期。
④ 王增文、邓大松:《倾向度匹配、救助依赖与瞄准机制——基于社会救助制度实施效应的经验分析》,《公共管理学报》,2012年第2期。
⑤ Gao, Q. (2017). *Welfare, Work, and Poverty: Social Assistance in China*. New York: Oxford Unicersity Press, 82 – 85.
⑥ Wu, L., Huang, Y. (2015). "Work barriers perceived by welfare recipients of a community employment program in Beijing, China." *Asia Pacific Journal of Social Work and Development*, 25(1), 2 – 12.
⑦ 肖萌、李飞跃:《低保依赖的影响因素及对策——一个综合解释模型探讨》,《南开学报》,2017年第2期。
⑧ 王强:《社会资本的反贫困机制——基于农村困难家庭全国性调查的实证研究》,《学习与实践》,2019年第6期。
⑨ 边燕杰、郭小弦、李晓光:《市场化与社会资本的变迁:1999—2014》,《开放时代》,2020年第4期。

也逐渐被考虑进来。张强和慈勤英发现,婚姻状态是一种明确的动力机制,"成家"激发了个体提高家庭福利的责任感,对低保对象的就业选择具有促进作用。① 但是,若家庭供养负担、照料负担较重,那么反福利依赖的措施就是无效的。②③④

随着贫困分析的范式由静态的收入贫困转向动态的资产贫困,研究逐渐发现资产与福利依赖存在关联。有研究跳出衡量贫困状态的收入维度,提出用资产来衡量贫困者的经济风险,进而分析资产缺失状态下贫困者依赖福利的可能性。杨立雄认为,资产的积累有助于提升低收入家庭人力资本的反贫困效应。⑤ 汪三贵和殷浩栋也认为,资产累积有利于贫困过渡,而资产损失则可能导致陷入贫困。⑥ 由于城市困难家庭的资产较为匮乏,其在储蓄、住房、财产性收入等方面的脆弱性较大,因而容易陷入长期贫困。⑦ 反之,诸如家庭负债之类的负资产会产生贫困的固化作用。邓锁发现,城市困难家庭的平均负债额度较高,有 38.3% 的家庭处于负债状态。⑧ 同样,高功敬等人也提出,除去房产的情况下,城市低保家庭中有 22.5% 拥有负资产。这是由于低保家庭医疗性消费与各种发展型消费需求日益增多,救助收入难以适应这种变化所致。⑨ 在这样的背景下,贫困家庭难以通过资产性积累改善生活处境,因而不可避免地陷入救助制度无法自拔。

---

① 张强、慈勤英:《"成家"会促使"就业"吗?——婚姻对城市低保对象就业行为的影响》,《南方人口》,2019 年第 1 期。
② 兰剑、慈勤英:《促进就业抑或强化"福利依赖"?——基于城市低保"反福利依赖政策"的实证分析》,《西南大学学报》,2016 年第 3 期。
③ 冯帆:《福利给予、就业促进与低保人群的再就业》,《南京社会科学》,2019 年第 11 期。
④ 张盈华:《工作贫困:现状、成因及政府劳动力市场政策的作用——来自欧盟的经验》,《国际经济评论》,2016 年第 6 期。
⑤ 杨立雄:《低收入家户人力资本的反贫困效应——基于 2015 年 CLIFSS 数据的实证研究》,《黑龙江社会科学》,2016 年第 3 期。
⑥ 汪三贵、殷浩栋:《资产与长期贫困——基于面板数据的 2SLS 估计》,《贵州社会科学》,2013 年第 9 期。
⑦ 邓锁:《城镇困难家庭的资产贫困与政策支持探析——基于 2013 年全国城镇困难家庭调查数据》,《社会科学》,2016 年第 7 期。
⑧ 邓锁:《城镇困难家庭的资产贫困与政策支持探析——基于 2013 年全国城镇困难家庭调查数据》,《社会科学》,2016 年第 7 期。
⑨ 高功敬、陈岱云、崔恒展:《资产积累与低保救助制度——基于城市低保家庭资产状况的调查与比较研究》,《南通大学学报》,2013 年第 2 期。

第三章　福利依赖研究的争论

一、福利依赖三条理论主线的局限性

(一) 贫困文化理论的局限性

一直以来,"结构取向"和"文化取向"构成了贫困解释的两大阵营。①结构取向的理论范式重视社会经济结构的调整而忽视贫困者的个体行为属性,导致反贫困政策"钝化"。② 随着贫困研究的理论范式向文化取向转变,贫困文化理论开辟了福利依赖分析的新视角,也极大地巩固了人们对贫困人口过度利用救助制度的文化性理解。但是,该理论在以下方面受到制约:

1. 贫困文化理论受限于特定的社会文化背景

文化是价值规范、观念心态与生活方式等的集合,不同的文化是融合于地方社会特定历史条件的有机体,拥有极强的"在地性"。从宏观角度而言,福利国家拥有不同的文化背景,其福利制度、福利政策的制定和实施往往受到本国主流价值观、社会心态和生活习惯的约束③。反之,福利制度与政策也在不断向本国文化输出与渗透福利观,这些福利观念影响着一国的福利态度,乃至引发国家整体价值观的变迁。不同文化背景的福利国家其福利立场并不相同,其所营造的制度环境与政策环境也存在差异,这很大程度上干预了贫困者的处境,进而令贫困治理的"在地性"困境④⑤延伸至福利依赖

---

① 周怡:《贫困研究:结构解释与文化解释的对垒》,《社会学研究》,2002年第3期。
② 林闽钢:《激活贫困者内生动力:理论视角和政策选择》,《社会保障评论》,2019年第1期。
③ 臧其胜:《政策的肌肤:福利态度研究的国际前沿及其本土意义》,《公共行政评论》,2016年第4期。
④ 尹利民、黄学琴:《"央—地"协作与贫困治理——对Y县精准扶贫实践的扩展性讨论》,《江西社会科学》,2020年第1期。
⑤ 荀丽丽:《悬置的"贫困":扶贫资金资本化运作的逻辑与问题》,《文化纵横》,2016年第6期。

研究领域,促使有关福利依赖的理解出现偏差。从微观角度而言,即使各国学者借用贫困文化理论分析本国的依赖现象,其对贫困文化的理解也许并不一致。这是由于不同文化背景的民众其福利态度及对福利受助者的看法迥异[1],即使是群体内部也存在福利态度的分化[2][3],因而削弱了其利用贫困文化理论解释福利依赖问题的根基。

2. 贫困文化难以测量并通过实证检验

威尔逊认为,文化论"大多是印象式的,主要是基于无法把握长期趋势的民族志或都市田野研究",况且"保守主义者在解释弱势群体的困境时历来着眼于各种政府规划对个体或群体主动精神的负面效应"[4]。甘斯(H. J. Gans)也认为,底层社会这一行为性界定的弹性使得"其成为使穷人蒙羞的标签,无论他们真正的表现如何"[5]。这意味着贫困文化是一个笼统的概念,对此概念的操作化过程会牵涉大量主观认知与个体经验,进而降低后续实证分析的可靠性。例如,该理论指出福利依赖是个人的失败,这种失败来源于贫困人口内心深处的惰性,受助者因接受救助而形成了懒散、怠惰的生活习性和生活方式,其价值观已经改变。然而在实证分析环节,研究难以有效测量受助者的惰性,难以对照个体价值观进行前后对比,同时无法真实反映贫困者的心理过程,那么,在此基础上开展的因果关系推断就成了无本之木。

3. 贫困文化理论容易陷于宿命论

与其他理论相比,贫困文化理论中的个体惩戒色彩较弱,尤其是不再谴责某个具体的穷人。但不可否认的是,该理论仍然对贫困群体持有不友善的评判,并且暗示了该群体暗淡的前途。尤其是下层阶级学说和贫困代际传递学说所展示的阶层固化与"底层心态",不仅容易引发公众对贫困阶层的质疑与警惕,而且容易导致后续研究做出类似"宿命论"的消极判断。

---

[1] 杨琨、袁迎春:《共识与分化:福利国家公民的福利态度及其比较研究》,《公共行政评论》,2018年第3期。
[2] 郑春荣、郑启南:《新世纪以来德国民众福利态度的变化及其影响因素分析》,《公共行政评论》,2018年第3期。
[3] 杨琨、黄君:《福利国家青年人福利态度的比较研究》,《中国青年研究》,2017年第12期。
[4] 威尔逊:《真正的穷人:内城区、底层阶级和公共政策》,成伯清、鲍磊、张戌凡译,上海:上海人民出版社,2007年版,第5—6页。
[5] Gans, H. J. (1995). *The War against the Poor: The Underclass and Antipoverty Policy*. New York: Basic Books, p.2.

（二）制度缺陷理论的局限性

有关"福利依赖"的研究发端于福利国家改革浪潮涌动的特殊时期，此时福利国家的脆弱性受到了诟病，而制度缺陷理论正迎合了西方福利制度改革的需要，为改革提供了切入点。然而后续研究证明，制度缺陷理论本身也存在局限性：

1. 福利制度催生福利依赖的可能性存疑

研究认为，从制度设置的角度来看，福利依赖的制度诱因明显不足：艾丁（K. Edin）发现，救助金的额度并不高，无法让受助者过上消极依赖的生活。① 多数接受救助的家庭不得不寻求亲朋的支持，或者不间断地寻找低薪工作。② 鲁思来（L. Leisering）与布兰克（R. M. Blank）和拉格尔斯（P. Ruggles）等人的研究发现，在有资格接受救助的贫困者中，长期接受救助的人的确是境况最差的。③④ 其对福利制度的使用符合救助制度的设计初衷，所以福利依赖者其实是值得救助的群体。因此邓肯（G. J. Duncan）、希尔（M. S. Hill）和霍夫曼（S. D. Hoffman）提出，福利体系并不会滋生依赖，反而起到了抵御暂时不幸的保险作用。⑤ 在这些研究者看来，福利制度瑕不掩瑜。即使有若干缺陷，但仍然在减贫上发挥了重要作用。而福利依赖作为一个副产物或副作用，是不可避免的。

还有研究指出，致力于解决福利依赖问题的福利制度改革并未奏效：一方面，福利改革中原本意在于消减福利依赖的措施无效或有反作用。例如，90%退出福利制度的受助者感觉自己生活得更糟糕了。⑥ 莫里斯（P. Morris）等人发现，对接受福利所设置的时间限制并不像预计的那样发挥作

---

① Edin, K. (1991). "Surviving the welfare system: How AFDC recipients make ends meet in Chicago." *Social Problems*, 38(4), 462 – 474.
② Edin, K., Lein, L. (1997). *Making ends meet: How single mothers survive welfare and low-wage work*. New York: Russell Sage Foundation, pp. 42 – 45.
③ Blank, R. M., Ruggles, P. (1996). "When Do Women Use Aid to Families with Dependent Children and Food Stamps? The Dynamics of Eligibility Versus Participation." *The Journal of Human Resources*, 31(1), 57 – 89.
④ Leisering, L. (2003). "Governmant and the life course." In Mortimer, J. T., Shanahan, M. J. (Ed.). *Handbook of the Life Course*. New York: Kluwer Academic Publishers, pp. 205 – 225.
⑤ Duncan, G. J., Hill, M. S., Hoffman, S. D. (1988). "Welfare dependence within and across generations." *Science*, 239(4839), 467 – 471.
⑥ Lindhorst, D. T., Mancoske, R. J., Kemp, A. A. (2000). "Is welfare reform working? A study of the effects of sanctions on families receiving temporary assistance to needy families." *Jorunal of Sociology and Social Welfare*, 27(4), 185 – 201.

用,因为设置时限对长期依赖福利的家庭中的儿童影响较小,反而对短期福利依赖家庭中的儿童尤其是青少年子女有强烈的负面影响。① 另一方面,受助者退出福利后重返制度的概率较高。程(T. Cheng)通过关于在职贫困母亲的一项长期研究发现,退出救助制度的贫困女性中有30.6%会返回TANF制度,大部分人退出后5个月内就又重新接受救助了。② 类似地,哈里斯也发现约有四分之一的女性在退出福利制度一年以内就会重新受助,两年内重新受助的比例高达42%。③ 可见福利改革效果并不理想,并未解决福利依赖问题,这从某种程度上说明福利制度与福利依赖间的因果关系很有可能并不明确,所以用福利改革来消除福利依赖只能是徒劳。

2. 制度研究囿于福利体制的影响

蒂特马斯(R. Titmuss)曾说过,"一个以普惠主义为救助要义的国家,并不会在提供福利时过于在意对方的肤色、年龄和性别;相反,坚信自由主义的国家则很可能致力于要求对方工作来维护工作模式的根基"④。在高夫(I. Gough)和布拉德肖(J. Bradshaw)等人看来,"福利国家救助制度构建与运作的逻辑和原则是根据体制类型聚集的,不同的福利体制其救助立场不同,这深刻地影响了福利国家对待公民的态度与方式,进而会影响福利国家对福利依赖概念的界定、观察与测量"⑤⑥。的确,实践中反福利依赖的制度措施能够体现出福利体制(welfare regimes)的影响:

《济贫法》传统下的美国于1996年颁布了《个人责任与工作机会协调法案》(Personal Responsibility and Work Opportunity Reconciliation Act, PRWORA),开始实施"工作第一"的福利计划。美国密尔沃基在汤米·汤普森(Tommy Thompson)的带领下于1997年实施了"威斯康星要工作"(即W-2)项目,把包括残疾人、药物滥用者、照料幼儿的母亲在内的所有能

---

① Morris, P., Bloom, D., Kemple, J., Hendra, R. (2003). "The effects of a time-limited welfare program on children: the moderating role of parents' risk of welfare dependency." *Child Development*, 74(3), 851–874.
② Cheng, T. (2010). "Financial self-sufficiency or return to welfare? A longitudinal study of mothers among the working poor." *International Journal of Social Welfare*, 19, 162–172.
③ Harris, K. M. (1996). "Life after Welfare: Women, work, and repeat dependency." *American Sociological Review*, 61(3), 407–426.
④ 蒂特马斯:《蒂特马斯社会政策十讲》,江绍康译,长春:吉林出版集团有限责任公司,2011年版,第19页。
⑤ Gough, I., Bradshaw, J., Ditch, J., Eardley, T., & Whiteford, P. (1997). "Social assistance in OECD countries." *Journal of European Social Policy*, 7(1), 17–43.
⑥ Gough, I. (2001). "Social assistance regimes: A cluster analysis." *Journal of European Social Policy*, 11(2), 165–170.

工作的人都推向了劳动力市场,研究者认为 W‐2 项目比传统福利制度更严格,更复杂,更多样化。① 戴斯蒙德(M. Desmond)认为,W‐2 项目作为一套惩处机制,对美国城市贫困居民的震慑力十足。② 相比之下,北欧福利国家如挪威、瑞典一直在采用积极劳动力市场政策,试图与公民达成生产合作而整体推动劳动参与率,重点是提供培训和补贴要求工作经验的岗位,而不是直接向有需要的人提供公共部门的工作③。在德国、法国、荷兰等西欧大陆福利国家,工作福利则化身为诸如"帮助工作"(Help Towards Work,HTW)、"最低收入安置计划"(Revenue Minimumd' Insertion,RMI)、《求职者就业法案》(Jobseeker's Employment Act,JEA)等不同救助制度与政策措施,④以期鼓励受助者通过工作实现自立。为了"让工作划得来",诸如劳动所得税收抵免(Earned Income Tax Credit,EITC)等制度通过提高劳动回报来强化工作的价值。例如 1997 年,一个有两个孩子的低收入家庭有资格获得的税收抵免最高可达 3656 美元。⑤

可以说,福利体制限定了福利国家对待救助制度受助者的态度与方式,划定了受助者的受益规则及权利边界,影响着救助理念和制度实践。福利体制类型不同,各国在受助者的污名化、福利依赖行为的界定、福利依赖对象的识别、救助项目结构设置、受助规则调整上的表现不同,因而演绎出了不同的福利依赖研究路径。⑥ 在这样的前提下,制度视角往往受限于福利体制的影响。

(三) 风险社会理论的局限性

后工业社会的技术和社会组织形态一直在向前发展,但这也带来了倦怠、不满和焦虑。贝克和吉登斯(A. Giddens)等人关于风险社会的反思已

---

① Besharov, D. J., Germains, P., Hein, J., Jonas, D. K., Sherman, A. L. (2001) *Ending Dependency: Lessons from Welfare Reform in the USA*. London: CIVITAS: Institute for the Study of Civil Society, p.31.
② 戴斯蒙德:《扫地出门:美国城市的贫穷与暴利》,胡䜣谆、郑焕升译,桂林:广西师范大学出版社,2018 年版,第 86 页。
③ Lewis, J., Surender, R. (2004). *Welfare State Change: Towards a Third Way?* Oxford: Oxford University Press, p.192.
④ Lødemel, I., Trickey, H. (2000). *An offer you can't refuse: workfare in international perspective*. Bristol: The Policy Press.
⑤ Ellwood, D. T. (2000). "Anti-Poverty Policy for Families in the Next Century: From Welfare to Work-and Worries." *Journal of Economic Perspectives*, 14(1), 187‐198.
⑥ 刘璐婵:《福利体制视域中的"福利依赖":三条路径与五个面向》,《社会建设》,2019 年第 2 期。

经超越了对福利制度的反思。如今,社会资源的分配更多地受到了科学、技术、专业知识、全球化与政治过程的影响,福利国家需要调整其使命与角色。学者们尝试结合全面变迁的后工业社会及风险因素开辟出解释"福利依赖"的新路径,但该理论脉络的固有缺陷无法被忽视:

1. 风险因素碎片化,缺乏系统性

在后工业社会的框架下,任何风险因素,小到个体化、劳动力市场与家庭制度变迁,大到经济社会转型、意识形态变化乃至自然环境剧变,都有可能被用于探究导致贫困人口过度利用救助制度的多种可能性。例如,斯科菲亚斯(E. Skoufias)等人分析了气候变化对全球贫困问题的影响,发现印尼、墨西哥等国的农村家庭福利会受到恶劣天气的影响,进而加速贫困的再生产。① 更进一步,高夫将气候因素置于更广阔的环境因素下进行考量,指出生态福利国家(eco-welfare states)将深刻地干预未来社会政策的制定,进而影响穷人的福祉。② 可以看到,更多的研究思路被打开了,这极大地拓展了研究视野,提高了变量集的丰盈程度。但是,一个无所不包的理论框架无法回避的问题是,解释变量纷繁复杂,但是众多变量之间缺少逻辑主线,各个变量分散于一个个视角独特、逻辑自洽的精妙分析中,无法系统地支撑对福利依赖本质的诠释,彼此之间也缺乏呼应,最终导致了后续研究的碎片化。

2. 风险因素存在内生性问题

内生性(Endogeneity)是在进行模型估计时遇到的残差项与解释变量相关的问题。除了解释变量有测量误差或有遗漏外,更多的内生性是由解释变量与非解释变量之间的双向因果关系引起的。在风险社会理论脉络中,这样的情况比比皆是。例如,失业是重要的解释变量,但是该变量与福利依赖这个被解释变量的关系是双向的,失业有可能会导致福利依赖,但反之福利依赖同样可能会引发失业。③④ 再如,家庭解体会导致福利依赖,反

---

① Skoufias, E. (Ed.) (2012). *The poverty and welfare impacts of climate change: Quantifying the effects, identifying the asaptation strategies*. Washington, D.C.: The World Bank.
② Gough, I. (2016) "Welfare states and environmental states: a comparative analysis." *Environmental Politics*, 25(1), 24–47.
③ Achdut, N., & Stier, H. (2020). "Welfare-use accumulation and chronic dependency in Israel: The role of structural factors." *Journal of Social Policy*, 49(1), 81–101.
④ Lemieux, T., Milligan, K. (2008). "Incentive effects of social assistance: A regression discontinuity approach." *Journal of Econometrics*, 142(2), 807–828.

之福利依赖也会导致家庭解体。①② 可以说,风险社会理论体系中的众多因素与福利依赖的复杂关系不仅增加了模型估计和系数解释的难度,而且提高了计量模型出现偏误的可能性,使潜藏在真实世界福利依赖现象背后的规律难以得到呈现。

二、福利依赖研究本土化引发的争论

(一) 福利依赖的道德批判立场遭驳斥

当前,中国有关福利依赖的研究越来越深入,相关议题结合我国的国情进行了本土化的转换。在这个过程中,中国学者们加深了对福利依赖现象的了解,也逐步认识到福利依赖研究在本国落地存在困难,由此持有不同的观点。有学者从考察社会救助制度宏观社会背景与历史演进历程的角度,反思了西方福利国家对福利依赖问题的过度演绎。唐钧指出,发达国家抨击"福利依赖"背后所隐藏的政策目标是"将中产阶级的愤懑引向无权势的社会底层",因此,贫困人口被迫当了替罪羊,承担了福利国家难以为继的责任。可以说,遭遇道德批判的受助贫困人口实际上被污名化了,连带着社会救助制度也被污名化和边缘化了。相比之下,在我国的社会背景下研究"福利依赖"需要更加慎重。③ 张浩淼也认为,福利依赖在美国是一个被人为建构起来的概念,有关福利依赖的讨论回避了基本概念的界定并且充斥着偏见,并将后续的探讨引入了误区。④ 这些研究对中国的福利依赖研究持有审慎的态度,反对采用道德批判色彩强烈的词汇形容贫困人口,也反对西方福利依赖研究预设的"惩戒"立场。

(二) 传统研究框架难以契合本土救助制度

目前西方学界构建起的福利依赖研究框架,无论是文化分析框架、制度

---

① Moynihan. D. P. (1965). *The Negro Family: The Case for National Action*. United States Department of Labor, History eSources. http://www.dol.gov/dol/aboutdol/history/webid-meynihan.htm.
② Lorentzen, T., Dahl, E., & Harsløf, I. (2012). "Welfare risks in early adulthood: A longitudinal analysis of social assistance transitions in Norway." *International Journal of Social Welfare*, 21(4), 408-421.
③ 唐钧:《慎言"福利依赖"》,《社会观察》,2015年第12期。
④ 张浩淼:《事实抑或建构:当代美国福利依赖问题探析》,《社会科学战线》,2017年第7期。

分析框架还是风险分析框架,都存在一系列的局限性,因此在延续上述理论脉络进行分析时需要有所鉴别。更重要的是,这些研究框架与研究者所处的经济社会环境密切融合,不同研究背景下的贫困者在申领救助时会展现不同的依赖行为与迥异的心理过程,这意味着各国福利依赖问题的实质并不相同。因此,通过审视西方福利依赖研究框架在中国国情下的适用性,可以发现传统的分析框架与我国的社会救助制度体系并不相契合。

首先,救助体系的捆绑结构增加了单项目分析的难度。在当前西方福利依赖研究领域中,分析往往是围绕单一救助项目展开的,例如美国学者通常分析 TANF、食品券等制度的受助群体的福利依赖问题。相比之下,我国的社会救助制度采用"基础+专项"的叠加结构,专项救助叠加在低保上,增加了单项救助项目的分析难度。其次,叠加救助项目的福利水平难以被准确衡量。"基础+专项"的叠加结构增加了救助体系的复杂性,也影响了救助水平的衡量。一方面,城市低保标准被认为仅能维持温饱①,且低保标准可支配收入替代率和消费率连年下降②,另一方面,专项救助金又被认为提升了制度的含金量③④,导致研究难以准确衡量救助制度的福利水平。再次,较低的救助支出与制度缺陷理论中"慷慨的救助金"前提相悖。李春根和陈文美通过测算社会救助财政支出的适度规模发现,当前我国西部地区的社会救助实际支出规模与适度支出规模差距较大,属于支出规模不足,而中部地区的救助支出仅达到适度规模⑤。在微观层面,曹艳春发现当前低保标准与实际的基本生活水平之间并不十分一致,生活救助并不能满足贫困群体的基本需要⑥。最后,以"户"为单位提供救助难以瞄准福利依赖者。美国的救助制度实施了严格的群体划分,将年老、残疾者与其他贫困群体区别对待,后者接受救助需要接受严格的资格审查。相比之下,我国对贫困者的救助以家庭为单位开展,令依赖者的识别和瞄准更为困难。

---

① 唐钧、刘蔚玮:《城市低保标准偏低了》,《中国社会保障》,2011年第12期。
② 向运华、赵羚雅:《基于扩展线性支出的城市低保标准研究——以武汉市为例》,《调研世界》,2018年第10期。
③ 王增文、邓大松:《倾向性匹配、救助依赖与瞄准机制——基于社会救助制度实施效应的经验分析》,《公共管理学报》,2012年第2期。
④ Lei, J., Chan, C. K. (2019). "Does China's public assistance scheme create welfare dependency? An assessment of the welfare of the Urban Minimum Living Standard Guarantee." *International Social Work*, 62(2), 487–501.
⑤ 李春根、陈文美:《现阶段我国社会救助财政支出规模适度吗?——基于"巴洛法则"与柯布-道格拉斯生产函数的分析》,《华中师范大学学报》,2018年第4期。
⑥ 曹艳春:《我国城乡社会救助系统建设研究》,上海:上海人民出版社,2009年版,第135页。

(三) 工作福利措施在我国的适用性存疑

除道德立场遭驳斥与制度契合失败以外,当前有关福利依赖的本土观察与国外解释框架的冲突还体现在反福利依赖措施的适用性上:一方面,贫困者的劳动参与并未受影响,"激活"措施在我国的作用范围有限;另一方面,当前的"激活"措施被认为是无效的。

国外研究显示,较高的边际税率、现金形式的津贴、严苛的家计调查以及缺位的劳动要求会削弱贫困者的劳动参与意愿,降低其劳动供给水平。然而研究认为,我国的"懒汉"却不懒:在就业意愿上,受助者仍然拥有就业动机[1],近期有关低保户就业的实证研究也印证了这一点。[2] 在就业行为上,受助者一直通过各种渠道努力找工作[3],或者保持了一定程度的隐性就业[4]。可以认为,工作福利在我国的作用范围较为有限,仅需要针对劳动意愿受损且未参与非正规就业的失业受助者群体发挥作用。此外,当前国外的反福利依赖措施集中于工作福利制度,分为以职业推荐为主的"快速就业模式"和以培训为主的"技能发展模式"两类。通过对贫困者参与的劳动力市场环境进行判断,研究提出当前我国各地实施的职业推介和培训作用不大[5],工作福利模式的适用性有限。[6]

---

[1] 田奇恒、孟传慧:《城市低保社会福利受助者"就业意愿"与社会救助研究》,《人口与经济》,2008年第1期。
[2] 李威、毕向阳:《城市低保对象福利依赖问题的实证研究——基于倾向得分匹配法的分析》,《社会建设》,2016年第5期。
[3] 高功敬、高灵芝:《城市低保的历史性质与福利依赖》,《南通大学学报》,2009年第3期。
[4] 彭宅文:《最低生活保障制度与救助对象的劳动激励:"中国式福利依赖"及其调整》,《社会保障研究》,2009年第2期。
[5] 肖萌、陈虹霖、李飞跃:《低保对象为何退保难?动态分析策略下的退保模式及其变迁趋势研究》,《社会》,2019年第4期。
[6] 张浩淼、仲超:《工作福利在我国社会救助改革中的适用性分析——基于典型福利国家实践的比较与启示》,《经济社会体制比较》,2019年第4期。

第四章 典型与非典型:福利依赖的分野

一、典型福利依赖:美国的案例

(一)美国典型福利依赖形成的时代背景与制度环境

由于美国民主党与共和党的分庭抗礼,社会福利事务不断处于"收缩—扩张"的波动之中。然而自20世纪60年代以来,无论是民主党还是共和党都反对社会救助的过度扩张。在20世纪80年代美国福利政策的话语体系中,福利依赖开始取代贫困成了政客与民众进行福利批判的靶子,这也影响了此后的福利制度改革。典型福利依赖就是在这样的时代背景与制度环境中被发现的。

1. 从 ADC 项目到 AFDC 项目

美国1935年颁布的《社会保障法》开启了美国的福利国家征程。这部法案除创造了养老、失业等保障体系外,还建立了贫困儿童补助计划(Aid to Dependent Children, ADC)。ADC项目仅针对贫困家庭的儿童实施,要求此类家庭有子女且亲生父母某方缺失,该项目负责向其提供津贴。[①] 二战以后,尤其是20世纪五六十年代,农业机械化迫使非裔美国人北上寻找工作,民权运动使ADC项目向前者大门洞开,致使ADC受助者不再只是白人女性,而是包括了大量离婚的、分居的、遭遗弃的非裔女性。[②] 这些受助的女性被视为"福利母亲"(the welfare mother),其规模并没有按政策预计

---

① Moffitt, R. A. (2015). "The Deserving Poor, the Family, and the U.S. Welfare System." *Demography*, 52(3), 729-749.

② Handler, J. F. (2004). *Social citizenship and workfare in the United States and western Europe: The paradox of inclusion*. In Social Citizenship and Workfare in the United States and Western Europe: The Paradox of Inclusion. Cambridge University Press, p.23.

的那样逐渐缩减①。20世纪50年代,受助者人数上涨了17%,到60年代,一下子上涨了107%。② 随着受助者人数不断膨胀,福利开支明显上升,公众的视线开始被ADC项目所吸引。莫伊尼汉发现,"几乎四分之一的城市黑人都处于离婚状态,四分之一的黑人家庭都是女户主家庭,这些黑人家庭的解体就是福利依赖的源头"③。越来越多的研究开始审视ADC项目,认为制度设置不应忘记其"辅助受助者恢复正常的生活状态"的初衷。④

1962年,ADC项目由AFDC项目所代替,更名为"抚养未成年子女家庭援助项目",此变化旨在控制受助者规模并限制项目成本。较之于维护女性家庭照料者角色的ADC项目,AFDC项目更倾向于强化女性养家糊口的能力。肯尼迪政府还据此提出了AFDC-UP(Aid to Families with dependent Children-Unemployed Parent,AFDC-UP)项目,面向"有家长失业的受助家庭",希望通过为受助者提供社会服务辅助其重返劳动力市场。此外,工作激励项目(Work Incentive Program,WIN)也被提上日程,要求受助者立刻就业。然而,大量研究分析了AFDC项目的效果,研究结果并不乐观,受助者的数量与项目支出有增无减。从1965年到1985年,AFDC项目的受助者增加了270%。在莫菲特看来,AFDC项目不仅提高了福利成本,而且导致了长期依赖福利与工作动机的减弱,以及大量女户主家庭的出现。⑤ 在就业方面,出于各种原因受助者再就业的薪资水平、工作时长与减贫效果也不尽如人意⑥。福利依赖问题愈演愈烈,使AFDC项目成了众矢之的。

2. 从AFDC项目到TANF项目

20世纪80年代以来,保守派不断攻击AFDC项目,认为救助制度纵容

---

① 朴侬湖、芮贝卡·A.范·沃黑斯:《美国:推动人们从福利走向工作》,尼尔·吉尔伯特、芮贝卡·A.范·沃黑斯编《激活失业者——工作导向型政策跨国比较研究》,王金龙译,北京:中国劳动社会保障出版社,2004年版,第166页。

② Gordon, L. (2001). "Who Deserves Help? Who Must Provide?" *The Annals of the American Academy of Political and Social Science*, 577(1), 12-25.

③ Moynihan. D. P. (1965). *The Negro Family: The Case for National Action*. United States Department of Labor, History eSources. http://www.dol.gov/dol/aboutdol/history/webid-meynihan.htm. p.9

④ Mittelstadt, J. (2001). "Dependency as a problem to be solved: Rehabilitation and the American liberal consensus on welfare in the 1950s." *Social Politics*, 8(2), 228-257.

⑤ Moffitt, R. (1992). "Incentive Effects of the U.S. Welfare System: A Review." *Journal of Economic Literature*, 30(1), 1-61.

⑥ Barr, N. A., & Hall, R. E. (1981). "The Probability of Dependence on Public Assistance." *Economica*, 48(190), 109-123.

了一系列问题行为,而且妨碍了劳动自立,主张修改受助规则、大幅削减福利预算。就业机会与基本技能项目(Job Opportunities and Basic Skills,JOBS)就是在这个背景下提出来的培训项目,并通过配套措施"让工作有利可图"。1992年,克林顿总统上台后立刻提出了受助时间限制,即贫困者只能领取2年的救助金。随着克林顿总统提出"结束我们所知道的福利"(end welfare as we know it),并于1996年开始大刀阔斧的改革,美国的福利制度进入了新一轮的调整与重塑,其中最重要的议题之一就是消除福利依赖。1996年,克林顿总统签署了《个人责任与工作机会协调法案》,该法案允许各州自行设置与运行福利计划,只要能够减少福利依赖并让受助者工作。自此,运行了81年的AFDC项目被"贫困家庭临时救助"项目(即TANF)取代。

TANF项目对贫困家庭设置了60个月即5年的受助期限,提出了强制的工作要求和其他约束条件。具体而言,TANF项目首先要求贫困家庭一生中最多只能接受5年的救助,有8个州甚至规定少于60个月。在伊利诺伊州,若受助家庭没有收入且没有13岁以下的子女,只能领取24个月的救助金。在得克萨斯州,时间限制依户主劳动能力定,成年人只能享受12个月、24个月或36个月。① 在工作方面,单亲母亲需要每周工作20至30小时。② 超过一半的单亲母亲和90%的双亲家庭父母都要参加教育或培训项目。此外,未婚的青少年被要求住在家里并回到学校上学。不再强调受助者的权利与资格,并引入了一系列罚则,如停止为没有上学的未婚妈妈提供救助金。③ 食品券(Food Stamp)项目也进行了调整,规定18岁至50岁的无子女成年人只能领取3个月的食品券,一旦他们失业,则可以再领3个月。有过毒品犯罪案底的人不得申请食品券。④ 2008年,食品券项目重命名为补充营养援助计划(Supplemental Nutrition Assistance Program,SNAP),惠及了更多的低收入家庭。

美国官方贫困率显示(参见表4-1),2019年总人口中有10.5%生活在贫困线以下。从年龄上来看,未成年尤其是婴幼儿的贫困率较高,高龄者贫

---

① U.S. Department of Health and Human Services. (1998). *Temporary Assistance for Needy Families Program: First annual report to Congress*. Washington, D.C.: Administration for Children and Families.
② 朴依湖、芮贝卡·A.范·沃黑斯:《美国:推动人们从福利走向工作》,尼尔·吉尔伯特、芮贝卡·A.范·沃黑斯编《激活失业者——工作导向型政策跨国比较研究》,王金龙译,北京:中国劳动社会保障出版社,2004年版,第168-172页。
③ 杨立雄:《贫困理论范式的转向与美国福利制度改革》,《美国研究》,2006年第2期。
④ Velsor-Friedrich, B. (1997). "Welfare reform: will it break the cycle of dependency?" *Journal of Pediatric Nursing*, 12(1), 55-56.

困率较低。此外,单亲母亲的贫困率远远超过总人口的贫困率。

表 4-1 美国官方贫困率(2008—2019)(%)

年 份	总体贫困率	单亲母亲	0—5 岁	18 岁以下	65 岁及以上
2019	10.5	24.3	15.6	14.4	8.9
2018	11.8	26.8	17.4	16.2	9.7
2017	12.3	28.5	19.3	17.4	9.6
2016	12.7	28.8	19.7	18.0	8.8
2015	13.5	30.4	21.3	19.7	8.8
2014	14.8	33.1	23.9	21.1	10.0
2013	14.8	34.4	24.1	21.5	10.2
2012	15.0	33.9	24.8	21.8	9.1
2011	15.0	34.2	25.0	21.9	8.7
2010	15.1	34.3	25.8	22.0	8.9
2009	14.3	32.5	24.3	20.7	8.9
2008	13.2	31.4	21.7	19.0	9.7

——资料来源:根据美国福利依赖年度报告[U.S. Department of Health and Human Services. (2021). *Welfare Indicators and Risk Factors*, *20th Report to Congress*. https://aspe.hhs.gov/reports/welfare-indicators-20th-rtc]附录数据整理。

(二)美国典型福利依赖形象的特点

巴尔(N. A. Barr)等人设想了一个福利依赖者的形象:有孩子的非裔单亲母亲。女户主身体健康,初高中文化程度,从事时薪 1.5 美元的工作。家里有 3 个处于学龄阶段的孩子,此外再无成年人。居住在对劳动收入征税 40% 的城市,每月领到的各项救助金加起来有 200 美元。[1] 随着研究的深入,典型福利依赖者的经典形象浮出水面,它让大众对福利女王,即未婚生育并接受救助的年轻黑人妈妈群体有了直观的印象[2][3]。典型福利依赖者的特征包括以下方面:

1. 女性户主/单亲母亲

美国的典型福利依赖者群体具有明显的女性偏向[4],该群体多是指在

---

[1] Barr, N. A., & Hall, R. E. (1981). "The Probability of Dependence on Public Assistance." *Economica*, 48(190), 109-123.

[2] Fraser, N., & Gordon, L. (1994). "A genealogy of dependency: Tracing a keyword of the U.S. welfare state." *Journal of Women in Culture and Society*, 19(2), 309-336.

[3] Boris, E. (2007). "On cowboys and welfare queens: Independence, dependence, and interdependence at home and abroad." *Journal of American Studies*, 41, 599-621.

[4] 凯特·贝德福德:《新自由主义时代的社会权利和性别正义:对话南希·弗雷泽》,戴雪红译,《国外理论动态》,2014 年第 2 期。

男性养家者缺位的低收入家庭中靠政府救助作为经济来源的单亲妈妈。[1]研究发现,在美国,2005年单亲母亲家庭占全体家庭的四分之一[2],而在受助者中单亲母亲家庭占多数[3],福利依赖者中81.6%都是女性[4]。在威尔逊看来,户主的性别与婚姻状况是决定家庭贫困状况的决定因素。1982年美国女户主家庭的贫困率为36.3%,全体贫困家庭中女户主家庭占46%。女性户主家庭与贫困和福利依赖紧紧捆在一起,并且长期如此。[5]

弗雷泽和戈尔登回顾了福利依赖词汇谱系的发展与变迁,发现女性是福利依赖的潜台词。从福利制度史来看,美国"社会保险—社会救助"的福利双轨制为了提升社会保险制度的认同度,刻意强化了救助制度的污名化。由于救助制度多面向女性,因此接受救助的女性成了典型的福利依赖者。[6]威尔逊则从家庭的角度寻找原因,认为当前女户主家庭的增多是由于男性不再能够支撑起一个家庭。[7]此外,单亲母亲难以稳定地获得来自亲属和朋友的支持,毕竟其亲朋的经济社会状况并不见得好于该单亲母亲。[8]典型福利依赖形象的女性化还来自男性依赖者的减少,因为男性在劳动力市场获得自立的可能性远大于女性。女性的照料者角色仍将其束缚在家庭内,劳动参与不得不让位于儿童抚育,尤其是对于单亲妈妈而言。[9]随着贫

---

[1] Macdonald, R., Shildrick, T., & Furlong, A. (2014). "In search of 'intergenerational cultures of worklessness': Hunting the yeti and shooting zombies." *Critical Social Policy*, 34(2), 199 – 220.

[2] Goldberg, G. S. (2010). "Feminization of poverty in the United States: Any surprises?" In Goldberg G. S. (Ed.). *Poor Women in Rich Countries: The Feminization of Poverty over the Life Course*, Oxford: Oxford University Press, p.240.

[3] Smith-Carrier, T. (2017). "Reproducing Social Conditions of Poverty: A Critical Feminist Analysis of Social Assistance Participation in Ontario." *Canada. Journal of Women, Politics and Policy*, 38(4), 498 – 521.

[4] Nielsen, M. J., Juon, H. S., & Ensminger, M. (2004). "Preventing long-term welfare receipt: The theoretical relationship between health and poverty over the early life course." *Social Science and Medicine*, 59(11), 2285 – 2301.

[5] 威尔逊:《真正的穷人:内城区、底层阶级和公共政策》,成伯清、鲍磊、张戌凡译,上海:上海人民出版社,2007年版,第100 – 101页。

[6] Fraser, N., & Gordon, L. (1994). "A genealogy of dependency: Tracing a keyword of the U.S. welfare state." *Journal of Women in Culture and Society*, 19(2), 309 – 336.

[7] 威尔逊:《真正的穷人:内城区、底层阶级和公共政策》,成伯清、鲍磊、张戌凡译,上海:上海人民出版社,2007年版,第127页。

[8] Cook, K. E. (2012). "Social support in single parents' transition from welfare to work: Analysis of qualitative findings." *International Journal of Social Welfare*, 12(4), 338 – 350.

[9] Misra, J., Moller, S., Karides, M. (2003). "Envisioning Dependency: Changing Media Depictions of Welfare in the 20th Century." *Social Problems*, 50(4), 482 – 504.

困的女性化趋势越来越强,典型福利依赖者的队伍不断壮大。

2. 非洲族裔

在制度早期,接受 ADC 项目的福利母亲是最初的典型福利依赖形象。当非裔女性不断加入受助者队伍,受助群体的种族特征越发明显。2005年,美国单亲母亲中有四分之三是少数族裔,黑人占 41.9%。① 威尔逊则认为,黑人女性户主家庭增多由经济、政治与社会趋势决定,但更重要的是,年轻黑人女性正在面临一个日益缩小的"适宜于结婚的"男性储量,这一点具有鲜明的种族特色。② 由于黑人男性无业恶化了婚姻市场,导致黑人女性不断推迟初婚年龄乃至拒绝再婚,因而催生了非婚生育、未婚生育等问题。③ 这进一步加深了黑人群体的贫困程度,因而典型福利依赖者往往也拥有一张黑色的面孔。

3. 年龄偏低

伴随着底层社会(Underclass)的出现,福利依赖人群明显的女性色彩基础上逐渐增加了年龄特质:20 世纪 80 年代,年轻的未婚妈妈成了矛头所指。史密斯-卡里尔(T. Smith-Carrier)发现,调查中受助者的年龄平均在 31 岁。④ 而早成家是一项致贫的风险因素,年轻户主家庭陷入贫困的可能性较大⑤,十几岁就当父母的人成年后成为长期受助者的可能性翻了三倍⑥。数据显示(参见图 4-1),2015 年美国 18 岁至 19 岁青少年未婚妈妈的比例是 36.5‰,15 岁至 17 岁的比例是 9.6‰,均高于总体比例。⑦

---

① Goldberg, G. S. (2010). "Feminization of poverty in the United States: Any surprises?" In Goldberg G. S. (Ed.). *Poor Women in Rich Countries: The Feminization of Poverty over the Life Course*, Oxford: Oxford University Press, p.240.

② 威尔逊:《真正的穷人:内城区、底层阶级和公共政策》,成伯清、鲍磊、张戌凡译,上海:上海人民出版社,2007 年版,第 127 页。

③ 威尔逊:《真正的穷人:内城区、底层阶级和公共政策》,成伯清、鲍磊、张戌凡译,上海:上海人民出版社,2007 年版,第 100-125 页。

④ Smith-Carrier, T. (2017). "Reproducing Social Conditions of Poverty: A Critical Feminist Analysis of Social Assistance Participation in Ontario, Canada." *Journal of Women, Politics and Policy*, 38(4), 498-521.

⑤ Brady, D., Finnigan, R. M., Hübgen, S. (2017). "Rethinking the risks of poverty: A framework for analyzing prevalences and penalties." *American Journal of Sociology*, 123 (3), 740-786.

⑥ Nielsen, M. J., Juon, H. S., & Ensminger, M. (2004). "Preventing long-term welfare receipt: The theoretical relationship between health and poverty over the early life course." *Social Science and Medicine*, 59(11), 2285-2301.

⑦ U.S. Department of Health and Human Services. (2018). *Welfare Indicators and Risk Factors, Seventeenth Report to Congress*. https://aspe.hhs.gov/pdf-report/welfare-indicators-and-risk-factors-seventeenth-report-congress., p.4.

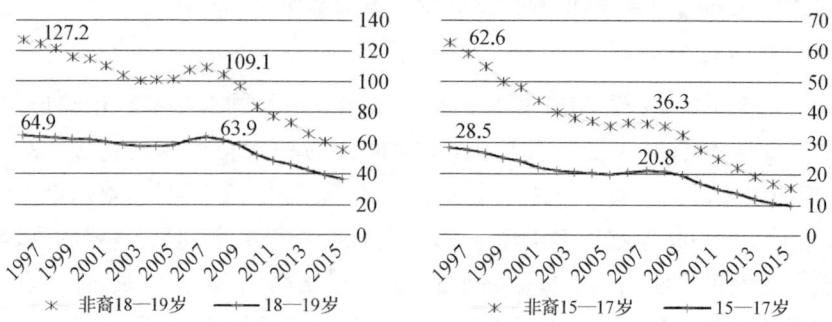

图 4-1　美国每千名青少年黑人女性的未婚生育率(1996—2015)
——资料来源:根据美国福利依赖年度报告[U. S. Department of Health and Human Services. (2018). *Welfare Indicators and Risk Factors*, *Seventeenth Report to Congress*. https://aspe.hhs.gov/pdf-report/welfare-indicators-and-risk-factors-seventeenth-report-congress]数据绘制。

莫尔(K. Moore)认为,大量女性在青少年时期就生育子女会导致福利依赖,使其年纪轻轻就成了福利依赖者。她发现1976年AFDC项目的14岁至30岁女性中,若在20岁至30岁生下了自己的第一个孩子,其受助的可能性为10%,若小于20岁就生了孩子,受助的可能性就提高到25%,若十六七岁就生了孩子,受助的可能性就高达31%。① 鲍斯约利(J. Boisjoly)等人认为,早早就接受福利救助,未来人生长期受助的可能性大大增加。② 年轻女性,带着非婚生育的孩子,再加上教育和就业的中断,生活境况必然恶化。③

4. 问题行为

随着受助者污名化程度不断加深,典型福利依赖者的形象更加负面化。由于贫困文化观点的出现,刘易斯、哈林顿等人对贫困者价值观念、行为方式、生活态度乃至心理趋势的论述让美国民众直观地感受到了贫困文化的破坏力。此后,受助者所呈现出的非婚生育、婚姻破碎、贫困代际传递等问题强化了受助者群体的负面形象。此外,医学和心理学将福利依赖与病理联系起来,尤其是与成瘾行为联系起来。④ 研究发现,受助者中酗酒、吸毒

---

① Moore. K. (1978). "Teenage childbirth and welfare dependency." *Family Planning Perspectives*, 10(4), 233-235.
② Boisjoly, J., Harris, K. M., Duncan, G. J. (1998). "Trends, Events, and Duration of Initial Welfare Spells." *Social Service Review*, 72(4), 466-492.
③ 威尔逊:《真正的穷人:内城区、底层阶级和公共政策》,成伯清、鲍磊、张戌凡译,上海:上海人民出版社,2007年版,第101-102页。
④ Fraser, N., & Gordon, L. (1994). "A genealogy of dependency: Tracing a keyword of the U.S. welfare state." *Journal of Women in Culture and Society*, 19(2), 309-336.

者大有人在,且很多人正在经受抑郁、焦虑等情绪的折磨。①②③④ 可以看出,典型福利依赖者的形象是较为负面的,往往与问题行为相关联。

(三) 美国典型福利依赖者的群体规模

自美国 1994 年颁布《福利指标法案》以来,美国健康和人类服务部每年会就福利依赖的相关指标向美国国会提交年度报告。2021 年的福利依赖年度报告显示,2018 年美国总人口中有 20.3% 其本人或所在家庭接受过救助,近年来基本上稳定在这个比例(参见表 4-2)。以族裔进行划分发现,与白人相比,黑人和拉丁裔的受助率翻了不止两倍,其中黑人的受助率最高。就年龄而言,儿童中的受助者远多于成年人。从家庭类型上来看,与夫妇家庭相比,单亲家庭的受助率更高,其中单亲母亲家庭最高。从 2009 年到 2018 年,美国社会中贫困者接受社会救助的比例稳定在 20% 左右。相比之下,单亲母亲群体受助率始终超过 50%,黑人群体受助率高于 35%,远高过总人口的受助比例。

表 4-2 美国贫困者社会救助项目受助率(2009—2018)(%)

年份	2009	2010	2011	2012	2013	2014	2015	2016	2017	2018
占总人口比重	19.9	22.7	23.1	23.6	23.5	22.7	22.5	22.0	20.9	20.3
按种族分类										
非拉丁裔白人	13.3	15.7	16.3	16.5	16.3	15.7	15.7	15.3	14.6	14.1
非拉丁裔黑人	37.6	40.7	39.7	41.2	41.2	39.6	38.6	37.3	35.0	35.0
拉丁裔	32.9	36.9	36.4	37.2	37.6	35.9	35.0	34.5	32.4	30.5
按年龄分类										
0—17 岁儿童	30.4	34.4	34.4	35.7	35.3	33.9	33.8	32.5	31.9	30.6
18—64 岁成人	17.6	20.2	20.9	21.2	21.3	20.6	20.2	20.0	18.7	18.2
65 岁及以上老年人	11.3	12.3	12.9	13.7	13.5	13.5	14.3	13.8	13.5	14.0
按家庭类型分类										
夫妇家庭	12.5	15.0	14.6	15.4	15.4	14.3	14.6	14.2	13.5	13.0

---

① Jayakody, R., Danziger, S., Pollack, H. A. (2000). "Welfare reform, substance use, and mental health." *Journal of Health Politics Policy and Law*, 25(4), 623-651.
② Schmidt, L., Dohan, D., Wiley, J., Zabkiewicz, D. (2002). "Addiction and Welfare Dependency: Interpreting the Connectio." *Social Problems*, 49(2), 221-241.
③ Schmidt, L., Weisner, C., Wiley, J. (1998). "Substance abuse and the course of welfare dependency." *American Journal of Public Health*, 88(11), 1616-1622.
④ Taylor, M. J., & Barusch, A. S. (2004). "Personal, family, and multiple barriers of Long-Term Welfare Recipients." *Social Work*, 49(2), 175-183.

续 表

年份	2009	2010	2011	2012	2013	2014	2015	2016	2017	2018
单亲母亲家庭	50.4	54.2	55.0	56.1	55.7	55.7	52.9	52.6	50.6	50.2
单亲父亲家庭	33.1	34.3	34.9	37.3	36.0	34.7	34.5	34.3	32.4	35.8

——注:此处所指的社会救助项目包括 TANF 项目、SNAP 项目或 SSI 项目。
资料来源:U.S. Department of Health and Human Services. (2021). *Welfare Indicators and Risk Factors*, *20th Report to Congress*. https://aspe.hhs.gov/reports/welfare-indicators-20th-rtc.

福利依赖年度报告将福利依赖界定为"家庭一年内总收入的50%来自各类政府救助项目,包括贫困家庭临时救助项目(TANF)、补充营养援助计划(SNAP)、补充保障收入项目(SSI)等。"[1]这意味着半数收入是救助金的家庭是依赖福利的,此类家庭中的成员就是福利依赖者。根据表4-3,2005年至2018年美国完全不依靠救助金生活的家庭从84.7%降到了79.7%,意味着更多的家庭或多或少需要靠救助金生活。2018年,16.7%的美国家庭其家庭总收入中的一部分(大于0%小于50%)来自各项救助项目,相比之下,2005年该比例仅为11.5%,但是从救助金占家庭总收入的比重来看,这些家庭尚未达到福利依赖的程度。与这些未形成依赖的家庭相比,2005年有3.8%的家庭其救助金占家庭总收入的半数以上,属于福利依赖,2018年有3.6%的家庭产生了福利依赖,福利依赖率在2010年甚至高达5.3%。

在这些福利依赖家庭中,其福利依赖的程度不同,救助金占家庭总收入的比重越大,依赖程度越深。

表4-3 美国家庭中救助收入占总收入的比重(2005—2018)(%)

年份	0%	>0 到 25%	>25% 到 50%	>50% 到 75%	>75% 到 100%	福利依赖率
2018	79.7	14.0	2.7	1.0	2.6	3.6
2017	79.1	13.9	3.0	1.1	2.9	4.1
2016	78.0	14.4	3.2	1.2	3.1	4.4
2015	77.5	14.3	3.6	1.5	3.1	4.6
2014	77.3	14.1	3.7	1.4	3.5	4.9
2013	76.5	14.4	4.1	1.7	3.4	5.0
2012	76.4	14.3	4.2	1.7	3.4	5.1
2011	76.9	13.8	4.1	1.7	3.5	5.2

---

[1] U.S. Department of Health and Human Services. (2021). *Welfare Indicators and Risk Factors*, *20th Report to Congress*. 网址:https://aspe.hhs.gov/reports/welfare-indicators-20th-rtc, p.28.

续 表

年份	0%	>0 到 25%	>25%到 50%	>50%到 75%	>75%到 100%	福利依赖率
2010	77.3	13.2	4.2	1.7	3.6	5.3
2009	80.1	11.4	3.9	1.5	3.1	4.6
2008	82.9	10.3	2.8	1.1	2.8	4.0
2007	84.1	9.7	2.8	1.1	2.3	3.5
2006	84.4	9.3	2.6	1.1	2.6	3.7
2005	84.7	8.9	2.6	1.1	2.7	3.8

——注:福利依赖率由政府救助项目收入(包括 TANF、SNAP 或 SSI)占家庭总收入的比重来判断,比重>50%即为福利依赖。比重越大,依赖程度越深。
资料来源:U.S. Department of Health and Human Services. (2021). *Welfare Indicators and Risk Factors*, 20th Report to Congress. https://aspe.hhs.gov/reports/welfare-indicators-20th-rtc.

根据表4-3,在2018年的美国家庭中,救助金收入占家庭总收入的比重在50%至75%之间的家庭共有1%,占比在75%至100%之间的家庭共有2.6%,表明依赖程度较深的家庭更多。从历史视角来看,2005年至2018年的十余年间,深度依赖的家庭始终是低度依赖家庭数量的2倍。

在规模庞大的福利依赖者队伍中,典型福利依赖者占据了主要地位。就福利依赖人口比例而言,2018年美国人口的总体依赖率是3.6%(参见表4-4)。按照2018年美国的人口总数32 668.75万人计算,福利依赖者的规模为1 176万左右。[1]

表4-4 2018年美国家庭中救助收入占总收入的比重(%)

	0%	>0 到 25%	>25%到 50%	>50%到 75%	>75%到 100%	福利依赖率
总人口中的比重	79.7	14.0	2.7	1.0	2.6	3.6
按种族分类						
非拉丁裔白人	85.9	10.0	1.6	0.6	1.8	2.5
非拉丁裔黑人	65.0	20.9	5.9	2.3	6.0	8.3
拉丁裔	69.5	22.1	4.0	1.4	3.0	4.4
按家庭类型分						
夫妇家庭	87.0	10.5	1.4	0.4	0.8	1.2
单亲母亲家庭	49.8	30.4	9.4	3.4	7.0	10.5
单亲父亲家庭	64.2	26.5	4.5	1.8	2.9	4.7
单人户	83.9	8.8	1.4	0.8	5.1	6.0

——注:福利依赖率由政府救助项目收入(包括 TANF、SNAP 或 SSI)占家庭总收入的比重来判断,比重>50%即为福利依赖。比重越大,依赖程度越深。
资料来源:U.S. Department of Health and Human Services. (2021). *Welfare Indicators and Risk Factors*, 20th Report to Congress. https://aspe.hhs.gov/reports/welfare-indicators-20th-rtc.

---

[1] U.S. Department of Health and Human Services. (2021). *Welfare Indicators and Risk Factors*, 20th Report to Congress. https://aspe.hhs.gov/reports/welfare-indicators-20th-rtc.

从图 4-2 可以看出，2009 年到 2015 年，单亲母亲的福利依赖率稳定在 13%至 16%左右，非裔则稳定在 10%至 12%左右。尽管福利依赖的人数呈整体下降的趋势，但单亲母亲和非裔人口的依赖率仍远高于总人口的依赖率，意味着福利依赖群体始终保持着一张女性、非裔面孔。

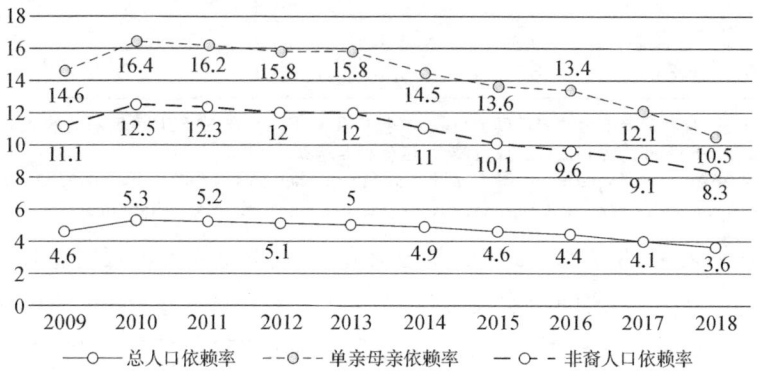

图 4-2　美国整体福利依赖率与单亲母亲、非裔人口的依赖率（2009—2018）
资料来源：根据 U.S. Department of Health and Human Services.（2021）. *Welfare Indicators and Risk Factors*，20*th Report to Congress*. https://aspe.hhs.gov/reports/welfare-indicators-20th-rtc. 数据绘制

（四）美国典型福利依赖的表现

1. 受助时长

美国健康和人类服务部通过统计福利依赖者接受救助的时间段（spell）来衡量其受助时长（duration）①。从表 4-5 可以看出，TANF 项目中近七成的受助者属于临时性、短期性地获取救助，他们在 2015 年至 2016 年的 2 年时间内仅领取了不到 12 个月的救助。其中，非裔人口、单亲家长和成年人口的受助时长均集中于 12 个月以内。这很大程度上是由福利制度改革为救助制度设置领取时限所致。

从较长的时间阶段来看，这种短期化的福利动态更加明显。从表 4-6 中可以看出，在 1996 年改革前 AFDC 项目有 31.4%的受助者单次领取救助的时长超过 20 个月，12.5%在 13 个月至 20 个月之间，仅有 56.1%受助不到一年，其中领取时间短于 5 个月的仅有三成。随着《个人责任与工作机会权

---

① spell 在本书中是指受助者从进入退出救助制度的一个时间段，spell 的长度意味着时间段的长短，可用 duration 来衡量。本书将 spell 定义为单次受助，即一次从进入制度到退出制度的过程。通过汇总各个 spell，可以累加计算每次受助的时长，用以衡量总受助时长。

衡法案》颁布,AFDC项目被TANF项目取代,2018年至2012年间领取时间在5个月以下的比例快速上升至50.5%。相比之下,超过20个月的长期受助比例降低为11.3%。到了2015年至2016年这一阶段,68.9%的受助者其单次受助时长在一年以内。

表4-5 美国典型福利依赖者单次受助时长(2015—2016)(%)

	5个月以下	5—12个月	13—20个月	超过20个月
TANF项目整体比重	13.7	55.2	8.7	22.4
非裔人口	16.6	50.4	14.0	19.1
25—64岁成年人	18.3	58.6	7.2	15.9
单亲家长	19.0	60.5	8.6	11.8

——资料来源:U.S. Department of Health and Human Services. (2021). *Welfare Indicators and Risk Factors*, 20th Report to Congress. https://aspe.hhs.gov/reports/welfare-indicators-20th-rtc.

表4-6 分阶段的典型福利依赖者受助时长(%)

时期	项目	5个月以下	5—12个月	13—20个月	超过20个月
1993—1995	AFDC	30.7	25.4	12.5	31.4
1996—1999	AFDC/TANF	46.4	29.2	11.5	12.7
2004—2007	TANF	43.8	29.9	12.2	14.1
2008—2012	TANF	50.5	29.1	9.2	11.3
2015—2016	TANF	13.7	55.2	8.7	22.4

——资料来源:U.S. Department of Health and Human Services. (2018). *Welfare Indicators and Risk Factors*, *Seventeenth Report to Congress*. https://aspe.hhs.gov/pdf-report/welfare-indicators-and-risk-factors-seventeenth-report-congress; U.S. Department of Health and Human Services. (2021). *Welfare Indicators and Risk Factors*, 20th Report to Congress. https://aspe.hhs.gov/reports/welfare-indicators-20th-rtc.

布兰克(R. M. Blank)和拉格尔斯(P. Ruggles)研究了有受助资格的人的决策过程,发现受助者接受救助的状态并非一成不变,而是处于动态变化之中,相当多数量的受助者不断在救助制度中进进出出。[①] 单次受助时长仅能反映福利依赖者某一时段内的福利领受状态,因此需要考察更长一段时期内受助者累计接受救助的总时长。

图4-3显示,1969年至1978年,典型福利依赖者累计受助时长比例分布较为均衡,30.2%在此十年间总共受助1年至2年,受助时长为3年至5

---

① Blank, R. M., Ruggles, P. (1996). "When Do Women Use Aid to Families with Dependent Children and Food Stamps? The Dynamics of Eligibility Versus Participation." *The Journal of Human Resources*, 31(1), 57-89.

年和 6 年至 8 年的比例均为 26% 左右,9 年至 10 年的长期受助者占 17.5%。这一时期 6—8 年和 9—10 年的长期受助者共计占 43.7%。该比例分布在 1979 年至 1988 年间基本未变化。到了 1989 年到 1998 年这一阶段,1—2 年的短期受助者迅速增加至 44.1%,6—8 年和 9—10 年的长期受助者则有所减少,其比例分别降至 18% 和 12.5%,合计 30.5%。在 1999 年至 2008 年这一阶段,1—2 年的短期受助者成了主流,共有 62.6% 在此十年间累计受助不超过 2 年。相比之下,6 年至 8 年、9 年至 10 年的长期受助者所占比重急剧下降,两者合计 11.9%。从长期来看,典型福利依赖者受助时长缩短的趋势也更为明显。

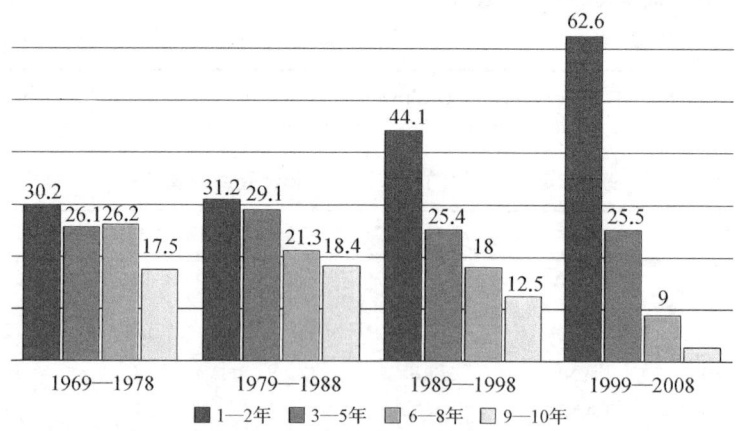

图 4-3 不同时期典型福利依赖者累计受助时长(Non-Hispanic Blacks)
——资料来源:根据美国福利依赖年度报告[U.S. Department of Health and Human Services.(2014). *Welfare Indicators and Risk Factors*, *Thirteenth Report to Congress*. https://aspe.hhs.gov/pdf-report/welfare-indicators-and-risk-factors-thirteenth-report-congress]数据绘制。

2. 劳动就业状况

从表 4-7 可以看出,2018 年,TANF 项目受助者的整体就业率为 54%,其中包括 12.7% 的兼职工作和 34.5% 的全职工作。相比之下,46% 并无求职行为。

表 4-7 2018 年美国典型福利依赖者所在家庭的劳动参与状况(%)

	零就业未求职	零就业求职中	全兼职无全职	有全职	就业率
TANF 项目	46.0	6.8	12.7	34.5	54.0
非拉丁裔黑人	52.6	7.4	10.9	29.1	47.4
单亲母亲	53.5	7.2	13.1	26.2	46.5
成年女性	47.9	7.6	12.5	32.0	52.1

续 表

	零就业未求职	零就业求职中	全兼职无全职	有全职	就业率
SNAP 项目	38.8	4.8	13.8	42.6	61.2
非拉丁裔黑人	41.4	6.4	14.8	37.4	58.6
单亲母亲	35.1	5.3	17.9	41.7	64.9
成年女性	40.2	5.0	15.6	39.2	59.8

——注：成年指年龄在 16 岁至 64 岁之间。零就业家庭指受助者所在家庭中没有一位成员有工作，并且没有成员在寻找工作；零就业、求职中指受助者所在家庭中没有一位成员有工作，但成员在寻找工作；全兼职、无全职指受助者所在的家庭中没有成员有全职工作，全是兼职工作；有全职指受助者所在家庭中至少有一位成员拥有全职工作。

资料来源：U.S. Department of Health and Human Services. (2021). *Welfare Indicators and Risk Factors*, 20th Report to Congress. https://aspe.hhs.gov/reports/welfare-indicators-20th-rtc.

与整体水平相比，受助者中的单亲母亲、成年女性和非裔的劳动参与状况更不乐观：黑人受助者的就业率仅为47.4%，正在求职的比例略高于整体水平，全职就业的水平低于整体水平。单亲母亲的就业状况更差，就业率仅为46.5%，60.7%的单亲妈妈未活跃在劳动力市场中。其全职就业的水平远低于整体水平，零就业者比例高达53.5%。相比之下，成年女性的劳动参与表现好于单亲妈妈和黑人群体。

SNAP 项目受助者的劳动参与状况优于 TANF 项目。SNAP 项目的整体就业率为61.2%，其中包括13.8%的兼职工作和42.6%的全职工作，全职工作的比重远高于 TANF 项目。与整体水平相比，SNAP 项目受助者中成年女性和非裔的劳动参与状况不乐观，但是单亲母亲的劳动参与状况甚至高于整体水平：黑人受助者的就业率仅为58.6%，正在求职和正在兼职的比例略高于整体水平，全职就业的水平大大低于整体水平。成年女性受助者的就业状况也不乐观，就业率仅为59.8%，零就业者比例高达40.2%，仅有5%在积极求职中。相比之下，单亲母亲的劳动参与表现好于前两者，其就业率超过整体水平3.7%，超过黑人群体6.3%。由于兼职工作比例高于项目整体水平、全职工作比例低于项目整体水平，因此较高的单亲母亲就业率得益于兼职工作而非全职工作。

就非裔女性的受雇情况而言，1980 年至 2016 年经历过先增长后下降的趋势，近年来稳定在58%左右（参见图4-4）。受雇比例从1996年实施《个人责任与工作机会协调法案》开始不断上涨，最高值68.4%出现在1999年。随后不断下降，2012年降至最低点55%。因此，近四成的典型福利依赖者未参与劳动。

福利依赖者所在家庭的整体就业状况如图4-5所示，在2010年至

2018年间,始终有四成多的福利依赖者生活在零就业家庭中。从时间趋势来看,零就业家庭的比重在2010年至2018年的十年间始终高于就业家庭的比重,就业家庭中兼职家庭与全职家庭的比重分别经历了上升和下降。(参见图4-5)

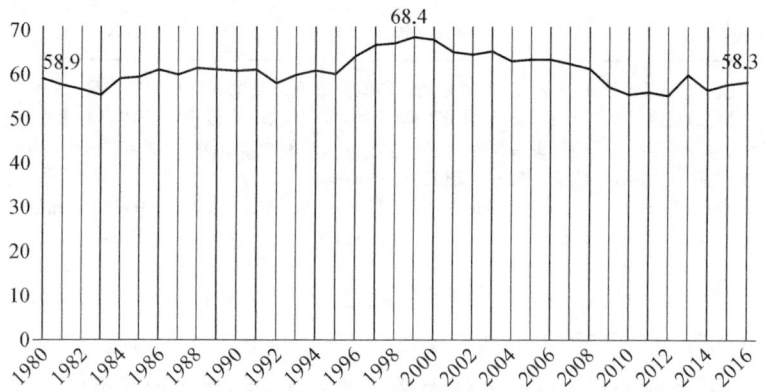

图4-4 美国典型福利依赖者的受雇状况(1980—2016)
——资料来源:根据美国福利依赖年度报告[U.S. Department of Health and Human Services. (2018). *Welfare Indicators and Risk Factors*, *Seventeenth Report to Congress*. https://aspe.hhs.gov/pdf-report/welfare-indicators-and-risk-factors-seventeenth-report-congress]数据绘制。

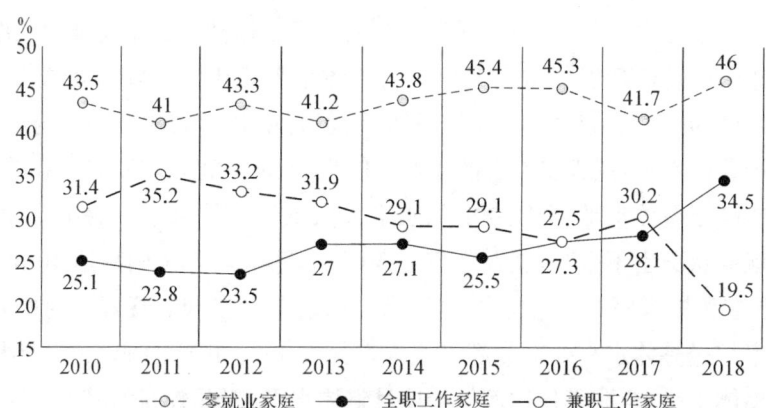

图4-5 美国典型福利依赖者所在家庭的劳动参与状况(TANF项目,2010—2018)
资料来源:根据U. S. Department of Health and Human Services. (2021). *Welfare Indicators and Risk Factors*, 20th Report to Congress. https://aspe.hhs.gov/reports/welfare-indicators-20th-rtc.数据绘制

具体而言,在2010年至2014年这一阶段,零就业家庭比重稳定在43%左右,全职工作比重小于兼职工作。2014年至2017年,全职工作与兼职工作两者比重基本相同,但是随后全职工作比重一路走高。2017年至2018

年间,全职工作家庭比重升至 34.5%,兼职工作家庭比重降至 19.5%,而零就业家庭的比重提升至 46%,为近十年来的最高值。

二、中国城市中的"非典型福利依赖"

(一) 城市低保制度中的福利依赖者

上一节全面描述了典型福利依赖者的形象。从历史上来看,典型福利依赖者的形象经历了从"不值得被救助者"(unworthy/ undeserving poor)到福利女王(Welfare Queen)的变迁。这些福利依赖者拥有女性、非裔、年轻等相似的特征,属于典型的福利依赖者。那么,中国城市贫困群体中的福利依赖者是哪些人?他们拥有什么样的特征呢?

1. 谁是"懒汉"?城市低保制度中的福利依赖者

从 2006 年左右开始,有关"低保养懒汉"的报道见诸报端,引发了社会热议。媒体对"开宝马领低保"特例的过度描绘激起了民众对低保制度的愤慨与质疑,并掀起了学界关于福利病、福利依赖、贫困陷阱等议题的深入讨论。与西方福利国家一样,大众关注的重点在于现行的社会救助制度是否会成为滋生懒惰的温床,使接受救助者成为懒汉,逐渐形成处于劳动年龄且具有劳动能力者接受救助的福利依赖现象。因此,要讨论福利依赖问题,需要将处于劳动年龄且具有劳动能力的人从全体受助者中识别出来。

自济贫制度出现以来,受助者就被"值得/不值得"的道德红线划分为两个群体。从 18 世纪晚期开始,"值得/不值得救助"的话题就与"如何在不增加福利依赖或道德风险的情况下提供救助""社会责任的边界在何处"并列为贫困领域的三大争议。[①] 伊丽莎白济贫法规定"值得救助"的穷人可以享受院外救济(outdoor relief),"不值得救助"的穷人若要接受救助则同时需要接受一系列惩罚措施。[②] 民众因对前者持有同情怜悯之心而容忍其受助行为,对后者的受助行为则持否定态度,进而更为严苛。美国沿袭了这一区

---

① Katz, M. B. (2013). *The Undeserving Poor: America's Enduring Confrontation with Poverty* (2nd ed.). New York: Oxford University Press, p.1.
② 迪尼托:《社会福利:政治与公共政策》,何敬、葛其伟译,杨伟民校,北京:中国人民大学出版社,2007 年版,第 36 页。

分,并以此为标杆进行对福利依赖者的判断。一般来说,年龄和残疾状况是判断一个人是否值得救助的主要标准,当前美国将年老和残疾者纳入特定的救助体系(如 SSI 项目),以区别于处于劳动年龄并具有劳动能力的群体。后者则被纳入资格要求高、审核严格、附加义务广泛的 AFDC/TANF 项目或食品券项目,并且常常作为福利依赖现象的研究对象。

相比之下,我国的社会救助制度未将贫困者划分为"值得救助者"与"不值得救助者",也未借鉴西方国家按群体类别提供援助的项目制做法,而是以"户"作为救助单位,为贫困家庭提供整体性的援助。在这样的制度背景下,只要家庭符合受助条件,家庭中所有的成员都是救助对象,即使部分家庭成员处于劳动年龄、具有劳动能力。当前舆论对社会救助制度的抨击本应集中在这一部分处于劳动年龄、具有劳动能力的受助者身上,但是由于受助者群体中还包括了大量处于非劳动年龄、不具有劳动能力的老人、未成年人、病人以及残疾人,因此使得"低保养懒汉"的讨论缺乏焦点。基于此,对福利依赖的诘问要以一定的价值判断为前提,把受助者群体中不处于劳动年龄的儿童、老年人以及因患慢性病、精神或肢体残疾而丧失劳动能力的人排除在讨论范围之外,将福利依赖问题的研究对象限定在成年人中具有劳动能力的群体范围内。(参见图 4-6)

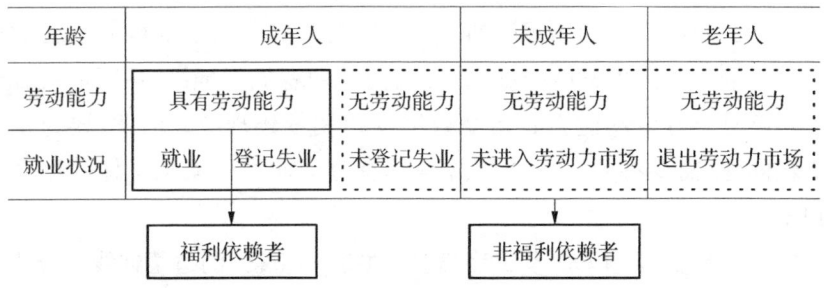

图 4-6 城市低保制度受助者中的福利依赖者

——资料来源:刘璐婵《城市低保制度中的"非典型福利依赖"研究》,南京大学博士学位论文,2016年5月,第54页。

2. 中国城市福利依赖者的群体规模

民政部 2021 年的统计数据显示,2020 年我国城市最低生活保障人数为 805.1 万人,其中处于 16 岁至 59 岁的成年人有 529.4 万人。成年人中在职人员、灵活就业人员和登记失业人员为具有劳动能力者,属于福利依赖者,共计 233.5 万人,占当年城市低保受助者总人数的 29%。换言之,福利依赖者在全体低保制度受助者中占到三成(参见表 4-8)。

从时间趋势来看,2007年至2020年低保受助者总人数不断下降,福利依赖者的数量也有所下降。具体而言,城市低保受助人数从2007年的2 272.1万人下降到2020年的805.1万人,福利依赖者也从2007年的1 064.9万人下降到2020年的233.5万人。从福利依赖者占全体城市低保受助者的比重来看,2007年为46.87%,此后逐年下降,并在2014年以后降至40%以下,目前稳定在30%左右。

表4-8 中国城市低保制度中各类群体的规模(2007—2020)

(单位:万人)

城市低保总人数		成年人			老年人	未成年人	福利依赖者	
		在职人员	灵活就业	登记失业			人数	低保占比
2020	805.1	8.9	155.9	68.7	148.1	127.5	233.5	29.00%
2019	860.9	10.2	171.8	81.0	158.6	138.9	263.0	30.54%
2018	1 007.0	14.0	219.2	109.2	180.4	163.6	342.4	34.00%
2017	1 261.0	18.6	265.0	153.5	219.0	205.4	437.1	34.66%
2016	1 480.2	22.7	304.4	252.9	258.0	271.4	580.0	39.18%
2015	1 701.1	31.1	377.3	264.1	293.5	341.0	672.5	39.53%
2014	1 877.0	37.5	425.8	312.5	315.3	386.7	775.8	41.33%
2013	2 064.2	45.1	462.1	365.5	330.3	444.5	872.7	42.28%
2012	2 143.5	49.6	459.3	400.4	339.3	472.8	909.3	42.42%
2011	2 276.8	61.5	429.7	472.5	346.9	539.5	963.7	42.33%
2010	2 310.5	68.2	432.4	492.8	338.6	558.5	993.4	43.00%
2009	2 345.6	79.0	432.2	510.2	333.3	579.8	1021.4	43.55%
2008	2 334.8	82.2	381.7	564.3	316.7	587.7	1028.2	44.04%
2007	2 272.1	93.9	343.8	627.2	298.4	544.6	1064.9	46.87%

——资料来源:中华人民共和国民政部编:《中国民政统计年鉴2021》,北京:中国社会出版社,2021年版,第164-508页。

(二) 中国城市福利依赖者的表现

2013年,"中国城乡困难家庭社会政策支持系统建设项目"对我国5 995户城市贫困家庭进行了调查,其中低保受助家庭共4 201户。按照福利依赖群体的界定,此次调查中共有处于劳动年龄、具有劳动能力的福利依赖者2 707人,其中男性占52.2%,平均年龄46岁。借助于该调查所得的数据,下文能够从微观层面展示福利依赖者的行为表现。

1. 受助时长

(1) 城市福利依赖群体单次接受救助的时间普遍较长。通过统计低保受助的时间长短,发现福利依赖者的受助具有长期化的趋势。在回答"此次,您家已经连续享受多少个月低保"这个问题的2 626位福利依赖者中,有38.04%已连续受助0至48个月,即4年以内,其中,10.89%单次受助在一年以内,8.64%为1年至2年,10.21%为2年至3年,8.3%为3年至4年。相比之下,连续受助4年至6年的占17.94%,单次受助在6年以上的占到44.02%,可见超过六成(61.96%)的受助者已连续领取低保至少4年。

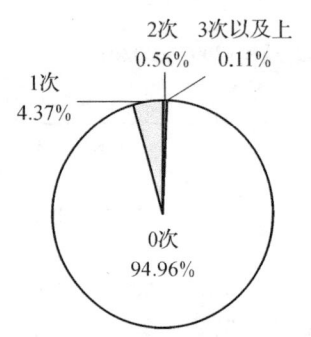

图4-7 2012年城市福利依赖者退出救助制度的次数

——资料来源:根据"中国城乡困难家庭社会政策支持系统建设项目"数据绘制。

与典型福利依赖者不同的是,我国城市福利依赖者的福利动态并不明显。具体而言,仅有5%左右的福利依赖者曾经退出过救助制度(参见图4-7)。在这些有过退保经历的福利依赖者中,4.37%退出过一次,0.56%退出过2次,0.11%退出过3次及3次以上。这意味着一旦受助者进入低保制度,退保的可能性较低。被调查的福利依赖者即使有过退保经历,也会因各种原因重返低保制度。

(2) 城市福利依赖群体累计受助时间普遍较长。单次受助时长仅能反映本次受助的持续时间长短,通过询问通过"第一次享受低保至今共享受了多少个月"来汇总每次受助的时长,则能得到更长时间跨度内福利依赖者领取救助的总时长。

从表4-9可以看出,累计受助时长在72个月以上的占福利依赖者的48.43%,意味着近一半的福利依赖者累计受助已经不短于6年。其中,6年至8年的占16.47%,8年至10年的占13.99%,10年至12年的占12.07%,12年以上的占5.9%。从更长的时间跨度来看,福利依赖者长期受助趋势更加明显,近两成的依赖者受助甚至长达10年以上。相比之下,累计受助在6年以内的占51.56%。其中受助在2年以内的占13.92%,2年至4年的占18.69%,4年至6年的占18.95%。不过,此次调查的数据仅展示了截至2012年的受助情况,未能反映福利依赖者后续的受助情况。

表 4-9　2012 年城市福利依赖者累计受助时长

累计时长	比重(%)
0—23 个月(＜2 年)	13.92
24—47 个月(≥2 年,＜4 年)	18.69
48—71 个月(≥4 年,＜6 年)	18.95
72—95 个月(≥6 年,＜8 年)	16.47
96—119 个月(≥8 年,＜10 年)	13.99
120—143 个月(≥10 年,＜12 年)	12.07
144 个月及以上(≥12 年)	5.90

——资料来源:根据"中国城乡困难家庭社会政策支持系统建设项目"数据整理。

2. 劳动就业状况

2020 年,我国城市最低生活保障人数为 805.1 万人,其中处于 16 岁至 59 岁的成年人有 529.4 万人。成年人中在职人员、灵活就业人员、登记失业人员和未登记失业人员分别为 8.9 万人、155.9 万人、68.7 万人、295.9 万人。由于未登记失业者多属于残疾人、重病患者等不具备劳动条件的群体,因此在考察福利依赖问题时将其排除在外。在 233.5 万福利依赖者中,在职者占 3.81%,灵活就业人员占 66.76%,登记失业者占 29.42%。从劳动参与水平来看,70.58% 积极参与劳动力市场,保持了一定的劳动供给,仅有 29.42% 的福利依赖者未能活跃在劳动力市场中。

从 2007 年到 2020 年的 14 年间,拥有全职工作的福利依赖者的比例从 8.8% 逐年下降,2016 年降至 4% 以下,此后稳定在 4% 左右,灵活就业的福利依赖者其比例则从 2007 年的 32.2%一路攀升至 2020 年的 66.8%。从登记失业的比例来看,失业的福利依赖者的比例在 2007 年高达 58.9%,但此后逐年下降,2020 年已经降至 29.4%。(参见表 4-10)

表 4-10　中国城市福利依赖者劳动参与情况(2007—2020)

(单位:万人)

	福利依赖者人数	就业		登记失业
		全职工作	灵活就业	
2020	233.5	8.9(3.8%)	155.9(66.8%)	68.7(29.4%)
2019	263.0	10.2(3.9%)	171.8(65.3%)	81.0(30.8%)
2018	324.4	14.0(4.1%)	219.2(64.0%)	109.2(31.9%)
2017	437.1	18.6(4.3%)	265.0(60.6%)	153.5(35.1%)
2016	580.0	22.7(3.9%)	304.4(52.5%)	252.9(43.6%)
2015	672.5	31.1(4.6%)	377.3(56.1%)	264.1(39.3%)

续　表

福利依赖者人数		就业		登记失业
		全职工作	灵活就业	
2014	775.8	37.5(4.8%)	425.8(54.9%)	312.5(40.3%)
2013	872.7	45.1(5.2%)	462.1(53.0%)	365.5(44.0%)
2012	909.3	49.6(5.5%)	459.3(50.5%)	400.4(44.0%)
2011	963.7	61.5(6.4%)	429.7(44.6%)	472.5(49.0%)
2010	993.4	68.2(6.9%)	432.4(43.5%)	492.8(49.6%)
2009	1021.4	79.0(7.7%)	432.2(42.3%)	510.2(50.0%)
2008	1028.3	82.2(8.0%)	381.7(37.1%)	564.3(54.9%)
2007	1064.9	93.9(8.8%)	343.8(32.2%)	627.2(58.9%)

——资料来源:根据《中国民政统计年鉴2021》数据整理。

从更长的时间跨度来看,2007年至2020年福利依赖者的劳动参与情况逐渐好转,但是就业形式集中于灵活就业。

图4-8显示,2009年以前,登记失业的福利依赖者占到50%以上,随后失业者不断减少,目前仅占三成,意味着福利依赖者的就业状况不断好转,更多人参与劳动,劳动供给水平不断提高。但是值得注意的是,全职工作者比重已经较低(8.8%),而且在随后的14年间仍然不断缩减,目前拥有全职工作的福利依赖者所占比例不到2007年的一半(3.8%)。从灵活就业者的数量上来看,伴随着失业者和全职工作者的减少,灵活就业者队伍不断壮大,2020年的灵活就业者比重达到2007年的2倍。

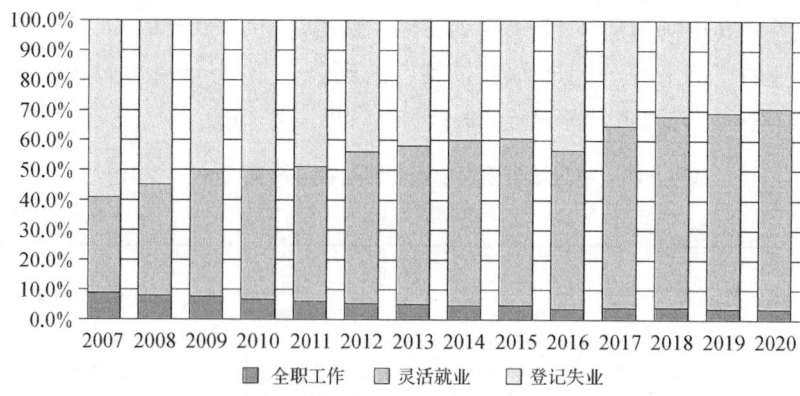

图4-8　城市低保有劳动能力者的劳动参与状况(2007—2020)
——资料来源:根据《中国民政统计年鉴2021》数据绘制。

在我国,城镇劳动力市场的二元分割状态已被多项研究证实,这种分割体现在所有制、体制、行业上,更体现在工作特征上,导致部门间工作收入的差异。①②③④ 有研究认为,当前中国劳动力市场的二元分割状态对福利依赖者不利,劳动力市场的用工歧视和不健全的制度使低保制度受助者不断被推向次级劳动力市场。由于长期陷于低薪的不稳定岗位,会形成贫困的积累和再生产。⑤ 此外,受限于制度因素和职业因素,非正规就业者往往难以被社会保障全面覆盖,其对工作贫困等风险的抵抗能力较低,会进一步陷入弱势地位。⑥⑦ 可以预见的是,福利依赖者的劳动参与形式会进一步向灵活就业等非正规就业形式聚集。

(三) 此懒汉非彼懒汉:非典型的福利依赖

随着社会保障制度的建立,我国也开始面临"处于劳动年龄、具有劳动能力者接受救助"的福利依赖问题。但是,我国的福利依赖问题始终难以对标国外的福利依赖问题,根本原因就在于在中国低保制度受助者中难寻典型福利依赖者,后者恰恰是福利依赖问题最直接的承载者。通过比较福利依赖者的行为表现及其背后的行动逻辑,本书认为,我国城市低保受助者中的福利依赖者与典型的福利依赖者存在本质上的差别,群体形象、福利动态模式以及工作伦理决定了福利依赖典型与非典型的分野。

1. 受助者的群体形象

巴尔等人于1981年设想的非裔单亲母亲形象在民众脑海中营造了非常经典的福利依赖者形象。随着越来越多的媒体报道与实证研究将矛头对准未婚生育并接受救助的年轻黑人妈妈群体,典型福利依赖者的形象基本定型。在此后长达40余年的福利制度改革中,典型福利依赖者的形象不断固化,并标上了女性户主、非洲族裔、年龄偏低等标签。就其问题行为而言,典型的福利依赖者存在药物滥用、酗酒、赌博、未婚生育、青少年越轨等异常行为,其所处的圈子已经形成了区别于主流文化的生活状态和生活方式,这

---

① 李骏:《中国城镇劳动力市场分割:一个整合与比较分析》,《江海学刊》,2016年第3期。
② 杨娟、Sylvie Démurger、李实:《中国城镇不同所有制企业职工收入差距的变化趋势》,《经济学(季刊)》,2012年第1期。
③ 王天夫、崔晓雄:《行业是如何影响收入的——基于多层线性模型的分析》,《中国社会科学》,2010年第5期。
④ 张海东、袁博:《双重二元劳动力市场与城市居民的阶层认同——来自中国特大城市的证据》,《福建师范大学学报》,2020年第1期。
⑤ 晋利珍:《国内外学者劳动力市场分割理论研究述评——兼论对研究反福利依赖的启示》,《生产力研究》,2011年第1期。
⑥ 杨艳东、张铭哲:《不确定风险下新就业形态劳动者养老保险研究》,《浙江工业大学学报》,2020年第2期。
⑦ 张浩淼:《新业态、新风险与社会保障的适应性改革》,《改革与战略》,2019年第9期。

种固化的文化还存在代际间的传递。

在我国,那些被认为"吞噬低保金"的城市贫困者既没有呈现出显著的性别、年龄和种族或族裔特点,也未体现出诸如酗酒、赌博、未婚生育等问题行为。韩克庆整理了与城市低保户的访谈记录,从微观个体层面展示了低保户的生活世界。① 书中精彩的对话勾画了低保户的贫困生活与其所思所感,让人们意识到城市低保户只是生活遇到困难的普通人。类似地,慈勤英、祝建华、兰剑、李正东等人也研究了城市低保家庭,其研究很难让人将低保户与行为不轨者相联系。②③④⑤ 可以说,我国的福利依赖者与福利依赖的经典形象相去甚远。

2. 受助的动态模式

从接受救助的福利动态来看,典型福利依赖者接受救助呈现出了较为明显的动态化。一方面,典型福利依赖者单次受助的时长大大缩短,而且受到制度的约束,其累计受助时长也明显受限。另一方面,典型福利依赖者在退出福利后重返的比例和频率不低。这就造成了典型福利依赖者反复进出制度的局面,体现为不断地申请和接受救助并在短期受助后退出制度,但是没过多久就会再次重复这一过程。

与典型福利依赖者不同,我国城市福利依赖者的受助并非是动态的,而是体现出了明显的长期化和持续化趋势。在受助时长方面,无论是单次受助时长还是累计受助时长,都已明显地长期化,部分依赖者甚至受助超过十年。在退保方面,几乎少有福利依赖者有过退保经历,即使曾经退出过,也不超过三次,不仅退保比例低,退保的频率也不高。所以这些福利依赖者一旦进入低保制度就再也难以退出,其受助状态可以说几乎是一成不变的。

3. 受助者的工作逻辑

从典型福利依赖者面对的制度环境来看,持续的福利制度改革深刻地介入了受助者的劳动决策过程,将工作福利的压力传导至每一个福利依赖者。由于救助制度明确提出了工作要求,并且辅之以大量的就业培训和工作推介,典型福利依赖者不得不重返劳动力市场。可以说,"用工作换福利"

---

① 韩克庆:《中国城市低保访谈录》,济南:山东人民出版社,2012年版。
② 慈勤英:《福利依赖:事实抑或建构》,武汉:武汉大学出版社,2013年版。
③ 祝建华:《缓解城市低保家庭贫困代际传递的政策研究》,杭州:浙江大学出版社,2015年版。
④ 兰剑:《反贫困视域下社会救助依赖问题的解构及其治理》,北京:科学出版社,2018年版。
⑤ 李正东:《贫困何以生产:城市低保家庭的贫困状况研究》,北京:中国社会出版社,2016年版。

的导向改变了受助者自发参与劳动的初始动机,干预了受助者的劳动决策,迫使受助者扭转了自发劳动的工作逻辑。在这样的前提下,典型福利依赖者的劳动供给受制于救助制度的硬性要求,劳动参与会保持在一定的水平,但是由于工作逻辑发生扭曲,劳动参与并非出于自愿,因此难以实现通过工作自立的目标。

相比之下,我国并未对接受救助的福利依赖者提出过多的工作要求,也未以削减福利为条件强制受助者获取劳动收入,因此福利依赖者的工作逻辑未被制度干预。不仅如此,有劳动条件的城市福利依赖者始终坚持参与劳动,通过灵活就业或者全职工作获取收入。从历年的数据来看,在福利依赖者中始终有60%至70%积极参与劳动力市场。2020年就业人数是登记失业者的2.25倍。(参见表4-10)有学者认为,受助者以往的就业经历或情结令其维持了劳动惯性,使"以劳动换所得"的工作逻辑得以延续。[1] 即使是失业的福利依赖者,由于就业意愿强烈[2],求职经历不断[3],也难以被认定为"懒汉"。更重要的是,福利依赖者非正规的隐性劳动供给行为并没有减少[4],以隐性就业补充劳动收入的现象被多个研究所证实,更加说明了城市福利依赖者坚持着劳动信仰,有助于实现"通过工作自立"的目标。

从群体形象、福利动态模式以及工作逻辑上来看,我国城市低保受助者中的福利依赖者与典型的福利依赖者存在本质上的差别,两者的行为表现及背后的行动逻辑迥异。因此,我国城市福利依赖者与典型福利依赖不同,属于非典型的福利依赖者,我国城市贫困治理所面临的是非典型福利依赖问题。

---

[1] 乔世东:《城市低保退出机制中存在的问题及对策研究——以济南市为例》,《东岳论丛》,2009年第10期。
[2] 田奇恒、孟传慧:《城市低保社会福利受助者"就业意愿"与社会救助研究》,《人口与经济》,2008年第1期。
[3] 高功敬、高灵芝:《城市低保的历史性质与福利依赖》,《南通大学学报》,2009年第3期。
[4] 彭宅文:《最低生活保障制度与救助对象的劳动激励:"中国式福利依赖"及其调整》,《社会保障研究》,2009年第2期。

第五章 非典型福利依赖的本土化理论框架

一、生命历程理论视角

(一) 生命历程理论

20世纪60年代以来,随着个体与社会的互动不断演化,个体生命历程与社会变迁的联系推动了生命历程理论框架的出现。最初的研究聚集于年龄要素与社会分层的交互作用,探讨个人生命轨迹中年龄的社会学意义。[1][2] 随着生命周期、职业生涯、世代、同龄群体等概念的出现,作为历史生活载体的个体深刻地嵌入了社会演变过程,极大地扩展了理解社会变迁的视野。随着生命历程研究第三波高峰的到来,生命历程研究分化为"埃尔德范式"和"科利范式",两者分别流行于北美和欧陆[3],如今已被引入各国视野。

在1974年埃尔德(G. H. Elder)完成《大萧条的孩子们》之前,托马斯(W. I. Thomas)的《身处欧美的波兰农民》就已开创性地将研究视角转向微观个体的生活史。[4] 在托马斯之后,雷德尔(N. Ryder)、纽加顿(B. L. Neugarten)等人不断挖掘生命历程与社会结构的关系,发现了时间、年龄等

---

[1] Cain, L. D. (1975). "The young and the old: coalition or conflict ahead?" *American Behavioral Scientist*, 19(2), 166-175.
[2] Ryder, N. B. (1965). "The cohort as a concept in the study of social change." *American Sociological Review*, 30(6), 843-861.
[3] 郑作彧、胡珊:《生命历程的制度化:欧陆生命历程研究的范式与方法》,《社会学研究》,2018年第2期。
[4] 托马斯、兹纳涅茨基:《身处欧美的波兰农民——一部移民史经典》,张友云译,南京:译林出版社,2000年版。

重要变量,并指出了生命历程对社会变迁的反作用。①② 在这样的研究背景下,埃尔德借助宏观层面的社会时间因素、中观层面的社会关系网络因素、微观层面的个体行动偏好因素,研究了美国大萧条对个人生命历程的影响,尤其是对不同世代的影响,发现"个人的家庭地位、子女的社会化过程、整体家庭的关系与生活方式、个人的自我实现等个体化要素与宏观经济结构密不可分"③。此后,埃尔德的研究逐步成为生命历程研究的经典范式。

生命历程的另一个经典范式是"科利范式",该范式的出现与福利国家的兴起息息相关,并弥补了"埃尔德范式"对制度与政策的忽略。科利(M. Kohli)注重社会制度对个体生命的形塑,提出个人在不同生命阶段的生计规划、日常安排等都在一定程度上被制度所评估、规划和排序,由制度来分配不同阶段的权利与义务,并形成基准生平形式(normal biography)④。沿着科利的思路,迈耶尔(K. U. Mayer)、鲁思来等人将生命历程与制度,尤其是福利制度衔接起来,重点分析了养老保障制度、社会救助制度对个体生命中不连续、不稳定阶段的承接作用。⑤⑥⑦。还有学者则考虑到了后工业社会新兴就业形态、教育和再教育的拉长、人口结构变迁等对劳动参与、婚育等各个方面的改变,认为基准生平形式已经被改变,需要重新考察个体与福利国家间的关系。⑧

无论是"埃尔德范式"还是"科利范式",都在呈现微观个体与宏观社会的互动方面有长足的进步,做到了"把握个人化的环境与更宏观的结构框架间的相互作用,考虑这个框架的变迁及它对个人环境造成的影响"⑨,而且

---

① Ryder, N. B. (1985). "The cohort as a concept in the study of social change." In: Mason, W. M., Fienberg, S. E. (Ed.). *Cohort Analysis in Social Research*. New York: Springer.
② Neugarten, B. L. (1976). "Adaptation and the life cycle." *The Counseling Psychologist*, 6(1), 16-20.
③ G.H.埃尔德:《大萧条的孩子们》,田禾、马春华译,南京:译林出版社,2002年版,第5页。
④ Kohli, M. (2007). "The institutionalization of the life course: looking back to look ahead." *Research in Human Development*, 4(3-4), 253-271.
⑤ Bruckner, H., Mayer, K. U. (2005). "De-standardization of the life course: What it might mean? and if it means anything, whether it actually took place." *Advances in Life Course Research*, 9, 27-53.
⑥ Mayer, K. U. (2009). "New Directions in Life Course Research." *Review of Sociology*, 35(1), 413-433.
⑦ Leisering, L., Leibfried, S. (1999). Time and Poverty in Western Welfare States: United Germany in Perspective. Cambridge: Cambridge University Press.
⑧ Bonke, J., Koch-Weser, E. (2004). "The welfare state and time allocation in Sweden, Denmark, France and Italy." *Advances in Life Course Research*, 8, 231-253.
⑨ 米尔斯:《社会学的想象力》,陈强、张永强译,北京:生活·读书·新知三联书店,2005年版,第173-174页。

随着社会不断变迁与人的进一步现代化,生命历程理论的生命力源源不断地得以补充。

(二)福利国家与个体生命历程

埃斯平-安德森对福利国家的研究引发了学界新的热潮,这股思潮与生命历程研究相遇后,渐渐融合出新的研究领域,越来越多的研究开始关注福利国家与其公民的关系,尤其是福利国家对公民生命历程的形塑以及后者对前者的反作用。

在 20 世纪,福利国家赋予了公民一系列社会权利,确立了公民身份,强化了公民个体的资格与权利。① 这从另一个侧面意味着福利国家对公民的干预逐渐增多且制度化。这种干预通过各项社会政策发挥作用,并且延伸至各个群体。② 国家要求公民在特定的年龄承担特定的角色,因此年龄的社会学意义逐渐被政策确定下来。就学、就业、退休等活动被指定的年龄所限定,这就使得个体的生命阶段与福利国家的教育、就业、养老等制度结合起来。可以认为,福利国家按照工业社会的生产生活方式组织个体的生命安排,并将个体的生命周期按制度进行切分,不同的生命阶段对应不同的福利制度,生命阶段的过渡也对应了福利制度的衔接。具体而言,生命历程早期与教育制度对应,生命历程中期则与就业制度对应,生命历程晚期则与养老制度对应。与前工业化时期相比,同龄群体(cohort)的生命历程被更加精确地进行了划分,同时也有相应的福利制度与之匹配。在贝克看来,"制度为生命历程打下烙印的过程,就是社会保障体系的各项规章直接与生命历程的各个阶段耦合的过程,制度的决定和干预也成了生命历程中的决定和干预。制度的面子,成了个体人生的里子"③。

在福利国家嵌入个体生命历程的过程中,福利制度不仅仅划分了生命的各个阶段,更重要的是化解了各阶段的特定风险,发挥了风险抵抗作用。④ 例如,在福利国家建立养老制度以前,公民生命历程的晚期面临着无

---

① T.H.马歇尔、安东尼·吉登斯:《公民身份与社会阶级》,郭忠华、刘训练编,南京:江苏人民出版社,2008 年版,第 35-57 页。
② Mayer, K. U. (2004). "Whose lives? How history, societies and institutions define and shape life courses." *Research in Human Development*, 1(3), 161-187.
③ 乌尔里希·贝克:《风险社会:新的现代性之路》,张文杰、何博闻译,南京:译林出版社,2018 年版,第 59-62 页。
④ Graaf, W. D., & Maier, R. (2017). "The welfare state and the life course: examining the interrelationship between welfare arrangements and inequality dynamics." *Social Policy & Administration*. 51(1), 40-55.

保障的风险。随着退休制度和养老保险制度的确定,两者承载了个人退出劳动力市场后的经济风险,保障了老年期的经济安全。再如,当个体失业时,失业保险金、就业援助项目会与失业期无缝衔接,辅助其渡过难关。当个体遭遇疾病、伤残、自然灾害等事件的打击后,诸如社会救助等风险防范系统会针对各项风险提供援助,以帮助公民恢复正常的生活。

反过来,福利国家也会被个体生命历程的变迁所影响,两者始终处于相互调适的过程中,因此彼此的作用是双向的。[①] 一直以来,福利国家所面对的风险与传统的人口结构、家庭形态乃至劳动雇佣关系密切相关,然而近年来老龄化、家庭小型化、雇佣弹性化乃至全球化促使风险形式更加多样化、复杂化。这些变迁了的风险蕴含在微观个体的日常生活安排与未来人生规划中,并逐步传导至福利国家层面,与现有的制度理念、政策体系发生碰撞。[②] 可以说,教育年限拉长、女性就业、灵活就业、子女减少、老年期延长等生命历程的变迁改变了传统福利制度的预设前提,并且已经超出了福利国家划定的保护圈。为了迎合公民生命历程的变动,福利国家不得不积极调适以应对新的风险。[③]

(三) 生命历程理论的张力

第一,诠释微观个体与宏观制度的交互作用。生命历程理论以人的整个生命经历为切入点,从细微之处探查个体的生活安排与人生规划。该理论遵从研究对象的自主性,以客观的视角真实地反映个体的一系列日常,尝试展示其生活世界并从历史经历中抽象出个体的行动规律、生活策略以及人生选择。然而,该理论并不囿于微观视野,在关注个体的同时也强调宏观制度,主张将个体置于制度情境之下。通过将微观与宏观相结合,有助于呈现个人与制度交互影响的动态过程。

第二,全面展示社会变迁过程。随着后工业社会的到来,人口结构、家庭形态、劳动雇佣关系等不断变化,引发传统社会向后现代社会变迁。埃尔

[①] 施世骏:《生命历程研究对社会政策效果的探讨》,《社会政策与社会工作学刊》,2002年第1期。

[②] Bonoli, G. (2007). "Time matters: Postindustrialization, new social risks, and welfare state sdaptation in advanced industrial democracies." *Comparative Political Studies*, 40 (5), 495–520.

[③] 泰勒-顾柏编著《新风险 新福利:欧洲福利国家的转变》,马继森译,北京:中国劳动社会保障出版社,2010年版,第10-16页。

德认为,"生命历程理论针对社会变迁带来的新冲击,关注生命安排动态性"①。每个人的生命历程很大程度上受到社会变迁的影响,寿命延长导致的老龄化,女性就业导致的家庭形态变化,教育年限增加导致的就业和婚育延迟、非标准劳动关系出现导致的就业形态变化等,无一不在冲击传统的生命周期。可以说,生命历程与社会变迁过程紧密相随,借助个体生命历程的变化,可以全景式地展示社会变迁过程。

第三,从新的角度阐释福利国家危机。福利国家建立的初衷是为了应对风险,然而当前除了传统风险之外,公民生命历程中新的风险因素不断积累,挑战着福利国家的正当性与合法性。生命历程理论侧重于展示各类风险因素,并擅长描述这些因素的变动。借助该理论,福利国家的危机可以被解读为在对生命历程中新风险因素的识别、判断和应对上出现失败,这个视角有助于剖析福利国家面临的困境,并结合风险社会理论深入讨论福利国家未来的走向。

第四,生命历程理论体系完备且易于操作化。经过60多年的发展,生命历程理论已成为一个成熟的理论体系,无论是基本概念、基本假设还是研究方法都已经过多次论证。该理论中常用的核心概念,诸如生命轨迹(life trajectory)、重大事件(life events)等结合不同的研究场景进行操作化,研究思路也能够移植至多个研究领域,因此具有极大的理论张力。

(四) 生命历程理论与本主题的契合性

如今,生命历程理论在贫困研究领域同样得到广泛应用。例如,兰克等人的研究横跨人的各个生命阶段,分析了从儿童期到成年再到老年阶段的贫困状况。②③④ 借助生命历程理论,福利依赖研究更多地探讨了福利依赖者个人经历对贫困状态的影响以及贫困对生命不同阶段的渗透。本书认为,以生命历程为分析框架的研究比贫困的横截面研究更多地考虑了长时间跨度内健康、家庭解体等生命事件的影响,不仅能够呈现出中国城市贫困

---

① Elder, G. H. (1994). "Time, human agency, and social change: Perspectives on the life course." *Social Psychology Quarterly*, 57(1), 4–15.
② Rank, M. R., Hirschl, T. A. (1999). "The economic risk of childhood in America: Estimating the probability of poverty across the formative years." *Journal of Marriage and the Family*. 61(4), 1058–1067.
③ Rank, M. R., Hirschl, T. A. (1999). "The likelihood of poverty across the American adult lifespan." *Social Work*, 44(3), 201–216.
④ Rank, M. R., Williams, J. H. (2010). "A Life Course Approach to Understanding Poverty among Older American Adults." *Families in Society*, 91(4), 337–341.

者所面临困境的多样性,而且能够汇总诸多影响因素,以更加系统的方式综合阐释各变量的意义。再者,生命历程理论还能够拟合中国当前的社会变迁过程,与我国的社会救助制度结合起来,将非典型福利依赖问题放在经济社会现实与特定制度背景下进行讨论。因此,生命历程理论能够较好地契合本研究的主题。

1. 呈现非典型福利依赖者的异质性

以往有关城市贫困人口的研究较少下沉至微观个体层面,更遑论呈现贫困者个体的生活过往与繁杂日常。然而,贫困者群体,尤其是非典型福利依赖者内部的异质性远超人们的想象,这些隐藏在统计数字背后的独立个体分享了"贫困者"的帽子,但分别拥有各自的生活冷暖。生命历程理论以其细微的触角掀开了幕布的一角,让我们得以一窥福利依赖者复杂的生活世界。例如,艾奥马库纳斯(I. Ilmakunnas)和莫伊西奥(P. Moisio)研究了芬兰年轻人群体领取社会救助的情况,发现35%的年轻人在19岁至25岁间至少会领取一次救助金,约有2.5%的人每年都会领救助金,约4%的年轻人已产生福利依赖。在这些数字背后是这样的生活事实:这些年轻人所在的家庭是受助家庭,父母就是社会救助受助者;或者这些年轻人早早离开家庭去闯荡,过早脱离父母的家使他们陷入贫困。[1]

更重要的是,生命历程理论的微观视角赋予了非典型福利依赖者更加清晰具体的形象,展示了他们的生活世界,使异质性得以呈现在大众面前:在城市贫困群体中,那些处于劳动年龄且具有劳动能力者属于不同的同龄群体,不同出生年代的非典型福利依赖者有着不同的时代命运。即使是同一年代的依赖者,他们也有着迥异的个体经历,各异的遭遇造就了后续差异化的人生轨迹。此外,该群体所在家庭的规模与结构不同,家庭成员彼此之间的关系纷繁复杂,大大增加了非典型福利依赖者处境的复杂性。可以说,异质性的呈现为非典型福利依赖的类型划分提供了前提,更为后续的分类归因、分类干预奠定了基础。

2. 为非典型福利依赖提供系统性解释

当前有关贫困人口福利依赖的研究已开始关注个人经历中的重大事件对受助的影响,但是这些研究还只是孤立地考察变量。例如,麦克拉纳罕、里希特等人的研究重点分析了婚姻这一变量,施密特等人更多地关注个体

---

[1] Ilmakunnas, I., & Moisio, P. (2019). "Social assistance trajectories among young adults in Finland: What are the determinants of welfare dependency?" *Social Policy and Administration*, 53(5), 693–708.

的行为问题,莫菲特、丹齐格等人的研究则侧重于就业这一变量。但是从目前的研究格局上来看,有关重大事件的研究尚处于孤立状态,仅就某一方面来解释福利依赖问题。

生命历程理论则以个体的整个生命周期为主线将各个重大事件串起来,使各个变量成为解释框架的一部分,以便系统性地阐释福利依赖问题。例如,桑多瓦尔(D. Sandoval)等人研究了1968年至2000年间美国不同世代贫困群体的生命历程,发现近年来严重贫困的风险大大增加了,越来越多的美国人处于经济不稳定的境地,他们可能会在成年阶段的任何时期面临贫困。① 范德卡斯蒂尔(Vandecasteele)提出,贫困是生命历程中与特定生活事件有关的风险,生育、失业、离婚等事件对陷入贫困有重要影响,尤其是后两者:诸如单亲母亲和长期失业者等最弱势的社会群体更容易陷入由生育所触发的贫困。相比之下,失业、离婚是更普遍的贫困触发器,几乎无差别地增加了每个人进入贫困的风险,不过离婚对女性进入贫困的影响更大。② 福克斯(B. Fuchs)也发现,导致贫困的社会过程显然与生命历程风险的发生有关,长期或短期失业是重要的风险因素,一个或多个家庭成员健康严重受损也是重大风险因素,生活在单亲家庭且子女小于15岁同样也是风险因素。③

从这个角度而言,将以往割裂的各要素囊括进一个分析框架,是生命历程较其他理论的优势所在。通过纳入非典型福利依赖者的年龄、健康、学历等人力资本因素,以及各个生命阶段面临的失学、意外伤害、失业、离婚、生育等重大事件要素,能够全面分析非典型福利依赖问题,最终形成系统性的理论体系。

3. 反映社会变迁对非典型福利依赖者的影响

当前我国正在经历经济与社会的急剧变迁,个人命运汇入时代洪流,以往标准的生命历程模式随着社会变迁而变化。求学阶段的拉长压缩了劳动供给,进而延后了退休时间;固定岗位被兼职乃至失业所取代,使就业—退休的线性模式不复存在;女性就学就业推迟了其扮演家庭照料者角色的时间;婚育观念的变化甚至影响了家庭形态,进一步影响了家庭资源在生命历程中的分配。可以看到,这些生命历程上的变化能够较好地拟合中国当前

---

① Sandoval, D. A., Rank, M. R., Hirschl, T. A. (2009). "The increasing risk of poverty across the American life course." *Demography*, 46(4), 717-737.
② Vandecasteele, L. (2011). "Life course risks or cumulative disadvantage? The structuring effect of social stratification determinants and life course events on poverty transitions in Europe." *European Sociological Review*, 27(2), 246-263.
③ Fuchs, B. (2017). "Risk factors of social assistance transitions: a case-control study for Germany." *International Journal of Sociology and Social Policy*, 37(13-14), 714-728.

的社会变迁过程。

对于非典型福利依赖者而言,社会变迁导致的生命历程变化同样存在,这些变化甚至会加深该群体的贫困程度。冈纳松(E. Gunnarsson)发现,脆弱的生命历程是女性陷入贫困的重要原因,她们容易因育儿放弃工作,或者承担兼职工作或低薪工作,而这会导致老年期的经济困顿。[1] 类似地,尼尔森(M. J. Nielsen)等人发现那些在生命早期贫困且有健康问题的人更有可能在成年后成为长期的福利使用者,贫困和疾病的相互作用导致了未来的福利受助。[2] 对于非典型福利依赖者而言,社会变迁改变了既往的人生模式,增大了该群体适应新经济社会环境的难度,同时在特定的人生阶段增设了新的风险,迫使非典型福利依赖者暴露在风险中。毫无疑问,社会变迁直接作用于非典型福利依赖者的生产生活,生命历程理论能够展示较长时间跨度内生产生活的变化,因此是反映社会变迁影响的最直观的窗口。

4. 与福利国家的社会救助制度紧密相连

科利根据个体生命历程对应的社会制度将生命历程划分为就学、就业、退休三部分,各部分牵涉到公共教育系统、劳动力市场制度与社会保障体系。公共教育由福利国家提供,毕业后个体进入劳动力市场,遭遇失业、工伤等风险时由国家提供保护。由于个体的劳动收入难以覆盖整个生命历程,福利国家通过提供养老金来弥补经济缺口。在这个角度上,福利国家和生命历程通过"工作社会"维度相联系。[3] 在鲁思来看来,福利国家是除了家庭、劳动力市场、社会关系网络之外覆盖个体生命历程的重要力量,福利国家的基本规范和制度与生活进程息息相关,不仅通过时间框架规范公民的行动,而且跨时期的再分配会贯穿整个生命过程。[4] 福利国家所提供的救助制度针对的正是偏离制度化模式的生命历程,例如通过激励受助者重返劳动力市场来使其生命历程回到"劳动自立"的常态模式。[5]

---

[1] Gunnarsson, E. (2002). "The vulnerable life course: poverty and social assistance among middle-aged and older women." *Ageing & Society*, 22(6), 709-728.

[2] Nielsen, M. J., Juon, H. S., & Ensminger, M. (2004). "Preventing long-term welfare receipt: The theoretical relationship between health and poverty over the early life course." *Social Science and Medicine*, 59(11), 2285-2301.

[3] Kohli, M. (1987). "Retirement and the moral economy: An historical interpretation of the German case." *Journal of Aging Studies*, 1, 125-144.

[4] Leisering, L. (2003). "Governmant and the life course." In Mortimer, J. T., Shanahan, M. J. (Ed.). *Handbook of the Life Course*. New York. Kluwer Academic Publishers, 205-225.

[5] Cooke, M. (2009). "A welfare trap? The duration and dynamics of social assistance use among lone mothers in Canada." *Canadian Review of Sociology*, 46(3), 179-206.

对于非典型福利依赖者,其生命历程会长期与福利国家所提供的权利和服务重叠。通过考察生命历程中的哪些风险因素会产生重大影响,社会救助制度能够更好地为非典型福利依赖者抵抗风险。例如,考皮宁(T. M. Kauppinen)等人通过对比瑞典、挪威和芬兰三国年轻人接受社会救助的决定因素,发现生命历程因素如早年离家、生活在救助家庭等对是否接受救助、受助时长的影响较大,因此主张对符合条件的年轻人提供过渡性救助。① 库克则研究了加拿大社会救助制度受助者受助的时长,认为受助者的婚史是受助时长的重要影响因素。与因离婚、丧偶等原因而成为单亲母亲的受助者相比,未婚的单亲母亲退出救助制度更慢,更有可能滞留在制度中,达到 72 个月的受助上限。因此政策干预的着力点需要放在婚姻维持上。② 更重要的是,生命历程理论提供了一种动态视角,将接受救助与贫困者过往经历的事件与个人所做的一系列决策联系起来,充分考察了这些事件与决策导致的优势/劣势积累,有助于社会救助制度选择政策干预的切入点。

二、非典型福利依赖的深层逻辑

(一) 城市低收入群体的生命历程发生变迁

周雪光以生命历程为解释框架分析了社会变迁对个体生命历程与机遇的影响。他根据就业时间段将城市群体划分为三个同期群,对比了各个同期群的个人机遇,发现社会变迁对个人机遇的影响会体现在职业获得、工作转换、经济回报、事业晋升等方方面面。他认为,"国家政策与制度的变化引发社会经济变迁,促使个人生命历程各阶段的制度资源、约束和不同选择进行重组,个人生活机遇会受到资源分配和社会分层过程及机制剧烈变化的影响"③。对于城市贫困人口而言,因社会变迁导致的生

---

① Kauppinen, T. M., Angelin, A., Lorentzen, T., Bäckman, O., Salonen, T., Moisio, P., Dahl, E. (2014). "Social background and life-course risks as determinants of social assistance receipt among young adults in Sweden, Norway and Finland." *Journal of European Social Policy*, 24(3), 273–288.
② Cooke, M. (2009). "A welfare trap? The duration and dynamics of social assistance use among lone mothers in Canada." *Canadian Review of Sociology*, 46(3), 179–206.
③ 周雪光:《国家与生活机遇:中国城市中的再分配与分层 1949—1994》,郝大海等译,北京:中国人民大学出版社,2014 年版,第 240 页。

命历程变迁更加动荡。

1979年的改革开放政策令中国经济与社会进入了全面改革时期。20世纪90年代后,国企改革、单位制改革以及住房、医疗、养老和就业四大体制的变革引发了城市社会生活的急剧变迁。随着国有、集体企业转制的不断深入,遭遇"下岗分流"的职工群体成了"利益相对受损群体"和"社会底层群体"。[1] 由于失业导致"生计方式的根本性丧失"[2],这些下岗失业职工缺少收入来源,生活陷入困境,同时单位制的解体使其丧失了无所不包的单位保障,令该群体的处境雪上加霜。

随着中国市场型社会的逐步形成,贫困者的生活负担日益沉重。李强发现,在由计划经济向市场经济转变的初期,社会边缘群体的收入境况一度因参与市场经济获益而好转,但是随着市场经济进一步扩展到科教文卫领域,社会边缘群体重新回归劣势地位。[3] 由于不同群体间收入增加和生活水平改善的速度不平衡[4],贫困者深陷在市场逻辑对社会生活的支配中,受到教育、医疗、住房等多方面生活成本的冲击。当前城市贫困家庭面临整体匮乏、结构失衡、脆弱性强、可持续性差的生计状况[5],并且在多重维度上面临社会排斥和机会剥夺[6],导致经济增长与民生改善间存在"断裂"[7]。

此外,变迁了的劳动力市场也增加了贫困者通过劳动就业改善生活的难度。随着市场机制在劳动力资源配置中作用的不断加深,劳动力市场的灵活性逐渐增强,劳动关系的形成与解除更具有弹性。[8] 然而,劳动力市场的灵活性与安全性是此消彼长的关系,日益灵活的劳动力市场对劳方的保护有限(例如共享经济创造的平台就业,松散的劳动关系和较高的收益掩盖了劳动者缺乏职业保护的状态),在次级劳动力市场中更是如此,聚集于次级劳动力市场的城市贫困者不得不面临更加动荡的职业生涯。吴要武等人

---

[1] 李强:《当代中国社会分层》,北京:生活书店出版有限公司,2019年版,第146-215页。
[2] 陈映芳:《城市中国的逻辑》,北京:生活·读书·新知三联书店,2012年版,第440页。
[3] 李强:《当代中国社会分层》,北京:生活书店出版有限公司,2019年版,第86-87页。
[4] 莫家豪、岳经纶、黄耿华:《变迁中的社会政策:理论、实证与比较反思》,北京:社会科学文献出版社,2013年版,第29页。
[5] 高功敬:《城市贫困家庭可持续生计:发展型社会政策视角》,北京:社会科学文献出版社,2018年版,第101-117页。
[6] 李正东:《贫困何以生产:城市低保家庭的贫困状况研究》,北京:中国社会出版社,2016年版,第59-69页。
[7] 孙立平、郭于华:《制度实践与目标群体:下岗失业社会保障制度实际运作的研究》,北京:社会科学文献出版社,2010年版,第4页。
[8] 赖德胜主编《中国就业70年:1949—2019》,北京:中国劳动社会保障出版社:中国人事出版社,2019年版,第260-262页。

发现,如今非正规就业岗位越来越多,但是多是以"生存经济"为特征的低收入岗位,不仅收入低、周工时长、不参加社保,而且集中分布在劳动密集型行业。① 这样的"垃圾工作"在次级劳动力市场比比皆是,不仅无法满足贫困者维持生计的需求,而且还"存在用工歧视,容易使劳动者失去再就业的信心"②。科技进步推动的机器人代人工将取代此类大量重复操作工作的岗位,长远来看都将威胁贫困者的职业安全。就贫困者的个人就业经历而言,社会转型通过改变职业路径和获得机制来影响个人的生活机遇。尽管劳动力市场中有新的就业机会出现,但是城市贫困者过往的下岗经历带来的不稳定感会使其更多地考虑规避风险,因此该群体很难接受新型工作机会。③

再者,人口、环境、婚姻、家庭等一系列社会变迁"导致传统的社会关系及资源分配模式难以适用,使个人容易陷入阶段性贫困"④,贫困和低收入家庭尤甚⑤。不仅如此,贫困者的生命历程也不再按照常态化的"时间表"进行,因此个人与家庭难以预防各个阶段的新风险因素,大大增加了该群体的脆弱性。可以说,社会变迁令贫困者生命历程面临全方位的变动,恶化的生存环境削弱了贫困者的自立能力,使其"难以负担起照顾自己的全部责任"⑥。

(二) 社会救助制度难以应对生命历程变迁

自1999年《城市居民最低生活保障条例》颁布以来,城市贫困者的日常生活得到了制度化的保障。2014年《社会救助暂行办法》施行后,我国的反贫困目标逐步转向相对贫困群体,民生保障范围不断扩大,并逐步纳入多维贫困的治理视角。⑦ 如今,我国社会政策进入了"整体性、系统性、协同性和强调共建共享的新时期"⑧,贫困治理也以解决相对贫困问题为导向,逐步

---

① 吴要武等:《中国城镇非正规就业问题研究》,北京:中国社会科学出版社,2014年版,第25页。
② 晋利珍:《国内外学者劳动力市场分割理论研究述评——兼论对研究反福利依赖的启示》,《生产力研究》,2011年第1期。
③ 周雪光:《国家与生活机遇:中国城市中的再分配与分层 1949—1994》,郝大海等译,北京:中国人民大学出版社,2014年版,第242-244页。
④ 徐静、徐永德:《生命历程理论视域下的老年贫困》,《社会学研究》,2009年第6期。
⑤ 关信平:《关于全面建立临时救助制度应当注意的几个问题》,《中国民政》,2015年第7期。
⑥ 张浩淼:《转型期中国最低生活保障制度发展研究》,上海:上海交通大学出版社,2010年版,第143页。
⑦ 林闽钢:《新历史条件下'弱有所扶':何以可能,何以可为?》,《理论探讨》,2018年第1期。
⑧ 贡森、李秉勤:《新时代中国社会政策的特点与走向》,《社会学研究》,2019年第4期。

形成救助与服务相结合的方式①。尽管社会救助制度的建设如火如荼,但是从生命历程的角度来看,目前的社会救助制度在生命历程上的考量不足,难以适应贫困者生命历程的变迁。

第一,救助制度难以充分应对贫困者生命历程的异质性。城市非典型福利依赖者中存在多个同期群,每个同期群在特定的生命阶段中经历的社会变迁是不一样的,这造成了同一历史时期的事件对各同期群的影响不同。即使是在某同期群内部,非典型福利依赖者的人口特征、个体经历、家庭状况、社会网络也彼此相异,各自在生命历程中所经历的重大事件存在类型与时间上的区别。这就要求社会救助制度充分考虑非典型福利依赖者生命历程的异质性,有效分配救助资源。当前国内外的基本做法是通过分类施策应对异质性。西方福利国家实施的分类救助以年龄、性别、健康状况、家庭收入等为分类标准,将受助群体划分为若干子群体,再将各子群体单独划归于某一救助项目,实施专项管理。我国的社会救助则是设置了各个专项救助项目,当低保户遭遇某类型的困境并符合受助条件时,可在享受低保救助的同时享受专项救助,即为"低保基础上的分类"。有研究质疑,分类救助的差异化操作存在诸多缺陷,如致贫因素考虑不全②;对贫困程度较深的家庭的倾斜性照顾成效有限,尤其是支出负担较重的家庭③;部分基层为了规避民众矛盾,会采取一刀切的方式发放低保金④;等等。因此,当前的救助制度在应对受助者异质性方面存在缺陷。

第二,救助制度对生命历程中重大事件的重视程度不够。尽管专项救助面向教育、医疗、就业、法律等方面的困境提供援助,但是非典型福利依赖者生命历程中还有一些重大事件因各种原因难以被救助制度覆盖,如离婚、不婚、单亲、生育、丁克、负债、全职照料等。这些重大事件同样带来了风险,乃至形成劣势的积累,并改变了非典型福利依赖者的人生轨迹。随着个体寿命的延长,遭遇重大事件的概率大大提高。这些重大事件尚未被纳入救助政策范围之内,使非典型福利依赖者被置于保护的真空中。

第三,救助制度对家庭本身及内部成员间关系的关注度不够。一方面,救助制度缺乏"贫困家庭生命周期"的视角。家庭作为一个整体同样存在生

---

① 杨宜勇、吴香雪:《中国扶贫问题的过去、现在和未来》,《中国人口科学》,2016年第5期。
② 邹薇、方迎风:《关于中国贫困的动态多维度研究》,《中国人口科学》,2011年第6期。
③ 慈勤英、李芹:《低保救助资源的有效分配检验——基于贫困家庭收入水平门槛效应模型的分析》,《四川理工学院学报》,2018年第3期。
④ 张浩:《分类施保也需精准——'兜底一批'政策中的一个问题》,《中国发展观察》,2016年第17期。

命周期。朗特里(B. S. Rowntree)、格利克(P. C. Glick)、杜瓦尔(E. M. Duvall)等早期学者对家庭阶段与贫困的关系进行了研究,提出了家庭生命周期的阶段划分,随后此概念被运用于贫困治理领域。彭继权等人发现,与起步型家庭和衰退型家庭相比,处于生命历程中间阶段的贫困家庭贫困维度更多。① 在徐小言看来,"贫困是家庭生命周期前期的贫困状态或潜在贫困状态在某一时期的显性化,家庭关系缺乏、家庭功能不足以及时序结构下家庭需求无法满足会导致贫困"②。但是,当前的反贫困政策缺乏关注贫困家庭所处阶段的意识。另一方面,家庭内部关系未被重视。在一个家庭中,家庭成员关系的影响是深远的,家人各自的经历会在彼此之间相互传递或抵消。非典型福利依赖者所在家庭中,其他家庭成员遭遇重大事件的时间、数量、频率、后果均会对依赖者本人产生影响,进而引起依赖者本人生命历程的变化,干预其生活安排与人生走向。但是,目前救助制度未充分考虑到非典型福利依赖者及其家庭成员的关系,因此难以预防和应对因家人而引起的依赖者本人生命轨迹的波动。

三、生命历程与制度支持:一个新的研究框架

非典型福利依赖的深层逻辑显示,城市贫困人口的救助需求随生命历程变化而变化。③ 贫困者群体原本能够借助社会救助制度和政策摆脱贫困,然而社会救助制度与政策并未及时根据变化的生命历程进行调整,未能提供足够的防护来阻止贫困人口向社会底层滑落,导致非典型福利依赖者难以得到救助制度的有效保护,所获得的制度支持也难以满足其变化的救助需求。更重要的是,依赖者无法通过接受救助改善所在家庭的困窘状况,更无法通过短期受助实现自立。"在人的自由和自主无法由社会提供和加以保障的条件下,一些人往往期待外部因素去激发他的行动热情,在这种外部因素未出现的时候,表现为懒汉。当我们的社会被建构为合作体系时,人的自由和自主都能够得到充分保障,而且在人的成长和受教育过程中,也能

---

① 彭继权、吴海涛、汪为:《家庭生命周期视角下农户多维贫困测度及分解》,《统计与决策》,2019年第12期。
② 徐小言:《我国农村贫困成因动态认知的维度构建分析——基于家庭生命周期理论的结构性扩充》,《理论学刊》,2018年第5期。
③ 郭于华、常爱书:《生命周期与社会保障——一项对下岗失业工人生命历程的社会学探索》,《中国社会科学》,2005年第5期。

够形塑出积极的行动者人格,每一个人也就不会甘于做懒汉了。"① 随着非典型福利依赖者生命历程的进一步变迁,其对救助制度又有了更多更复杂的需求,一旦无法得到社会救助制度的有效防护,其将因个人不断累积的劣势以及家庭的整体滑落而陷入长期贫困,最终固化为城市社会的底层群体。

从这个意义上看,我国城市贫困人口的非典型福利依赖问题,其实质是变迁的生命历程与滞后的救助制度之间的矛盾,这对矛盾是建构非典型福利依赖分析框架的逻辑出发点。通过展示贫困人口变迁生命历程下的救助需求与其所获得的社会救助制度支持,进行救助需求与救助供给的匹配性分析,以此来寻找催生非典型福利依赖的原因。具体而言,城市贫困人口生命历程的变迁可以从个人重大事件、家庭生活关联与宏观社会变迁三个向度来分析,不同的向度对贫困人口的救助需求有着不同的作用方式。此外,该群体所获得的救助制度支持则可以从救助制度的理念、结构、内容三个维度来分析。

(一) 城市低收入群体生命历程变迁的三个向度

1. 个人重大事件

在当今个体的整个生命历程中,重大事件通常是指升学、就业、结婚、生育、退休、死亡等,尤其是生命阶段转换期的标志性事件。由于部分重大事件具有强烈的负面效应,如罹患重病、离婚、失业等,使个体的人生轨迹发生偏移乃至遭遇不可逆的破坏,最终使个体成为救助制度受助者,因此这些事件成了贫困者生命历程研究的重点关注对象,也是分析福利依赖成因的关键环节。②③ 例如埃尔德提出,在经济萧条期,当处于某种境遇中的家庭的需求与其满足需求的能力之间出现不一致时,尤其是由于境遇的变化显著降低了人们满足需求的能力,就会产生"危机",如经济受损。④ 因此大萧条成了研究美国彼时奥克兰和伯克利两个同期群纵向生命历程演变的绝佳窗口,以回顾艰难岁月对成年后的生活的影响。在我国,关于重大事件对个体生命历程影响的研究对准了影响甚广的"知青下乡""文化大革命"等事件,

---

① 张康之:《论全球化、后工业化中的生活》,《人文杂志》,2018年第8期。
② Lorentzen, T., Dahl, E., & Harsløf, I. (2012). "Welfare risks in early adulthood: A longitudinal analysis of social assistance transitions in Norway." *International Journal of Social Welfare*, 21(4), 408-421.
③ Vandecasteele, L. (2011). "Life course risks or cumulative disadvantage? The structuring effect of social stratification determinants and life course events on poverty transitions in Europe." *European Sociological Review*, 27(2), 246-263.
④ G.H.埃尔德:《大萧条的孩子们》,田禾、马春华译,南京:译林出版社,2002年版,第13页。

分析了这些事件对个人生活机遇的深刻影响,以及这些重大事件是如何嵌入个体生命结构的。①② 针对贫困群体的经典例子来自孙立平、郭于华和常爱书。他们以下岗失业的工人为研究对象,探究了国企改革导致的下岗这一事件带来的隐秘而深远的影响。③④

对城市贫困人口而言,重大事件的数量属性与时间属性决定了该事件的影响范围和效果,过早、长期、频繁地遭遇冲击,以及过多、重复、连续地遭遇事件冲击,轻则干预非典型福利依赖者的正常生活,重则摧毁了依赖者的全部生活积累,并且剥夺其再次恢复正常生活的可能性。

第一,重大事件的数量属性。根据现有的研究,贫困者遭受的重大事件主要集中于人力资本、劳动就业、婚姻家庭等方面,具体包括:意外伤害、重大疾病、未成年辍学、劳动教养或改造、下岗或失业、工作不稳定、被长期拖欠工资、劳动收入大幅降低、未婚生子或离婚、全职照料家庭成员、负债难以偿还等。有研究发现,贫困家庭在遭遇困境时往往同时面临两至三种甚至四种以上的困境⑤,一旦非典型福利依赖者及其所在的家庭在一段时期内经历数起重大事件,那么其遭受多重事件连续打击的可能性就大大增加了。因此,通过观察非典型福利依赖者所遭遇重大事件的种类数量,可以判断其生命历程遭受冲击的程度。此外,相当多的家庭遭遇的困境类型都较为近似⑥。这意味着经济转型和社会变迁使重大事件的发生产生了集中趋势,因此分析不同事件之间的关联也具有一定的意义。再者,由于重大事件对贫困者的影响不同,还可以进行子群体间的比较。⑦

第二,重大事件的时间属性。研究发现,重大事件对个体生存状态和生命体验的影响主要取决于事件发生的时间、持续时长和发生频率。某一事件过早或过迟地出现在个体生命历程中,都将使人生轨道出现偏离,一旦该

---

① 王汉生、刘亚秋:《社会记忆及其建构——一项关于知青集体记忆的研究》,《社会》,2006年第3期。
② 周雪光:《国家与生活机遇:中国城市中的再分配与分层1949—1994》,郝大海等译,北京:中国人民大学出版社,2014年版。
③ 孙立平、郭于华:《制度实践与目标群体:下岗失业社会保障制度实际运作的研究》,北京:社会科学文献出版社,2010年版。
④ 郭于华、常爱书:《生命周期与社会保障——一项对下岗失业工人生命历程的社会学探索》,《中国社会科学》,2005年第5期。
⑤ 刘璐婵:《中国贫困家庭的困境差异性分析——基于"中国城乡困难家庭社会政策支持系统建设项目"的分析》,《甘肃理论学刊》,2015年第2期。
⑥ 刘璐婵、林闽钢:《"养懒汉"是否存在?——城市低保制度中"福利依赖"问题研究》,《东岳论丛》,2015年第10期。
⑦ Brown, G. W., Moran, P. M. (1997). "Single mothers, poverty and depression." *Psychological Medicine*, 27(1), 21-33.

事件持续时间过长,其影响将成指数倍放大,即使持续时间不长,但是频繁发生同一事件也会极大地影响常态化的生命历程。例如,发生在生命历程早期的负面事件(Adverse Childhood Experiences,ACE)往往具有较大的破坏力,不仅会增加个体身心的患病风险、限制社会经济地位的提升,而且会导致人格的改变乃至增加成年后的死亡率[1][2][3][4]。考虑到非典型福利依赖者或许会同时期经历多个重大事件,那么事件发生的顺序又会形成新的干扰。再者,重大事件若集中在某一个阶段内发生,则该时期的困难程度将大大增加。例如,结婚对于非典型福利依赖者而言属于重大事件,但是过早结婚会与个体的求学、就业发生冲突,而初婚年龄过迟则使个体生命时间与历史时间、社会时间脱嵌。[5] 近年来初婚年龄明显上升[6],初婚年龄超过一定的界限时,婚姻解体的风险也增大了。[7] 再如,失业这一重大事件发生的时间也极大地影响着贫困者再就业的可能性。郭于华和常爱书发现,下岗失业工人是在其人生年富力强的盛年期遭遇失业冲击,其"社会年龄"在本应持续产出的年龄段戛然而止,导致了该群体自我认知的失调。[8] 更重要的是,部分事件甚至具有一定的集中趋势,例如贫困者遭遇意外伤害后,医疗费用的增加往往与之相伴,同时还会遭遇失业或收入下降,正应了那句"屋漏偏逢连夜雨"的老话。可以认为,贫困者的生命历程中的重大事件不仅种类繁杂,而且事件的时间属性也极为复杂。因此,探究非典型福利依赖者所面对的重大事件,可以重点观察重大事件的诸多时间性质。

---

[1] Metzler, M., Merrick, M. Klevens, J. Ports, K. A., Ford, D. C. (2017). *Children and Youth Services Review*, 72, 141-149.

[2] Gluckman, P., Hanson, M. A., Beedle, A. S. (2007). "Early life events and their consequences for later disease: a life history and evolutionary perspective." *American Journal of Human Biology*, 19(1), 1-19.

[3] Specht, J., Egloff, B., Schmukle, S. (2011). "Stability and Change of Personality across the Life Course: The Impact of Age and Major Life Events on Mean-Level and Rank-Order Stability of the Big Five." *Journal of Personality and Social Psychology*, 101(4), 862-882.

[4] Kelly-Irving, M. et al. (2013). "Adverse childhood experiences and premature all-cause mortality." *European Journal of Epidemiology*, 28, 721-734.

[5] 方旭东:《过度单身:一项时间社会学的探索》,《中国青年研究》,2016年第10期。

[6] 王鹏、吴愈晓:《初婚年龄的影响因素分析——基于CGSS2006的研究》,《社会》,2012年第3期。

[7] 彭大松、陈友华:《初婚解体风险变化趋势及其影响因素——基于CFPS2010数据的分析》,《人口与社会》,2016年第3期。

[8] 郭于华、常爱书:《生命周期与社会保障——一项对下岗失业工人生命历程的社会学探索》,《中国社会科学》,2005年第5期。

2. 家庭生活关联

大量研究表明,个体所在家庭对个体的影响极为深远,每个人的生命历程都或多或少地与他人的生命历程交叠,并相互之间传递着正负面效应。家庭之所以重要,是因为它既会催生出脆弱模式,同时又会为抵抗这种脆弱性提供资源。[①] 处在家庭环境下,个体将会承受来自其他成员的干扰,其日常生活安排、时间规划与生命进程都将与家庭成员息息相关。因此,家庭成员所遭遇的重大事件不仅影响成员本人,而且也会折射在整体家庭生活中,进而波及其他个体。在贫困研究领域,贫困代际传递研究很好地展示了劣势因素在父代与子代家庭成员间的累积。随着福利研究的兴起,更多的研究分析了救助制度受助者的子代继续接受救助的可能性,揭示出受助者群体中同样存在劣势的传递与累积。一方面,父母较弱的经济能力无法为子女创造更多的资源和机会,这是子女未来发展难以逾越的障碍。另一方面,在福利受助家庭(主要是单亲女户主家庭)具有更多的消极因素,家长对子女的教育漠不关心,乃至传递着不思进取的价值观,导致子女难以积累人力资本。[②③] 这意味着贫困家庭中负面因素会在家庭成员间传递与累积,每一个家庭成员在未脱离家庭环境的情况下很难不受到影响,成员间的关联使得非典型福利依赖者无法独善其身。

就家庭整体负担而言,家庭总人数、未成年子女数量、家庭成员的年龄结构、健康状况等都是重要的影响因素。[④⑤] 具体而言,单亲家庭、过多的年幼子女、女性户主、家有重病患者等是贫困家庭共有的特征,过高的抚养比、过多的刚性支出和过少的经济来源不仅会削弱家庭的经济能力和抗风险能力,而且会增加家庭在未来长期陷入贫困的可能。由于家庭负担较重,非典型福利依赖者的生活规划和发展投资不得不围绕家庭"减贫"开展。此外,

---

[①] Garcia, M., Kazepov, Y. (2002). "Why some people are more likely to be on social assistance than others." In Saraceno, C. (Ed.), *Social assistance dynamics in Europe: National and local poverty regimes*. Bristol: The Policy Press, pp.127-172.

[②] Rank, M. R., Cheng, L.-C. (1995). "Welfare Use Across Generations: How Important Are the Ties That Bind?" *Journal of Marriage and the Family*, 57(3), 673-684.

[③] Stenberg, S. Å. (2000). "Inheritance of welfare recipiency: An intergenerational study of social assistance recipiency in postwar Sweden." *Journal of Marriage and the Family*, 62(1), 228-239.

[④] Smith-Carrier, T. (2017). "Reproducing Social Conditions of Poverty: A Critical Feminist Analysis of Social Assistance Participation in Ontario, Canada." *Journal of Women, Politics and Policy*, 38(4), 498-521.

[⑤] McLanahan, S. S. (1988). "Family structure and dependency: Early transitions to female household headship." *Demography*, 25(1), 1-16.

围绕家庭场域的社会资本积累是个体增加本人生活机遇的重要途径。个体通过社会网络不断交换资源,并受到社会资本的影响。①② 由于社会资本在不同收入群体中不断扩大收入差距,低收入群体从社会网络中的获益越来越有限,尤其是在改善收入水平与经济地位方面。因此贫困群体往往难以通过社会资本改善贫困处境。③

就家庭成员对依赖者本人的影响而言,非典型福利依赖者及其家人的资源配置、时间分配以及劳动决策也会受到家庭成员的影响。研究发现,"城市地区贫困家庭所面临的困难往往是家庭主要劳动力没有工作、家庭主要成员没有劳动能力、家庭成员疾病负担重、家庭成员需要长期照料等"④。当家庭成员因遭遇重大事件而失能、患病时,依赖者不得不提供照料,而家庭成员失业或去世导致经济来源丧失则有可能要求依赖者重返劳动力市场、增加工作时间乃至兼职多份工作。此外,家庭成员面临重大事件还有可能与依赖者本人所遭遇的重大事件交叠,强化了困难程度。随着陷入困境的时间不断延长,依赖者将面临"贫困链的循环"。⑤ 可见,非典型福利依赖者与家庭成员间的生活关联是重要的环节,观察家庭成员在特定生命历程阶段遭遇的重大事件,有助于理解非典型福利依赖者在同一时期所做的一系列决策。

3. 宏观社会变迁

20世纪70年代末以来,中国面临剧烈的经济转型和制度变迁。这些宏观变迁来源于经济体制改革背景下资源组织与分配格局的变动与重组,国家政策和历史背景通过这些机会和分配机制的变化影响着个人的生活机遇。⑥ 随着市场经济和市场机制的出现,资源配置与机会分布不断变动,市场化不仅增加了社会异质性,而且导致社会不平等的程度不断扩大。这些社会变迁引起个人生活乃至生命轨迹发生巨大的变化,为数众多的城市贫困者脱离了原本设定好的发展道路,在新的风险与机会中改写了人生轨迹。

---

① 边燕杰、郭小弦、李晓光:《市场化与社会资本的变迁——1999—2014》,《开放时代》,2020年第4期。
② 刘一伟、汪润泉:《收入差距、社会资本与居民贫困》,《数量经济技术经济研究》,2017年第9期。
③ 李黎明、许珂:《人力资本、社会资本与收入差距——基于中国城市居民收入的分位回归模型分析》,《复旦教育论坛》,2017年第1期。
④ 林闽钢、梁誉、刘璐婵:《中国贫困家庭类型、需求和服务支持研究——基于"中国城乡困难家庭社会政策支持系统建设"项目的调查》,《天津行政学院学报》,2014年第3期。
⑤ 林闽钢:《缓解城市贫困家庭代际传递的政策体系》,《苏州大学学报》,2013年第3期。
⑥ 周雪光:《国家与生活机遇:中国城市中的再分配与分层1949—1994》,郝大海等译,北京:中国人民大学出版社,2014年版,第36-44页。

在非典型福利依赖者的生命历程中,宏观社会变迁带来了诸多影响。其一,国家制度与政策的变动会影响个体生命历程中劳动资源的配置与劳动供给的决策过程,例如工作转换、职业晋升乃至个人职业发展道路的选择。对于非典型福利依赖者而言,宏观社会变迁对就业的颠覆性作用体现为 20 世纪末国企改革引发的下岗失业潮,这一变迁使具有劳动能力且处于劳动年龄的国企职工沦为冗余人员,进而成为 20 世纪末城市底层群体的组成部分。原本依赖单位制的企业职工被逐步剥离,导致其职业生涯中断并遭遇"剥夺式贫困"[1],因此就业的连续性被彻底打破。尽管随着非正规就业的兴起,这些曾被淘汰的依赖者又通过临时工作、弹性工作等灵活就业方式重返劳动力市场,这些低薪、技术含量偏低且不缴纳"五险一金"的工作机会也难以帮助依赖者脱离贫困的泥沼。其二,市场化的全面渗透一方面加大了社会各阶层的收入差距,使城镇内部各群体的所得不平等被放大,另一方面大大增加了生活成本,增加了教育、医疗资源的获取难度。随着市场化的不断深入,其对贫困者及其家庭减贫能力的削弱将进一步加强。其三,社会保险制度的建立使当前的再分配格局与劳动力市场更紧密地结合起来,劳动者通过"上保险"参与了水平和垂直两方面的再分配过程,使个人的生命历程获得了更加全面的制度保护。然而对于非典型福利依赖者而言,其所在的次级劳动力市场对社会保险制度的态度更为复杂[2]。雇主为降低用人成本往往倾向于规避参保责任,导致部分行业或岗位未能享受社会保险。再者,由于低薪职位难以负担参保费用,部分劳动者甚至会主动选择不参加社会保险或停止缴纳保费。基于此,本应得到社会保险体系保护的劳动者不断远离保障制度,而非正规就业的推广还将进一步使非典型福利依赖者被社会保障制度边缘化。

(二) 社会救助制度支持的三个维度

自我国建立城市居民最低生活保障制度以来,社会救助制度建设的步伐逐步加快。在政府的主导下,社会救助体系经由从小变大、从弱变强、从点到面的发展过程[3],目前已建成较为完整的社会救助制度体系,在反贫困

---

[1] 慈勤英:《福利依赖:事实抑或建构》,武汉:武汉大学出版社,2013 年版,第 213 页。
[2] 李骏:《中国城市劳动力市场的变迁与分层》,北京:社会科学文献出版社,2018 年版,第 92-93 页。
[3] 林闽钢:《我国社会救助体系发展四十年:回顾与前瞻》,《北京行政学院学报》,2018 年第 5 期。

行动中发挥了重要作用①,不仅对下岗失业等社会生活情境下的城市贫困人口提供了经济支持和疗愈抚慰,并逐步成为免除国民生存危机、维护社会底线公平、促进国家长治久安的国家治理机制。② 但是,随着传统的简单线性生命历程失去普遍性,个人的生命历程异质性增强,现行社会救助制度的弊端与劣势逐渐呈现:当人们暴露在经济社会变迁的多重风险之下,现行的救助制度因无法有效识别风险而过于滞后与消极。无论是救助制度的理念、结构还是具体内容,都会在救助对象生命历程形态不断变迁的条件下消减制度的灵敏性,进而削弱救助制度的"兜底"能力。(参见图 5-1)

第一,救助制度理念。救助制度的理念往往与制度定位、主流社会意识形态等相关。但是在生命历程变迁的前提下,需要侧重考察当前的救助理念是否能够灵敏地感应福利思潮的走向、是否着眼于个体生命的脆弱性、是否关注个人与家庭的关联、是否主张实现制度定位的调整乃至是否积极地引导制度进行自主性与前瞻性上的更新。

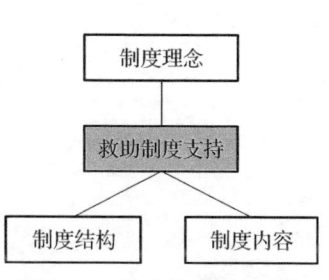

图 5-1　社会救助制度支持的三个维度

第二,救助制度结构。在救助制度的结构维度上,研究除了关注救助项目的数量类型与性质、各救助项目之间的关系、社会保障制度体系内各子系统的相互衔接以及社会保障系统与劳动力市场系统的互动关系外,还需要结合受助者的生命历程因素,从整体生命过程的视角出发考察救助制度的结构与个体生命阶段的衔接与融合。换言之,需要结合非典型福利依赖者及其家庭成员的生命阶段,分析依赖者及其家庭成员过往的人生经历所积累和传递的劣势与负面效应,以及未来有可能面临的显性或潜在风险,判断由此所产生的救助需求及其演变,最终以此为导向审视现行社会救助的结构是否能够应对这些劣势和风险。

第三,救助制度内容。就救助内容而言,研究需要关注现行的救助制度其标准设定、资格审核、经济核对、标准调整、动态管理等是否与受助者个体及其家庭的生命历程紧密衔接,是否对不同类型的非典型福利依赖者进行分类施助,并结合其生命历程状况提供层次化的、区别化的待遇与服务。此外,还需要重点关注如何对非典型福利依赖者实施动态评估、监测和预防。

---

① 关信平:《论现阶段中国社会救助制度目标提升的基础与意义》,《社会保障评论》,2017年第4期。
② 郑功成:《中国社会救助制度的合理定位与改革取向》,《国家行政学院学报》,2015年第4期。

中 篇

非典型福利依赖:表现、类型与成因

随着中国经济与社会进入全面改革时期,个人命运汇入时代洪流,以往标准的求学、就业、婚育、安养模式随着社会变迁而变化,由此导致的个体生命历程变迁更显动荡。在城市贫困人口中,既有社会变迁成本的承担者,又有遭受多重困境打击的顺应者,既有被家庭牵绊的辛勤者,又有劣势累积的失意者。不同类型贫困者的过往经历与生活境遇使其致贫原因存在异质性,但是最终殊途同归,皆陷入贫困并固化为城市社会的底层群体。为了满足贫困人口对社会救助制度的需求,我国为城市弱势群体搭建了全面的基本生活保护系统,通过不断构筑安全底网和完善风险化解机制来应对困难群体的救助需求。那么,对于处于劳动年龄且具有劳动能力的人而言,其本应在国家有力的帮扶与支持下摆脱贫困,却为何不得不长期寄栖于社会救助制度之下?在我国,社会救助制度虽已实现了"保基本、兜底线",提供了从基本生活保障到专项保障的层层保护,为何非典型福利依赖现象仍无法消除?当人口结构、就业环境等进一步变迁,收入分配不均衡、社会阶层分化进一步加剧,城市贫困群体是否会进一步扩大,导致更多人陷入非典型福利依赖状态?

在中篇部分,本书将围绕"为什么",探究不同类型非典型福利依赖者的异质性,全面展示非典型福利依赖者生命历程的变迁,以及这些变迁对个体生活、家庭境况与群体命运的影响,并在此基础上重点分析生命历程变迁背景下非典型福利依赖者的救助需求与所获得的救助制度支持,剖析催生非典型福利依赖的制度原因。

第六章 非典型福利依赖的表现与类型

一、非典型福利依赖的表现

为了研究城市贫困人口的非典型福利依赖问题,调查组在江苏省南京市、宿迁市,安徽省滁州市、芜湖市,甘肃省兰州市、天水市对城市低保制度受助者进行了调查并获得了一手数据。调查共发放问卷 600 份,回收问卷 585 份,有效问卷 554 份[①],有效回收率 92.3%。在本研究中,非典型福利依赖者指城市低保受助者中处于 16 周岁至 59 周岁之间,并且累计受助长达 2 年及以上的登记失业人员、在职人员和灵活就业人员。此次调查获得的非典型福利依赖者样本数共计 554。

(一)非典型福利依赖者的基本情况

1. 非典型福利依赖者的人口学特征

非典型福利依赖者的年龄、性别、健康、婚姻以及文化程度情况如表 6-1 所示。

(1)非典型福利依赖者的年龄及性别分布。从年龄分布来看,554 位非典型福利依赖者年龄处于 18 岁至 59 岁之间,平均年龄为 47.67 岁,样本年龄分布的峰值为 52 岁。通过将非典型福利依赖者划分为 16 岁至 29 岁、30 岁至 39 岁、40 岁至 49 岁、50 岁至 59 岁四个年龄段发现,40 岁以下的非典型福利依赖者仅占 13.6%,而 86.4%都在 40 岁以上,其中处于 50 岁至 59

[①] 在筛选研究对象时,此次调查通过就业状态来判断受助者的劳动能力,那些就业状态为在职、灵活就业、登记失业的受助者被认为具有劳动能力。但是在统计数据时发现,有部分被调查者其就业状态虽为在职或灵活就业,但其健康状况为残疾,并且持有残疾证。本研究认为此类受助者属于"值得救助者",并非合适的研究对象,故将此类受助者填答的问卷视为无效问卷;此外,通过进行是否漏答、答题项是否相互矛盾等检查,去除无效问卷,最终获得有效问卷 554 份。

岁之间者甚至占到55%。因此,非典型福利依赖者年龄普遍偏大。

从性别分布上来看,样本中男性为373位,女性为181位。结合性别与年龄段发现,49岁以下的各个年龄段中男女比例较为接近,但是49岁至59岁年龄段内男性明显多于女性。

表6-1 非典型福利依赖者的人口学特征(N=554)

变 量	百分比(%)	变 量	百分比(%)
性别		年龄[a]	
男性	67.3	16—29周岁	3.7
女性	32.7	30—39周岁	9.9
健康状况		40—49周岁	31.4
良好	11.6	50—59周岁	55.0
一般但未患病	15.0	文化程度	
长期患慢性病	59.9	小学及以下	26.3
患有重大疾病	13.4	初中	44.1
婚姻状况		高中/中专	23.6
已婚	35.7	大专	4.0
未婚	25.5	本科	2.0
离婚	33.6		
丧偶	5.2		

——资料来源:根据本研究调查所得的数据整理。从表6-1开始,后文中的所有表均根据本次调查数据整理。说明:a《中华人民共和国劳动法》等相关法律规定,劳动年龄指16岁至退休年龄。由于我国低保受助者的就业形式较为多样化,而且灵活性较强,其退休年龄并没有完全受到《中华人民共和国劳动法》的约束,为了简化计算,本研究将劳动年龄划定为16岁至59岁。

巴尔、弗雷泽等人描绘的福利依赖者的形象多是有孩子的贫困非裔单亲母亲。[1][2] 本书第四章也提到,典型福利依赖者的经典形象具有年轻、女性、非裔等特征。相比之下,我国的非典型福利依赖者不仅年龄偏大,而且具有明显的男性化趋势,与典型福利依赖者的形象存在差别。

(2)非典型福利依赖者的婚姻状况。在554位非典型福利依赖者中,已婚198人,占35.7%,未婚141人,占25.5%。此外,婚姻状况不佳的占七成,其中离婚186人,占33.6%,丧偶29人,占5.2%。这意味着超过三成的非典型福利依赖者婚姻已破碎,其家庭结构因离婚而瓦解,还有部分依赖者因丧偶失去了伴侣,家庭结构的完整性也遭到破坏。此外调查发现,有较高比

---

[1] Barr, N. A., & Hall, R. E. (1981). "The Probability of Dependence on Public Assistance." *Economica*, 48(190), 109-123.
[2] Fraser, N., & Gordon, L. (1994). "A genealogy of dependency: Tracing a keyword of the U.S. welfare state." *Journal of Women in Culture and Society*, 19(2), 309-336.

例的依赖者未进入过婚姻,这些未婚的非典型福利依赖者中有74.1%的未婚者其年龄已超过40岁,属于大龄未婚,甚至38.1%的未婚者已超过50岁。

有研究认为,婚姻状况对家庭贫困的影响显著,非婚模式缺乏家庭成员间的互济,无助于提升家庭经济状况。① 这会导致处于非婚状态的依赖者更容易陷入贫困。此外,婚姻状态被证明是一种"明确的动力机制",成家会激发个体提高家庭福利的责任感,对低保对象的就业选择具有促进作用。② 从这个角度而言,这些因离异、丧偶或未婚而未处于婚姻状态的依赖者难以产生提升家庭整体福利水平的动力,婚姻未能积极作用于其劳动供给决策。

通过对婚姻状况与性别进行交叉分析,可以看到男性依赖者与女性依赖者在婚姻状况上的区别(参见表6-2):男性依赖者中丧偶者比例偏低,未婚者比例高。相比之下,女性依赖者中丧偶者比例较高,占14.4%。

表6-2 非典型福利依赖者婚姻状况与性别的交叉分析

			婚姻状况				总计
			已婚	未婚	离婚	丧偶	
性别	男性	频次	140	106	124	3	373
		百分比(%)	37.5	28.4	33.2	0.8	100.0
	女性	频次	58	35	62	26	181
		百分比(%)	32.0	19.3	34.3	14.4	100.0
总计			198	141	186	29	554
		百分比(%)	35.7	25.5	33.6	5.2	100.0

肖萌等人认为,婚姻状况对女性贫困的影响显著大于男性。女性在经历离婚、丧偶时,会面临更大的人均家庭收入下降风险。③ 尽管女性依赖者的人数少于男性依赖者,但是破碎的婚姻状态使其贫困程度并不亚于男性。

(3)非典型福利依赖者的健康状况与文化程度。就健康状况来看,尽管非典型福利依赖者具有劳动能力,但其自评健康状况并不理想。在554位样本中,仅有11.6%健康状况良好,15%身体一般但未患病,两者合计占比不到三成。相比之下,73.4%的依赖者面临各种程度的健康风险。其中,长期患有慢性病者占六成,还有13.4%患有诸如恶性肿瘤、尿毒症、白血病、

---

① 肖萌、丁华、李飞跃:《对贫困决定因素的性别比较研究——基于2014年中国家庭追踪调查城乡非农业人口的实证分析》,《妇女研究论丛》,2019年第1期。
② 张强、慈勤英:《"成家"会促使"就业"吗?——婚姻对城市低保对象就业行为的影响》,《南方人口》,2019年第1期。
③ 肖萌、丁华、李飞跃:《对贫困决定因素的性别比较研究——基于2014年中国家庭追踪调查城乡非农业人口的实证分析》,《妇女研究论丛》,2019年第1期。

器官移植及其他特殊病种的重大疾病。

在文化程度方面,样本的文化程度从小学及以下、初中、高中/中专一直到大专或本科毕业的比例分别是 26.3％、44.1％、23.6％和6％,未有一人拥有硕士及以上学历,文化程度整体偏低。

无论是年龄、健康状况还是文化程度,非典型福利依赖者的人力资本都呈现出不良的状况,这与以往研究的结论一致。人力资本过低,不仅会因收入增长阻滞而导致居民个体收入不平等程度扩大[1],而且会在当前扭曲的就业市场环境下因人力资本积累的"极化效应"而导致人力资本的进一步削弱。[2] 更重要的是,父代人力资本积累的失败甚至会引起贫困的代际传递[3]。可以认为,非典型福利依赖者的人力资本劣势阻碍了其通过参与劳动实现家庭收入的跃迁,极大地影响了其生活境况的改善,从长远来看甚至会引发依赖者及其家庭整体性地向下流动。

(4)非典型福利依赖者的就业状况与从业行业。本次调查的就业状况包括在职、灵活就业、失业和其他状况四类。其中,单位正式员工归为在职一类,占样本总数的1.4％;灵活就业包括临时工、钟点工、个体、私营和公益岗位多种形式,共占总样本的14.5％,其中临时工和钟点工占13％;登记失业者的就业状况则被归为失业,此类型占样本总数的62.1％;其他就业状况包括在校学生、离退休和其他个别情况,占总样本的20.7％。

表6-3 非典型福利依赖者的就业状况

就业状况	频次	百分比（％）
在职	8	1.4
灵活就业	80	14.5
失业	344	62.1
其他	115	20.7
缺失	7	1.3
合计	554	100.0

可以看出,非典型福利依赖者群体面临较为严重的失业问题。这些处于劳动年龄且具有劳动能力的人没有进入劳动力市场,比重高达六成,无疑会引发"低保养懒汉"的议论。随着这些群体的受助常态化,长期领取救助

---

[1] 杨晶、邓大松、申云:《人力资本、社会保障与中国居民收入不平等——基于个体相对剥夺视角》,《保险研究》,2019年第6期。
[2] 刘瑞明、亢延锟、黄维乔:《就业市场扭曲、人力资本积累与阶层分化》,《经济学动态》,2017年第8期。
[3] 刘新波、文静、刘轶芳:《贫困代际传递研究进展》,《经济学动态》,2019年第8期。

更加剧了人们对福利依赖问题的诟病。但是本书认为,当前非典型福利依赖者所面临的失业问题有着特定的社会历史根源,脱离了以往的社会事实来苛责依赖者当前的失业状态有失公允。此外,若要分析非典型福利依赖者的失业原因,除现有研究普遍认同的人力资本、社会资本等因素外,还需要结合其本人及家人的生命历程来综合考量,充分考虑重大事件、家庭生活关联以及社会变迁等对再就业的影响。

就在职或灵活就业的非典型福利依赖者所从事的行业而言,居民服务、修理和其他服务业、住宿和餐饮业、批发和零售业是主要的领域。有研究对比过行业间的收入差距,发现低收入行业的工资绝对额偏低,且与其他行业的工资差距不断拉大,其收入增长受到极大的制约。① 此外,由于福利补贴的分布比工资分布的不均等程度更高②,因此低收入行业通过再分配提升待遇水平的可能性愈发低下。这从另一个角度证明了非典型福利依赖者通过低薪劳动来提升收入的途径是行不通的。

表6-4 非典型福利依赖者的从业行业

行业	在职人员		灵活就业人员	
	频次	百分比(%)	频次	百分比(%)
制造业	0	0.0	2	2.5
电力、热力、燃气及水生产和供应业	0	0.0	2	2.5
建筑业	0	0.0	6	7.5
批发和零售业	0	0.0	10	12.5
交通运输、仓储和邮政业	0	0.0	1	1.3
金融业	0	0.0	1	1.3
卫生和社会工作	0	0.0	2	2.5
文化、体育和娱乐业	0	0.0	2	2.5
公共管理、社会保障和社会组织	0	0.0	3	3.8
居民服务、修理和其他服务业	1	12.5	38	47.5
住宿和餐饮业	2	25.0	9	11.3
信息传输、软件和信息技术服务业	4	50.0	0	0.0
科学研究和技术服务业	1	12.5	0	0.0
缺失	0	0.0	4	5.0
总计	3	100.0	34	100.0

① 潘胜文、孙玉璟:《低收入行业职工收入分析及调控对策——基于江苏省细行业工资数据》,《西部学刊》,2015年第6期。
② 罗楚亮、李实:《人力资本、行业特征与收入差距——基于第一次全国经济普查资料的经验研究》,《管理世界》,2007年第10期。

2. 非典型福利依赖者所在家庭的基本情况

西方福利国家的研究显示，福利依赖者根植于家庭，个体依赖福利的行为往往与家庭的经济社会背景相关。在芬兰，依赖福利的年轻人往往来自社会救助受助家庭，或者因过早离家而陷入贫困。[①] 在挪威，在由青春期向成年期转变的关键人生阶段，青年依赖者由于家庭结构的不稳定、家庭收入偏低、父代教育程度低等使这一转变过程更加复杂多变，最终不得不依赖福利生活。[②] 在美国，福利依赖者所在的家庭其成员多有身心健康受损、学习障碍、家庭暴力等方面的问题，依赖者通常会成为家庭的"付出者"或"牺牲者"。[③]

在本次调查中，非典型福利依赖者所在家庭的其他成员人数为424人，调查组收集了家庭成员的基本信息，包括性别、年龄、健康状况、婚姻状况、文化程度和劳动能力等，并在此基础上展示了家庭规模与家庭结构。

表6-5 非典型福利依赖者所在家庭成员的人口学特征（N=424）

变量		百分比(%)	变量	百分比(%)
性别			年龄	
	男性	43.2	0—3周岁	2.6
	女性	56.8	4—6周岁	1.4
健康状况			7—12周岁	9.2
	良好	43.2	13—15周岁	5.2
	一般但未患病	18.2	16—18周岁	6.1
	长期患慢性病	15.1	19—22周岁	13.9
	患有重大疾病	11.3	23—35周岁	12.5
	患有精神疾病	2.4	36—49周岁	23.1
	轻度残疾	8.0	50—59周岁	13.4
	重度残疾	1.9	60—69周岁	3.3
婚姻状况			70—79周岁	6.4
	已婚	45.5	80周岁及以上	2.8
	未婚	46.2	文化程度	

[①] Ilmakunnas, I., & Moisio, P. (2019). "Social assistance trajectories among young adults in Finland: What are the determinants of welfare dependency?" *Social Policy and Administration*, 53(5), 693-708.

[②] Lorentzen, T., Dahl, E., & Harsløf, I. (2012). "Welfare risks in early adulthood: A longitudinal analysis of social assistance transitions in Norway." *International Journal of Social Welfare*, 21(4), 408-421.

[③] Taylor, M. J., & Barusch, A. S. (2004). "Personal, family, and multiple barriers of Long-Term Welfare Recipients." *Social Work*, 49(2), 175-183.

续表

变量		百分比(%)	变量	百分比(%)
劳动能力	离婚	4.0	小学及以下	32.8
	丧偶	4.2	初中	28.9
			高中/中专	17.2
	健全	39.5	大专	12.0
	丧失部分	23.3	本科及以上	9.1
	完全丧失	37.2		

(1)家庭成员的基本特征。就性别而言,在非典型福利依赖者所在家庭的424位家庭成员中,女性为241人,男性为183人。在年龄方面,成员年龄横跨0岁到88岁,平均年龄35.6岁。其中,19岁至59岁的比重为62.9%。

从图6-1中可以看出,家庭成员年龄集中在17—25岁、46—52岁两个区间,前者是家庭中的子代,后者是非典型福利依赖者的配偶或同代人。此外,年幼的家庭成员较年老的家庭成员更多。结合前文非典型福利依赖者本人的年龄分布,可以发现多数依赖者所在家庭已完成从"青年家庭"向"中年家庭"的过渡,依赖者本人多处于"上有老、下有小"的生命阶段。

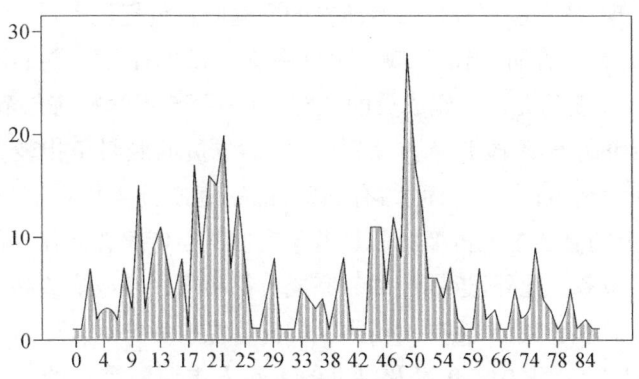

图6-1 非典型福利依赖者家庭成员的年龄分布

在文化程度上,拥有小学以上受教育经历者仅占七成。通过对年龄和文化程度进行交叉显示,年龄较小的家庭成员中文化程度较高者更多,年龄较大者中文化程度更多地集中于高中及以下层次。具体而言,19岁至22岁的家庭成员中有83.1%接受过或正在接受大专/本科教育,初中级以下文化程度者仅有10.2%。在50岁至59岁年龄组中,61.1%为初中文化程度,该年龄段甚至无一人接受过高等教育。值得注意的是,23岁至35岁这一年龄区间内,有64%文化程度在高中及以下,甚至有44%仅拥有初中和小学文化,这使其在劳动力市场中处于劣势地位,求职难度骤增。

在健康方面,43.2%的家庭成员身体健康状况良好,18.2%的成员健康状况一般但是未患病。相比之下,有38.7%的家庭成员身体健康存在各种问题。一方面,28.8%的成员患有疾病,其中慢性病、重大疾病、精神疾病分别占15.1%、11.3%、2.4%。另一方面,9.9%的成员是残疾人,约8%为轻度残疾,持有三级、四级残疾人证,1.9%为重度残疾,持有一级、二级残疾人证。可以认为,在非典型福利依赖者所在的家庭中,成年家庭成员的身体健康状况不甚理想,本应参加经济活动的成年成员患有慢性病、大病以及残疾,这不仅减少了家庭的经济来源,而且增加了医疗和照料开支。

表6-6 非典型福利依赖者家庭成员年龄与文化程度的交叉分析(%)

		文化程度				总计
		小学及以下	初中	高中/中专	大专/本科	
年龄段	19—22岁	5.1	5.1	6.8	83.1	100.0
	23—35岁	20.0	24.0	20.0	36.0	100.0
	36—49岁	24.5	35.7	32.7	7.1	100.0
	50—59岁	25.9	61.1	13.0	0.0	100.0

分析发现,非典型福利依赖者所在的家庭照料负担较重:从家庭成员的年龄特征来看,一方面,当前依赖者家庭中有13.2%的家庭成员小于12岁,其中,0至3岁婴幼儿占家庭成员的2.6%,4岁至6岁学龄前儿童占1.4%,7岁至12岁的小学阶段儿童占9.2%。年幼成员的照料负担较重,需要花费看护人较大精力;另一方面,约有9.2%的家庭成员年龄高于70周岁,其中80岁以上的高龄老人占2.8%,这些家庭成员与依赖者同住,同样需要家人提供照料服务。此外,近四成的家庭成员都不同程度或病或残,因此家庭的长期照料需求旺盛:家庭中不同类型的需要照料者共计259人,占全体家庭成员的61.1%。其中,70岁及以上的老年人占照料需求的15.1%,儿童占21.6%,病人占47.1%,残疾人占16.2%。如此繁重的照料任务对家庭造成了较大的负担,无论是对经济还是对人力都提出了较高的要求。

表6-7 非典型福利依赖者所在家庭中需长期照料者类型分布

需长期照料者类型	频次	百分比(%)
老年人(≥70岁)	39	15.1
儿童(≤12岁)	56	21.6
病人	122	47.1

续表

需长期照料者类型	频次	百分比（%）
残疾人	42	16.2
合计	259	100.0

（2）家庭成员的劳动就业状况。在非典型福利依赖者所在家庭23岁至59岁的208位成员中，在职者占6.7%、灵活就业者占23.1%、失业者占53.4%、离退休者和其他就业状况者占16.8%。（参见表6-8）这意味着相当一部分家庭成员的就业状态不稳定，超过两成者处于打零工的状态，更严重的是，超过半数的家庭成员处于失业状态，甚至近两成者已经完全退出劳动力市场。

表6-8 非典型福利依赖者所在家庭劳动年龄成员的就业状况

	就业状况	频次	百分比（%）
在职	单位正式员工	14	6.7
灵活就业	临时工、钟点工	38	18.3
	个体、私营	9	4.3
	公益岗位	1	0.5
失业	登记失业	62	29.8
	未登记失业	49	23.6
其他	离退休	32	15.4
	其他情况	3	1.4
合计		208	100.0

注：本研究统计劳动年龄家庭成员的就业状况，由于部分成员16岁至22岁仍处于就学阶段，故此处仅统计年龄为23岁至59岁的成员。

大量研究显示，就业与个人禀赋密不可分。从家庭成员的人口学特征来看，较低的学历层次、堪忧的健康状况、较大的年龄都是不利的就业因素。此外，前文的分析显示，非典型福利依赖者所在的家庭照料负担较重，这也在一定程度上解释了依赖者所在家庭的不利就业状况：提供照料对劳动参与有负面影响①，家庭照料增加会减少照料提供者的劳动参与概率和工作时间②。由

---

① Nguyen, H. T., Connelly, L. B. (2014). "The Effect of Unpaid Caregiving Intensity on Labour Force Participation: Results from a Multinomial Endogenous Treatment Model." *Social Science & Medicine*, 100(1), 115-122.

② 刘岚、齐良书、董晓媛：《中国城镇中年男性和女性的家庭照料提供与劳动供给》，《世界经济文汇》，2016年第1期。

于劳动参与的生命周期特征明显[1],家庭成员需要采用分工或合作的应对策略[2],这会不可避免地影响家庭成员彼此的劳动安排。

(3)家庭结构。表6-9显示,单人户的比重近六成,两人户占22.6%,核心家庭占12.6%,超过三人的仅占6.3%,意味着家庭规模普遍较小,家庭结构多不完整。一般而言,单人户通常是由未婚、离婚、丧偶等事件导致的。在两人户中,单亲家庭的比例较高,往往是父亲或母亲带孩子,以及成年单身子女与老年父亲或老年母亲的组合。

表6-9 非典型福利依赖者所在家庭的规模

家庭总人数	频次	百分比(%)
1人	324	58.5
2人	125	22.6
3人	70	12.6
4人	305.4	
5人	5	0.9
合计	554	100.0

研究发现,家庭人口结构与规模会直接影响贫困家庭抵御风险的能力[3][4]。由于家庭支出存在规模递减效应,伴随着家庭人口数量的增多,人均家庭支出反而会下降,故在救助水平一致的条件下,家庭规模小的贫困家庭实际获益较小。此外,家庭中劳动力数量少,其经济脆弱性更加突出。可以认为,非典型福利依赖者所在的家庭不仅负担重,而且风险抵抗能力较差。

3. 非典型福利依赖者所在家庭的受助情况

2014年的《社会救助暂行办法》和2020年的《关于改革完善社会救助制度的意见》规定,最低生活保障制度的实施对象是家庭,救助标准结合家庭人口、家庭收入与财产状况确定,最低生活保障金的发放也以家庭为单位。因此,调查统计了家庭的低保金与专项救助收入。

---

[1] 许敏波、李实:《中国城镇劳动参与率的结构和趋势——基于家庭微观调查的证据》,《安徽师范大学学报》,2019年第1期。
[2] 熊江尧、张安全、杨继瑞:《老年照料对已婚子女劳动供给的影响:基于CFPS的经验证据》,《财经科学》,2020年第4期。
[3] 张文武、欧习、徐嘉婕:《家庭视角下的劳动参与和多维贫困——来自CHNS连续追踪面板的证据》,《当代经济科学》,2020年第1期。
[4] 李鹏、张奇林:《兼得公平效率——家庭规模和结构视阈下城乡低保标准与救助对象精准识别》,《宁夏社会科学》,2017年第1期。

(1) 非典型福利依赖者所在家庭的低保金收入。在家庭领取的低保金年收入金额上，非典型福利依赖者所在家庭的年低保金收入在804元至31 248元之间，均值为10 962.68元。近七成家庭在2018年度领取的低保金低于10 000元，其中，4.2%的家庭领取低保金在5 000元以内，61.9%的家庭在5 001元至10 000元之间。（参见表6-10）

表6-10 非典型福利依赖者所在家庭的低保金年收入（2018）

年低保金收入	频次	百分比
5 000以内	22	4.2
5 001—10 000	322	61.9
10 001—15 000	69	13.3
15 001—20 000	75	14.4
20 001—25 000	25	4.8
25 001—30 000	5	1.0
30 000以上	2	0.4
合计	520	100

(2) 依赖者家庭获得的专项救助。专项救助包括医疗救助、教育救助、住房救助、临时救助、就业救助、生活物资、水电燃料取暖费减免、税费减免、丧葬服务、法律援助、节假日一次性救助等11项具体项目。2018年，超过半数的依赖者家庭获得了一项至数项专项救助：在554户家庭中，有54.2%获得了水电、燃料或取暖费减免，有39.7%的家庭获得了生活物资，33.9%的家庭获得了节假日一次性救助，32.9%的家庭获得了医疗救助。（参见表6-11）

表6-11 获得各项专项救助的依赖者家庭数量

专项救助项目	频次	百分比（%）	专项救助项目	频次	百分比（%）
医疗救助	182	32.9	生活物资	220	39.7
教育救助	44	7.9	税费减免	3	0.5
就业救助	124	22.9	丧葬服务	7	1.3
临时救助	50	9.0	法律援助	10	1.8
住房救助	67	12.1	节假日一次性救助	188	33.9
其他	50	9.0	水电、燃料、取暖费减免	300	54.2

(3) 依赖者家庭的专项救助年收入。首先，在医疗救助方面，依赖者家庭在2018年获得的医疗救助金从0元到15 000元不等。在109户填写了医疗救助金额的家庭中，近一半的家庭受助金额在500元以内，有29.4%的

家庭受助在501元至2 000元之间,仅有4.6%的家庭获得的医疗救助金额超过5 000元。另外还有部分家庭因医疗负担较重而获得了医疗定向重点救助。在这些家庭中,有近半数者再次获得2 000元以内的救助金,50%受助金额在2 001元至5 000元之间,对于负担格外严重的7.1%的家庭,还能再获得5 000元至8 000元的救助金。(参见表6-12)

表6-12 非典型福利依赖者所在家庭获得的医疗救助金额

医疗救助费用 (元/年)	频次	百分比 (%)	医疗定向重点 救助(元/年)	频次	百分比 (%)
0—500	54	49.5	1—500	6	14.3
501—1 000	16	14.7	501—1 000	6	14.3
1 001—2 000	16	14.7	1 001—2 000	6	14.3
2 001—5 000	17	15.6	2 001—5 000	21	50
5 001—8 000	2	1.8	5 001—8 000	3	7.1
8 001—10 000	3	2.8	8 001—10 000	0	0.0
10 000以上	1	0.9	10 000以上	0	0.0
合计	109	100	合计	42	100.0

其次,在教育救助方面,有37户家庭获得了不同阶段教育费用的减免。就减免额度而言,约六成家庭享受到了不超过1 000元的减免,近四成者减免额在1 000元以上,但不超过2 000元。此外,有38户家庭在各阶段获得了额度在500元至5 000元的助学金、生活补助、助学贷款等补助,其中15.8%的家庭所获补助不超过1 000元,更多的家庭则能够享受到1 000元至5 000元左右的教育救助补助金(84.2%)。(参见表6-13)

表6-13 非典型福利依赖者所在家庭获得的教育救助金额

费用减免 (元/年)	频次	百分比 (%)	救助金发放 (元/年)	频次	百分比 (%)
0—500	12	32.4	1—500	0	0.0
501—1 000	10	27.0	501—1 000	6	15.8
1 001—2 000	15	40.5	1 001—2 000	12	31.6
2 001—5 000	0	0.0	2 001—5 000	20	52.6
5 001以上	0	0.0	5 001以上	0	0.0
合计	37	100.0	合计	38	100.0

再次,还有部分家庭填写了所获得的生活物资、水电燃料取暖费减免、节假日一次性救助的等值金额。从表6-14中可以看到,在202个获

得了生活物资的家庭中,91%的家庭认为这些物质的等值金额在1 000元以内,甚至近半数的家庭认为这些物质的金额不超过500元。在188户获得了节假日一次性救助的家庭中,182户填写了节假日一次性救助的等值金额,发现70.9%的救助金额不超过1 000元,仅有4.4%多于2 000元。(参见表6-14)

表6-14 非典型福利依赖者所在家庭获得的生活物资、节假日救助

生活物资等值金额(元/年)	频次	百分比(%)	节假日一次性救助(元/年)	频次	百分比(%)
0—500	91	45.0	1—500	56	30.8
501—1 000	93	46.0	501—1 000	73	40.1
1 001—2 000	17	8.4	1 001—2 000	45	24.7
2 001—5 000	1	0.6	2 001—5 000	8	4.4
5 001以上	0	0.0	5 001以上	0	0.0
合计	202	100.0	合计	182	100.0

在水电、燃料、取暖费上,300户家庭享受了减免,共219户家庭填写了等值金额。其中,42%的家庭各项费用的减免不超过200元,92%的不超过500元。

表6-15 非典型福利依赖者所在家庭获得的水电、燃料、取暖费减免

减免金额(元/年)	频次	百分比(%)
1—100	47	21.5
101—200	45	20.5
201—500	110	50.2
501—1 000	15	6.8
1 000以上	2	0.9
合计	219	100.0

最后,享受住房救助津贴和临时救助的家庭较少,分别有22户和50户家庭享受了房屋租赁补贴和临时救助。前者获得的住房补贴金额不超过750元,后者获得的临时救助金额从100元到5 000元不等,以1 000元居多。

(二)非典型福利依赖的表现

在福利依赖研究中,国内外研究者分析了受助时间与福利依赖的关

系[1][2]。有研究认为,贫困者自接受社会救助以来,其在救助制度内获取援助的累计时间长短往往能够辅助判断受助者是否产生依赖[3][4],这种"时间依赖论"认为不断延长的受助时间催生了依赖。此外,研究还聚焦于福利依赖者的劳动供给行为[5],发现低收入群体的劳动供给曲线向右下倾斜[6],劳动参与的工资和收入弹性较大[7]。部分研究认为受助者的劳动供给有所削减[8][9],部分研究则认为相反,并不存在就业惰性[10][11]。本研究同样从接受救助的时长和劳动参与水平两方面,对554位非典型福利依赖者的行为表现进行了更为详细的分析。

1. 接受社会救助的时长

(1) 累计受助时长。根据民政部动态管理相关规定,低保受助者有可能会在退出制度或重新进入制度的状态间切换,因此调查时部分依赖者曾经退出低保制度,低保受助呈现出阶段性。基于此,统计依赖者当前生命周期内的累计受助时长更为全面,即非典型福利依赖者享受救助的累计时间(参见图6-2)。

通过询问"从第一次享受低保至今累计享受了多少月""从第一次享受低保以来是否退出过低保制度"等问题,调查组获得了关于受助时间的详细

---

[1] Bane, M., & Ellwood, D. (1986). "Slipping into and out of poverty: The dynamics of spells." *The Journal of Human Resources*, 21(1), 1–23.

[2] 肖萌、陈虹霖、李飞跃:《低保对象为何退保难?动态分析策略下的退保模式及其变迁趋势研究》,《社会》,2019年第4期。

[3] Carpentier, S., Neels, K., & Bosch, K. (2017). "Exit from and re-entry into social assistance benefit in Belgium among people with migration background and the native-born." *International Journal of Social Welfare*, 26(4), 366–383.

[4] Mood, C. (2011). "Lagging behind in good times: Immigrants and the increased dependence on social assistance in Sweden." *International Journal of Social Welfare*, 20, 55–65.

[5] 刘璐婵:《基于二元Logistics回归的城市低保受助者劳动参与研究》,《公共治理评论》,2018年第1期。

[6] 郭继强:《中国城市次级劳动力市场中民工劳动供给分析——兼论向右下方倾斜的劳动供给曲线》,《中国社会科学》,2005年第9期。

[7] 张世伟、周闯:《中国城镇居民不同收入群体的劳动参与行为——基于参数模型和半参数模型的经验分析》,《管理世界》,2010年第5期。

[8] 王增文、邓大松:《倾向度匹配、救助依赖与瞄准机制——基于社会救助制度实施效应的经验分析》,《公共管理学报》,2012年第2期。

[9] 慈勤英、兰剑:《"福利"与"反福利依赖"——基于城市低保群体的失业与再就业行为分析》,《武汉大学学报》,2015年第4期。

[10] 韩克庆、郭瑜:《"福利依赖"是否存在?——中国城市低保制度的一个实证研究》,《社会学研究》,2012年第2期。

[11] 李威、毕向阳:《城市低保对象福利依赖问题的实证研究——基于倾向得分匹配法的分析》,《社会建设》,2016年第5期。

信息。数据显示,非典型福利依赖者的累计受助时间最短24个月,最长达到189个月,平均达到88.8个月。

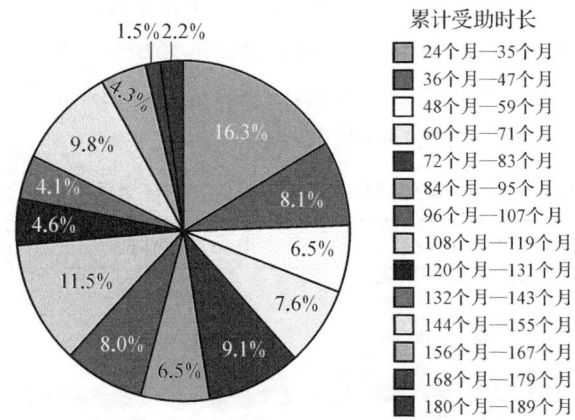

图6-2 非典型福利依赖者累计受助时长

在图6-2中,累计受助24个月至35个月的依赖者占16.3%,这些非典型福利依赖者累计受助达2年以上3年以内。累计受助达3—4年、4—5年、5—6年、6—7年的分别占8.1%、6.5%、7.6%和9.1%。因此,半数依赖者的累计受助时长小于7年,反过来意味着半数依赖者已经累计领取了7年的社会救助。累计受助达7—8年、8—9年、9—10年、10—11年、11—12年、12—13年、13—14年、14—15年的分别占6.5%、8.0%、11.5%、4.6%、4.1%、9.8%、4.3%和1.5%。15年以上的有2.2%。目前,共有52.4%的非典型福利依赖者累计受助在7年以上,26.5%甚至已经超过10年。

图6-2显示,累计受助时长出现了两个峰值:24—35个月的区间段以及108—119个月的区间段,前者占16.3%,后者占11.5%,意味着累计受助2—3年的依赖者与累计受助9—10年的依赖者数量众多。

此外,从图中可以看出84个月是一条明显的分界线,将依赖者划分为两部分。因此,可尝试以7年为分水岭,将累计受助时间划分为高低两个区间:84个月以下代表累计受助时间较短,84个月及以上代表累计受助时间较长。通过统计发现除14个缺失值外,共有257位依赖者累计受助时间较短,占47.6%,283位依赖者累计受助时间较长,占52.4%。

(2)非典型福利依赖者的退保状况。在554位非典型福利依赖者中,529位自进入低保制度以来从未退出过,仅有11位有过退保经历,其中7人只退出过一次,3人退出过两次,1人退出过三次。研究发现,福利依赖者所在家庭退出救助制度一段时间后又会返回制度,这种往复状态可能会出现多次。①②③ 表 6-16 显示,若将依赖者每一次从退出到重返之间的月数累加起来,则会发现近半数依赖者家庭退出制度的总月数在 12 个月至 24 个月之间,还有 27.3% 在 12 个月以内,合计起来超过七成的依赖者家庭无法在救助制度外支撑超过两年。这意味着非典型福利依赖者退出救助制度后难以长期地、稳定地维持基本生计,或者会因遭遇新的风险冲击而再次陷入贫困,因此不得不再次接受救助。

表 6-16 非典型福利依赖者退保的次数与退保累计时长

退保次数	百分比(%)	退保累计时长	百分比(%)
0 次	98	12 个月以下	27.3
1 次	1.3	12 个月—24 个月	45.5
2 次	0.5	24 个月以上	27.3
3 次	0.2		
合计	100.0	合计	100.0

就退保的原因而言,主要是家庭主要劳动力找到工作、家庭成员疾病负担减轻、子女教育负担减轻、非工资性收入大幅提升等。对于这 7 位有退出经历的依赖者而言,其目前的状态仍然是接受救助,可见这些受助者即使退出过救助制度,此后又重新回到了制度中。重返低保制度的原因主要是家庭成员工作不稳定、子女教育负担难以承受、家庭成员疾病负担重、家庭主要劳动力没有工作等。无论是退保原因,还是重返低保的原因,都集中于劳动参与、疾病和教育负担上。能够看出,收入和支出都是影响依赖者所在家庭经济状况的重要因素,也是低保制度受助动态变化的直接致因,不良的收入状况与难以承担的持续不断的开支将依赖者及其家庭绑定在低保制度中,即使努力脱离低保制度也难逃"重返贫困"的结局。

表 6-17 非典型福利依赖者退保原因及重返低保的原因

退保原因	频次	个案百分比(%)	重返原因	频次	个案百分比(%)
家庭主要劳动力找到工作	1	14.3	家庭成员工作不稳定	2	28.6

---

① Blank, R. M., & Ruggles, P. (1994). "Short-term recidivism among public-assistance recipients." *The American Economic Review*, 84(2), 49–53.
② Ayala, L. & Rodríguez, M. (2010). "Explaining welfare recidivism: What role do unemployment and initial spells have?" *Journal of Population Economics*, 23(1), 373–392.
③ Ayala, L. & Rodríguez, M. (2006). "The Latin model of welfare: Do 'insertion contracts' reduce long-term dependence?" *Labour Economics*, 13(6), 799–822.

续 表

退保原因	频次	个案百分比(%)	重返原因	频次	个案百分比(%)
家庭成员疾病负担减轻	1	14.3	子女教育负担难以承受	2	28.6
子女教育负担减轻	2	28.6	家庭成员疾病负担重	4	57.1
非工资性收入大幅提升	1	14.3	家庭主要劳动力没有工作	5	71.4
其他	2	28.6			

对于未曾退出低保制度的依赖者而言,尽管自首次领取低保以来从未退出过,但是有31位依赖者及其家庭成员曾经有过退出低保的想法,其中,75%是由于自身家庭经济负担减轻,7.1%是由于其他家庭负担减轻,此外还有接受低保带来的诸如污名化等负面效应使依赖者意欲退出。然而,出于工作不稳定(67.9%)、担心退出后难以再进入(10.7%)、工资太低(3.6%)、担心无法享受其他优惠(3.6%)等原因,这些考虑过退保的依赖者最终并未退出。

表6-18 依赖者"考虑过退保"及"想退未退"的原因

考虑过退保的原因	频次	个案百分比(%)	想退未退的原因	频次	个案百分比(%)
家庭经济负担减轻	21	75.0	工资太低	1	3.6
家庭其他负担减轻	2	7.1	工作不稳定	19	67.9
害怕受到歧视	2	7.1	担心退出后难以重新进入	3	10.7
低保金太少	1	3.6	担心无法享受其他优惠	1	3.6
其他	5	17.9	其他	6	21.4

从表6-18可以发现,随着家庭经济状况的好转,部分依赖者出现了退保意愿,但是阻碍他们的仍然是不够稳定的就业状态。对于依赖者而言,时好时坏的经济状况使其充满后顾之忧,因此"与其退保后因为失业重新申请,不如索性不退出"的心态成了依赖者长期受助的重要心理助因。

2. 就业状况与劳动参与水平

(1) 不同年龄段、文化程度与健康状况的依赖者的就业状况。第一,表6-19显示了不同年龄段依赖者的就业状况。与其他年龄组相比,16岁至29岁的年龄组中在职与在校学生人数较多,失业者与灵活就业者人数偏少。可见年龄较小的依赖者或者尚未踏入劳动力市场,或者能够参与正规就业，即使暂时未能搜寻到合适的职位，也不会仓促地以灵活就业来代替失业状态。

在30至39岁年龄组，灵活就业和失业者人数增加较多，两者合计占该组人数的93.2%，在职者人数降至0。这是由于随着原先就学的依赖者逐步进入劳动力市场，其职位的搜寻受限于较劣势的人力资本和社会资本，因此只能在次级劳动力市场谋求职位，故灵活就业者比例有所上升。由于次级劳动力市场中的岗位薪资水平偏低、技能要求不高、稳定性较差，故依赖者就业质量不高，随时有可能转化为失业状态。与30岁以前的依赖者相比，该组受助者正在逐步丧失年龄优势，尤其是难以逾越服务业"35岁"的求职门槛，因此难以寻觅合适的工作机会。此外，该年龄段的依赖者所处的生命阶段正是生育期和年幼子女哺育期，部分依赖者会因生育、承担幼儿照料者角色而暂时脱离劳动力市场。这些因素都会导致该年龄段的失业率大幅增长。

在40至49岁年龄组，失业者占到该组人数的70.8%，在职者与灵活就业者仅占19.4%。此外，该组还有部分提前退休者，其选择提前退出劳动力市场，该比例随着年龄增加而不断上升。考虑到该群体生命历程早期的各项劣势积累至当前生命阶段并发挥负面效应，且家庭成员的关联使家人生命历程的影响进一步增强，处于该年龄段的依赖者疲于应对就业市场，主动或被动地进入失业状态。在50至59岁年龄组，失业与退出劳动力市场者共占到90%，仅有10%还活跃在劳动力市场中，劳动就业状况恶化程度最高。到了该阶段，依赖者改善个体人力资本的可行性大幅降低，并且生命历程中的劣势积累达到顶峰，导致其早早地结束了劳动供给。

表6-19 不同年龄段非典型福利依赖者的就业状况(%)

		就业状况				总计
		在职	灵活就业	失业	其他	
年龄段	16—29岁	26.3	0.0	26.3	47.4	100.0
	30—39岁	0.0	27.0	66.2	6.8	100.0
	40—49岁	1.6	17.8	70.8	9.7	100.0
	50—59岁	0.0	10.0	59.1	30.9	100.0

可以看出，依赖者在年龄较轻时会积极参与劳动力市场，尤其是30岁至39岁年龄段的依赖者。但是，失业比例在30岁以后迅速攀升，到了40岁至49岁年龄段，失业者数量约为灵活就业者数量的4倍，到下一个年龄段内增至近6倍，可见劳动参与是悬在头上的达摩克里斯之剑，始终困扰着

各年龄层的依赖者。

第二，表6-20显示了不同文化程度依赖者的就业状况。通过对依赖者的就业状况和文化程度进行交叉分析，发现文化程度越低，就业状况越差。

表6-20 不同文化程度非典型福利依赖者的就业状况(%)

		就业状况				总 计
		在 职	灵活就业	失 业	其 他	
文化程度	小学及以下	0.0	9.0	46.9	44.1	100.0
	初中	0.0	16.4	70.6	13.0	100.0
	高中/中专	4.7	18.8	68.8	7.8	100.0
	大专/本科	6.0	12.1	51.5	30.3	100.0

在33位拥有高中或中专以上学历的依赖者中，在职者和灵活就业者分别占6%、12.1%，有51.5%处于失业状态，此外还有10位依赖者仍在就读，尚未进入劳动力市场。相比之下，拥有高中/中专及以下学历的依赖者或者提前退出劳动力市场或处于失业状态，或者从事临时工、钟点工、个体等形式的工作。

第三，不同健康状况依赖者的就业状况。健康的体魄是重要的个人禀赋，该因素对就业的影响已被众多文献反复论证。

表6-21 不同健康状况非典型福利依赖者的就业状况(%)

		就业状况				总 计
		在 职	灵活就业	失 业	其 他	
健康状况	良好	12.5	32.8	25.0	29.7	100.0
	一般	0.0	24.4	62.2	13.4	100.0
	患有慢性病	0.0	10.1	69.1	20.8	100.0
	患有重疾	0.0	8.3	69.4	22.2	100.0

表6-21显示，在身体健康状况良好的非典型福利依赖者中，各类就业状况都有所体现，尤其是在职者全部集中于该组，且灵活就业者比例高达32.8%。健康状况良好者与健康状况一般者都没有患病，其就业状况中在职、灵活就业的比例也较其他健康组更高。相比之下，无论是患慢性病还是患重大疾病，依赖者的劳动参与程度都急剧下降。

(2)非典型福利依赖者的劳动参与水平。

在前文中，就业形式被归纳为在职、灵活就业、失业和其他四类。就劳动参与水平而言,若就业状况为在职和灵活就业,其劳动参与水平较高;若就业状况为失业和其他(在校学生或离退休),则其劳动参与水平较低。基于此,本研究将在职与灵活就业划分为劳动参与水平较高,将失业与其他划分为劳动参与水平较低。从表6-22可以看出,在547位汇报了就业状况的非典型福利依赖者中,劳动参与水平较高者和较低者分别占16.1%和83.9%,整体劳动参与情况并不乐观。

表6-22 非典型福利依赖者的劳动参与水平

劳动参与水平	就业状况	频次	百分比(%)
较高	在职	8	1.5
	灵活就业	80	14.6
较低	失业	344	62.9
	其他	115	21.0
合计		547	100.0

二、非典型福利依赖的类型

(一) 非典型福利依赖的类型划分依据

当前有研究以不同的标准和维度对福利依赖进行类型划分,例如,程泰伦(T. Cheng)根据经济独立状况将福利制度的受助者划分为依赖者(dependency)、补充者(supplementation)、自立者(self-reliance)以及自治者(autonomy)。其中,依赖者指那些由于失业或无收入而生活无着、完全依靠救助金生活的人。补充者则指一边工作一边领取救助金的人,他们以救助金作为收入的补充。自立者指通过就业退出救助制度但尚未摆脱贫困者,由于属于在职贫困,所以暂时生活在匮乏中。自治者则指通过就业退出救助制度且已摆脱贫困者。[①] 加西亚(M. Garcia)和卡泽普(Y. Kazepov)将受助家庭分为单人户家庭、单亲母亲家庭和有孩子的夫妇家庭以及移民家庭。[②] 在我

[①] Cheng, T. (2002). "Welfare recipients: How do they become independent?" *Social Work Research*, 26(3), 159-170.

[②] Garcia, M., Kazepov, Y. (2002). "Why some people are more likely to be on social assistance than others." In Saraceno, C. (Ed.), *Social assistance dynamics in Europe: National and local poverty regimes*. Bristol: The Policy Press, pp.127-172.

国,有关贫困类型的研究更多地考虑收支因素,例如,李实和奈特(J. Knight)将城镇贫困分为持久性贫困、暂时性贫困和选择性贫困[①]。陈成文梳理学术观点后发现,当前中国关于贫困类型的学说已形成了"成因分类说""性质分类说"和"程度分类说"三类。[②]

随着研究的深入,受助时间长短(spell)与劳动参与因素愈发得到重视,鲁思来和莱布弗里德的研究还将这些因素与受助者个体的生命历程联系在一起。[③] 本书认为,时间因素和劳动因素分别是考察福利依赖的有效维度,两者能够反映贫困的长期化、受助与失业高度重合等特征,并跳出贫困的成因、性质、程度等传统类型划分视角。通过将时间这一生命历程维度和劳动这一极具辨识力的维度相结合,将能够把福利依赖细化为可观察、可测量、可对比的诸多子类型。

从前文的分析来看,非典型福利依赖者整体上受助时间较长,劳动参与水平较低。若单从时长或劳动的单一维度进行考察,很难了解非典型福利依赖的全貌以及依赖者内部的异质性。本书将时间与劳动作为非典型福利依赖类型划分的两个维度,依据时间长短与劳动多寡形成的不同组合判断非典型福利依赖者中是否存在多个子类型。

表 6-23 显示,以劳动参与和受助时长作为划分维度,非典型福利依赖者开始呈现出以下异质性:45 人受助时间短且劳动参与水平高、212 人受助时间短且劳动参与水平低、276 人受助时间长且劳动参与水平低、40 人受助时间长且劳动参与水平高,分别占非典型福利依赖者的 8.4%、39.8%、44.3%和7.5%。

表 6-23 非典型福利依赖者的劳动参与水平与累计受助时间(N=533)

		累计受助时间		总计
		较短	较长	
劳动参与水平	较高	45 (8.4%)	40 (7.5%)	85 (15.9%)
	较低	212 (39.8%)	236 (44.3%)	448 (84.1%)
	总计	257 (48.2%)	276 (51.8%)	533 (100.0%)

---

① 李实、John Knight:《中国城市中的三种贫困类型》,《经济研究》,2002 年第 10 期。
② 陈成文:《对贫困类型划分的再认识及其政策意义》,《社会科学家》,2017 年第 6 期。
③ Leisering, L., Leibfried, S. (1999). *Time and Poverty in Western Welfare States: United Germany in Perspective*. Cambridge: Cambridge University Press, p.66.

可以认为,由于累计受助时间长短不同、劳动参与水平不同,非典型福利依赖者之间存在较大区别。从劳动参与的角度来看,与"劳动实现自立"的预期不同,部分依赖者尽管积极投身于劳动力市场,但长期来看仍然难以脱离救助制度。相比之下,那些被认为是"懒汉"的依赖者中也有相当比例者并没有转化为长期依赖。从受助时间的角度来看,累计受助时长较短的受助者其劳动状况并不理想,而长期受助者中仍然有依赖者保持了积极就业的状态。这些异质性表明了非典型福利依赖问题的复杂性。

(二) 非典型福利依赖的三种类型

具体来看,受助时间短且劳动参与水平高的依赖者,其由于劳动状况较好,存在一定的自立能力,同时尚未转化为长期受助,未受到救助制度过多的影响,因此在受助者群体中属于轻度依赖。相比之下,受助时间长且劳动参与水平低的依赖者,由于脱离劳动力市场竞争环境难以实现经济自立,而且长期受助已改变其家庭收入结构,该群体已深陷贫困和救助制度之中,因此属于重度依赖。此外,那些受助时间不长但是就业状况不佳、受助时间较长但是保持了劳动参与的依赖者则处于前两者之间,依赖程度居中。据此,本书将非典型福利依赖的类型划分如下(参见图6-3)。

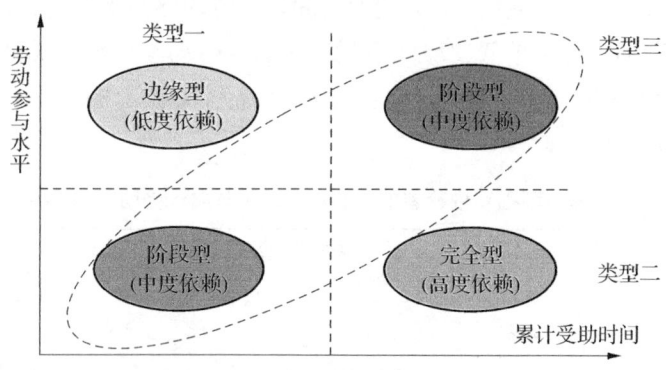

图6-3 非典型福利依赖的三种类型

非典型福利依赖的类型图由累计受助时间作为横轴,劳动参与水平作为纵轴,以时间长短和劳动水平高低为分割将非典型福利依赖划分为四部分:左上角为受助时间短且劳动参与水平高的依赖者、左下角为受助时间短且劳动参与水平低的依赖者、右上角为受助时间长且劳动参与水平高的依赖者、右下角为受助时间长且劳动参与水平低的依赖者。其中,左上角属于类型一,本书称之为边缘式非典型福利依赖。由于依赖程度较轻,属于低度依赖。右下角属于类型二,本书称之为完全式非典型福利依赖。由于依赖程度最深,属于高度依赖。此外,左下角和右上角合并为类型三,即阶段式非典型福利依赖。依赖程度居中,属于中度依赖。

1. 边缘式非典型福利依赖

从图6-3中可以看出,左上角的边缘式非典型福利依赖累计受助时间短,劳动参与水平较高,属于低度依赖。45位该类型的依赖者基本情况如下:

表6-24 边缘式非典型福利依赖者的基本特征(N=45)

变量		百分比(%)	变量		百分比(%)
性别			年龄[a]		
	男性	66.7		16—29周岁	0.0
	女性	33.3		30—39周岁	20.0
健康状况				40—49周岁	46.7
	良好与未患病	55.6		50—59周岁	33.3
	长期患慢性病	40.0	文化程度		
	患有重大疾病	4.4		小学及以下	15.6
婚姻状况				初中	48.9
	已婚	51.1		高中/中专	31.1
	其他	48.9		大专/本科	4.4

就劳动参与水平而言,边缘式依赖者普遍积极参与劳动力市场,并以灵活就业形式居多,占该类型的91.1%。就业的行业多为居民服务、修理等服务业、个体、私营或公益岗位。

就累计受助时间而言,受助时长短则24个月,长则83个月,平均为46.1个月。其中,37.8%的依赖者受助不超过36个月,近半数依赖者累计受助不超过4年。

表6-25 边缘式依赖者的累计受助时长

累计受助时长分段	频次	百分比(%)
24个月—35个月	17	37.8
36个月—47个月	5	11.1
48个月—59个月	7	15.6
60个月—71个月	9	20.0
72个月—83个月	7	15.6
合计	45	100.0

2. 完全式非典型福利依赖

从图6-3中可以看出,在右下角的完全式非典型福利依赖类型中,依赖者形成了长期的甚至不间断的受助行为,受助模式已经固定化。同时劳动参与水平较低,难以通过工作改善境况或通过就业脱离救助制度。其对救助制度的依赖不仅是全面的,而且是彻底的、完全的,属于高度依赖。236位该类型的依赖者基本情况如下:

表 6-26　完全式非典型福利依赖者的基本特征(N=236)

变量		百分比(%)	变量		百分比(%)
性别			年龄[a]		
	男性	69.5		16—29周岁	2.1
	女性	30.5		30—39周岁	9.3
健康状况				40—49周岁	30.1
	良好与未患病	18.7		50—59周岁	58.5
	长期患慢性病	68.2	文化程度		
	患有重大疾病	13.1		小学及以下	36
婚姻状况				初中	44.1
	已婚	34.7		高中/中专	15.7
	未婚	33.5		大专/本科	4.2
	离婚	25.0			
	丧偶	6.8			

就劳动参与水平而言,完全式依赖者已不再积极参与劳动力市场,其中登记失业者占 70.8%,离退休者占 22.9%。

就累计受助时间而言,受助时长短则 84 个月,长则 189 个月,平均为 125.9 个月。其中,七成已累计享受救助在 9 年以上,41.5% 的依赖者受助在 9 年至 13 年,甚至 6.8% 已累计超过 14 年。

表 6-27　完全式依赖者的累计受助时长

累计受助时长分段	频次	百分比(%)
84个月—95个月	33	14.0
96个月—107个月	35	14.8
108个月—119个月	50	21.2
120个月—131个月	18	7.6
132个月—143个月	14	5.9
144个月—155个月	48	20.3
156个月—167个月	22	9.3
168个月—179个月	7	3.0
180个月—189个月	9	3.8
合计	236	100.0

3. 阶段式非典型福利依赖

与边缘式和完全式依赖类型不同,还有非典型福利依赖者的依赖程度处于两者之间,并且依赖状态随着时间和劳动参与的变化而不断变动,本书统一将其归为阶段式类型。类型三包括图6-3中右上角和左下角两个部分,右上角为子类型1,左下角为子类型2。子类型1虽然受助时间长,但是仍然保持着就业的状态,不过其本人或家庭的生命历程一旦遭遇冲击,有可能转化成为完全式依赖。子类型2虽然受助时间短,但是就业状态较差,因此同样处于变动阶段。

(1) 子类型1依赖者的基本情况

在阶段式非典型福利依赖者中,属于子类型1的有40位,其基本情况如表6-28所示。

就劳动参与水平而言,灵活就业是该类型依赖者主要的就业形式,占该类型的75%,且基本从事居民服务和修理服务业、住宿和餐饮业、批发和零售业。还有6位依赖者是单位正式员工,4位是公益岗位。

表6-28 阶段式非典型福利依赖者的基本特征:子类型1(N=40)

变 量		百分比(%)	变 量	百分比(%)
性别			年龄[a]	
	男性	62.5	16—29周岁	12.5
	女性	37.5	30—39周岁	25.0
健康状况			40—49周岁	35.0
	良好与未患病	52.5	50—59周岁	27.5
	慢性病或重大疾病	47.5	婚姻状况	
文化程度			已婚	50
	初中及以下	52.5	未婚	35.0
	高中/中专	40.0	离婚	15.0
	大专/本科	7.5	丧偶	0.0

就累计受助时间而言,受助时长短则85个月,长则156个月,平均为121.4个月。其中,25%已累计享受救助9年至10年,12.5%的依赖者受助累计超过14年。

表6-29 阶段式依赖者的累计受助时长:子类型1

累计受助时长分段	频次	百分比(%)
84个月—95个月	2	5.0
96个月—107个月	8	20.0

续 表

累计受助时长分段	频次	百分比(%)
108个月—119个月	10	25.0
120个月—131个月	7	17.5
132个月—143个月	8	20.0
144个月—155个月	4	10.0
156个月—167个月	1	2.5
合计	40	100.0

(2) 子类型2依赖者的基本情况

在阶段式非典型福利依赖者中，属于子类型2的有212位，其基本情况如表6-30所示。

就劳动参与水平而言，登记失业者占78.8%。未参与劳动力市场竞争的在校学生和离退休者共占14.1%。

表6-30 阶段式非典型福利依赖者的基本特征：子类型2(N=212)

变量		百分比(%)	变量		百分比(%)
性别			年龄[a]		
	男性	65.6		16—29周岁	4.2
	女性	34.4		30—39周岁	13.7
健康状况				40—49周岁	35.3
	良好与未患病	23.1		50—59周岁	46.7
	慢性病	60.8	文化程度		
	重大疾病	16.1		小学及以下	20.1
婚姻状况				初中	44.5
	已婚	30.2		高中/中专	27.3
	其他	69.8		大专/本科	7.1

就累计受助时间而言，受助时长短则24个月，长则83个月，平均48.4个月。其中，33.5%累计享受救助2年至3年，半数此类型的依赖者受助累计不超过4年，仅有近20%的依赖者受助已接近7年。

表6-31 类型三依赖者的累计受助时长：子类型2

累计受助时长分段	频次	百分比(%)
24个月—35个月	71	33.5
36个月—47个月	39	18.4
48个月—59个月	28	13.2

续 表

累计受助时长分段	频 次	百分比(%)
60个月—71个月	32	15.1
72个月—83个月	42	19.8
合计	212	100.0

　　较之于边缘式依赖者和完全式依赖者,子类型1与子类型2的依赖者对低保制度的依赖程度居中。阶段式依赖者的独特之处在于本身的不稳定性。从生命历程的视角来看,当阶段式依赖者遭遇新的风险事件时,其生存境况有可能好转或恶化,不同的变动方向会使其向边缘式依赖者或完全式依赖者演变,因此阶段式依赖者仍处于分化的动态过程之中。此外,由于阶段式依赖者的两个子类型在劳动参与和累计受助时间方面的表现大相径庭,其后的研究仍将对两种子类型分别进行详细的分析。

第七章 非典型福利依赖者生命历程的变迁

一、非典型福利依赖者遭遇的重大事件

个体生命历程中的重大事件形塑着个体的生命轨迹,离婚、重残、重疾、年老、失业等关键生命事件因牵涉收入变动而与家庭的贫困脆弱性息息相关[1][2][3],并通过劣势/优势积累作用形成"贫困的再生产"[4],进而加剧贫困链的循环[5]。对城市贫困人口而言,重大事件的数量属性与时间属性决定了该事件的影响范围和效果,过早、长期、频繁地遭遇冲击,以及过多、重复、连续地遭遇事件冲击,轻则干预非典型福利依赖者的正常生活,重则摧毁了依赖者的全部生活积累,并且剥夺了其再次恢复正常生活的可能性。

根据现有研究,贫困者遭受的重大事件主要集中于人力资本、劳动就业、婚姻家庭等方面,具体包括:意外伤害、重大疾病、未成年辍学、劳动教养或改造、下岗或失业、工作不稳定、被长期拖欠工资、劳动收入大幅降低、未婚生子或离婚、全职照料家庭成员、负债难以偿还等。本书通过对554位非典型福利依赖者生命历程中的重大事件进行调查,全面分析了重大事件的数量属性及时间属性,展示非典型福利依赖者生命历程遭受冲击的程度、其

---

[1] Lorentzen, T., Dahl, E., & Harsløf, I. (2012). "Welfare risks in early adulthood: A longitudinal analysis of social assistance transitions in Norway." *International Journal of Social Welfare*, 21(4), 408-421.
[2] 祝建华:《城市居民家庭贫困脆弱性的测度、因素识别与消减策略》,《河北大学学报》,2019年第3期。
[3] 文雯:《城市低保与家庭减贫——基于CHIPS数据的实证分析》,《人口与经济》,2015年第2期。
[4] 张明皓、豆书龙:《深度贫困的再生产逻辑及综合性治理》,《中国行政管理》,2018年第4期。
[5] 林闽钢、祝建华:《我国城市低保家庭脆弱性的比较分析》,《社会保障研究》,2011年第6期。

人生轨道偏离的程度以及某时期内的整体困难程度等,由此判断依赖者生命历程变迁带来的生存境况的变化。

(一) 重大事件的数量属性:覆盖面及多重事件叠加

1. 重大事件的覆盖面

在554位非典型福利依赖者中,有364位以往曾遭遇过重大事件,还有319位正在经历重大事件,可见重大事件的覆盖面较广。从表7-1的"以往遭遇"部分可以看出,除了158位以往未经历过这些事件的依赖者外,绝大多数非典型福利依赖者都曾在以往的生命历程中经历过各种类型的冲击与伤害,尤以下岗失业、患病和婚姻失败居多,三者分别占25.5%、15.3%和16.9%,合计57.7%。这意味着非典型福利依赖者在就业竞争、身体健康和家庭关系方面面临全面溃败。此外,6.5%的依赖者曾接受过劳动教养或劳动改造,其将在后续的生命历程中持续受到该事件的负面影响。

在"目前遭遇"部分中,重大事件更多地表现为就业、经济、家庭生活等方面的劣势:失业问题(233位)和工作不稳定问题(42位),其次分别是全职照料家庭成员(23位)、劳动收入大幅降低(21位)、负债难以偿还(11位)以及被长期拖欠工资(2位),其中就业困境是最普遍的问题,46.1%都饱受劳动力市场竞争失败的折磨。

表7-1 遭遇各种重大事件的非典型福利依赖者数量

以往的遭遇(N=522)				目前的遭遇(N=509)			
重大事件	频次	响应百分比(%)	个案百分比(%)	重大事件	频次	响应百分比(%)	个案百分比(%)
遭受意外伤害	65	9.6	12.5	工作不稳定	42	7.0	8.3
罹患重大疾病	104	15.3	19.9	失业	233	39.1	45.8
未成年辍学	20	2.9	3.8	被长期拖欠工资	2	0.3	0.4
劳动教养、改造	44	6.5	8.4	负债难以偿还	11	1.8	2.2
未婚生子或离婚	115	16.9	22.0	劳动收入大幅降低	21	3.5	4.1
下岗或失业	173	25.5	33.1	全职照料家庭成员	23	3.9	4.5
以上全无	158	23.3	30.3	其他	27	4.5	5.3
				以上全无	190	31.9	37.3

2. 重大事件的多重叠加

研究发现,我国城市贫困家庭在遭遇困境时往往同时面临两至三种甚至四种以上的困境①②。通过观察非典型福利依赖者所遭遇重大事件的种类数量发现，该群体不仅在过往的某段生命时期同时面临多项重大事件，而且当前也面临着重大事件的多重叠加，其所在的家庭在一段时期内会连续经历数起重大事件的打击，大大提高了其生命历程遭受冲击的程度。

数据显示，在表示曾经和正在经历重大事件的非典型福利依赖者中，有31%以往的生命历程中曾遭遇多重事件，而21.5%当下正在遭受多重事件的冲击。可以发现，在非典型福利依赖者的生命历程中，重大事件的叠加并非罕见现象，无论是过去还是现在，都有两成至三成的依赖者遭遇叠加困境。就数量而言，多数非典型福利依赖者遭遇双重事件，但也有部分依赖者面临三重乃至四重事件的冲击。

表7-2 非典型福利依赖者所遭遇重大事件的叠加情况

重大事件频次	以往的遭遇		重大事件	目前的遭遇	
	频次	百分比(%)		频次	百分比(%)
单一事件	245	69.0	单一事件	245	78.5
双重事件	83	23.4	双重事件	54	17.3
三重事件	20	5.6	三重事件	10	3.2
四重事件	5	1.4	四重事件	3	1.0
五重事件	2	0.6			
合计	355	100.0	合计	312	100.0

遭遇多重事件不仅会导致非典型福利依赖者在短时间内遭受经济、人力、机会等各方面的冲击，而且会对后续的生命历程造成深远的影响。从重大事件的负面影响来看，472位受访者中仅有136位否认负面影响的存在，其余336位认为自己在多个方面受到了冲击：189位依赖者认为自己的经济负担增加了，占56.2%，31位依赖者甚至举债度日。此外，遭遇重大事件还导致依赖者陷入了就业竞争中的不利地位，其中147位失去工作机会(43.8%)，119位劳动能力被削弱(35.4%)，10位劳动时间被挤占(3.0%)。重大事件的冲击其至导致44位直接放弃就业(13.1%)，完全退出了劳动力市场。

---

① 郭熙保、周强：《长期多维贫困、不平等与致贫因素》，《经济研究》，2016年第6期。
② 刘璐婵：《中国贫困家庭的困境差异性分析——基于"中国城乡困难家庭社会政策支持系统建设项目"的分析》，《甘肃理论学刊》，2015年第2期。

表7-3 遭遇重大事件对非典型福利依赖者的负面影响(N=472)

负面影响	频次	响应百分比(%)	个案百分比(%)
增加经济负担	189	27.0	40.0
负债	31	4.4	6.6
挤占劳动时间	10	1.4	2.1
放弃就业	44	6.3	9.3
没有工作机会	147	21.0	31.1
削弱劳动能力	119	17.0	25.2
其他	25	3.6	5.3
以上全无	136	19.4	28.8
合计	701	100.0	148.5

(二) 重大事件的时间属性：发生时期及集中趋势

经济转型给不同时期的个人带来不同的机遇与风险，因为他们是在生命历程的不同阶段上经历了这些转变。[①] 就时间而言，非典型福利依赖者面临的重大事件体现出明显的早期、长期以及重复等特征。这意味着非典型福利依赖者在生命阶段的早期已受到了冲击，有些事件持续时间较长，部分类型的重大事件甚至会重复发生多次，给依赖者带来了长期性的影响。

1. 重大事件的发生时期

就重大事件发生的时期来看，约一成的非典型福利依赖者在其生命历程早期就已经历过，部分事件（诸如身体伤害等）甚至早在依赖者婴幼儿或儿童期就已发生。

具体而言，在以往经历过重大事件的364位非典型福利依赖者中，回答"重大事件初次发生时间"在0岁至6岁童年时期的占1.3%，发生在少年期的占9.3%，合计10.6%。这些发生在生命历程早期的负面事件往往具有较大的破坏力，不仅会干扰依赖者积累人力资本的正常过程，例如限制学历、就业和收入等经济社会地位的提升[②]，或者增加后期不良健康状况与患病的风险[③]，

[①] 周雪光：《国家与生活机遇：中国城市中的再分配与分层 1949—1994》，郝大海等译，北京：中国人民大学出版社，2014年版，第241页。

[②] Metzler, M., Merrick, M. Klevens, J. Ports, K. A., Ford, D. C. (2017). *Children and Youth Services Review*, 72, 141-149.

[③] Gluckman, P., Hanson, M. A., Beedle, A. S. (2007). "Early life events and their consequences for later disease: a life history and evolutionary perspective." *American Journal of Human Biology*, 19(1), 1-19.

而且会导致人格的改变①,甚至会增加成年后的死亡率②。

还有47.5%的依赖者所经历的重大事件初次发生在19岁至35岁的青年时期,这一阶段正是从就学向就业、成家、生育等下一生命阶段转换的关键时期,在此时期遭遇重大事件的冲击,极有可能造成后续的人生历程偏离或脱离常规轨迹。

再者,还有相当数量的依赖者(41.9%)在36岁以后才初次遭遇重大事件,但其中仅有2.6%是在51岁至59岁这个年龄段才受到重大事件冲击,可见绝大多数非典型福利依赖者首次面临重大事件都是在其生命历程的前半期。

表7-4 非典型福利依赖者初次遭遇重大事件的时期(N=364)

时期	频次	响应百分比(%)	个案百分比(%)
童年时期(0—6岁)	6	1.3	1.6
少年时期(7—18岁)	43	9.3	11.8
青年时期(19—35岁)	220	47.5	60.4
壮年时期(36—50岁)	182	39.3	50.0
中年时期(51—59岁)	12	2.6	3.3
合计	463	100.0	127.1

2. 重大事件的持续时长

对于非典型福利依赖者而言,重大事件不仅发生在生命历程的早期,而且当前遭遇的部分事件,诸如工作不稳定、负债难以偿还、全职照料家庭成员等,已持续发生很长一段时间。就重大事件持续的时间长短而言,通过询问"目前正在经历的事件开始的时间",可以获得当前所经历的事件已持续的时长。表7-5显示,依赖者当前正在面临的重大事件均已持续2年以上,15.8%甚至已持续超过20年。其中,近半数(45.7%)者已持续12年以上。

表7-5 非典型福利依赖者当前遭遇重大事件的持续时间(N=319)

时长	频次	响应百分比(%)	个案百分比(%)
2年及以下	0	0.0	0.0

---

① Specht, J., Egloff, B., Schmukle, S. (2011). "Stability and Change of Personality across the Life Course: The Impact of Age and Major Life Events on Mean-Level and Rank-Order Stability of the Big Five." *Journal of Personality and Social Psychology*, 101(4), 862-882.

② Kelly-Irving, M. et al. (2013). "Adverse childhood experiences and premature all-cause mortality." *European Journal of Epidemiology*, 28, 721-734.

续表

时长	频次	响应百分比(%)	个案百分比(%)
3年至5年	52	15.5	16.3
6年至8年	83	24.8	26.0
9年至11年	47	14.0	14.7
12年至15年	40	11.9	12.5
16年至20年	60	17.9	18.8
21年及以上	53	15.8	16.6
合计	335	100.0	104.9

3. 重大事件的重复发生

除了遭遇多项不同重大事件外,部分非典型福利依赖者会频繁遭遇同一重大事件。从表7-6中可以看出,至少12位依赖者有过多次遭遇重大事件的经历。就具体的事件类型而言,除遭受意外伤害和未成年辍学外,许多重大事件会重复发生多次,部分依赖者在生命历程中所经历的下岗或失业的发生次数甚至高达4次。其中,有13位依赖者患过2次重大疾病,5位依赖者离婚2次,还有8位依赖者曾接受2次至4次劳动改造或劳动教养。在下岗或失业方面,曾下岗2次至4次的多达55位。

表7-6 非典型福利依赖者以往遭遇重大事件的累计次数

重大事件	1次	2次	3次	4次	合计
遭受意外伤害	66	0	0	0	66
罹患重大疾病	89	13	0	0	102
未成年辍学	13	0	0	0	13
接受劳动教养或改造	26	6	0	2	34
未婚生子或离婚	100	5	0	0	105
下岗或失业	102	31	12	12	157
合计	396	55	12	14	477

二、非典型福利依赖者与家庭成员的生活关联

在家庭中,每位成员的生命历程都或多或少地发生交叠,个体将会受到来自其他成员的影响,其日常生活安排、时间规划与生命进程都将与家庭成员息息相关。家庭成员既是资源,也是负担,彼此之间传递着

正负面效应。① 在贫困家庭中,单亲、子女年幼、女性户主、家有重病患者等因素使得非典型福利依赖者无法独善其身,而且发生在家庭成员身上的重大事件同样会向依赖者传递负面影响。通过分析 554 位非典型福利依赖者所在家庭的成员在特定生命历程阶段遭遇的重大事件,能够清晰地观察家庭成员间的生活关联,展示依赖者家庭在某时间段面临的多重困境,以及劣势在成员间的传递与积累。

(一) 依赖者家人遭遇的重大事件

在 554 位非典型福利依赖者中,其家庭成员遭遇过重大事件的不在少数。调查中共有 487 位进行了回应,其中有 247 位所在的家庭经历过一项或多项事件,占依赖者总人数的 44.6%,可见除依赖者本人外,依赖者家庭中的其他人也遭受过重大事件的冲击。

就重大事件的类型而言,表 7-7 显示,在非典型福利依赖者所在的家庭中,家庭成员失业、丧失劳动能力、患病、教育支出大幅增加是最为普遍的重大事件,分别占 20.7%、18.1%、15% 和 15.2%。可见,经济来源的丧失是依赖者所在家庭面临的最普遍的问题,这使其深陷收入型贫困,同时教育和疾病支出是家庭的重要负担,又使得此类家庭囿于支出型贫困。

此外,还有 62 位依赖者丧失家庭主要劳动力,43 位依赖者其家人需要长期照料,37 位依赖者的家人劳动收入大幅降低,14 位依赖者的家庭遭遇突发事故而导致大额支出,分别占 12.7%、8.8%、7.6% 和 2.9%。与前述四种重大事件类似,这些重大事件同样使依赖者家庭难以实现开源节流,延伸了收入型与支出型贫困。

表 7-7 非典型福利依赖者家人遭遇的重大事件

重大事件	频次	个案百分比(%)	重大事件	频次	个案百分比(%)
家庭丧失主要劳动力	62	12.7	家庭成员失业	101	20.7
家庭成员患重病	73	15.0	家庭教育支出大幅增加	74	15.2
家庭劳动力丧失劳动能力	88	18.1	家庭成员"两劳"	1	0.2

---

① Garcia, M., Kazepov, Y. (2002). "Why some people are more likely to be on social assistance than others." In Saraceno, C. (Ed.), *Social assistance dynamics in Europe: National and local poverty regimes*. Bristol: The Policy Press, pp.127-172.

续表

重大事件	频次	个案百分比(%)	重大事件	频次	个案百分比(%)
家庭成员需要长期照料	43	8.8	突发事故导致大额支出	14	2.9
家庭成员劳动收入大幅降低	37	7.6	其他	1	0.2
以上全无	240	49.3			

(二) 家庭成员间的生活关联

依赖者所在家庭的生活境况会受到每一个成员的影响,但是其他成员所经历的重大事件对依赖者本人的影响并非是线性的。当其他生活成员面临的困境集中发生时,会导致该家庭在某时间段内的压力倍增,进而在短期内积累负面效应,长期来看甚至会导致劣势在代际间传递。

1. 困境在时间段上的交叠

就重大事件的时间属性而言,依赖者家人的重大事件若集中发生在某个时间段,则会使生活困境出现叠加效应,大大增加依赖者的应对压力。在与非典型福利依赖者的访谈中,有依赖者表示,家里"老状况不断,刚要好一点就(又发生重大事件),烦得不了"。(个案访谈编号 T1-2)

通过对比依赖者个人事件与家庭成员事件的发生时段,发现依赖者个人遭遇大额支出的时间恰好与家庭成员遭遇困境的时间出现重叠,这意味着非典型福利依赖者生命历程中的某个时期可能会陷入"屋漏偏逢连夜雨"的境地,在这个时间段上因家庭大额财务支出而"焦头烂额"。具体而言,85.6%的依赖者在一年内面临了家庭成员多重困境带来的冲击,这些冲击令依赖者的经济压力倍增;88.9%会在5年内因家庭各事项而感受到经济拮据(参见表7-8)。可以认为,家庭成员一旦遭遇意外、患病、失业等负面事件的打击,那么整个家庭也立即会面临"负担大额支出"的后果,这种连锁反应将在短时间内传导至每位家庭成员。

表7-8 非典型福利依赖者个人事件与家庭事件的时间重合

承担大额支出的依赖者(N=47)			照料家人的依赖者(N=23)		
重合时间时长	频次	响应百分比(%)	重合时间时长	频次	响应百分比(%)
1年以内	77	85.6	1年以内	24	92.3
1—5年	3	3.3	1—5年	0	0.0

续 表

承担大额支出的依赖者(N=47)			照料家人的依赖者(N=23)		
重合时间时长	频次	响应百分比(%)	重合时间时长	频次	响应百分比(%)
6—10年	10	11.1	6年及以上	2	7.7
合计	90	100.0	合计	26	100.0

同样,通过对比依赖者个人事件与家庭成员事件的发生时段,发现依赖者个人开始全职照料家人的时间与家人患病、家人丧失劳动能力、家人婚育、家人需要长期照料的时间在某个时间段出现重叠,92.3%的依赖者家庭在一年内集中连续地产生照料需求,故依赖者全职照料家人的选择紧随其后。(参见表7-8)可见,除经济状况具有连锁反应外,家庭成员罹患重病、身体残疾会催生长期康复照料需求,家庭成员生育、健康受损等又会催生短期照料需求,导致家庭对人力的需求激增,非典型福利依赖者本人也无法置身事外。

2.负面效应的传递与累积

从上文分析可以看出,非典型福利依赖者与家庭成员所遭遇的重大事件由于在时间上发生重叠,导致依赖者个人的经济与照料压力倍增。通过进一步的分析发现,不仅困境出现时间段的交叠,而且这些困境导致的一系列负面效应会不断传递与累积。

在表7-9中,共有510位依赖者对家人遭遇的重大事件所造成的负面影响进行了回应,有51.5%的依赖者认为家庭成员遭遇的事件对自己存在各个方面的影响。其中,认为自己经济负担增加的占24.7%,劳动时间被挤占的占3.6%,放弃就业、专职照料家庭成员的占4.7%,没有工作机会的占13.2%,负债的占3.9%。这些负面影响集中于人力、财力、时间等方面,极大地造成了家庭的贫困状况,也降低了非典型福利依赖者本人的生活质量。

表7-9 家人遭遇重大事件对非典型福利依赖者的负面影响(N=510)

重大事件	频次	响应百分比(%)	个案百分比(%)	重大事件	频次	响应百分比(%)	个案百分比(%)
增加经济负担	153	24.7	30.0	放弃就业,专职照料家庭成员	29	4.7	5.7
挤占劳动时间	22	3.6	4.3				
负债	24	3.9	4.7	没有工作机会	82	13.2	16.1
以上全无	300	48.5	58.8	其他	9	1.5	1.8

三、非典型福利依赖者经历的宏观社会变迁

随着社会制度对个体生命的形塑作用日益强化,制度不断渗透个体生命中不连续、不稳定的阶段,对个人的生计规划、日常安排等进行评估、规划和排序,并分配不同阶段的权利与义务[①]。进入后工业社会以来,新兴就业形态的出现、教育和再教育的拉长、人口结构变迁等新的风险因素不断挑战着个体的基准生平形式,个体与制度间的关系在宏观社会变迁过程中不断得到调整。[②] 对于城市贫困人口中的非典型福利依赖者而言,其生命历程的变迁不仅取决于微观层面个体的行动规律与生活策略,还取决于经济发展与社会转型背景下的宏观劳动力市场变迁、全面的市场化改革以及再分配制度的建立与调整。

(一)宏观劳动力市场变迁

20世纪末中国经历的社会转型使"4050人员"的生命周期发生了制度性紊乱,以往沿袭的传统劳动就业模式改变,部分国企职工失去了劳动力市场的竞争优势,同时承担了宏观社会变迁的成本。这种因劳动就业断裂导致的生活动荡乃至命运多变深深地印刻在了个体生命历程中,不断地对后续的人生施加影响。

通过统计发现,20世纪末的"下岗潮"和21世纪以来的"无业、失业"作为宏观劳动力市场变迁的标志性事件,深深地嵌入了非典型福利依赖者的生命历程。在554位非典型福利依赖者中有三成者曾经历过下岗失业,这种被动的劳动就业中断被认为是陷入贫困的罪魁祸首:

"我是2009年入的低保,当时是单位下岗,2010年不到下来的。我单位以前效益还不错,(后来)单位欠钱太多,资金回笼不了,都是外债,都是借给公司外面的钱,外面的钱进不了你的家门,都收不回来。到1998年就不行了,滑坡了,后来就破产了。没想到就下岗了。

现在呢,怎么讲呢,打工也不要,像我们这种年龄哪个都不会要。

---

① Kohli, M. (2007). "The institutionalization of the life course: looking back to look ahead." *Research in Human Development*, 4(3-4), 253-271.
② Bonke, J., Koch-Weser, E. (2004). "The welfare state and time allocation in Sweden, Danmark, France and Italy." *Advances in Life Course Research*, 8, 231-253.

没想到啊,国企都倒掉了,本来以为能干到退休,现在上哪块去啊?婚也离了,儿子跟我,好好的日子过成这样。"(个案访谈编号 S1-5)

此外,这些在计划经济时代尚未经历过残酷就业竞争的工人被迫重返劳动力市场,不仅难以自我探索和规划职业发展路径,而且在不断发育成熟和二元分化的劳动力市场中难觅良职:

"工作啊,一直在找着呢。我找了几份工作,给人做饭啊,帮忙卖水果啊(促销员)、卸货啊,都是这样的。大部分都是先干着,有合适的再换,反正也没签合同啥的,随时都能走。就是挣得少啊!挣得多的也会不换了。我有个朋友,跑滴滴,可赚钱了。"(个案访谈编号 GT-2)

非典型福利依赖者当前的就业状况显示,再就业的工作机会聚集于次级劳动力市场,他们不仅面临更加动荡的职业生涯,而且收入低、缺乏工作技能的积累,很难通过劳动就业改善生活。

(二)医疗与教育的市场化改革

随着全面的市场化改革涉及教育与医疗领域,依赖者面临教育与医疗费用上涨引发的支出型贫困。通过询问"您家此次进入低保的原因有哪些"发现,在非典型福利依赖者家庭进入低保的原因中,"家庭成员疾病负担重"(25.1%)是仅次于丧失劳动能力(35.4%)、失业(34.6%)的第三大原因,同时"子女教育负担难以承受"(11.2%)也紧排在家庭丧失主要劳动力(17.7%)、工作不稳定(16.1%)之后(参见表7-10)。

表7-10 非典型福利依赖者所在家庭此次进入低保的原因(N=554)

入保原因	频次	响应百分比(%)	个案百分比(%)
家庭主要劳动力没有工作	170	21.8	34.6
主要劳动力丧失劳动能力	174	22.3	35.4
家庭丧失主要劳动力	87	11.2	17.7
家庭成员工作不稳定	79	10.1	16.1
家庭成员疾病负担重	123	15.8	25.1
子女教育负担难以承受	55	7.1	11.2
家庭成员需要长期照料	49	6.3	10.0
突发事件导致大额支出	15	1.9	3.1
其他	27	3.5	5.5
合计	779	100.0	158.7

目前，教育、医疗成了压在非典型福利依赖者肩头的两座大山。有研究发现，因病支出型贫困是支出型贫困的核心内容。① 例如，罕见病医疗费用支出的致贫率超过35%，由家庭罕见病医疗负担导致的支出型贫困水平较高。② 当贫困个体遭遇健康冲击时，劳动收入急剧下降，资源配置更倾向于当期消费，能力投资与生产性支出都会下降，进而落入贫困陷阱。③ 此外，有研究分析了下岗职工对子女教育的影响，发现父母下岗会导致短期内家庭资源有限，进而使子女教育进程出现延迟。20世纪90年代以来教育制度改革改变了外部环境，也放大了下岗对教育的负面效应。④ 这意味着城市贫困家庭因下岗失业而在子代教育上处于劣势地位。此外，教育制度改革的一个重要方面是市场化，教育收费无疑增加了家庭的教育支出。随着教育投资如军备竞赛一般愈发激烈，家庭教育支出同样成为贫困家庭的刚性支出。如今，家庭教育负担重也是支出型贫困家庭的重要特征。⑤ 家庭教育支出与负债甚至会加重家庭未来陷入贫困的可能性。⑥ 在非典型福利依赖者家庭中，教育和医疗同样是过重的负担。有访谈对象表示，自己因尿毒症已经花了近20万：

"我是2013年2月6号生的病（尿毒症），以前就有肾炎，七八年了。这个病就是不能累。你看我带这个管子，要换药，一小时一次，上面都是开的刀，之前还做过血透。现在花的将近20万了，以前一直自费。后来我是生了病之后一年才有的低保，那时走投无路了。"（个案访谈编号T1-1）

类似地，教育投资也是非典型福利依赖者家庭支出中的重要组成部分。无论是低龄阶段的兴趣班还是中高龄阶段的辅导班，都令依赖者家庭担上了沉重的担子：

---

① 王超群：《因病支出型贫困社会救助政策的减贫效果模拟——基于CFPS数据的分析》，《公共行政评论》，2017年第3期。
② 阳义南、肖建华：《罕见病医疗负担对支出型贫困的影响研究》，《中国卫生政策研究》，2019年第1期。
③ 邹薇、方迎风：《健康冲击、'能力'投资与贫困脆弱性：基于中国数据的实证分析》，《社会科学研究》，2013年第4期。
④ 赵颖：《员工下岗、家庭资源与子女教育》，《经济研究》，2016年第5期。
⑤ 田北海、王连生：《支出型贫困家庭的贫困表征、生成机制与治理路径》，《南京农业大学学报》，2018年第3期。
⑥ 周渝霜：《教育支出与贫困脆弱性——基于CHFS微观数据的实证思考》，《区域治理》，2019年第52期。

"女儿上学了,她偏科,数学、英语整个都不行,补习班花的钱太多,也没去,这方面承受不了。"(个案访谈编号 T1-2)

(三) 社会保险体系引发新的边缘化过程

随着我国的社会保障制度不断完善,越来越多的人口被各项保障制度所覆盖。多项研究显示,各项社会保险制度在防止致贫和返贫方面发挥了重要作用。① 但是调查发现,非典型福利依赖者中仍有相当部分未参加社会保险。例如,根据《江苏省社会救助办法》《甘肃省社会救助条例》《安徽省城乡医疗救助实施办法》,各地的医疗救助制度普遍规定对低保户参加城镇居民基本医疗保险的个人缴费部分进行部分或全额资助,因此非典型福利依赖者参保较为积极。但是由于参加基本养老保险并没有受资助,因此参加职工或居民基本养老保险的依赖者人数较少,其父母、配偶、子女等家庭同住者的参保率同样不高。

"我跟我屋里人都没上社保(养老保险)。医保有呢,这个自己不掏钱。"(个案访谈编号 GT-1)

通过询问,发现多数依赖者之所以未参加养老社会保险,很重要的原因在于"收入太低,难以负担保险"以及"刚性开支挤占参保经费":

"我给你算算啊,我朋友养老保险一个月交 366 块,一年就是 4 000 多,他老婆也交 300 过一点,两口子加起来七八百就没了。我们一个月才苦(赚)多少钱?"(个案访谈编号 AW-1)

"不是不想上保险啊,确实是顾不过来。眼下娃娃上学、老人吃药住院,大头都花这上头了。"(个案访谈编号 GL-1)

由于不少依赖者认为"交社保吃不消",并且养老问题"现在考虑还早",所以主动放弃了养老保险缴费。此外还有部分依赖者不得不在日常生活开支与个人投资间进行权衡,最终选择舍弃缴费。可以看出,依赖者及其家人或主动或被迫地回避了为自身养老未雨绸缪,游离于养老保险制度之外。

此外,就失业保险而言,多数失业的非典型福利依赖者早期未参加失业

---

① 黄薇:《保险政策与中国式减贫:经验、困局与路径优化》,《管理世界》,2019 年第 1 期。

保险,失业后不仅未能享受失业保险待遇,而且其不良的经济状况也限制了其继续缴纳其他社会保险的可能性。2017年11月,《失业保险条例(修订草案征求意见稿)》向社会公开征求意见,提出为失业人员代缴养老保险费,希望通过应对失业人员社会保险断缴现象,解决失业者老有所养问题,但《失业保险条例》修订版始终未发布,故失业者仍需自行缴纳养老保险费,缴费压力未得到缓解。

可以看出,社会保险费已经成了依赖者家庭面临的较大开支,缴纳保险费成了新的经济负担。若依赖者未能找到有效途径分担此项开支,将难以通过社会保险体系获得保护,意味着该群体被社会保险体系边缘化了。

四、生命历程变迁对非典型福利依赖者的影响

非典型福利依赖者及其家庭成员所遭遇的重大事件在数量和时间上都对其生命历程有较大的破坏性,依赖者及家人的生活关联也会导致负面效应在彼此之间传递与积累,不仅放大了劣势,而且会使整体家庭陷入消极的氛围,进一步改变后续的生命历程。此外,国企改革导致的下岗失业变更了人们的职业路径和生计方式,也迫使人们失去了单位保障。与此同时,市场经济的发展拉大了群体间的收入差距,而生活成本和刚性支出不断增加,使边缘群体的脆弱性与日俱增。再者,传统的社会关系及资源再分配格局出现变化,新的风险因素层出不穷使未纳入社会保障体系的贫困和低收入家庭处境更加艰难[1][2][3]。在这样的背景下,非典型福利依赖者及其所在家庭面临的是不断恶化的生存环境和不断被削弱的自立能力,以及靠一己之力难以摆脱贫困纠缠的严苛事实。

(一)个人生命轨迹向下滑落

1. 生命历程脆弱且不断积累劣势

非典型福利依赖者生命历程早期经历的重大事件较多,而且重大事件更多地集中于患病、残疾、辍学等类型,极大地影响了后续人力资本的积累。

---

[1] 徐静、徐永德:《生命历程理论视域下的老年贫困》,《社会学研究》,2009年第6期。
[2] 关信平:《关于全面建立临时救助制度应当注意的几个问题》,《中国民政》,2015年第7期。
[3] 张浩淼:《转型期中国最低生活保障制度发展研究》,上海:上海交通大学出版社,2010年版,第143页。

这导致依赖者在劳动力市场竞争中处于弱势地位,并且在婚育阶段面临更多挑战。在生命历程中期,非典型福利依赖者又会经历下岗、失业、离婚等事件,这既是早期生命历程劣势积累的结果,又是新的生命阶段不利局面的开端。可以看出,尽管重大事件分散于整个生命周期的不同阶段,但是非典型福利依赖者的早期生命历程更为脆弱,中后期生命历程较为动荡。

再者,非典型福利依赖者所经历的消极事件会不断产生负面效应,这些不良影响并不会随着时间的推移而减弱,反而会不断形成新的负面力量,导致劣势在生命历程中进一步积累。从调查中可以看出,非典型福利依赖者所遭遇的事件具有连锁反应,例如意外伤害使得依赖者劳动收入锐减的同时还会面临大额医疗开支,若肢体伤害无法恢复如初甚至落下残疾,那么依赖者不仅劳动能力受损,而且会陷入失业风险中。一旦遭遇失业,依赖者所在家庭的整体经济水平下滑且容易陷入短期贫困,若未能得到及时干预和帮扶,则会演变为长期贫困。可以说,负面事件很有可能是环环相扣的,当某项重大事件开启了"潘多拉魔盒",就会导致不利因素逐步积累,最终引发生命历程的向下滑落。

2. 难以实现劳动自立

从前文描述中可以看出,非典型福利依赖者当前面临的劳动就业困境占据了各项困境的首位,意味着失业、无业、低薪以及就业不稳定是依赖者及其家庭最难以逾越的障碍,这不仅是贫困家庭陷入困境的重要原因,而且预示着未来生命历程的暗淡与坎坷。从统计数据和访谈中可以发现,非典型福利依赖者个人生命轨迹的滑落与生活境况的恶化往往是由劳动就业障碍所导致的,而这些障碍与其个人经历、家庭关联密不可分。

具体而言,非典型福利依赖者的劳动参与会受到意外伤害、罹患重病、辍学、劳动教养、劳动改造、家人拖累等事件影响:意外伤害和患病使依赖者健康受损,身心状态不能投入工作,严重的情况下甚至会剥夺依赖者的生活自理能力;此外,个人的人力资本累积过程会被辍学、劳动教养、劳动改造等事件打断,这些事件的影响是长期性的、不可逆的,尤其是"两劳"经历会使得多数求职以失败告终;再者,家庭成员的照料需求要求依赖者减少劳动时间或者放弃劳动参与,其他家庭成员劳动收入和劳动参与状态变化也会促使家庭调整劳动供给策略,进而影响依赖者的劳动供给。如今,劳动力市场竞争日趋激烈,高薪职位对人力资本、社会资本的要求不断提高。受限于年龄、技能、学历和有限的人际关系网络,非典型福利依赖者很难获得高质量的就业机会。随着劳动力市场的进一步分化,次级劳动力市场中的非正规工作机会往往与低薪、通勤距离长、劳动时间长、重复性工作内容相关联,更重要的是从事非正规就业的劳动者较少参加社会保险,甚至未与用人单位签订劳动合同,因此缺乏权益保护。可以看出,非典型福利依赖者难以通过参与劳动来改善经济水平,更难以借助劳动实现自立。

3. 生命历程的连续性被打断

在非典型福利依赖者的生命历程中,标准的、线性的生活轨迹几乎不存在,反之很多依赖者都是经历了纷繁世事后出现了生命历程的中断或波折,随着个体经历愈加复杂,生命历程的连续性越差。对于非典型福利依赖者而言,其所遭遇的重大事件、与家人的交互影响以及被时代洪流裹挟下的命运浮沉,无一不在重塑个体的日常生活与未来走向。

在个人生活经历上,离婚、患病、失业、丧偶等一系列事件都是非典型福利依赖者个人生活发生转折的催化剂。这些风险事件发生后,依赖者的正常生活将极大地受到干扰,需花费大量精力才能重回正轨。更严重的是,一旦重大事件接踵而至,那么依赖者很容易频频受挫乃至一蹶不振,再无重回正轨的可能。在劳动就业上,由于经历过国企改制与大规模的下岗潮,非典型福利依赖者在短时间内集中地体会到了失业带来的阵痛。这一经历不仅让依赖者被动地参与了从计划经济向市场经济的转型,而且被迫完成了再就业与生计手段再选择,使依赖者的职业生涯不再完整。在制度保障方面,原本享受单位制全面保障的非典型福利依赖者离开原单位,意味着日常衣食住行、娱乐、托育、医疗、就学、养老乃至丧葬都需自行解决,以往无所不包的单位福利不复存在。然而在当前的再分配体系中,依赖者仅能获得有限的社会救助帮扶,很少能够再参与到社会保险体系中来,因此其生活保障未能得到良好对接,使后续生命历程中的一系列风险无法得到应对。因此,非典型福利依赖者的生命历程受到严重干扰,并在后续的人生阶段不断向下滑落。

(二) 依赖者所在家庭整体陷落

1. 家庭成员间劣势传递与放大

在加西亚等人看来,家庭既是每个人的避风港,又是制造麻烦的源泉。①

---

① Garcia, M., Kazepov, Y. (2002). "Why some people are more likely to be on social assistance than others." In Saraceno, C. (Ed.), *Social assistance dynamics in Europe: National and local poverty regimes*. Bristol: The Policy Press, pp.127-172.

调查发现,非典型福利依赖者所在的家庭中,各成员同样会遭遇各类重大事件,而且这些重大事件发生的时间阶段会与依赖者本人面临重大事件的时间段重合,使整体家庭在特定时段的压力骤增。随着困境交叠增加了家庭的经济负担,处于劳动年龄且具有劳动能力的依赖者将被委以改善家庭生活质量的重任,这会极大地增大依赖者的经济压力。非典型福利依赖者的生活规划和发展投资不得不围绕家庭"减贫"开展,使其更加关注当下的经济状况而非个人发展,无形中限制了依赖者自我投资、自我积累的可能性。

不仅如此,家庭成员的境况也间接地限制了依赖者的劳动参与,非典型福利依赖者受制于家庭成员的时间需求,不得不重新进行劳动供给调整,压缩或完全取消劳动时间。具体而言,一旦家中配偶、子女或父母因患病等原因长期卧床,依赖者就需要挤占原本的工作时间和精力来提供照料。当家中年幼子女和高龄老人数量较多时,这种情形会体现得愈加明显,需要照料的人数越多,照料压力越大,分身乏术的依赖者就不得不重新考虑劳动就业的时间安排。若依赖者选择全职照料家人,那么家庭的收入会受到极大的影响,由于其难以在短期内重返劳动力市场,因此家庭的经济窘境将在长期内无法得到改善。

再者,配偶、父母、子女等家庭成员与依赖者的关联不仅体现在经济资源分配等显性方面,而且还体现在时间分配与情感支持等潜在方面。例如,家庭成员遭遇困境后,其焦虑情绪将传导至每一位成员,若遭遇不止一项困境或多位成员同时遭遇困境,那么家庭中的负面情绪会呈几何级数般增长。在这样的家庭氛围中,依赖者不仅需要为家人提供情感支持,还需要克服消极情绪带来的负面影响。

可见,由于家庭成员间的生活关联较强,非典型福利依赖者无法独善其身,不得不受到家庭其他成员的影响。依赖者所在家庭及其成员的困境所导致的劣势将不断累积,并在家庭全体成员间传递,最终使劣势在家庭内部放大,非典型福利依赖者不得不调整自身的生活安排与长期规划来适应家庭需求。

2.整体家庭贫困程度加深

随着非典型福利依赖者个人生命历程不断遭遇波折,其个体遭遇的困境不断累积,使其后续的生命阶段受到长期性的负面影响。同样,依赖者所在的家庭也会因各种困难的积累而陷入更深层次的贫困。

就家庭整体负担而言,家庭总人数、未成年子女数量、家庭成员的年龄结构、健康状况等都是重要的影响因素。①② 单亲家庭、过多的年幼子女、女性户主、家有重病患者等是贫困家庭共有的特征,这增加了家庭困境的复杂性和累加性。目前,非典型福利依赖者的家庭面临的多是经济困境、人力困境以及时间困境:由于收入来源有限且刚性支出无法避免,贫困家庭的收支难以平衡,会出现收不抵支的"支出型贫困",甚至举债度日;家庭成员的缺失或照料需求增加了人力的紧张程度,身兼数职的依赖者不得不承担多个社会角色,导致其疲于应对角色冲突与紧张;紧张的时间分配又局限了依赖者通过自我投资改善人力资本的可能性,进一步限制了依赖者未来境况的改善。此外,以家庭场域为核心的社会资本原本可以改善贫困者的生活机遇,但是贫困家庭薄弱的社会关系网络限制了其从关系网中寻求帮扶的可能性。可以说,非典型福利依赖者当前的家庭负担过重,过高的抚养比、过多的刚性支出和过少的经济来源不仅会削弱家庭的经济能力和抗风险能力,而且会增加家庭在未来长期陷入贫困的可能。

可以认为,非典型福利依赖者所在家庭面临困境的致因是多重的,也是多维的。由于依赖者本人难以通过自我调适、寻求帮助等途径改善个人与家庭的境况,因此困境得不到有效缓解。更重要的是,非典型福利依赖者已经被当前的家庭环境所禁锢,既无法通过自我改善来调整后续的生命历程,又无法借助家庭内外部的力量跳出当前的泥潭,因此与家庭陷落的命运牢牢绑定。

(三) 固化的城市贫困底层群体

1. 难以改善长期贫困局面

我国关于城市贫困的讨论已有大量积累,学者们着眼于贫困者有限的生产生活资料、贫病交加的日常、逼仄的生活空间、社会排斥和歧视以及灰暗的发展前景,讨论着始于 20 世纪 80 年代的急剧社会变迁下不断扩大的贫困群体和越来越严重的贫困程度。在本书看来,非典型福利依赖者不仅仅是因长期面临经济困难而无法满足基本需要的人,从更广阔的角度来看,他们更像是历史长河中翻涌着的一朵浪花,与时代洪流和鸣,汇聚为改革的

---

① Smith-Carrier, T. (2017). "Reproducing Social Conditions of Poverty: A Critical Feminist Analysis of Social Assistance Participation in Ontario, Canada." *Journal of Women, Politics and Policy*, 38(4), 498–521.

② McLanahan, S. S. (1988). "Family structure and dependency: Early transitions to female household headship." *Demography*, 25(1), 1–16.

波涛,最终在泥沙俱下中散若水滴。每一个人的生命历程都与中国的时代命运紧密联合,这与个体生命历史中的一连串事件一起,共同令一部分群体成了城市贫困者。

在过去的40年里,中国的经济在市场化改革下确实发生了翻天覆地的变化,但是收入和财富的两极分化也越来越严重,社会结构的变迁也使得底层群体的队伍不断壮大。经济社会为城市贫困者提供的机会是有限的,与过往的生命历程相比,当前更为复杂的生活现实反而呈现出境况不断恶化的趋势。在居高不下的生活成本面前,非典型福利依赖者常常捉襟见肘;在岌岌可危的岗位与低薪职业下,依赖者原地踏步甚至朝不保夕;新的风险层出不穷,依赖者的每一步都像如履薄冰。这种紧迫感与焦虑感不仅令依赖者感到疲惫,而且生存压力已传导至家庭成员,改善生活的蓝图变得越发模糊。可以认为,非典型福利依赖者的生命历程已经发生了变迁,他们的生活轨迹已被改变,并在贫困的道路上越行越远。

2. 可预见的无保护状态

改革开放40多年以来,我国的社会保障制度"经历了从国家—单位保障制到国家—社会保障制的全面而深刻的制度变革,并从计划经济时代的传统社会保障制度过渡到了与市场经济体制和社会发展相适应的新型社会保障体系"①。社会保障制度为公民的全生命历程提供了防护,成了中国社会建设与社会治理的一股重要力量。

但是对于非典型福利依赖者而言,社会保障制度并未充分延伸进他们的生活世界。在城市地区,单位制保障消除后形成的贫困社群往往与弹性工作、灵活就业、非正规劳动等词汇相关,多数贫困者再就业仅能选择次级劳动力市场中的岗位,这些岗位出于各种原因并未积极参加各项基本社会保险,故勤奋工作并未获得对等的医疗、养老、工伤等保护。在社会保险缺位的背景下,非典型福利依赖者处于无保护状态,一旦遭遇风险,依赖者及其家庭都会受到强烈冲击。社会保险制度对预防城市贫困的作用也未能得到有效发挥。②

再者,对于脆弱性较强的贫困家庭,其在生存和发展上的不利地位使其

---

① 郑功成:《从国家—单位保障制走向国家—社会保障制——30年来中国社会保障改革与制度变迁》,《社会保障研究》,2008年第2期。
② 姚建平:《养老社会保险制度的反贫困分析——美国的实践及对我国的启示》,《公共管理学报》,2008年第3期。

对基本生活保障有着强烈的需求①,然而即使非典型福利依赖者获得了社会救助,较低的救助水平和特定的救助项目也难以满足依赖者多元化的需求,更无法精准匹配依赖者及其家庭成员所处的生命阶段。更重要的是,现行救助制度提供的有限保护并不能覆盖个体的全部生命历程,并且对家庭成员生命周期的交互作用无能为力,所以救助制度功能的发挥具有明显的局限性,预示着依赖者的贫困状况在未来仍将持续。

---

① 林闽钢、祝建华:《我国城市低保家庭脆弱性的比较分析》,《社会保障研究》,2011年第6期。

第八章 生命历程变迁背景下依赖者的救助需求与制度支持

一、不同类型非典型福利依赖者的救助需求

在布朗(G. W. Brown)等人看来,贫困者中存在很多子群体,各群体间的比较能够呈现贫困的异质性。[①] 同样,本书发现非典型福利依赖者群体内部也具有多样性,尤其是以时间因素和劳动因素作为考察维度,将非典型福利依赖细化为可观察、可测量、可对比的三个类型后发现,边缘式、完全式和阶段式非典型福利依赖者的表现不尽相同,对救助制度的依赖程度也存在较大差异。进一步而言,在生命历程变迁的背景下,由于不同类型非典型福利依赖者的个体经历、家庭境况不同,受宏观变迁干预的时间与效果也不尽相同,因而致贫原因存在区别,导致其产生的脱贫诉求也彼此迥异。基于此,识别各类型依赖者生命历程中的救助需求,作为分析福利依赖形成原因的切入点具有重要意义。

(一)边缘式非典型福利依赖者的救助需求

边缘式非典型福利依赖在时间和劳动两个维度上具有良好表现,因而被视为三种类型中最容易摆脱依赖的子群体。但是,该类型依赖者过往的生命历程显示,即使本人与家人未遭遇过多重大事件冲击,能够获得基本的劳动收入,其也未能独立改善生活处境,仍需以救助金作为家庭经济的重要补充。通过回顾边缘式依赖者在宏观社会变迁中的沉浮与挣扎发现,该类型依赖者由于难以适应宏观劳动力市场的变迁和全面市场化改革,且未能及时搭乘经济发展的高速列车,因而在宏观社会变迁中不断遭遇失败。所以,边缘式非典型福利依赖者的诉求集中于提升劳动就业质量,恢复自身的

[①] Brown, G. W., Moran, P. M. (1997). "Single mothers, poverty and depression." *Psychological Medicine*, 27(1), 21-33.

第八章 生命历程变迁背景下依赖者的救助需求与制度支持

抗风险能力,并且分享经济发展与制度建设的红利。

1. 边缘式依赖者:社会变迁成本的承担者

从生命历程中的重大事件来看,边缘型依赖者及其家人受到的冲击均较少。通过统计发现,该类型依赖者中仅有极少数面临人身、经济上的重大打击,且并未在生命阶段早期因遭遇个人不幸事件而丧失生活机遇。同时,该类型依赖者的家庭成员生命历程也较为平稳,因此来自家人的负面影响不多,家庭的整体负担较轻。因此,该类型依赖者的劣势因素主要来自承担了宏观社会变迁的成本。

(1)边缘式依赖者在劳动力市场转型中失去优势地位。在45位边缘式依赖者中,42.2%有过下岗经历,最早的下岗经历可追溯到1992年,彼时正值国企改制引发下岗潮,随后全面的经济体制改革带来了更多动荡。通过询问目前正在经历的重大事件,12位回应"工作不稳定"的依赖者表示,当前的就业状况归咎于早期的工作变动,如今不稳定的工作正是根源于下岗失业的个人经历。

在访谈中有依赖者表示,过去在国企工作,社会地位并不低,良好的收入和声望曾让国企职工倍具优越感。"进厂子在当时很荣耀,我82年进厂的,自豪啊!下了班去买菜都要挺胸抬头。找对象一听说是长开厂的,人家都觉得是好工作。"(个案访谈编号GT-3)然而这种优越感在下岗后荡然无存,而且国企工作经历并没有增加依赖者的竞争力。随着劳动力市场的市场化程度不断提高,就业门槛不断提高,有的依赖者从2005年开始就再也没有从事过稳定的职业,而是辗转于不同的行业、岗位,不断变更工作内容,但再就业质量始终不高。在45位依赖者中,26位目前选择了打零工、维修小家电等灵活就业形式,原因主要在于人力资本匮乏、家庭照料负担重、通勤距离短等几个方面(参见表8-1):

表8-1 边缘型依赖者选择灵活就业的原因(N=26)

原因	频次	响应百分比(%)	个案百分比(%)
学历太低	15	30.0	57.7
年龄太大	6	12.0	23.1
缺乏劳动技能	21	42.0	80.8
需要照料家庭成员	5	10.0	19.2
其他原因	3	6.0	11.5
合计	50	100.0	192.3

"当年我下岗的时候,我还梳着大辫子的(年轻),我们厂里跟我差不多大的前后脚都出来(下岗)了。那时候也没文凭,我就在家照顾我父亲,他一直卧床的。我那些小姐妹也是干什么的都有,干临时工啦,给亲戚帮忙啦,后来就做做小生意的。"

"你当年的小姐妹里,有没有人找到正式工作?"(提问)

"基本上都是刚才我说的那样,临时工居多。反正我没听说谁后来进了正式工的。我们这一批人,要学历没学历,要技术没技术,要找像大学生一样的工作,难哦。"(个案访谈编号 AM-5)

在访谈中,不少依赖者提到了自己当前工作的局限性不仅在于工作内容的长期重复和极有限的技能积累与拓展,而且居高不下的离职率导致自己对工作缺乏归属感,并难以建立基于业缘的社会关系网络。更重要的是,较低的工资待遇意味着自己的劳动回报率常年处于低水平,远远无望劳动自立、脱离贫困:

"(下岗以来)我都换了好几茬工作了,哪个也干不长。蹬过三轮车,当过保安。后来在亲戚单位看了段时间大门。前一阵子在就业一条街搞了个门面房,也不让开了,街道给5 000块钱就把铺面收回去了,现在啥事也没做。"(个案访谈编号 T1-3)

"其实我一直在打闪工作的,哪里有人要我我就去干几天。不过你也知道,我认得的那些个朋友,讲起来都跟我一样的情况,别个我也认不得。打工的地方好多外地人,也是干两天就走了,我们跟人家也不熟。想起来,还是以前好,一个车间的(关系)好得跟姊妹似的。"(个案访谈编号 AM-1)

对于边缘型依赖者而言,遭遇下岗冲击只是在劳动力市场连续受挫的开始。随着传统就业形式的调整以及新型劳动力市场的形成,以往的职业荣耀与行业优势一扫而空,而有限的人力资本和同质化的社会网络则阻碍了依赖者重新开辟职业道路。随着劳动力市场需方要求水涨船高,边缘式依赖者的求职屡屡受挫,只能流连于零工市场,在日复一日的简单重复中蹉跎岁月。

(2)边缘式依赖者难以负担市场经济下的高生活成本。如今,教育和医疗成了压在人们肩头的沉重负担,过高的刚性开支也延伸至非典型福利依赖者所在的家庭,边缘式依赖者面对居高不下的生活成本却无能为力。

第八章 生命历程变迁背景下依赖者的救助需求与制度支持

在访谈中,有依赖者以孩子的培训班费用为例算了一笔账,其子女所报的低龄儿童英语辅导班一学期的费用高得令人咋舌:

"现在那个小孩上个幼儿园要个两千多,我儿子嘛在外面上个英语辅导班。很贵的,动不动上千,这个班嘛就七十块钱吧一节课,到了外面就是一百块钱一节课。一开始是五十几个课程,所以你算算看,是不是(很贵)。那怎么办呢,他有兴趣学,所以我们也就是自己克扣一点,少吃点少喝点攒一点,上不起好的,就找一些便宜的(辅导班),但还是跟上过好的不一样。"(个案访谈编号 S1-1)

"我们看人家同学都上的××培训学校,打听了一下,太贵了,没敢去。学费一收就是一个学期的,小一万块钱呢。"(个案访谈编号 AW-5)

对于子女已经上初高中的,依赖者表示目前课程辅导费更是翻了几番:

"这个补课啊不是你说的 70 块钱,那个不够。外面的课一学期要 3 800,礼拜六上半天,语数外三门课。上小学时,一学期教育局还补贴 400 块,现在不拿了。"(个案访谈编号 S1-7)

再者,"看病贵"的问题也困扰着边缘式依赖者,尤其是医保目录外的诊疗项目与药品器械得不到报销,使自费部分的开支难以承担:

"我老母亲前半年住院的时候,用的那个 2.5 万的进口支架,这个不给报销。我们几个姊妹硬是各家凑了点,才给老太太把手术做上了。这个支架贵得很,说是比国产的好。"(个案访谈编号 GL-5)

(3)边缘式依赖者参保缴费负担重。以往享受单位制保障的依赖者下岗失业后失去了单位所提供的各项福利,只能通过参加社会保险进入社会保障体系。与以往的单位制福利相比,依赖者需要履行一定的缴费义务才能享受保障权利。无论失业后是否找到新雇主,依赖者若要获得保障,都需履行本人的社会保险缴费责任,而这成了边缘型依赖者的生活成本之一。部分依赖者或者选择最低档次的缴费,或者选择不再参保。

"我们这钱(缴纳的社保费)是挤出来的,现在就交最底线最低标准,退(休)的时候能拿三百块钱。"(个案访谈编号 S1-1)

"吃饭都不够钱的,还交那个(社会保险)?！所以11年(2011年)左右我自己就再没交。后来说是社区掏钱给我们交,就又交上了。"(个案访谈编号GL-4)

就现行社会保障缴费要求和标准而言,"捆绑参保"和保费的上涨令依赖者感到困扰:

"我不明白一定要交医疗和养老,要是能分开就好了,关键我是冲着医疗(保险)去的,但是交医保的话必须要交养老。而且你不交(养老保险)的话,医保又得重新交。我希望把它分开来。"(个案访谈编号GL-4)

"现在发到我手上是一千多块钱,就是五险都扣过,一千多一点。以前多哎,一千六百多哎。扣掉五险还不到一点。五险越扣越多了,工资还没涨呢,这个社保又涨了,肯定对我们影响大啊。

但是退休还早呢,这个退休政策还不知道怎么样呐。那等下延到六十五,我们还吃亏呐。(虽然)现在不要求对不对,但是它这个政策出来让我们怎么搞呢,像我们这个年龄,最起码按照它这个政策,虽然它这个不是正式的条文,但等它这个条文出来,这样我们都要超过六十岁退休了,最起码要多交(养老保险费)一两年。"(个案访谈编号T1-5)

处于社会变迁的浪潮中,边缘式非典型福利依赖者承担了宏观社会变迁的成本,不仅在劳动力市场转型中失去优势地位,而且难以负担市场经济下的高生活成本。在失去单位保障之后,该类型依赖者为获得社会保障所要承担的参保缴费负担偏重,也给依赖者带来了显著的经济压力。对于边缘式非典型福利依赖者而言,尽管其本人与家人的生命历程较少被重大事件干扰,并且家人间的负面影响较小,但是当前处于较弱的受保护状态,并且未能完全通过自己的力量实现自立,因此不得不转向社会救助制度寻求帮助。

2. 边缘式依赖者的救助需求

(1)需要就业援助来提升就业质量,最终恢复自立能力。对于边缘式依赖者而言,下岗失业后重新在劳动力市场中寻找合适岗位的难度大大提升。这是由于经济转型期国企提供的岗位有限,而其他的初级劳动力市场岗位门槛相对较高,该群体无法满足需方要求的学历、经历、技能等要求,因此获得"体面"职业的概率大大下降。大部分边缘式依赖者转而投向次级劳动力市场,并被困在"低收入职业"中①,承受着无保险和不稳定等多重风险。基于此,边缘式依赖者的救助需求首先来自劳动就业,他们寄希望于社会救助制度所提供的就业援助项目,期待通过接受资金与服务帮扶来获得更好的工作机会。

表8-2展示了边缘式依赖者的相关需求,45位依赖者中有36位提出需要一项或多项资金与服务的援助。在就业资金援助上,当前依赖者对培训补贴的需求最为强烈(52.8%),其次是自主创业启动资金(30.6%)和税费优惠(27.8%)。还有部分依赖者需要对社会保险的参保进行补贴(16.7%)。在就业服务上,需要就业技能培训和提供结对帮扶机会的依赖者均占27.8%,此外还有部分依赖者需要岗位信息(22.2%)、就业指导(19.4%)、技术支持(13.9%)和公益岗位(8.3%)。

表8-2 边缘式依赖者需要的就业救助项目(N=36)

就业资金帮扶			劳动就业服务		
救助项目	频次	个案百分比(%)	救助项目	频次	个案百分比(%)
培训补贴	19	52.8	技术支持	5	13.9
职业技能鉴定补贴	1	2.8	结对帮扶	10	27.8
社会保险补贴	6	16.7	就业技能培训	10	27.8
自主创业启动资金	11	30.6	提供就业岗位信息	8	22.2
税费优惠	10	27.8	公益性岗位安置	3	8.3
贷款贴息	7	19.4	职业介绍	10	27.8
			就业指导	7	19.4

在资金援助需求方面,访谈发现当前社区、街道或人社部门会组织有劳动能力和就业需求的受助者接受就业或技能培训,该项举措未考虑培训所产生的时间成本、通勤成本,因而招致受助者的排斥。依赖者对"成本—收益"的衡量使其格外关注各项成本,因此要求对就业培训进行补贴,否则参加培训被认为"划不来",参与的积极性将降低:

> "上个月我去珠江路培训,每次都要费一个下午。来去公交车还要刷卡,一共要花我4块钱。去到那里一坐就是好久,我心里急哦,晚上烧饭又要耽误了,吃完饭还要打工呢。我就叫我家儿子自己吃,不做饭

---

① 李骏:《中国城市劳动力市场的变迁与分层》,北京:社会科学文献出版社,2018年版,第92—93页。

了,你看买个饭又要花个十几块钱呢。至于说培训嘛,培训完找不找得到工作还两说呢,先把钱花上了。"(个案访谈编号 S1-1)

就自主创业启动资金而言,有三成依赖者需要靠创业实现自立:"给别人打工就是跑跑腿,干不长久的,最好自己搞个铺面,自己干。"(个案访谈编号 T1-6)对于有此类需求的依赖者而言,仅仅提供就业信息、技能培训、公益岗位是不够的,最重要的是拥有初始资金后通过创业实现自雇。

在服务援助需求方面,有依赖者表示需要就业指导:

"我老公走得早,十几年我都是靠我自己一路摸索过来的。我就想着,要是能有个人跟我商量商量(职业规划)多好,给我拿主意。这些年我自己碰了很多壁,吃了不少亏,找工作还是不得要领。哎!"(个案访谈编号 GT-4)

也有依赖者提出自己身体不好,只要社区能给提供一个类似看守岗或者保洁岗的公益岗位,"也能安顿基本的生活"(个案访谈编号 GL-3)。

(2)需要对劳动收入进行保护和鼓励。从前文的分析可以看出,边缘式依赖者往往还保留了基本的劳动参与,其收入的一部分仍然来自劳动力市场,但是由于其劳动回报率较低,工资收入并不足以大幅提高家庭生活水平。而且根据目前救助金"补差"的计发模式,劳动所得会抵消一部分低保金,因此劳动收入不仅无法得到保护,而且面临"抵扣"等负面激励,令依赖者感到不解:

"马上到十月份,要续订合同了。有时候想想,都不想干了,瞎混得了。一千多块钱,人家(用人单位)是交五险,这边(街道)就要抹掉我的低保。我(工资)拿 1 800 块钱,低保也是 1 800。拿的钱都差不多,别个还笑我傻呢。我这不是白干了哦?那大家都躺着等钱好了。"(个案访谈编号 S1-9)

在大部分依赖者的认知中,获得劳动收入是改善家庭生活水平的重要途径之一,挣得越多,家庭收入越高。但是与其预期不同的是,随着劳动收入的增加,低保金不断在扣减,其家庭总收入在有劳动收入的情况下并没有增加,这让依赖者有些气馁,觉得"干不干(工作)都差不多啊,人家没干不也跟我拿的差不多?我还早起呢,起早贪黑的,哪个不比我舒服?"(个案访谈

第八章　生命历程变迁背景下依赖者的救助需求与制度支持

编号 S1-3)可以认为,依赖者的劳动收入没有受到保护,他们的劳动付出并没有得到相应的回报,甚至因为低保金相应减少而对劳动有了负面激励。还有依赖者提出"收入豁免",希望既能保护劳动收入,又能保留低保金:

> "其实赚的也就是辛苦钱,赚也赚不多,还要跟低保抵了,总觉得不合适。能不能把低保留一阵呢?"(个案访谈编号 P1-5)

(3) 抗风险能力差,寄希望于逐渐退出救助制度。从该类型依赖者的退保经历来看,45 位依赖者自初次受助以来均未退出过低保,而且坦承"并无退出低保制度的想法",本书认为部分原因在于较差的抗风险能力使其安全感不足,因此持续受助成了最安稳的选择。

访谈对象普遍提出,就业问题是当前危机感的主要来源,即使当前是有工作的,也无法长期地、稳定地持续下去。若在当前的就业水平下退出低保,但凡就业状态出现波动,都容易重新返贫,而再次申请低保需要经过申报和审批,"很难保什么时候才能再吃上低保"。(个案访谈编号 T1-5)有访谈对象认为,接受救助在当前是最稳妥的做法,贸然退保是不明智的,至少是充满不确定性的:

> "都这么大年纪了,我也经不起折腾哎,又不是年轻人,好找(工作)。现在这个(工作)就勉强干着,但要我靠着这个吃饭,我心里可没有谱。退一万步讲,好,我出去了,那我这个(工作)干不了了怎么办?不还是要再回来嘛!更何况我还没富到能甩开低保的地步。"(个案访谈编号 S1-9)

再者,该类型的非典型福利依赖者虽然并没有过分利用救助制度,顺利脱离救助的潜力较大,但是其脆弱性较强,具有较多的后顾之忧,因此在退出救助制度阶段的诉求是逐步退出。有依赖者对退出低保的态度则略显犹豫,认为退保并非不可接受,但是前提是就业是稳定的、能够持续地获得劳动收入。依赖者强调,退保不能搞一刀切,至少要让受助者缓慢过渡到没有低保的阶段:政府不能"才找工作几天就要那什么的,要抹掉我低保,最起码还要帮助我,扶持我一下嘛"。(个案访谈编号 S1-9)。

可见,边缘式依赖者较差的抗风险能力让其在退保问题上较为谨慎,该群体或者否认存在退保的可能性,或者认为需要有条件地退保。对后者而言,较为宽容的退出标准、较长的缓冲期和较平和的退出方式都是必需的。

(二) 完全式非典型福利依赖者的救助需求

与其他两个依赖类型相比,完全式非典型福利依赖的受助时间长、劳动就业情况较差,因此对救助制度最为依赖。从其生命历程来看,完全式依赖者本人频繁遭受多项重大事件冲击,因此生活经历较为坎坷,同时家人所遭遇的重大事件也放大了依赖者本人的压力,家庭成员间的关联让每个成员都卷入不幸事件的负面影响中。随着家庭带来的负担逐渐沉重,依赖者本人的生命历程不断被干扰。再者,完全式依赖者受到经济社会转型带来的冲击,不仅在劳动就业、社会保障等方面未能分享到发展红利,而且需要承担市场化发展带来的生活成本的剧增,因此一蹶不振。从整个生命历程来看,完全式依赖者遭受多重困境打击后已甘愿顺应现实,不再做进一步的尝试和努力,因此其与其他类型的依赖者对救助的需求程度完全不同,而且救助需求也因个体经历不同而呈现异质性。

1. 完全式依赖者:遭受多重困境打击的顺应者

完全式依赖者及其家人在生命历程早期遭受了多重重大事件的打击,又在当前遭遇各种负面事件,同时后续的生命阶段不断受到社会变迁的冲击,因此该类型依赖者依赖救助制度的动机来自其坎坷的个体经历和沉重的家庭负担,以及经济社会转型带来的被剥夺感和被抛弃感。

(1) 完全式依赖者经历的重大事件。通过统计发现,该类型依赖者在重大事件方面遭受了较严重的打击。

第一,完全式依赖者普遍遭遇重大事件,甚至遭遇多重事件。从表8-3中可以看出,在236位该类型依赖者中,共有220位回应了该问题,其中148位曾经历过重大事件(67.3%),129位正在经历重大事件(58.6%),遭遇重大事件者的比例较其他类型者都高,意味着完全式依赖者无论是在生命历程早期还是当下都无法摆脱重大事件的影响,这是其陷入贫困的重要原因。

就以往遭遇的重大事件来看,下岗或失业的情况最为普遍,22.8%有过此类经历。其次是罹患重大疾病(17.2%)、未婚生子或离婚(13.3%)和意外伤害(11.9%),还有人曾经历过辍学(3.9%)和"两劳"(5.6%)。可以看出,劳动就业方面的打击是造成该类型依赖者本人与家庭陷入困境的重要原因,其次是个人人力资本的损毁以及家庭的解体,此外,特殊事件对人生轨迹的扭转也不可小视。

在目前正在经历的重大事件中,失业同样是最为普遍的困境(41.2%),即使劳动就业境况稍好的依赖者也在经历工作不稳定(4.5%)和劳动收入大幅降低(2.9%)。此外,还有1.2%因负债难以偿还、4.5%因负担大额支出而面临经济上的困境。

表8-3 完全式依赖者遭遇的重大事件(N=220)

以往的遭遇				目前的遭遇			
重大事件	频次	响应百分比(%)	个案百分比(%)	重大事件	频次	响应百分比(%)	个案百分比(%)
遭受意外伤害	34	11.9	15.5	工作不稳定	11	4.5	5.0
罹患重大疾病	49	17.2	22.3	失业	100	41.2	45.5
未成年辍学	11	3.9	5.0	负债难以偿还	3	1.2	1.4
劳动教养、改造	16	5.6	7.3	劳动收入大幅降低	7	2.9	3.2
未婚生子或离婚	38	13.3	17.3	负担大额支出	11	4.5	5.0
下岗或失业	65	22.8	29.5	全职照料家庭成员	11	4.5	5.0
以上全无	72	25.3	32.7	其他	9	3.7	4.1
				以上全无	91	37.4	41.4

从重大事件的类型来看,完全式依赖者所经历的重大事件类型多样化,涉及生活的方方面面,更重要的是这些重大事件还会叠加出现,使依赖者生命历程的艰难程度陡然上升。具体来看,在以往遭遇过重大事件的完全式依赖者中,37位不止经历过一项重大事件(16.8%),甚至有1.8%曾遭遇过四项重大事件。在当前正在经历的事件中,15位不止面对一项重大事件(7.1%),有1.4%当前正在遭受3件重大事件。(参见表8-4)

表8-4 完全式依赖者遭遇的叠加事件

以往的遭遇(N=219)			目前的遭遇(N=212)		
重大事件	频次	百分比(%)	重大事件	频次	百分比(%)
单一事件	104	47.5	单一事件	107	50.5
双重事件	22	10.0	双重事件	12	5.7
三重事件	11	5.0	三重事件	3	1.4
四重事件	4	1.8			

重大事件的叠加属性在访谈中也得到了印证:

> "那时候我从轮胎厂下岗了,找了个单位给人踩三轮车。原以为这就好好地,没想到,我膝盖半月板磨坏掉了,住院休养了一阵,现在不能费力动它(膝盖)。那还踩什么三轮呢!这次我家老婆给我找(工作),保安,到手一千五,干了没几天,试用期结束就被开了。跟我讲说资质不够,其实就是嫌我年龄大,值不了夜班。后来给人看大门,乖乖,干是干到现在,但是就那一点点钱。没得办法,也得干啊。就是我家老婆,跟着没完没了操心。"(个案访谈编号 P1-4)

这位依赖者的经历显示,下岗失业、健康受损、工作不稳定、收入低下等事件接连发生,而且部分事件在某个时间段内发生了重叠,极大地增加了该时期的困难程度。类似地,当前关于多维贫困的研究也显示,贫困人口的困境往往不是单一原因造成的,而是多重致贫因素累加施力[1][2],使得贫困者无暇应对。

第二,生命历程的早期与中后期较不稳定。从重大事件的时间属性来看,有 44 位依赖者早期的生命历程就已经受到重大事件的干预,其中 22% 的人在 7 岁至 18 岁遭遇重大事件,还有 4.9% 早在 6 岁以前就经历过罹患重病等挫折。可见,近三成的完全式依赖者生命历程早期都是不平静的。相比之下,还有 91 位依赖者是在 19 岁至 35 岁之间面临重大事件,此时正是个体生命完成求学、就业、成家的关键时段,但完全式依赖者中近半数都在此人生阶段遭遇了意外伤害、罹患重病、失业等事件的打击。此外,还有三成的依赖者本人在壮年时期遭遇了重大事件的打击,一旦该事件发生的时间与家人负面经历的时间重合,将会使依赖者本人自顾不暇。可以看出,重大事件在该类型依赖者生命历程的各个阶段都有所分布,意味着依赖者的劣势积累从生命早期就已开始,并在一生中释放负面影响。(参见表 8-5)

表 8-5 完全式依赖者初次遭遇重大事件的时期(N=164)

时 期	频 次	响应百分比(%)	个案百分比(%)
童年时期(0—6 岁)	8	4.0	4.9
少年时期(7—18 岁)	36	18.1	22.0
青年时期(19—35 岁)	91	45.7	55.5

---

[1] 吴和成、万里洋、卢维学:《多维视角下城市家庭贫困脆弱性实证研究》,《统计与信息论坛》,2020 年第 9 期。
[2] 王盈怡、涂罡:《低保与城乡反贫困:一个多维贫困和多维不平等的视角》,《公共财政研究》,2018 年第 6 期。

续 表

时 期	频 次	响应百分比(%)	个案百分比(%)
壮年时期(36—50岁)	64	32.1	39.0
合计	199	100.0	121.4

有依赖者认为,与同龄人相比,自己正是由于过早地辍学才会"走上下坡路",自此以后人生就被改写了:

"那时候(初中)就不想学啊,学不进去,就想着出来。后来出来了,两眼一抹黑,找工作哪个也不乐意,觉得我太小,不成事。那时候就混,反正没想过再回(学校)去,一直到处干干,年纪就大了。后面再想正经找个工作,人家嫌没上过学,现在连大学生都找不到工作,何况我这样的。混到现在,要什么什么不行,工作工作没有,对象对象不行,哎。"(个案访谈编号 P1-2)

第三,重大事件之间存在明显的连锁效应。完全式依赖者遭遇的事件中,意外伤害和患病会导致健康受损,轻则干预依赖者的人力资本积累,重则部分或阶段性地剥夺了依赖者的劳动能力。相比之下,辍学和"两劳"经历则影响更加深远,这类事件一旦发生,后续较难采取弥补措施,因而是生命历程中不可逆的破坏力量。本书认为,完全式依赖者之所以失业率如此之高,与其早年经历的极端事件密不可分,这些事件对依赖者正常生活的阻断、后续生活机遇的缺失以及总体人生走向的扭转影响巨大,显示出了明显的连锁效应。在访谈中有依赖者认为,"坐牢"这一事件对自己后续发展的影响深刻而久远,即使已出狱多年,再就业时也会遭遇区别对待,甚至正常生活都无法回归正轨:

"我(被劳动改造、劳动教养)第一次是打架,第二次是贩毒。2003年的事了,在里面蹲了7年。我这是被拉了下水哦,有些人朝牢里头转,有些人就是被人拐进去,但是没办法,后悔也来不及啊。你说如果当时没有坐牢就好了,好好的一个人(毁了)。

后来出来了,找了老多工作,都干不了,就是电脑一打开,一看服刑人员,人(用人单位)就不要。后来要开个证明去学电脑,学电脑人家都不给哦,坐牢的人都不让学,后来街道开了证明才去学到的。坐牢坐时间长了,精神压力大,回来的几年讲话都是结结巴巴的,坐牢坐冈掉了,

坐愚了。"(个案访谈编号 S1-6)

(2)完全式依赖者与家庭成员的生活关联。第一,增加了完全式依赖者经济与照料的双重负担。从表8-6中可以看到,近六成完全式依赖者所在的家庭都遭遇了重大事件,类型覆盖多个方面,其中失业的情况最为普遍(27.9%),其次是家人丧失劳动能力(23.9%)。此外,还有家庭成员患病和需要长期照料(22.9%),16.9%的家庭面临教育或意外事件导致的大额支出。

表8-6 完全式依赖者所在家庭遭遇的重大事件(N=201)

重大事件	频次	个案百分比(%)	重大事件	频次	个案百分比(%)
家庭丧失主要劳动力	20	10.0	家庭成员失业	56	27.9
家庭成员患重病	30	14.9	家庭教育支出大幅增加	28	13.9
家庭劳动力丧失劳动能力	48	23.9	突发事故导致大额支出	6	3.0
家庭成员需要长期照料	16	8.0	其他	1	0.5
家庭成员劳动收入大幅降低	12	6.0	以上全无	85	42.3

通过考察家庭成员对依赖者的影响,可以看出家庭成员重大事件的负面影响主要集中于收支分配、时间分配和家庭总体的劳动参与决策上。(参见表8-7)

表8-7 家人遭遇重大事件对完全式依赖者的负面影响(N=222)

重大事件	频次	响应百分比(%)	个案百分比(%)	重大事件	频次	响应百分比(%)	个案百分比(%)
增加经济负担	65	25.6	29.3	放弃就业,专职照料家庭成员	8	3.1	3.6
挤占劳动时间	10	3.9	4.5	没有工作机会	39	15.4	17.6
负债	4	1.6	1.8	其他	2	0.8	0.9
以上全无	126	49.6	56.8				

有访谈对象罹患重疾,在其治疗经历中,高昂的医疗开支让整个家庭苦

第八章 生命历程变迁背景下依赖者的救助需求与制度支持

不堪言,不仅掏空了家庭积蓄,而且长期照料令配偶无法正常工作,因此收入来源锐减。两相叠加后,经济负担、照料压力让全家人的生活难以为继:

> "嗯,肺癌,三年了,化疗不起作用,光化疗花了七天,使掉我自己腰包的七七八八了,二三十万了。不吃药不行,喘不上气。所以呢,花钱多得不得了。我是2012年得的这个病,得病之前情况好一些,我们两个都上班的,我们虽然算不上富足,但是收入还可以。(现在)为了照顾我,(老婆)都不能上班。真没办法。"(个案访谈编号 T1-10)

上述案例并非个案,已有大量研究发现,因病致贫、因病返贫在贫困群体中较为普遍,患病率高、照料负担重是贫困家庭的主要负担。[1][2] 患病是陷入贫困的重要原因,是由于健康在生命系统中处于基础性地位。对患者本人而言,患病直接导致健康损耗,若病情严重致劳动能力下降,则其后续生命历程将面临更严峻的劳动力市场竞争压力,一旦劳动能力因患病而丧失,其将完全丧失重新进入劳动力市场的资格。对于患者家属而言,陪护和照料的需求从治疗期间延伸至恢复期间,若病情恢复不利,陪护照料还将继续,这对家属的时间、人力、财力要求与日俱增,而且将干预照料者的日程安排和短期乃至长期规划,甚至影响长期陪护与照料者的劳动参与。研究显示,"照顾患者会使城镇困难家庭的劳动力就业概率显著下降77%至100%,远高于城镇普通家庭的20%至30%"[3]。可以认为,照料家中患病者将占用家庭成员的时间。照料者不得不调整自我时间分配,逐渐减少闲暇时间乃至挤占劳动时间,甚至最终选择放弃工作,全职照料家庭成员,暂时或永久退出劳动力市场。家中需要照料的成员越多,照料者负担越重,其恢复劳动参与的可能性越低。对家庭整体而言,家庭成员患病将带来收支两方面的困境。一方面,无论是患病者本人还是照料者,其劳动参与的降低可能会引起收入的降低,这一点在次级劳动力市场的岗位中体现得尤为明显,"手停口停"的工作性质使得家庭收入在成员患病期间或后续时间段内难以维持基本生活。一旦家庭积蓄被消耗一空,整个家庭的生活将无以为继。

---

[1] 左停、徐小言:《农村'贫困—疾病'恶性循环与精准扶贫中链式健康保障体系建设》,《西南民族大学学报》,2017年第1期。
[2] 戈艳霞、李强:《疾病照料负担对困难家庭劳动力就业的影响》,《人口与经济》,2018年第1期。
[3] 戈艳霞、李强:《疾病照料负担对困难家庭劳动力就业的影响》,《人口与经济》,2018年第1期。

另一方面,罹患疾病会带来一定的医疗开支,这些刚性开支将在一定时期内降低家庭的整体生活水平,若患病者未参加基本医疗保险或医疗开支经过医保报销后仍偏高,将使家庭陷入"因病致贫、贫病交加"的生存困境。从长远来看,成年家庭成员的医疗开支还将挤占对子女的教育等开支,影响对子代的人力资本投资,进而引发贫困的代际传递。可以说,患病极大地增加了贫困家庭的脆弱性。

第二,家庭丧失主要劳动力带来的冲击较大。失去家庭主要劳动力对完全式依赖者而言不仅仅意味着家庭结构的破坏和家庭经济支柱的缺失,而且意味着依赖者本人精神支柱的倒塌和家庭归属感的流失。"家人在,家就还是家"是不少依赖者的深切感受。在访谈中,有完全式依赖者提到,自己的生活都是在靠母亲的退休金维持,母亲在世时"还能支撑我们一顿,有他们退休金我们还好一点",如今母亲去世自己"反而更困难了"。(个案编号T1-5)再如,有访谈对象认为,母亲早逝与自己后续的坎坷经历密不可分:"如果我妈还在,我不可能是这个样子。"

"我坐牢坐了三次,第一次一年半,第二次两年,最近一次四年半。我出来的时候(坐牢出来以后),南京变化很大,很多地方都不认识,都不敢相信。适应不了,没办法生存了,也没地方住。就找我老子啊,老子不给我住,过年都不给我住,我就到养老院住的。过年二十九,住到初八,人家正常上班了,就不给住了。么得办法,还是找我老子啊,我天天去找,找了十几次,他终于同意了,说给你住一段时间。(社区)主任书记还包括那个领导都去过的,做好多工作才给他做通的。后来老头一个月叫我搬出去,一次性给我六千块叫我以后不来找他。

我妈走得早,我妈,零二年走的。我老子也不管我,他就拿一两千块钱。我以前开公交的,干了一年多两年,后来也不干了。那时候血气方刚的,头脑冲动,心态又不太好,三次都是抢劫。哎,我妈还在肯定不是这样子的。不讲,不讲了,事情都过去了。"(个案访谈编号S1-8)

第三,家庭成员同时面临重大事件导致短期内压力骤增。许多完全式依赖者都提到,自己和家人接连遭遇负面事件,导致"那几年过得焦头烂额的":

"说到那几年啊,真的是人家讲的'屋漏偏逢连阴雨',一个接一个的事情哦!从我下岗开始,我2009,2010的时候下来的,单位破产。我前妻,那个时候还没离,她也下来了。然后嘛我打打零工。我下岗了,小孩他妈就走掉了,现在小孩上大学,学费算是贵的咯,像这次家里面就交了两次咯,一次5 800,一次5 100。去年我还住了回院!"(个案访谈编号S1-5)

"你们年轻人不知道,过日子最怕碰上连环套,啥意思呢,我给你打个比方。你看我,我们家零五年老爷子去世了,然后就是我大伯家大伯母走了,我老母亲前后脚就犯病,差点也过去了,一直住院。我儿子又不是个省心的货,老是请家长,我都不想再去了,初中没考上,上技校还给我惹事。

你猜我那段时间怎么过的?我就在医院过道里,睡了20多天,陪我妈。那个床硬得很,早上不到六点就不给睡过道了,把你赶起来他们(医生)要查房。白天再去给(儿子的)班主任赔笑脸,真是够够的。我就想啊,赶紧熬过去,别多想。"(个案访谈编号GT-5)

在这些完全式依赖者看来,某一生命阶段集中爆发的重大事件既混合了自身身体健康与机能的衰退和工作与职业发展的压力,又需要回应子代父代的陪伴教育与照料需求,因此自己时刻处于身体亚健康和严重的心理危机之中。若再叠加失业、离婚、意外伤害等事件,那么个人所受到的冲击将远超出承受范围之外。

(3)完全式依赖者经历的宏观社会变迁。除个人与家庭层面遭受的冲击外,该类型依赖者还面临着社会变迁带来的多重影响:

第一,完全式依赖者也遭遇了下岗的冲击。在65位曾遭遇过下岗失业的依赖者中,有63位回忆了其下岗的时期,其中1990年以前下岗失业的占三成,处于1991年至2000年期间的占两成,合计有半数该类型依赖者是在国企改革中被淘汰的。此外,还有半数依赖者失业是2000年以后的事,其中13位在2008年金融危机前后失业,同样受到了宏观经济周期的影响。(参见表8-8)。

表8-8 完全式依赖者下岗失业的时期(N=63)

时期	频次	百分比(%)
1990年及以前	21	33.3
1991年至2000年	13	20.7
2001年至2010年	29	46
合计	63	100.0

第二，市场化改革增加了完全式依赖者的经济负担。如今，市场化改革已渗透到教育、医疗等各个领域，各项生活成本的增加令刚性支出快速攀升。若家庭中处于不同生命阶段的家庭成员同时面临教育投资和医疗开支，那么家庭的经济负担会越来越重。在访谈中，很多该类型的依赖者认为，当前生活与早年生活最大的区别，就是处处都需要钱，有人举了例子：

"我们好久都没带孩子周末出门玩儿了，一个是她要去培训班，补习补习，一个是确实不敢出门，除了玄武湖不要钱，哪个地方不收费啊？你看啊，遇上下雨天就去超市逛逛，总有东西要添要买吧？我姑娘在那看人捞小鱼，她也要捞，好吧捞吧，五十块钱！我们三个中午吃一顿，百八十就进去了。如果跑远点，再算上来回车费十几块钱，一个周末几百块就没了！"（个案访谈编号 P1-7）

还有依赖者的经历很好地呈现了医疗和教育市场化改革的成本：

"（尿毒症）花的将近20万了，以前一直自费。医生都讲病人自费真看不起，不能用的药就给我省一点儿，因为药很贵。这次还欠债呢，看病的时候欠了好多钱。我生了病之后一年才有的低保，几个病友在一起跟我们讲的。

这个上补习班可让人头疼了，费用太高了！我们家孩子从一年级到六年级从来没补过课，现在上初一，就要补数学，只考五十几分。他一共上六十节课，七千多块，一个小时一百多。我就跟我家小孩讲，你从一年级开始就没花过这么多钱，一年用不了多少钱，几十块钱，你看这补课，我的个妈，像扒了我一层皮似的。"（个案访谈编号 T1-1）

第三，完全式依赖者难以进入初级劳动力市场。共有100位该类型依赖者正在经历失业，失业原因多是由于身体或精神状态难以胜任工作、年龄太大、学历太低、缺乏劳动技能等，缺乏工作机会往往是学历低下、劳动技能欠缺的结果。（参见表 8-9）

表 8-9 完全式依赖者失业的原因（N=100）

原因	频次	响应百分比(%)	个案百分比(%)
学历太低	53	19.9	53.0
年龄太大	60	22.5	60.0

续　表

原　因	频　次	响应百分比(%)	个案百分比(%)
缺乏工作机会	15	5.6	15.0
缺乏劳动技能	40	15.0	40.0
身体精神状态难胜任	89	33.3	89.0
"两劳"人员等边缘群体	8	3.0	8.0
需要长期照料家人	1	0.4	1.0
其他原因	1	0.4	1.0
合计	267	100.0	267.0

2. 完全式依赖者的救助需求

完全式依赖者是多重困境打击下的顺应者，他们因遭遇了过多冲击而无法翻身，因此只能随波逐流，借助社会救助金度日。与其他类型的依赖者相比，该类型的依赖者对社会救助制度的需求更为强烈，所需救助项目的范围也更广，囊括了生活的各个方面：

（1）需要多项专项救助以应对多项重大事件。在236位该类型依赖者中，有164位曾经历过重大事件，有145位正在经历重大事件，比例分别是69.5%和61.4%。此外，有37位曾经历多项事件（15.7%），甚至曾在生命历程中经历过四重重大事件（1.8%）。还有15位当前正在面临多重重大事件，1.4%正在同时遭遇三重事件的打击。

在该类型依赖者的生命历程中，就业、就医、就学等方面的重重坎坷使困境不断叠加，其生命面临全方位的溃败。此外，该类型的依赖者还由于困境的叠加而难以寻找喘息时机，不断遭遇风险使其抗风险能力无法得到恢复，个体精力与家庭财力难以得以休整，更为后续的生命历程埋下了较大的风险隐患。为了防止陷入更差的境地，完全式依赖者需要针对自身的各项困境获得相应的救助，包括教育救助、就业援助、医疗救助等，并且在必要的情况下需要同时享受多项救助。

（2）需要高额救助金以应对经济负担。由于多种困境皆会导致困窘的经济状况，例如家中丧失主要劳动力和主要劳动力丧失劳动能力会导致经济来源消失，失业会导致收入中断，工作不稳定则与劳动收入降低密切相关，这些情况都将增加家庭成员的经济负担，甚至永久破坏家庭的经济收入结构。

另一方面，多项重大事件的发生也会扩大家庭支出。即使家庭未在经济来源上遭遇困境，其本人和家庭成员所经历的重大事件也会使支出不断膨胀,例如医疗开支、教育开支等。由于刚性支出的增加,该类型依赖者会陷入支出型贫困,过多、过频繁的开支会令家庭整体的经济状况雪上加霜。考虑到这两方面的经济困境,完全式依赖者面临的资金缺口较大,因此他们对救助金的需求远大于其他类型的依赖者。

(3)需要照料服务以分担照料负担。在236位完全式依赖者中,53位依赖者(22.5%)家中有成员患病或需要长期照料,访谈中有依赖者提到家人的照料负担过重:

"你看我给你算算,我们家这个情况还是很复杂的,我婆婆不是我老公的亲妈,是后妈,跟他爸过了一阵子,看到他爸瘫床上了就走了,不管了。照顾人的活儿就落我头上了。我嫁进他们老郭家就开始伺候老公公,后来看孩子也是我一个人看,一边照顾老的,一边照顾小的。

我和我老公说,咱俩分好工,你主外我主内,我是没办法再挣一分钱了,挣钱你来。我呢就在家里,把老小照顾好。其实我一点也不比他轻松,忙得我脚不着地,说不定上班还舒服点。"(个案访谈编号GL-3)

对于照料负担较重的家庭,很多依赖者都表示"希望有人能够分担照料事务"。从时间上来看,照料活动占据了依赖者大部分时间,即使单位时间内强度不大,但是由于照料事务琐碎且密集,因此照料的时间间隔较短,使依赖者始终处于忙碌中,分配给劳动和闲暇的时间被大大挤占,进而陷入时间困境。从收入上来看,因家庭照料事务占据的劳动力无法增加家庭收入,难以改善家庭的经济状况。家庭成员提供照料节省了照料开支,但由于家庭照料事务的经济价值远逊于市场劳动,其劳动力未得到等价回报。当完全式依赖者因照料而放弃了就业机会,也放弃了较高的劳动回报率。为了缓解照料压力,减轻照料负担,乃至重返劳动力市场,完全式依赖者对照料服务的需求更为迫切。

(三)阶段式非典型福利依赖者的救助需求

本书将"劳动参与水平较高但累计受助时间较长"的依赖者和"劳动参与水平较低但累计受助时间较短"的依赖者归为阶段式非典型福利依赖,是考虑到两个子类型都处于变动之中,并且其在受助时间和劳动参与上的表现反映出对救助制度的依赖程度居中。当然,这两个子类型各有特点:

对于"劳动参与水平较高但累计受助时间较长"的依赖者而言,其苦苦挣扎的根源来自家人,是沉重的家庭负担限制了该类型依赖者生命历程中

第八章　生命历程变迁背景下依赖者的救助需求与制度支持

的多种可能性。他们本人还在努力工作,但是家庭成员的生活关联使得负面影响不断传递给依赖者本人,因此辛勤工作并不能换来家庭境况的改善,更难以以一己之力带领家庭脱贫。故本书将此类型称为"被家庭牵绊的辛勤者"。

对于"劳动参与水平较低但累计受助时间较短"的依赖者而言,受助时间较短意味着该类型的依赖者曾努力改善生活境况以防家庭陷入贫困。但是随着生命历程中各种劣势不断累积,依赖者及其家庭终究难以抵抗严苛的生活现实,一旦依赖者失去工作,维系整个家庭基本生活的最后一丝力量不复存在,只能转向依靠救助制度生活,故本书将此类型称为"劣势累积的失意者"。

从两个子类型的个体经历来看,其贫困原因存在区别,当下的生活处境也不同,因此对社会救助制度的需求并不一致。然而,无论是"辛勤者"还是"失意者",其在生命历程变迁的影响下都对救助制度提出了更深层的需求。

1. 被家庭牵绊的辛勤者及其救助需求

(1) 被家庭牵绊的辛勤者。40位此类依赖者面临沉重的家庭负担,同时家人间关联导致依赖者无法以一己之力改善现状:

第一,家人困境在时间段存在交叠。通过对比辛勤者与家人经历重大事件的时间段发现,在1994年至1999年和2000年至2008年两个时间段内,重大事件的发生可以用"此起彼伏"来形容。辛勤者个人的困境与家人的困境或重合,或接续,或交替,家庭始终处于困境之中。例如,有依赖者的家人相继生病,这与子女就学、自己不稳定的工作一同发生:

> "我老公他身体不行,肝上面的问题,肝不好,07年查出来的。紧接着女儿就上学了,她偏科,数学、英语整个都不行。我呢就开了个报亭,整个都不是稳定的。老公公呢得的癌症,其实我们刚要好一点,但是老是状况不断,你知道吧。"(个案访谈编号T1-2)

第二,家庭成员间的劣势传递。在40位此类依赖者中,除去18户单人户,共有22位依赖者与家人共同生活,依赖者与家人共计89人。从文化程度和就业状况看,辛勤者及其家人本人均不具有竞争优势,较低的学历和堪忧的就业状况无法彼此相互帮助与提升。

从整体上来看,依赖者与成年家庭成员的文化程度相仿,属于学历较低的层次。(参见表8-10)

表 8-10　辛勤者及家人的文化程度

依赖者本人			依赖者家人		
文化程度	频次	百分比(%)	文化程度	频次	百分比(%)
小学及以下	6	15.0	小学及以下	25	52.0
初中	15	37.5	初中	6	12.5
高中/中专	16	40.0	高中/中专	8	16.7
大专	3	7.5	大专	8	16.7
本科	0	0.0	本科	1	2.1
合计	40	100.0	合计	48	100.0

从就业状况来看，依赖者所在家庭的成年家庭成员就业状况较差。依赖者家人中仅有 5 位成员分别是单位正式员工或临时工、钟点工，而有劳动能力但是处于失业状态的有 11 位，还有 6 位因丧失劳动能力而未登记失业，但实际上已退出劳动力市场。（参见表 8-11）可以看出，家人中劳动参与水平较高的仅占 13.5%，超过八成者未活跃在劳动力市场中，未参与劳动力市场竞争。

表 8-11　辛勤者及家人的就业状况

依赖者本人			依赖者家人		
就业状况	频次	百分比(%)	就业状况	频次	百分比(%)
单位正式员工	6	15.0	单位正式员工	3	8.1
临时工、钟点工	28	70.0	临时工、钟点工	2	5.4
个体、私营	2	5.0	登记失业	11	29.7
公益岗位	4	10.0	未登记失业	6	16.2
合计	40	100.0	离退休	15	40.5
			合计	37	100.0

此外，长期照料家庭成员还会造成辛勤者本人劳动时间的减少。访谈资料显示，女性依赖者更倾向于削减本人的劳动供给以提供照料：

"我身体还好，反正我现在就在超市里面上班。然后我们家老头身体不好，我们家姑老太身体也不好，我们现在就四个人，家里面都没有一个能担得起的顶梁柱。前几天小孩小孩儿生个病三百块钱，发烧，挂水。我还得请假，（单位）又扣了我好几十块。"（个案访谈编号 P1-3）

可见，依赖者家庭成员的文化程度、就业状况不甚乐观，这种在个人人力资本积累和职业方向上的劣势不仅为个人职业发展设置了障碍,而且长期来看难以改善家庭整体经济状况。更重要的是,家人较低的收入水平将增加辛勤者本人的经济压力,同时会对依赖者形成过重的心理负担。如果家中有成员需要长期照料,甚至会挤占辛勤者的劳动时间和劳动机会。

第三,经济负担抵消劳动收入。对辛勤者而言,家庭整体负担较重,多头开支使劳动收入难以弥补支出缺口,这使得本就不高的劳动收入无法形成积蓄。

表8-12显示,多头支出集中在教育、医疗、照料等方面,共有37.5%的辛勤者都面临此问题。从访谈中可以看到,即使辛勤者"连轴转",收入依然不够用:

> "小孩上初中了,要辛苦点啊,不然低保这点钱哪够啊?还对啊?小孩他们,除了交杂费、书本费、校服,校服这一套2 000多块。她(户主女儿)现在读初中,成绩不算好,我们也没有钱到外面上课,语文啊和那些副科都很好,就数学不好。不管她能不能念出来,也要供她念啊。"(个案访谈编号S1-7)

就经济来源而言,家庭丧失主要劳动力、家庭成员患病和丧失劳动能力、劳动收入大幅降低、失业等状况的占60%,意味着六成家庭的经济来源受损。即使辛勤者本人还保持了一定的劳动参与,其收入也只是杯水车薪,这一方面是其就业质量偏低导致的,另一方面也是由于辛勤者需要照料患病或需要长期照料的家人,使得在劳动时间分配下降,"不得不放弃白天的工作,只有晚上能打打零工"。(个案访谈编号S1-1)可以认为,辛勤者已陷入"工作贫困"的怪圈,即使有工作也难以摆脱贫困。

表8-12 辛勤者所在家庭遭遇的重大事件(N=40)

重大事件	频次	个案百分比(%)	重大事件	频次	个案百分比(%)
家庭丧失主要劳动力	1	2.5	家庭成员劳动收入大幅降低	3	7.5
家庭成员患重病	5	12.5	家庭成员失业	6	15.0
家庭劳动力丧失劳动能力	9	22.5	家庭教育支出大幅增加	7	17.5
家庭成员需要长期照料	3	7.5	以上全无	22	55.0

一方面是沉重的支出负担,一方面是令人堪忧的劳动收入,两相抵销后,辛勤者所在的家庭几乎难以维持基本生活,更遑论为家庭成员未来的发展提供资本。

(2)辛勤者的救助需求。此次调查中有40位非典型福利依赖者属于辛勤者,其与家庭成员的生活关联使自身生命历程受到影响且未来的发展受限,因而对救助制度的需求多与家庭状况相关。

首先,照料家庭成员挤占劳动时间,因此需要照料服务。通过询问"您家是否有成员需要长期照料"发现,在40位辛勤者中,有19位所在的家庭有成员需要长期照料。因年龄、身体状况需要照顾者共28位(参见表8-13)。

表8-13 辛勤者所在家庭需要长期照料的成员

成员类型	频次	百分比(%)
老年人	6	21.4
儿童	3	10.7
病人	10	35.7
残疾人	9	32.1
合计	28	100.0

辛勤者表示自己的劳动收入是家庭的重要经济来源,但是出去工作就没法照看家人。由于劳动与照料家庭难以平衡,因此"急需社区提供照料服务"。例如,访谈对象家人出院后在家恢复休养,但是自己"之前已经请太多假了,不得不好好上班,可留病人自己在家又不放心":

"上着班确实是不放心,一会儿就得打个电话回去问一下,看看情况咋样,药吃了没有。好在跟同事和领导反映过我家里的情况,他们还比较理解,前一阵严重的时候,我就倒班,回去给换药。"(个案访谈编号GT-2)

其次,需要教育救助阻断劣势在家庭成员间的传递。辛勤者所在的家庭也面临贫困代际传递的问题,因此家庭在子女教育上的投入逐年增加。但与其他家庭相比,贫困家庭在教育上的投资极为有限,这让很多辛勤者感到苦恼:

"我刚开始我真没想到(申请低保),后来发现生活压力越来越大了,因为小孩需要的费用啊,生活啊,开销越来越大了,以前还行,感觉

第八章 生命历程变迁背景下依赖者的救助需求与制度支持

是小孩四五年级的时候需要补课的时候,费用就大了,现在觉得有个教育救助还是蛮重要的。"(个案访谈编号 P1-6)

对于子女已经结束义务教育进入高等教育阶段的家庭而言,子女生活费的开支又成了家庭新的负担:

"现在我们家主要供给儿子,他每个月生活费 1 300 元,跟他们同学比已经压缩得不得了了,我跟他爸我们俩就省省嘛。他(儿子)在学校不是有那个勤工助学的岗位嘛,一个月发 200 块钱,他就去申了图书馆的勤工助学。我们又怕他忙着打工,影响学习。"(个案访谈编号 P1-1)

再次,需要提高专项救助津贴额度。辛勤者个人的劳动收入难以维持基本生活,尤其是家庭成员遭遇重大事件时,额外的支出迫使其申请专项救助。但是目前专项救助的额度偏低,无法缓解辛勤者的焦虑感。有辛勤者在访谈中提道:

"现在这个工作不稳定,去医院里嘛扫扫地,拿个 1 500。1 500 哪够呢?我妈住个院都要花个千把块钱。(所以)还要去上大夜班,捞不着睡觉。现在打两份工,一个白天在医院,一个晚上在宾馆里面,都不睡觉,24 小时都在外面。"(个案访谈编号 S1-7)

尽管依靠劳动收入能缓解部分经济压力,但是面对意外开支,辛勤者认为只能依靠制度的力量来解决,因此提高专项救助津贴水平是当务之急。

最后,需要参加工伤保险、失业保险。访谈发现,即使该类型依赖者经济状况令人堪忧,但是大部分依赖者都坚持参加养老和医疗社会保险:

"我们家跟别家不一样,我跟老伴儿想的是,再难也坚持上保险。不然以后老了,不就成了我女儿的负担了吗?"(个案访谈编号 GL-2)

"现在好多了,以往看病的医保还要自己买呢。五险就不说了,至少两险要的吧,养老、看病,那是最最要紧的。别看我家条件不行,其实上保险就是怕有点什么事情,怕抗不过去。有保险嘛好点,起码心里有底。"(个案访谈编号 AW-2)

随着我国社会保险体系的日益成熟,贫困人口参加社会保险,尤其是医疗保险和养老保险,都能得到相应的缴费补贴。例如,《南京市城乡居民基本养老保险办法》规定,"对享受城乡居民最低生活保障待遇期间的人员或一级、二级的重度残疾人员参保缴费,区政府、街道(镇)按最低缴费标准为其代缴部分或全部养老保险费"。《南京市城乡居民基本医疗保险办法》规定,"对经民政、扶贫办、总工会、残联等相关部门认定的本市最低生活保障家庭成员,参加城乡居民医保的个人缴费部分,实行全额补助"。这使贫困家庭的经济负担得以减轻,并为困难群体提供了基本的风险防护。有依赖者表示,自从社会保险缴费得到补贴以来,"压在心上的大石头被搬开了一块":

"这个国家政策好啊!哪个不晓得我这样的人没闲钱上保险呢?国家代我上保险,待我老了不给国家添麻烦嘛!"(个案访谈编号 P1-2)

但是,辛勤者往往是非正规就业者,打零工或自雇都是常态,用人单位未与其签订劳动合同,或者仅签订了短期劳动合同,因此参加依靠劳动者本人和雇主共同分担缴费责任的失业保险或者参加由雇主独立承担缴费责任的工伤保险存在困难。由于辛勤者未能获得工伤与失业保险体系的庇护,其就业暴露在风险中,故其需要工伤与就业方面的保障。

2. 劣势累积的失意者及其救助需求

(1) 劣势积累的失意者。与受到家庭牵绊的辛勤者不同,该类型的依赖者在进入最低生活保障制度之前曾经靠自己的努力维持生计,然而家庭不断遭遇重大事件的打击,依赖者本人与家庭成员的经历也互相干扰,致使依赖者本人失去了经济来源。当家庭的劣势积累到一定程度,最终不得不寻求制度保障。因此本书称该类型的依赖者为"劣势积累的失意者"。

第一,失意者普遍遭遇多次重大事件打击。在失意者群体中,遭受重大事件打击基本上是常态,该类型的依赖者普遍有着较为波折的生命历程。

就重大事件的数量属性而言,大部分失意者都经历过多项事件的冲击:212位失意者中有149位曾经历过重大事件、143位正在遭遇重大事件,分别占70.2%和67.5%。在149位曾经历过重大事件的失意者中,33.6%曾遭遇过两项至四项重大事件,曾经经历过五项重大事件的占1.3%。在143位正在经历重大事件的失意者中,30.1%曾遭遇过两项至四项重大事件。(参见表8-14)

表 8-14 失意者遭遇的叠加事件

以往的遭遇			目前的遭遇		
重大事件	频次	百分比(%)	重大事件	频次	百分比(%)
单一事件	99	66.4	单一事件	100	69.9
双重事件	38	25.5	双重事件	35	24.5
三重事件	9	6.0	三重事件	5	3.5
四重事件	1	0.7	四重事件	3	2.1
五重事件	2	1.3			
合计	149	100.0	合计	143	100.0

从遭遇重大事件的内容看,在212位该类型依赖者中,共有210位对其以往遭遇的重大事件进行了回应。其中,遭受过意外伤害的有20人,占210位应答者的9.5%。罹患过重大疾病的人数共有42人,占22%。未成年辍学者、"两劳"人员和未婚生子或离婚者合计84位,共占40.1%。此外,该类型依赖者中下岗者占33.3%。在目前正在经历的重大事件中,有19.8%的依赖者正在面临大额支出困境,6.1%劳动收入大幅降低,9.9%工作不稳定,还有6.9%正在全职照料家庭成员。(参见表8-15)

表 8-15 失意者遭遇的重大事件

以往的遭遇(N=210)				目前的遭遇(N=131)			
重大事件	频次	响应百分比(%)	个案百分比(%)	重大事件	频次	响应百分比(%)	个案百分比(%)
遭受意外伤害	20	7.2	9.5	工作不稳定	13	7.2	9.9
罹患重大疾病	42	15.2	22.0	失业	117	64.6	89.3
未成年辍学	9	3.2	4.3	被长期拖欠工资	2	1.1	1.5
劳动教养、改造	23	8.3	11.0	负债难以偿还	6	3.3	4.6
未婚生子或离婚	52	18.8	24.8	劳动收入大幅降低	8	4.4	6.1
下岗或失业	70	25.3	33.3	负担大额支出	26	14.4	19.8
以上全无	61	22.0	29.0	全职照料家庭成员	9	5.0	6.9

部分重大事件具有强烈的负面效应,如罹患重病、离婚、失业等,导致失

意者的人生轨迹发生偏移乃至遭遇不可逆的破坏,最终使其成为救助制度受助者。例如,某访谈对象罹患银屑病(牛皮癣),每月治疗费两三千元,长期医治但无明显效果,该病削弱了他的劳动能力,更使他丧失了劳动机会:

"我这个病 2007 年才得的,痒,掉皮,不疼,但就是看不好。一个月两三千花进去了,挂水、洗药浴,还要照什么光。得病以前我给朋友帮帮忙,现在不能累,这个病还找不到工作,哪个肯要得这病的?劳动根本劳不起来,阳光不能晒,不能接触紫外线,一照(皮肤)就红。还不能感冒,一感冒就发病。治不好,只能控制,但是一两年就要发一次。不然的话,找工作啊,也差不多。"(个案访谈编号 S1-2)

除了就业受到影响外,该访谈者的婚姻和成家也因病而成为泡影,其后续的生命历程将迥异于常人。可以认为,患病这一事件通往一系列负面经历,其带来的连环效应不仅阻碍失意者正常生活,而且破坏了失意者未来的上升通道,使其不得不依靠救助制度生活。

第二,家庭成员遭遇多重事件打击,依赖者负担较重。失意者所在的家庭也面临着多重危机,并常与失意者的经历重叠,增加了后者在某个时间段内的生存压力。从表 8-16 中能看出,家人遭遇的重大事件既造成了大额开支,又削弱了收入来源,部分家庭还需要家庭成员提供人力帮助。

表 8-16 失意者所在家庭遭遇的重大事件(N=197)

重大事件	频次	个案百分比(%)	重大事件	频次	个案百分比(%)
家庭丧失主要劳动力	37	18.8	家庭成员失业	31	15.7
家庭成员患重病	32	16.2	家庭教育支出大幅增加	31	15.7
家庭劳动力丧失劳动能力	24	12.2	突发事故导致大额支出	7	3.6
家庭成员需要长期照料	17	8.6	以上全无	108	54.8
家庭成员劳动收入大幅降低	17	8.6	合计	304	154.3

例如,有依赖者表示自己家里各种情况不断出现,家里又没能提供任何支持,还不断出现新状况,所以自己"被多座大山压得不得动弹":

第八章 生命历程变迁背景下依赖者的救助需求与制度支持

"我呢身体不好,有点慢性肾炎,不敢累到,就基本没有工作。前段时间帮人家接接小孩,都是朋友介绍的,给个几百块钱。我小孩三四岁我就离婚了,他(前夫)也没钱提供抚养费,一直也找不到人。现在儿子上大学,一年(学费)5 000多,家里比较困难。(社区)主任看我比较困难,一个人带小孩,就照顾我。现在还有欠款,家里头借的,还好暂时不用还,等以后儿子工作了慢慢再还吧。"(个案访谈编号 S1-4)

该访谈对象自身健康状况不良,无法通过劳动力市场获得能够维持生计的收入,同时配偶缺位意味着家庭缺少主要经济支柱,因而收入来源本就不多。雪上加霜的是,家中子女教育费用远超家庭收入,不得已通过借款缴纳学费,导致家庭陷入负债状态。能够预见的是,该对象的经济负担将在很长一段时间内维持在高位,直至子女完成教育后投入劳动力市场,并还清所欠款项。在这期间若发生新的事件,其生活境况的恶化将使贫困程度更深,更难以自拔。

此外,有失意者表示,未能参与劳动是由于家庭成员需要照料:

"我小孩10岁了,我就接他下学。老婆婆情况比较严重,一个是眼睛看不见,还有一个就是头脑不太正常,跟常人来讲的话是有区别的。我进门从她五十几岁的时候就开始侍奉她,天天带她洗澡,她自己不会洗。小孩也不敢离了人,有小孩在校门口都丢了的。家里一个老的一个小的,家里面总归离不开人。"(个案访谈编号 S1-1)

对于该依赖者而言,自己当前的境况很大程度上是受家人影响,否则"肯定要上班的"。家庭生活关联让其服从于家庭安排,然而其个体的劳动供给中断后重新接续的可能性微乎其微。这些来自家庭的影响日积月累,不断消磨着失意者的自立意志,最终让其彻底退出劳动力市场。

(2) 失意者的救助需求。在212位失意者中,遭遇重大事件者比例高达60%至70%。其遭受的冲击主要来自早年经历的负面事件以及当前遭遇的教育、医疗、就业等方面的失败,因此其救助需求集中于以下几个方面。

第一,失意者本人人力资本薄弱,需要更为匹配的就业救助。从失意者的生命历程来看,早年经历的求学的失败、身体健康的损毁以及个体生活机遇的丧失导致其后续的就业面临较多障碍。更严重的是,部分失意者还遭遇过劳动教养或改造、未成年辍学等破坏性较强、影响深远的负面事件,这使其难以正常融入劳动力市场。因此,失意者对就业援助的需求更为迫切、

更为具体。在访谈中,有依赖者认为,对于"有过特殊经历"的人,一般的就业援助项目行不通:

"社区他们都知道我这个情况(刑满释放),一开始也没有强求我再找工作,毕竟山上下来的(有过案底)人,普通老板不敢要的。后面嘛,让这些人(低保户)都去参加培训,你说我需要学美甲吗?学中医理疗吗?说实在话,我做啥我都可以,人家要吗?

我其实想去学汽修的,我老子以前开出租我就这么想的。回来了我就想,上哪当个学徒啊对吧,4S店肯定不行的。最近我有个朋友喊我去帮忙,我先看看,能干多久再说。"(个案访谈编号 AW-4)

此类失意者未能在早期积累人力资本,达到劳动年龄后又因"两劳"造成就业中断,后续的就业又会受到负面事件长期性的、破坏性的影响,因此再就业的难度远高于普通依赖者。基于此,失业者需要与个人经历相匹配的更具有针对性的就业指导与援助。

第二,需要覆盖门诊医疗费用开支。在失意者中近八成依赖者身体健康状况堪忧,但由于部分失意者参加了基本医疗保险,因此其医疗支出能够得到一定比例的报销。但是对于长期患有慢性病者而言,门诊费用积少成多,将会成为失意者新的经济负担,因此失意者还需要医疗救助的报销范围覆盖门诊费用。

第三,需要临时救助以应对风险事件的冲击。2007年6月,民政部下发《关于进一步建立健全临时救助制度的通知》,初次提出了临时救助的概念,此后快速在城乡地区部署临时救助制度的建设工作。该项目是为了应对风险社会中的各类风险事件,以解决突发性、紧迫性、临时性的基本生活困难。随着2014年《社会救助暂行办法》的实施,临时救助项目走上了快速发展的道路。对于失意者而言,其脆弱的生命历程中已积累了大量风险因素,一旦遭遇新的风险事件,将会受到严重冲击。此外,失意者家人带来的负面影响也较多,增加了整体家庭的脆弱性。为了应对风险事件,失意者还需要临时救助来救急难。

二、不同类型非典型福利依赖者获得的制度支持

自我国建立城市居民最低生活保障制度以来,社会救助制度建设的步

伐逐步加快。在政府的主导下,社会救助体系经由从小变大、从弱变强、从点到面的发展过程[①],目前已建成较为完整的社会救助制度体系,在反贫困行动中发挥了重要作用[②],并逐步成为免除国民生存危机、维护社会底线公平、促进国家长治久安的国家治理机制。[③] 对非典型福利依赖者而言,社会救助制度理念、救助制度结构和救助制度内容既决定着该群体被对待的立场、态度和规则,也决定着依赖者所能获得的与自身需求相匹配的制度支持的维度、力度和温度。

就社会救助制度的理念而言,能够灵敏地感应福利思潮的走向、着眼于个体生命的脆弱性、关注个人与家庭的关联、主张实现制度定位的调整以及积极地引导制度进行自主性与前瞻性更新的救助理念是适应于贫困者的生命历程变迁的,更能够回应非典型福利依赖者变化的救助需求。

就社会救助制度的结构而言,能够结合受助者的生命历程因素,从整体生命过程的视角出发考察救助制度的结构与个体生命阶段的衔接与融合的救助项目结构才能够做到结合非典型福利依赖者及其家庭成员的生命阶段,分析依赖者及其家庭成员过往的人生经历所积累和传递的劣势与负面效应,以及未来有可能面临的显性或潜在风险,判断由此所产生的救助需求及其演变,最终以此为导向审视现行社会救助的"叠加"结构是否能够应对这些劣势和风险。

就社会救助制度的内容而言,只有当标准设定、资格审核、经济核对、标准调整、动态管理等与受助者个体及其家庭的生命历程紧密衔接时,才能实现对不同类型的非典型福利依赖者进行分类施助,并结合其生命历程状况提供层次化的、区别化的待遇与服务,以及对非典型福利依赖者实施动态评估、监测和预防。

在分析不同类型非典型福利依赖者救助需求的基础上,本节将分析各类型依赖者所获得的救助制度支持,并重点观察当前实施的救助制度其理念是否能够顺应福利思潮的走向、着眼于个体生命的脆弱性并关注个人与家庭的关联,并积极地引导制度进行调试;重点关注救助制度的结构能否结合生命历程因素,从整体生命过程的视角出发考察救助制度的结构与个体生命阶段的衔接与融合,重新审视当前的救助制度结构能否有效阻止劣势

---

① 林闽钢:《我国社会救助体系发展四十年:回顾与前瞻》,《北京行政学院学报》,2018年第5期。
② 关信平:《论现阶段中国社会救助制度目标提升的基础与意义》,《社会保障评论》,2017年第4期。
③ 郑功成:《中国社会救助制度的合理定位与改革取向》,《国家行政学院学报》,2015年第4期。

与负面效应的积累传递,能否应对和预防显性或潜在风险;重点考量社会救助制度的标准设定、资格审核、经济核对、标准调整、动态管理等是否与受助者个体及其家庭的生命历程紧密衔接,是否能够结合不同类型非典型福利依赖者的生命历程状况提供层次化的、区别化的待遇与服务进行分类施助。

本文分析中所涉及的社会救助项目包括受助者所接受的最低生活保障项目、专项救助项目、临时救助项目以及其他救助项目。其中,最低生活保障项目指《社会救助暂行办法》所规定的"国家对共同生活的家庭成员人均收入低于当地最低生活保障标准,且符合当地最低生活保障家庭财产状况规定的家庭给予最低生活保障"。专项救助项目依据《社会救助暂行办法》规定的"当低保家庭在医疗、教育、住房、就业方面遇到困难时,国家应当给予其相应的救助",分别指教育救助、医疗救助、住房救助和就业援助。临时救助项目指《社会救助暂行办法》规定的"对于因生活必需支出突然增加超出家庭承受能力,导致基本生活暂时出现严重困难的低保家庭,还需要提供临时救助"。

(一)边缘式非典型福利依赖者获得的制度支持

从前一节的分析发现,在宏观社会变迁的背景下,边缘式依赖者承担了变迁的成本,其在社会竞争中处于劣势地位。随着生命历程的变迁,边缘式依赖者更加处于劳动就业的不利地位,再就业质量不高,劳动所得也较为有限,尚无法通过劳动实现自立并摆脱贫困,因而其对救助制度的需求集中于就业援助、劳动收入保护以及设置"退保"缓冲期等几个方面。然而,该群体所获得的救助帮扶显示,就业援助、劳动收入保护等救助项目所提供的保护十分有限,这些救助支持面临着理念滞后、结构错位、机制不完善等问题,令边缘式依赖者不敢轻易提出"退保"。

1.就业援助理念消极,帮扶资金缺位

(1)就业援助的理念普遍较为消极。首先,当前的就业援助未考虑生命历程因素。一般而言,脱离教育系统、组建家庭、分居或退休等人生转折期也是劳动力市场转换的关键时期,非典型福利依赖者面临生命中重大事件的时间段里同样会伴随着劳动状态的波动。然而当前的就业援助未能对生命历程因素加以考量,导致依赖者从学校到工作、从生育到照料、从就业到退休等多个阶段中的失业风险未被防范。[1]

---

[1] 冈特·施密特等:《劳动力市场政策评估国际手册》,杨伟国等译,北京:中国人民大学出版社,2014年版,第12页。

其次,边缘式依赖者的就业困难被有意无意地忽视了。有社区低保专干认为,"能找到工作已经不错了,精力要放在那些没工作的人身上":

"他们自己找得到活干,那我们正好也不需要帮他们哎。我们主要是给失业的人提供培训机会,还给他们找工作,那些已经工作了的就不在服务范围内了。再说了,人家还忙着挣钱呢,哪个肯来上个培训班?"(个案访谈编号 G2)

这表明,一旦依赖者从事劳动,无论其就业质量和就业稳定性如何,都不再是就业援助项目的主要服务对象,后者对未就业者的关注度更高。本书认为,对于有工作的边缘式依赖者而言,提供就业援助仍是有意义的,因为该类型的依赖者普遍陷入"在职贫困"的怪圈无法自拔,根源就在于打零工等非正规就业的薪资水平低且缺乏稳定性,边缘式依赖者一旦从事此类工作,就会陷入"越忙越穷,越穷越忙"的困境,不但难以改善生活境况,而且对未来的职业发展没有任何帮助。只有通过技能培训、学历提升、提高工作搜寻能力等全面提升该类型非典型福利依赖者的劳动竞争力,使其转化为全时工作且劳动所得有实质上的提高,并打通职业生涯的上升通道,才能缓解其面临的"工作贫穷"窘境,最终真正摆脱贫困。因此,对边缘式依赖者就业援助的忽视是当前消极救助理念的直接后果。

最后,当前就业援助的"补缺"定位局限了帮扶的方向和力度,这与当前国外"就业为上"的救助趋势相违背:随着国外积极劳动力市场政策的不断完善,无论是救助制度还是受助者都不断认同这样一种理念,即劳动就业是脱贫的直接、有效且预后良好的途径,只有通过参与劳动力市场才能真正激发个体的脱贫意愿,因而一切援助制度都要围绕"就业"展开,让劳动充分发挥抵抗贫困的作用。然而我国的就业救助仅仅是专项救助中的一个子项目,远未发挥"激发依赖者内生动力"的作用,更未能获得"救助事业核心"的战略性地位。在这样的背景下,就业援助项目的格局未能打开,也未能引领边缘式依赖者获得更好的就业机会。

(2)就业资金帮扶缺位。在就业帮扶资金方面,有 18 位获得了资金帮扶,包括职业技能鉴定补贴、社会保险参保缴费补贴、创业启动金和税费优惠。访谈中发现,南京市锁金村街道曾开设了再就业一条街,将街上的门面租给失业的低保户创业,其中租用门店做餐饮者办理健康证时还获得了 100 元的税费优惠,后因街道拆除店面,创业者一次性获得了 5 000 元作为补偿。类似地,芜湖市弋江桥街道也对低保户提供了各类资金补贴:

"我觉得还是发钱更实惠,有了钱嘛我跟我老头就好做点小生意。你说的那些(补贴、优惠等资金帮扶项目)呢我也不懂,就晓得是对找工作有帮助嘛。"(个案访谈编号 AW-2)

但是更多的情况是大部分(27位)边缘式依赖者未获得任何资金帮扶,比例接近响应者的八成,表8-17显示有58.3%认为"现有的就业资金帮助落实不到位"。

表8-17　边缘式依赖者对就业救助的看法(N=20)%

	很同意	较同意	不太同意	不同意	说不清
现有的就业资金帮扶落实不到位	11.1	47.2	22.2	2.8	16.7
现有的劳动就业服务项目太少了	11.1	50.0	25.0	2.8	11.1
现有的技能培训太难了	11.1	44.4	25.0	8.3	11.1
现有的劳动就业服务不是我所需要的	22.2	55.6	2.8	8.3	11.1

2. 就业服务供需错位,项目内容偏离目标

表8-18显示:45位边缘式依赖者中有35位获得了各项就业服务,其中44.1%得到了就业岗位信息服务,26.5%获得了职业介绍,20.6%获得了就业技能培训,还有边缘式依赖者获得过就业指导、结对帮扶、公益性岗位安置和技术帮扶。然而从就业服务供需匹配的角度看,服务的内容偏离了劳动力市场的要求。

表8-18　边缘式依赖者获得的劳动就业服务项目(N=45)

服务项目	频次	个案百分比(%)
技术支持	1	2.9
结对帮扶	3	8.8
就业技能培训	7	20.6
提供就业岗位信息	15	44.1
公益性岗位安置	2	5.9
职业介绍	9	26.5
就业指导	6	17.6
以上都没有	10	29.4

(1)劳动就业服务供需错位。从表8-19可以看出,在5位需要技术支持的边缘型依赖者中仅有1位获得了该项服务,获得率仅为20%。相比之下,需要就业岗位信息的人数仅为8人,而有15人表示自己获得了岗位信

息,该项目的获得率高达187.5%。访谈资料也显示,当前的就业服务项目侧重于职业指导、信息提供和部分简单的技能培训,而缺乏更深入的服务项目:

"在我们社区,我们这些没工作要被喊去听课的,(街道)请的老师来指导的,给大伙讲现在的工作形势、党的政策这些。然后就是街道办大厅那个大屏幕上,天天播放招工信息。其他的嘛就靠自己了,社区最多做到这个份上。"(个案访谈编号 AM-5)

"我个人呢,主要是想学点技术,你说什么公益岗位啊,结对子这些的我也不需要。可是学技术就难了,也不可能给你单独请人教是吧?我想学的呢,又不是这些手工什么的,那些电焊、维修技术么,我就得自己找人学。之前我还想,桥头新开的修车铺招不招学徒,我专门去问过的。"(个案访谈编号 T1-3)

表8-19 边缘式依赖者劳动就业服务的获得率

救助项目	需要就业服务 人数	获得就业服务 人数	就业服务获得率(%) (获得人数/需要人数)
技术支持	5	1	20.0
结对帮扶	10	3	30.0
就业技能培训	10	7	70.0
提供就业岗位信息	8	15	187.5
公益性岗位安置	3	2	66.7
职业介绍	10	9	90.0
就业指导	7	6	85.7
合计	53	43	81.1

(2) 劳动就业服务项目偏离"再就业"目标。整体来看,边缘式依赖者所获得的劳动就业服务项目存在缺陷,整体而言与当前劳动力市场的要求并不相符。依赖者普遍认为现有的技能培训太难了,或者就业服务项目太少,还有依赖者觉得现有的劳动就业服务并不是他所需要的。有依赖者在访谈中提到,"那些个培训与找工作也不相干":

"每年都有培训,前几天还去(培训)的,社区喊去学个美甲、电脑的。电脑的学了些初级的,还有编程什么的,还有涉及出版社之类的。我打字也太那个,只是学了个皮毛。"(个案访谈编号 S1-1)

"我也去的,讲什么作图咯,最基本的,教人们打字用五笔的。五笔的我又不会。打字叫我学的,我打得慢得不得了,然后上了两个礼拜我不去了,声音轻的听不到,听着听着我就倒下去睡着了。后来老师不让我去了,看着我睡觉不那个嘛。"(个案访谈编号 S1-8)

3. 未形成有效的劳动收入保护机制

为了巩固受助者的劳动行为、保护其劳动收入,多数国家都采取了税收抵免、负所得税等措施,以防增加的劳动收入被减少的福利救助金所抵销。但是我国低保金的计发仍然采用了"差额补贴"方式,将受助者的就业所得与低保金置于对立的位置上,两者此消彼长的关系使受助者的最终受益并未增加。在边缘式依赖者中,有人表达了对劳动收入抵销低保金的不满:

"过一段时间他们(低保专干)就会跟你问问情况,看是不是找到工作了,找到的就调整低保。"(个案访谈编号 P1-1)

然而在与社区低保专干沟通后发现,为了鼓励有工作的非典型福利依赖者维持就业状态,实务部门在计算低保金时已充分考虑对劳动收入的保护,并在实务操作中进行了灵活处理:

"你看,这个低保对象他在外面打工,挣多少我们不晓得,但是一个月算他有 200 元收入。我们在计算保障金额的时候,就代他扣个 200。"(个案访谈编号 G2)

从抵扣金额来看,每月 200 元的劳动收入远低于边缘式依赖者的真实劳动收入,即使将低保金抵扣 200 元也未造成依赖者实际收入的过度受损。然而问题在于,这种做法在各地并不一致,抵扣金额也存在差异,意味着实务部门的自由裁量决定了依赖者的实际收入。更重要的是,低保金发放的"补差"模式对受助者发挥的震慑作用可能会影响其劳动参与,由于劳动收入未能被有效保护,因此某种程度上劳动的意义与价值未得到彰显,长期来看并不利于受助者维持其劳动供给水平,最终偏离了"激活"受助者的目标。

4. 救助制度的退出机制不完善

当询问边缘式依赖者的退保经历以及其对退保的看法时,访谈中多数研究对象表示,自己自享受低保制度以来从未有过退保经历,但是也曾考虑过退出低保制度,原因主要集中于两方面:一方面,接受救助令家庭的经济负担和其他负担大大减轻,生活状况得以改善,另一方面,是由于救助制度的负面效应使受助者感到困扰,例如收入核查太麻烦、害怕受到歧视、难以忍受歧视性对待、低保金太少等。然而,出于一系列原因,边缘式依赖者并没有真正退出。有依赖者认为,不稳定和低薪的工作是自己最大的顾虑之处,担心退出救助制度后生活现状会恶化。还有边缘式依赖者认为,当前有关退出救助的规定并不明确,身边也缺乏退保的例子,很难判断退保的后果。有访谈对象提道:

"低保给人抹掉,让这些个穷苦人怎么办呢?你看啊,如果我给人抹掉低保,我就没资格领钱了吧!逢年过节的米面油领不着了吧!我这养老、看病都要自己掏钱交(基本养老保险、基本医疗保险)费吧!再退一万步讲,说不准再遇到点什么事,不还得再跟社区申请吗?假如我退了,我就担心的是一时半会再进不来了。"(个案访谈编号 S1-9)

"那整顿退保的都是不符合条件的,是家里有钱还吃低保的,但是我可不是这个情况,我是确实困难。"(个案访谈编号 GL-1)

"现在低保户的普遍情绪就是不敢退、不能退。社区对基本符合退保条件的低保户做了动员,但是低保户的态度就是'家里还很困难,要再观望一阵'。大家(低保户)都只看到了没退的人,已经退了的大家是不关心的。所以这样一对比,就显得几乎没有人退保,很难说动低保户退。"(个案访谈编号 G-1)

在退出机制不健全的前提下,边缘式依赖者对退保抱有一种恐惧心理,本应在生活境况好转后脱离救助制度的依赖者也不敢贸然提出退保。这从另一个侧面呈现出受助者的依赖心理具有牢固的现实根基。

(二)完全式非典型福利依赖者获得的制度支持

从完全式依赖者的生命历程来看,由于频繁遭受多项重大事件冲击,且家庭负担较为沉重,同时受到经济社会转型带来的冲击,该类型依赖者成了多重困境打击下的顺应者,所需的救助包括专项救助、高额救助金以及照料服务等。但是从完全式依赖者所获得的救助制度支持来看,专项救助与其所面对的重大事件匹配不良,对相应的需求缺乏回应,同时救助资金水平偏低导致救助力度不够,照料需求也未得到满足。

1. 专项救助未全覆盖,且对重大事件回应不够

表8-20显示,医疗救助的获得率为67.6%、教育救助的获得率为57.5%、临时救助的获得率为64.7%、照料服务的获得率为66%,三者平均获得率约六成。相比之下,生活物资、节假日一次性救助、费用减免的获得率分别是137%、259%和205%,远远超过100%。

表8-20 完全式依赖者专项救助的获得情况(N=230)

救助项目	需要人数	获得人数	获得率(%)(得/需)	救助项目	需要人数	获得人数	获得率(%)(得/需)
生活物资	89	122	137	税费减免	4	3	75
医疗救助	111	75	67.6	就业救助	14	29	207
教育救助	40	23	57.5	社区照料服务	53	35	66
住房救助	19	53	278	丧葬服务	1	3	300
临时救助	34	22	64.7	法律援助	2	5	250
水电、燃料、取暖费减免	69	142	205	节假日一次性救助	37	96	259
				其他	4	23	575

较之于物资提供、一次性救助、节假日慰问等一次性的、提供方式简单的救助项目,医疗、教育、临时等方面的救助与个体生活的衔接更紧密,也更能匹配依赖者在不同生命阶段的需求,然而前者的获得率远高于后者,意味着一次性的、操作简便、常规性的救助项目仍然是依赖者所能获得的主要福利,此类救助与个人生命历程中重大事件的衔接并不紧密,对重大事件缺乏回应,仅能发挥缓解部分经济压力的功能。专项救助偏低的获得率则说明当前专项救助未能适应个体生命历程的变迁,对越来越多贫困者遭遇重大事件的严酷事实预计不足,因而未能实现全覆盖。

2. 救助金难以应对重大事件造成的经济负担

救助金包括最低生活保障金和专项救助津贴,有研究通过对比国内外救助金水平,发现我国救助金水平整体偏低。①② 本书发现,无论是低保金还是专项津贴,都仅能维持完全式依赖者的基本生活,在应对重大事件造成的额外开支时较为乏力。

(1)低保金水平。从236位完全式依赖者所在家庭的低保金收入上来

---

① 杨立雄、陈玲玲:《欧盟社会救助政策的演变及对我国的启示》,《湖南师范大学社会科学学报》,2005年第1期。
② 刘嘉慧、黄黎若莲:《英、美两国及大中华地区社会救助制度发展的反思》,《社会保障研究》,2009年第2期。

看,低保收入水平集中在975元至31 248元之间,均值为1 375.9元。通过询问完全式依赖者对低保金水平的看法发现,81.8%认为"现有的低保金只能维持基本生活",73.8%认为"低保金对家庭支出而言只是杯水车薪",95%的依赖者认为"低保金难以应对大额支出",89%者认为"应当适当提高低保金水平"。

表8-21 完全式依赖者对低保金水平的看法(%)

	很同意	较同意	不太同意	不同意	说不清
现有的低保金只能维持基本生活(N=228)	43.0	40.8	10.1	4.8	1.3
低保金对家庭支出而言杯水车薪(N=226)	41.6	32.7	16.8	6.6	2.2
低保金难以应对大额支出(N=229)	53.7	38.4	5.7	0.0	2.2
目前的低保金水平应当适当提高(N=229)	46.7	42.8	4.4	1.3	4.8

(2)专项救助水平。从专项救助津贴水平上来看,依赖者家庭在2018年获得的医疗救助金从0元到15 000元不等、教育救助金从200元到6 000元不等、生活物资和节假日一次性救助的等值金额从0元到5 000元不等。

具体而言,在73位填写了医疗救助金额的完全式依赖者中,42.5%的受助金额在500元以内,有46.5%受助金额在501元至2 000元之间,仅有11%获得的医疗救助金额超过5 000元。另外还有部分完全式依赖者所在的家庭因医疗负担较重而获得了医疗定向重点救助。在这些家庭中,有36.4%再次获得2 000元以内的救助金,54.5%受助金额在2 001元至5 000元之间,对于负担格外严重的9.1%的家庭,还能再获得5 000元至8 000元的救助金。(参见表8-22)

表8-22 完全式依赖者所在家庭获得的医疗救助金额

医疗救助费用(元/年)	频次	百分比(%)	医疗定向重点救助	频次	百分比(%)
0—500	31	42.5	1—500	1	9.1
501—1 000	20	27.4	501—1 000	2	18.2
1 001—2 000	14	19.1	1 001—2 000	1	9.1
2 001—5 000	8	11.0	2 001—5 000	6	54.5
5 001—8 000	0	0.0	5 001—8 000	1	9.1
8 001—10 000	0	0.0	8 001—10 000	0	0.0
10 000以上	0	0.0	1 0000以上	0	0.0
合计	73	100.0	合计	11	100.0

此外,在教育救助方面,有 14 位完全式依赖者获得了不同阶段教育费用的减免。就减免额度而言,超过七成者享受到的减免不超过 1 000 元,仅有 28.6% 减免额在 1 000 元以上,但不超过 2 000 元。此外,有 11 位此类型依赖者在本人或家人求学的各阶段获得了额度为 500 元至 5 000 元的助学金、生活补助、助学贷款等补助,其中 9.1% 所获补助不超过 1 000 元,63.6% 能够享受到 1 000 元至 2 000 元左右的教育救助补助金,仅有 1 人所得的教育救助金超过 5 000 元。(参见表 8-23)

表 8-23 完全式依赖者所在家庭获得的教育救助金额

费用减免(元/年)	频次	百分比	救助金发放	频次	百分比
0—500	2	14.3	1—500	0	0.0
501—1 000	8	57.0	501—1 000	1	9.1
1 001—2 000	4	28.6	1 001—2 000	7	63.6
2 001—5 000	0	0.0	2 001—5 000	2	18.2
5 001 以上	0	0.0	5 001 以上	1	9.1
合计	14	100.0	合计	11	100.0

再者,还有部分完全式依赖者填写了所获得的生活物资、水电燃料取暖费减免、节假日一次性救助的等值金额。从表 8-24 中可以看到,在 113 位获得了生活物资的完全式依赖者中,83.2% 认为这些物质的等值金额在 1 000 元以内,甚至 36.3% 认为这些物质的金额不超过 500 元。在 96 位获得了节假日一次性救助的依赖者中,七成的救助金额不超过 1 000 元,仅有 2% 多于 2 000 元。

表 8-24 完全式依赖者所在家庭获得的生活物资、节假日救助

生活物资等值金额(元/年)	频次	百分比(%)	节假日一次性救助	频次	百分比(%)
0—500	41	36.3	1—500	28	29.2
501—1 000	53	46.9	501—1 000	40	41.7
1 001—2 000	19	16.8	1 001—2 000	26	27.1
2 001—5 000	0	0.0	2 001—5 000	2	2.0
5 001 以上	0	0.0	5 001 以上	0	0.0
合计	113	100.0	合计	96	100.0

在水电、燃料、取暖费上,88 位完全式依赖者填写了等值金额。其中,30.6% 所在家庭各项费用的减免不超过 200 元,73.9% 不超过 500 元。

表 8-25 完全式依赖者所在家庭获得的水电、燃料、取暖费减免

减免金额(元/年)	频次	百分比(%)
1—100	7	7.9
101—200	20	22.7
201—500	38	43.2
501—1 000	15	17.0
1 000 以上	8	9.1
合计	88	100.0

通过询问依赖者对专项救助的满意度发现,完全式依赖者对专项救助的满意度较低。从表 8-26 可以看出,除了对住房救助的满意度较高外,完全式依赖者中有 5.3% 认为医疗救助"作用一般",8% 认为"作用较小",还有 5.3% 较难评价,三者合计占 18.6%。

表 8-26 完全式依赖者对部分专项救助作用的评价(%)

	作用很大	作用较大	作用一般	作用较小	完全无用	说不清
医疗救助(N=75)	46.7	34.7	5.3	8.0	0.0	5.3
住房救助(N=44)	84.1	2.3	2.3	4.5	0.0	6.8
临时救助(N=23)	34.8	47.8	0.0	8.7	8.7	0.0

究其原因,是由于"救助金对于高额开支而言只是杯水车薪":

> "12 年以来,看这个病(肺癌)都用医保卡刷,产生的费用就是符合政策报销的直接就给你报销了,所以这个医疗保险碰到大病的话还算照顾的。不过有一些才能报,像细胞什么的才能报,新药报的话也报不了多少,主要有些药是进口的,一颗五百多,一天吃一颗。现在在医院里面报的零零碎碎下来也要十几万,也支撑不住。"(个案访谈编号 T1-10)

3. 照料服务覆盖面小、类型少、质量偏低

完全式依赖者的劳动水平偏低,很大程度上是受到其家庭照料者角色的影响,因此部分处于劳动年龄且具有劳动能力的完全式依赖者表示"希望有人分担照料责任,好让自己重返工作岗位"。然而现实中依托社区提供的照料服务并不尽如人意,导致依赖者无法转嫁或分担照料责任。

(1) 部分地区照料服务发展滞后导致照料服务覆盖面较小。在 236 位

完全式依赖者中,53位依赖者(22.5%)家中有成员患病或需要长期照料,但是从获得照料服务的人数来看,53位依赖者中仅有35位获得了一项或多项照料服务,占66%。换言之,仍有三成多的完全式依赖者无法获得照料服务。从地区看,中西部地区未能充分借助社区或社会组织的力量发展照料服务,相关服务项目发展滞后,未能覆盖全体城市社区,使得完全式依赖者的照料需求难以得到满足。

(2) 照料服务类型较少,未满足不同群体的照料与看护需求。从照料服务需求的主体来看,完全式依赖者所在家庭面临婴幼儿照料、儿童照料、老年照料、病患照料、残疾人照料等多重需求,但是即使是东部发达地区的照料服务类型也并不丰富。例如,南京市目前针对老年群体的照料需求设计了大量服务项目,也有相当多的社会组织通过政府购买服务的方式得以提供老年人社区居家照料服务,包括生活照料、家政服务、康复护理以及医疗咨询等,使老年人的照料需求得到了满足。但是对于0—3岁的婴幼儿、3岁以上的儿童、残疾人士以及长期卧病在床者并未设计相关照料服务项目,针对此类群体的服务极为有限,因此完全式依赖者仍需自行实施照料,进而使得重返劳动力市场遥遥无期。有访谈对象认为,自己目前最需要儿童看护服务,但是社区未提供该项服务,因此"光是接孩子上下学就牵扯了自己太多精力"(个案访谈编号S1-1)。

(3) 照料服务质量偏低。通过询问完全式依赖者对照料服务费用水平和质量的评价发现,当前照料服务的费用并不高:有48.4%认为照料服务的费用正好,并不太高,甚至还有32.3%的人认为费用很低。但是尽管照料服务收费不高,但是服务的质量并未能得到保障,并且难以满足自己的照料需要(29%)。

(三) 阶段式非典型福利依赖者获得的制度支持

对于阶段式非典型福利依赖者而言,无论是辛勤者还是失意者,其在生命历程变迁的影响下都对救助制度提出了更深层的需求。当然,由于两个子类型的贫困原因存在区别,当下的生活处境也不同,因此其对社会救助制度的需求并不一致。但是通过对比分析发现,辛勤者和失意者的救助需求都未能得到较好的满足。

1. 辛勤者获得的制度支持

由于辛勤者主要受到家庭牵绊,其对救助制度的需求往往与改善家庭状况相关。辛勤者不仅需要照料服务来增加个人的劳动时间,而且需要教育救助来缓解相关的支出压力,此外还需要参加工伤保险、失业保险来防范劳动就业中的失业、工伤风险。但是,辛勤者所获得的救助支持并未能达到其预期,难以帮助其缓解各项压力。

(1) 辛勤者未获得足够的照料服务,难以实"现工作—生活平衡"。与完全式依赖者不同,尽管家中有成员需要看护和照料,但是辛勤者仍然保持了一定的劳动供给,而非放弃工作照料家人。这就意味着辛勤者在工作的同时需要自行安排一系列照料事宜,防止工作和照料事务产生时间冲突。通过询问有照料需求的 19 位辛勤者发现,获得了外部照料服务的比例是 31.6%,仅有三成的辛勤者能够借助社区等照料供给主体提供的服务来缓解自身的照料压力,其余近七成需要挤占劳动和闲暇时间来照料家人。若未能有效分配时间,那么这七成未获得照料服务的辛勤者将陷入工作—生活冲突的境地,既无法安心工作,又无法全身心陪伴家人。例如有访谈者提出,"自己工作时实在不放心家里的老人和小孩":

> "反正我现在就在超市里面上班,拿 1 000 多块钱,我一家就四个人,家里面都没有一个能担得起的顶梁柱,一大家就靠我 1 000 多块钱加那个低保。就是不放心他们,我在超市理货也不安心,一下班就返家,我又不能不上班光看着他们,那点低保钱哪够吃啊。反正我们都没有什么要求,把老的和小的照顾好就行了。"(个案访谈编号 P1-3)

即使在 6 位获得了照料服务的辛勤者中,照料服务也被认为并不尽如人意,无法解决后顾之忧:其中 4 位认为照料只能基本满足需求,1 位认为不太满足,还有 1 位认为不好说。无论是从照料服务面向的对象而言,还是从照料服务的项目而言,当前的照料服务被认为忽视了婴幼儿群体和长期患病群体,所提供的服务内容也过于偏重家政服务和日常照料,忽视了康复护理和医疗咨询。

(2) 教育救助的缺陷同样困扰着辛勤者。在 4 位需要教育费用减免和资助的辛勤者中,获得相应救助的仅有 2 人,其中一位辛勤者的家人处于高中教育阶段,另一位的家人处于高等教育阶段。处于高中教育阶段的子女每年需要 5 600 元的学费、杂费等开支,其所获得的助学金为 2 000 元,无法弥补 3 600 元的资金缺口。更重要的是,高中阶段的校外辅导费也是一笔不菲的开支,有访谈对象举了辅导费的例子:

> "之前我儿子,成绩还可以,但是也得请老师给辅导。一对一的比

较贵,他爸爸就跟他老师商量,上人家家里去,每个周日的下午和晚上,按一小时180元算。"(个案访谈编号 P1-3)

类似地,处于高等教育阶段的子女花费更多。高校就读每年需要 9 000 元的学费、3 400 元的住宿费和 15 000 元的生活费,然而助学贷款和各项奖助学金仅能补充一部分开支,令辛勤者倍感焦虑。

此外,在就学和就业转换期间,如何选择职业和开展长期职业规划也是依赖者力所不逮之处,因此有辛勤者希望当前的救助项目延伸至家庭成员,为低保家庭中即将毕业的年轻成员提供就业指导和帮扶。例如,有依赖者的子女即将从某高校的独立学院毕业,但是自己对子女的实习与就业无能为力:

"我儿子呢学电力的,我也跟他讲过,你要找一个比较有发展前景的工作,不讲大公司,最起码你要一层一层有好的发展,但是这个对我们来说普通老百姓也比较难,也帮不上他。我也希望他早点实习,但是实习呢,我现在也拼命帮他找,要是社区或者街道有资源就更好了。"(个案访谈编号 P1-1)

就现实状况而言,高等教育阶段的教育救助多为经济援助,且高校中救助事务与就业规划指导分属不同的部门管理,教育救助尚未延伸至就业指导领域,故未能发挥就业指导和帮扶的作用。

(3) 未能参加工伤保险和失业保险。通过访谈来看辛勤者参加社会保险项目的情况,发现参加养老保险和医疗保险的人数不少,但少有辛勤者参加工伤保险和失业保险。通过询问发现,多数辛勤者之所以未参加工伤、失业等保险,是由于在社会保障制度建设早期并未及时参保,导致遭遇失业、工伤等风险后没有相应的制度配套解困:

"我隔壁那一家子五险都是全的,羡慕哦!要是有(工伤保险),我儿媳妇她做家政的,哪年防不住不小心摔断胳膊,起码有个基本保障了。"(个案访谈编号 AW-3)

由于早年缺乏对社会保障制度的认识,辛勤者未能重视社会保险项目的参保和缴费。随着劳动状态的恶化,依赖者脱离了原本的就业环境,进入次级劳动力市场,开始在"灵活性有余而安全性不足"的劳动力市场环境中再就业。出于雇主规避用人成本、本人选择将社保缴费作为工资发放、因自雇而不满足参保资格等原因,辛勤者并未参加失业、工伤保险并按时缴纳费用。由于从未参保或者缴费中断后需要重新计算缴费年限,很多依赖者干脆选择放弃缴费。在部分辛勤者看来,未能参保是一个遗憾:

"零几年的时候我听人家讲过要参保,不过周围没什么人交(缴费),我么,也懒得多想。现在回过头去看,想想还是应当交的,你看后来我跟我老婆做点小生意,想自己交都交不了了。"(个案访谈编号AM-3)

对于辛勤者而言,不仅其本人容易遭受重大事件的冲击,而且家人的负面遭遇也会向其传递劣势,因此其生命历程往往会受到各种风险事件的影响。但是由于其未能借助社会保障制度的力量形成安全屏障,因此容易在不同的生命阶段陷入贫困的境地。

2. 失意者获得的制度支持

根据失意者的生命历程、生活境况与贫困致因发现,该类型依赖者的救助需求集中于就业、医疗和临时救助等方面。但是,失意者目前获得的就业救助与其就业障碍和个人经历不相匹配,得到的医疗救助也未能覆盖门诊等开支,并且在遭遇重大事件冲击时所获得的临时救助并不完善,因此不仅无法辅助失意者重新获得劳动机会,而且无法阻止其在收入和支出上遭受双重打击,最终难以阻止劣势的积累和贫困状态的延续。

(1) 就业救助服务与就业需求错位。在212位失意者中,早年生命历程中经历过诸如遭受意外伤害、罹患重大疾病、未成年辍学者、劳动教养和劳动改造等重大事件打击,因而造成劳动能力毁损和人力资本积累失败的情况很普遍,同时下岗失业又使失意者劳动状况进一步恶化,因此数量众多的失意者需要就业援助。但是调查显示,失意者目前获得的就业救助存在多重问题。

第一,失意者普遍认为技能培训难度差异大,且无助于未来的再就业。

"我们学的那个电脑排版,那个学出来肯定是到人家大公司当文员,到那个什么厂之类的,像我们这种文化水平哪搞得懂啊,我们不会。还有就是学的药膳,有好多,记了半天也没记全。学不进去,记不住,有很多东西都不懂。而且,就像我们这种你就算是学得再好,拿到证书,

没有文凭还是不会要你,对吧。"(个案访谈编号 T1-10)

第二,就业援助项目发展不均衡。从下表可以看出,失意者获得的就业援助集中于技能培训、提供岗位信息和职业介绍三个项目上,而技术支持、就业指导、结对帮扶等项目的获得率偏低,这与边缘式依赖者面临的情况类似。

表8-27 失意者获得的就业援助项目(N=212)

就业援助项目	频次	个案百分比(%)	就业援助项目	频次	个案百分比(%)
技能培训	185	87.3	结对帮扶	5	2.4
技术支持	10	4.7	提供岗位信息	210	99.0
就业指导	46	21.7	公益岗位安置	31	14.6
职业介绍	193	91.0	都没有	2	0.9

对于失意者个人而言,技术支持、就业指导、结对帮扶等项目更具有针对性,也更能从根本上解决就业难题,但受限于不够均衡的援助项目结构,失意者获取的相关服务就会大打折扣,从长远来看并不利于解决就业问题。

第三,特殊群体未打通重返劳动力市场的非正式渠道。在失意者中,部分因病因残导致劳动能力受损的失意者,以及部分接受过劳动教养、劳动改造的失意者在再就业上会遭遇更多挫折,但是由于其人力资本受损或经历过特殊的负面事件,该群体难以再通过正规的招聘渠道获取职位。有"两劳"人员在访谈中提道:

"我就想租个铺面做点小生意,无奈门面房一租就是半年,需要一大笔钱。自己也跟街道提过(创业资金),但是毕竟被劳动改造过,别人对我也不是很放心,怕我不干正事跑路了。所以这个钱肯定不会给到我头上。至于说公益岗位嘛,那个一般优先照顾女的。我彪形大汉去看自行车也不合适。"(个案访谈编号 T1-6)

(2)失意者所获得的医疗救助支持仍差强人意。部分失意者表示,尽管自己不属于因病致贫、因病返贫,但是自己和家人长期患有慢性病,"跑医院是常事":

"大病啊也不算大病,就是糖尿病,再就是血压高,(血压)高的时候飙到180。经常得光顾中医院。这样你别看每次花的不多,攒起来可

不少啊！对，就是门诊，自己掏。"（个案访谈编号GT-3）

在此类失意者所在家庭的医疗开支中，门诊费用积少成多，也成了失意者的经济负担之一，然而医疗救助以报销住院和大病治疗费用为主，未覆盖门诊费用，这让依赖者很头疼：

"你看我这个医保卡每个月呢不打钱，除了看病没用。门诊报不了，非要住院才报。从去年到现在，都没怎么报，因为是看的门诊。难道非要我去住个院吗？"（个案访谈编号S1-2）

此外，由于对医疗救助政策不熟悉，失意者的获得感并不强烈，"我也不晓得给我报销了多少，搞不懂，反正给我钱我就拿着"。（个案访谈编号T1-4）此外，较多依赖者同样认为医疗救助的政策太复杂，"自己也不知道获得的津贴是哪个口子上给发的，多发了还是少发了，我也没办法查"。（个案访谈编号P1-3）究其原因，是由于有关医疗救助的优惠政策、办法规定较多并且更新较快，但是政策解读未能跟上，导致受助者无从获知救助额度，也就难以感受具体的救助力度。

（3）临时救助的干预效果不明显。随着2014年《社会救助暂行办法》的实施，临时救助项目走上了快速发展的道路，如今已成为专项救助中具有重要作用的项目。在本次调查中，212位失意者中有61位在上一年度曾遭遇过交通事故（20人）、突发重大疾病（39人）、人身伤害（2人）等突发事件，但是在这61位失意者中，仅有48位获得了临时救助，获得率仅为78.7%。

就临时救助的力度而言，此61位失意者的重大事件支出从300元到18 000元不等，平均支出为7 412元，所获得的临时救助金额最多为2 000元，最少仅为500元，平均为1500元，难以覆盖突发事件导致的经济损失。通过查阅各地的临时救助标准发现，当前各地的标准普遍不高：南京市于2016年出台《南京市临时救助办法》，规定临时救助的人均救助标准不高于低保标准的2倍。安徽省马鞍山市规定，年度临时救助封顶线标准为4 000元，芜湖市临时救助标准，单次救助金为当地低保标准的2—6倍，特殊情况可给予不超过20 000元的救助。在甘肃省，兰州市和天水市也规定临时救助最高支付10 000元。从这些规定看出，由于临时救助金额与低保金挂钩，封顶线也偏低，因此当前临时救助发挥的作用极为有限。

此外，就临时救助的申请流程而言，严格的审批流程致使临时救助未能第一时间参与到风险事件的化解过程中来，限制了临时救助"缓解燃眉之急"作用的发挥。"等这个钱(批)下来,我儿子早都把能借的亲戚都借了个遍了"。(个案访谈编号 AM-2)再者,由于临时救助只能一年申请享受一次,特殊情况不超过两次,因此申请的次数限制再次局限了临时救助对突发事件的干预程度。

基于此,大部分失意者对临时救助的看法较为消极,认为该项目的救助效果并不明显。其中,67.2%的人认为该救助"作用一般"或者"作用较小"。(参见表8-28)

表8-28 失意者对临时救助作用的看法(N=61)

	频　次	百分比(%)
作用很大	8	13.1
作用一般	20	32.8
作用较小	21	34.4
说不清	12	19.7
合计	61	100.0

第九章 生命历程与制度支持不匹配：催生非典型福利依赖的制度原因

一、滞后的救助理念催生非典型福利依赖

由于个体生命历程很大程度上受到社会变迁的影响，寿命延长导致的老龄化、女性就业导致的家庭形态变化、受教育年限增加导致的就业和婚育延迟、非标准劳动关系出现导致的就业形态变化等，无一不在冲击传统的生命周期。然而面对剧烈变迁的社会现实，当前的救助理念仍然是滞后的、消极的，既无法灵敏地感应福利思潮的走向，也无法积极引导救助制度进行自主性与前瞻性上的更新；既未能着眼于个体生命的脆弱性，又未能关注个人与家庭的关联；既难以识别生命历程中的重大事件风险因素，又欠缺系统性思维、投资理念以及对自主意识的培育。可以说，救助理念大大削弱了救助制度的"兜底"和"激活"能力。

（一）救助理念缺乏生命历程视角

1. 忽视了早期生命历程的脆弱性

目前部分西方福利国家已经意识到，拥有一个平静安稳、身心健康以及轨迹标准的早期生命阶段对个体具有十足的重要性。尤其对于贫困家庭而言，过早地经历负面事件或过上偏离常规轨迹的生活会使家庭成员的后续生活更容易陷入经济窘境，也更容易长久地依赖社会救助制度。[1] 因此，对贫困个体或家庭实施早期干预已成为福利改革议事日程中一项重要的任务。[2]

---

[1] Lorentzen, T., Dahl, E., & Harsløf, I. (2012). "Welfare risks in early adulthood: A longitudinal analysis of social assistance transitions in Norway." *International Journal of Social Welfare*, 21(4), 408–421.

[2] Wang, J. S. (2015). "TANF coverage, state TANF requirement stringencies, and child well-being." *Children and Youth Services Review*, 53, 121–129.

对比之下发现,早期生命阶段的经历对非典型福利依赖者的影响同样是深远的。从非典型福利依赖者所遭遇重大事件的数量属性和时间属性来看,重大事件多发生在生命历程早期,而且部分事件会重复发生。一旦生命历程早期遭受冲击,其后续的生命历程将更为坎坷,负面事件的连锁效应也更容易在某时段内形成连续冲击,这将对人力资本积累的关键期产生不可估量的影响,因此生命历程的早期遭遇过多冲击的依赖者以及年龄尚轻的依赖者应当是救助制度的重点关注对象。

遗憾的是,我国当前实施的社会救助制度尚未纳入生命历程的视角,因而对贫困个体脆弱的早期生命阶段缺乏防护。在当前的救助项目体系中,仅有的较为类似的项目就是教育救助,然而教育救助当前侧重于发挥经济援助作用,重点关注教育开支的弥补与费用负担的减轻,不仅未能阻止和预防受助者过早放弃学业,而且与从"就学"阶段向"就业"阶段转换过程中的职业规划、实习指导和就业辅助缺少关联。除此之外,其他救助项目未能考虑贫困者在人力资本积累期遭遇的冲击,并且较为迟滞和被动,因此难以提早干预后续劣势的积累过程与不利地位的获得,使生命历程早期的脆弱性逐步延续至中后期。直至贫困者离开人力资本积累期,因受到多重冲击而陷入难以自拔的境地,社会救助制度才开始发挥作用,但由于已错过最佳干预时机,只能任凭贫困者转化为长期依赖。

2. 既缺乏前期干预,又缺乏后续追踪

大量研究指出,对贫困者实施前期干预,尤其是对贫困家庭及其子女进行社会投资是有必要的,这将有助于消除隐性风险,防贫困之患于未然。①②此外,国外相关研究对福利依赖者退出救助制度后的生活轨迹进行了追踪,发现受助者退出救助制度后,相当一部分受助者会重返救助制度(19.5%至20.5%),而且退出的时长平均只有5.6个月。③ 类似的研究也提出,15.3%的人不出三个月就得重返救助,35%的人在一年内就会返回。④ 这意味着

---

① Pellissery, S. (2017). "Social investment and poor families in India: the role of early childhood and employment programmes." In Midgley, J., Dahl, E., Wright, A. C. (Ed.). *Social Investment and Social Welfare*. Cheltenham: Edward Elgar Publishing, pp.70 – 86.

② Wright, A. C. (2017). "Social investment in early childhood in Australia." In Midgley, J., Dahl, E., Wright, A. C. (Ed.). *Social Investment and Social Welfare*. Cheltenham: Edward Elgar Publishing, pp.33 – 51.

③ Blank, R. M., & Ruggles, P. (1994). "Short-term recidivism among public-assistance recipients." *The American Economic Review*, 84(2), 49 – 53.

④ Gurmu, S., Smith, W. J. (2006). "Recidivism among Welfare Recipients: The Role of Neighborhood and Access to Employment." *Atlantic Economic Journal*, 34, 405 – 419.

第九章 生命历程与制度支持不匹配：催生非典型福利依赖的制度原因

即使受助者曾因接受救助缓解了当下的压力，但是其退出制度后仍然难以自立，又会因重新陷入阶段性贫困而再次接受救助。可以认为，若要脱离贫困，不仅救助开支需要集中于"前干预"阶段的投资性项目[①]，而且需要关注受助者的后续发展，以便在其尚未完全自立时能够及时"扶一把"。

但是，由于缺乏生命历程的视角，当前救助制度的政策干预和支持往往聚焦于当下，未能延伸至风险形成前期实施提前干预。具体而言，救助制度未能在重大事件的形成环节注意到风险因素的聚集，尤其是在关键期未能及时消除贫困诱因，因此无法阻止重大事件最终形成，并且事件的后续发展也难以把握，因此未能提前化解依赖者面对的风险。此外，对于经过救助暂时脱离了困境的依赖者，由于仍处在重大事件冲击后的恢复期，其经济状况和心理状况尚不稳定，因此脆弱性仍较强。此外，退出救助制度后，依赖者在适应期仍有可能会遭受新的负面冲击，因此仍处于返贫的边缘。但是，当前的救助制度未能充分认识到追踪的重要性，并未关心退出者的后续发展，也未建立防止返贫的长效机制，将制度保护延伸至返贫边缘群体，因此受助者的脱贫只是暂时的、表面上的。

可以认为，当前的救助理念是较为局限的，既未能考虑到提前干预，又未能考虑到后续追踪，导致源头上无法控制依赖的形成，也无法确保已脱贫者不再依赖救助制度。

3. 未考虑生命阶段转换期的风险因素

当前的救助制度涵盖了失业、工伤、医疗、养老等多方面的内容，这些风险因素是显性的、明确的。相比之下，还有部分风险因素未被救助制度所察觉，其隐蔽性、不确定性也让非典型福利依赖者难以准确地传达出相应的救助需求。这些风险因素往往聚集于生命阶段转换时期，在不同阶段的过渡期催生风险事件。对于非贫困群体而言，转换期所持续的时间并不会太长，而且具有过渡性，一旦完成生命阶段的转换，相关的风险因素将不复存在。但是对于受助者而言，由于其生命历程本已较为脆弱，任何风险因素都会产生不可控的后果。

例如，脱离教育系统、组建家庭、分居或退休等人生转折期也是劳动力市场转换的关键时期，离开学校进入劳动力市场、生育期暂时离开劳动力市场，这样的过渡期通常会伴随着失业的风险。对于非典型福利依赖者而言，

[①] 林闽钢：《中国社会福利发展战略：从消极走向积极》，《国家行政学院学报》，2015年第2期。

面临生命中重大事件的时间段里若同时伴随着劳动状态的波动,那么遭受多重打击的可能性将大大增加,其依靠自己和家庭渡过难关的可能性微乎其微,因此极易陷入短期贫困。若生命阶段转换期结束后风险事件仍存在,那么依赖者极可能转化为长期贫困。然而当前的就业援助未能对生命历程因素加以考量,导致依赖者从学校到工作、从生育到照料、从就业到退休等多个阶段中的风险因素未被防范,因此依赖者容易陷入贫困并转化为长期贫困。从这个角度来看,现行救助理念对生命阶段转换期风险因素的忽视将无法防止短期依赖转化为长期依赖。

(二)依赖者与家庭的关联未引起重视

1."工作—家庭"失衡状态被忽视

对于已经成家立业的非典型福利依赖者而言,家庭成员间的关联往往会加重依赖者的"工作—家庭失衡"状态,依赖者难以在工作和生活间寻求平衡点,最终顾此失彼。然而,当前的救助理念未能考虑到依赖者面临的双重压力,致使就业促进措施、工作要求等与依赖者的生活实际产生冲突。

具体而言,当依赖者的家人遭遇重大事件后,来自家人的劣势会产生连锁效应,将负面影响传递至依赖者本人。例如,一旦依赖者的家人罹患重大疾病,那么作为照料者的依赖者本人将会陷入"工作—家庭"失衡状态的状态。众所周知,病患对陪护和照料的需求会从治疗期间延伸至恢复期间,若病情恢复不利,陪护照料还将继续。若依赖者承担了照料责任,随着照料事务对时间、人力、财力的要求与日俱增,依赖者本人的日程安排和短期乃至长期规划将受到极大的影响。依赖者不得不调整自我时间分配,逐渐减少闲暇时间乃至挤占劳动时间,最终甚至选择放弃工作,全职照料家庭成员,以至于暂时或永久退出劳动力市场。家中需要照料的成员越多,照料者负担越重,其恢复劳动参与的可能性越低。

然而,由于救助理念中"家庭关联"无足轻重,现行救助制度不仅无视家庭的照料要求,同时对家庭照料占用的时间熟视无睹。更重要的是,来自家庭照料的压力不仅难以通过救助制度得以缓解,甚至诸如"工作要求[①]""再

[①] 《社会救助暂行办法》规定:最低生活保障家庭中有劳动能力但未就业的成员,应当接受人力资源社会保障等有关部门介绍的工作;无正当理由,连续3次拒绝接受介绍的与其健康状况、劳动能力等相适应的工作的,县级人民政府民政部门应当决定减发或者停发本人的最低生活保障金。

第九章 生命历程与制度支持不匹配:催生非典型福利依赖的制度原因

就业培训"等就业促进措施还一味强调提高受助者的劳动参与水平,导致依赖者陷入"工作—家庭"失衡状态。

2. 对困境叠加的情形支持乏力

从非典型福利依赖者所在家庭的情况来看,部分家庭成员也在经济转型和社会变迁的背景下受到多重冲击。当依赖者与家人同时遭遇困境时,困境的叠加会极大地增加家庭的负担。但是,当前的救助对困境叠加所提供的救助较为乏力,并不利于缓解支出型贫困。

具体而言,当前救助制度对部分特殊情形进行了规定。从表9-1中可以看出,部分城市在救助金计算与发放时,对因病、因残、因年老、因就学等面临额外支出的低保群体实施了低保金的上浮。例如,兰州市规定:"保障对象中的重残人员本人上浮20%发放低保金,一般残疾人、患重病对象本人上浮10%发放保障金。"在芜湖市,低保对象被分为三类,其中A、B两类可以加发分类保障金,其中,患重大疾病的二级以上重度残疾人或患有重大疾病的三无对象增发低保标准的100%;患重大疾病丧失劳动能力、二级以上重度残疾生活无法自理的或此类家庭在全日制大中专院校就读的子女增发50%;三无对象、重点优抚对象、独居老人、重病患者、重度残疾人、学生等增发30%。南京市则规定低保户中的特殊对象本人可享受增发10%—30%低保金的待遇,其中,70周岁以上的老人、义务教育阶段的学生、独居居民等增发10%;高龄老人、残疾人、失独老人等增发20%;三无对象、重残、重病患者等增发30%。

表9-1 部分城市低保金增发群体及增发比例

城 市	低保金增发群体	增发比例
兰州	重残人员	20%
	残疾人、重病患者	10%
芜湖	A类群体(重病残疾人或重残的三无等)	50%—100%
	B类群体(三无、独居、高龄、重病、重残)	30%
	C类群体(其他低保户)	0%
南京	第一类群体(老人、学生、独居、少民)	10%
	第二类群体(高龄老人、残疾人、失独)	20%
	第三类群体(三无、重残、重病等)	30%

尽管救助制度结合非典型福利依赖者所在家庭的特殊情况对低保金给予了调整,但是并未充分考虑家庭的整体负担状况。一方面,低保金增发的比例并不高,大部分增发群体仅能获得10%—30%左右的增发金额。按照

2021 年 4 季度年全国城市低保平均保障标准 711.4 元/人每月计算①,增发金额仅为 71—213 元,即使按 100% 增发,依赖者所获得的救助金也只是 2 倍低保金,即 1 442.8 元。这对于"患重大疾病的二级以上重度残疾人"或"患有重大疾病的三无对象"等群体而言只是杯水车薪。另一方面,增发的条件限制较多,例如南京市规定"同时符合多项优惠政策的只能选择其中一项",不能重复享受,这极大地局限了增发举措的效果。

(三)救助理念欠缺系统性思维

1. 缺乏生命系统思维

从非典型福利依赖者的生命历程来看,紧密衔接的各个生命阶段中发生的重大事件,诸如工作不稳定、负债难以偿还、全职照料家庭成员等,会持续很长一段时间,许多重大事件还会重复多次,这就导致前生命阶段中的影响会延伸至后续生命阶段,对其后的人生历程形成干扰,产生连锁效应。换言之,整个生命历程是一个完整的生命系统,当下的境遇取决于以往的经历,而当下的经历也决定未来的走向。例如,非典型福利依赖者遭受疾病折磨后劳动能力受损,可以预见的是其将在后续的人生中面临岗位调整、收入锐减乃至失业问题,若病情严重致劳动能力下降,则其后续生命历程将面临更严峻的劳动力市场竞争压力,一旦劳动能力因患病而丧失,其将完全丧失重新进入劳动力市场的资格。

可以说,非典型福利依赖者的生命历程是一个环环相扣的系统,其遭遇的每一个事件并不是孤立存在的,这些事件不仅是以往事件的结果,也将是未来事件的原因。但是,当前的救助制度难以提取、辨识和判断依赖者所遭遇事件间的联系,因而无视不同困境间的关系,这导致当前实施的救助是碎片化的、彼此孤立的。此外,当前实施的社会救助制度缺乏生命系统的思维,既未能回溯过往,又未能预测后续,因而难以厘清纷繁复杂表象中存在的因果关系,导致救助措施多是"头痛医头、脚痛医脚"的治标不治本做法。

可以说,当前的救助局限于眼前的具体困境,是由于救助理念中缺乏生命历程的宏观视角和生命系统思维,导致救助制度未能从生命长河的维度上统观人生整体流向,进而难以判断当下困境的"来路"与"归途",最终对困境的应对浮于表面。

---

① 中华人民共和国民政部:《2021 年 4 季度民政统计数据》,网址:www.mca.gov.cn/article/sj/tjjb/2021/202104qgsj.html。

2. 缺乏风险系统思维

与生命系统类似,人在一生中所遭遇的风险也具有系统性,很多风险因素都是环环相扣、互为因果的。从非典型福利依赖者的个体经历来看,系统性的风险是存在的,例如遭遇了意外伤害风险的依赖者可能会在后续的生命历程中遭遇失业风险,而遭遇了失业风险则又可能会导致陷入家庭破损的风险中。若依赖者离婚,那么其又有可能会再度陷入经济状况恶化的风险,因而依赖者不良的经济状况可以追溯到意外伤害、失败的婚姻和失业上。换言之,依赖者所面对的困境并不是由单一风险造成的,而是一系列风险因素交互影响的结果。

一直以来,救助制度所提供的帮扶和支持被划分为基本生活救助和专项救助,后者专门用于应对各类原因明确的困境,如为失业者提供就业援助,为患病者提供医疗救助等。但是风险的系统性表明,某项困境的形成是由系统性原因造成的,所谓的致贫原因只是其中较为明显、联系较为直接的风险因素之一,并不代表这项困境只是由单一原因造成。若仅针对明确的致贫原因提供相应的援助,就会忽视其他风险因素,令救助效果大打折扣。

例如,某失业非典型福利依赖者的经历显示(个案访谈编号 AM-4),该依赖者当前处于失业状态是由岗位不匹配造成的,然而纵观其生命历程将会发现,该依赖者早年曾因患小儿麻痹症经历未成年辍学,因此成年后劳动能力受损且人力资本积累不足。更重要的是,该依赖者的社会资本极为有限,能在就业时发挥作用的亲朋屈指可数,因此无法借助社会网络搜寻岗位。可以说,该依赖者当前的失业状态表面上归因于岗位不匹配,但是实际上是由多重原因造成的。若一味地提供就业援助,忽视其不良劳动能力状况和有限的人力资本、社会资本,那仍难以触及依赖者的"痛点",导致救助无法匹配依赖者的真实需求。

3. 缺少投资理念,未培育自立意识

由于福利国家的一系列消极措施效果不佳,有研究者分别提出了"积极社会政策""第三条道路""新福利""社会投资国家"等说法,意指福利国家的改革新动向。吉登斯提出,传统的福利国家过多地注重福利支出、无条件现金转移以及福利服务的提供,而社会投资国家更能重视教育与技能培训带来的人力资本的提升,这将帮助人们主动参与劳动力市场竞争,而非消极地依靠救助。① 类似地,埃斯平-安德森也提出以儿童为中心的人力资本投资

---

① Giddens, A. (2000). *The Third Way and its Critics*. Cambridge: Polity Press.

策略,并且主张福利的供给应当更多地倾向于儿童与青年。① 因此,福利国家需要由福利的提供者(provider)转变为赋能者(enabler)②。

当前,我国的救助理念中尚未纳入社会投资思想,对自立意识的培育也有所欠缺。具体而言,当前实施的救助项目中,仅有教育救助与就业救助具有一定的发展性,能够作为社会投资的主要途径和手段,但是两项救助并未融入投资思维,未能充分发挥激励作用。

在教育救助方面,当前的救助侧重于现金转移支付,既未关注受助者人力资本的积累,也未注重与后续劳动力市场的参与和竞争相衔接,因而在链接相关资源上较为消极滞后,并未能帮助依赖者通过参与劳动实现自立。具体而言,目前已有相当数量的非典型福利依赖者通过教育救助缓解了经济压力,其在本专科学校或中等职业学校的家人通过奖助学金和勤工助学等途径得到了资助,然而访谈中依赖者普遍表示,子女临近毕业,但是自身受限于眼界和人脉,无法为子女进行行业分析与职业规划,也没有合适的途径帮助子女顺利进入初级劳动力市场,因此希望当前的救助项目延伸至家庭成员,为低保家庭中即将毕业的年轻成员提供就业指导和帮扶,然而教育救助尚未延伸至就业指导领域,故未能就此发挥作用。可以说,教育救助缺乏一定的投资思维,未能在受助者离开学校进入劳动力市场的过程中提供有效的就业指导或者链接相关就业资源,因此依赖者当前获得的教育援助未能全面匹配其需求。

在就业救助方面,当前提供的援助集中于岗位介绍、信息提供等一系列简单易行且援助效果立竿见影的项目,而技术支持、就业指导、结对帮扶等项目未被更多地采用和推广,出现了"简单项目过度提供与复杂项目流于形式并存"的局面。但是,从社会投资的角度来看,技能培训和技术支持能够紧密地结合依赖者的需求,并且可以从根本上提升依赖者的人力资本,无论是对工作搜寻还是自雇都有激励作用,因此需要重点实施。这与当前的实务工作相矛盾,从长远看并不利于依赖者实现自立。

---

① Esping-Andersen, G., Gallie, D., Hemerijck, A., Myles, J. (2002). *Why We Need a New Welfare State*. New York: Oxford University Press.
② Midgley, J. (2017). "Social investment: concepts, uses and theoretical perspectives." In Midgley, J., Dahl, E., Wright, A. C. (Ed.). *Social Investment and Social Welfare*. Cheltenham: Edward Elgar Publishing, p.16.

二、救助项目设置未能应对依赖者生命历程的变迁

(一) 项目设置应急能力不足,难以应对突发事件

1. 过度倚重基本生活保护,忽视风险因素

从非典型福利依赖者获得的救助支持来看,各类型依赖者都或多或少地面临专项救助缺位的问题,无论是需要就业援助的边缘式依赖者、需要照料服务的完全式依赖者、需要教育救助的辛勤者还是需要临时救助的失意者,都提出救助服务对相应需求的回应并不充分。这意味着当前救助制度的项目设置仍以最低生活保障制度为核心,侧重于受助者基本生活的保护,现有的服务仍以常规事项的安排为重,对各类风险因素的重视程度远远不足。

具体而言,非典型福利依赖者普遍面临重大事件的冲击,这些事件类型各异,而且部分事件还会重复发生,但是部分重大事件未得到及时回应,说明救助制度尚未适应个体生命历程的变迁,因此未考虑到贫困者遭遇风险的普遍性。究其原因,是由于救助制度仍未适应风险社会,其项目设置对各类风险因素估计不足,导致项目的结构仍以常规项目为主。在《社会救助暂行办法》中,低保仍旧是获得专项救助的前置条件,各类专项救助被叠加在低保之上,极大地局限了专项救助的效力范围。在这样的背景下,救助制度不仅对突发事件缺乏关注度,而且使救助项目的干预出现迟滞,最终削弱救助的效果。可以认为,过度倚重基本生活保护,将忽视风险因素,使得对风险事件的应对不足。

2. 临时救助响应滞后,缺乏能动性

随着2014年《社会救助暂行办法》的实施和《关于全面建立临时救助制度的通知》的发布,临时救助项目走上了快速发展的道路,如今已成为重要的救助项目之一。从功能上来看,救急难托底保障机制既要主动发现困难、提高响应速度,又要整合救助资源、协调部门联动[1]。从"救急难"的角度看,临时救助面临的是突发性、紧迫性、临时性的重大事件,由于非典型福利依赖者及其家人难以抵抗此类事件的冲击,因此需要救助在事件发生后第一时间介入,因此干预的时机宜早不宜迟。然而从临时救助的实务活动中

---

[1] 章晓懿:《"救急难"托底保障的机制构建与地方实践》,《中国民政》,2017年第16期。

发现,该项救助的审批手续繁杂,管理部门"多龙治水",基层审批机构权限有限,因此对急难事件的响应较为滞后,能动性较为匮乏。

从临时救助的办理流程看,"申请、受理、审核、审批"是当前该救助项目的普遍流程,审核审批环节依据申请事项的紧急程度分为急难型临时救助审核审批和支出型临时救助审核审批。其中,对于支出型临时救助需要对申请者的家庭经济状况、人口状况、遭遇困难类型等逐一调查,并组织民主评议和张榜公示,随后报上级部门审批。对于急难型临时救助申请则需要"先行救助",即简化各项环节,直接予以救助,急难情况缓解后补办手续。[①]即使非典型福利依赖者已是最低生活保障制度的受助者,其申请临时救助后仍需完成上述办理流程,因此申请周期长,限制了临时救助"缓解燃眉之急"作用的发挥。

从管理部门分工合作的角度来看,临时救助面临的重大事件类型多样,因此需要调集多方资源,不可避免地牵涉到多个部门。然而当前不同的救助资源分属于不同的管理部门,部门间的沟通和协调程度极大地影响了资源调配的速度和力度,因此当前"多龙治水"的局面并不利于临时救助的实施。对于非典型福利依赖者而言,其所遭遇的部分重大事件之间具有一定的联系,需要救助主体进行事件性质的判断、救助程度的评估与可能性负面后果的预防,但是管理部门的碎片化导致缺乏对重大事件进行整体评估的机会,事件之间的因果联系易被忽视,进而导致临时救助制度丧失对整体生命历程的敏感性,最终影响救助效果。

再者,当前基层管理部门的管理权限极为有限,临时救助的审核仍需上报县一级民政部门审批,层层报批流程较长且手续烦琐,极大地影响了临时救助的时效性。从另一个层面看,审批权限未下放也无法激励基层管理人员发挥能动性,不仅不利于从街道层面链接相关救助资源,而且无助于加快办结临时救助。

(二)现行专项救助设置未匹配生命周期

1. 医疗救助局限于医保报销目录

从非典型福利依赖者的生命周期看,依赖者及其家人的健康状况不断恶化,并且其所遭遇的意外伤害、突发疾病、罹患重症等重大事件使之在医疗方面的开支较多。尽管经过基本医疗保险、大病保险报销后个人负担仍较重的可以借助医疗救助缓解医疗开支带来的经济压力,但是因病支出型

---

① 中国民政:《临时救助的办理流程》,《中国民政》,2020年第9期。

第九章 生命历程与制度支持不匹配:催生非典型福利依赖的制度原因

贫困仍是支出型贫困的核心内容。① 究其原因,是由于医保目录限制了医疗费用的报销。

尽管各地已经在原有基础上不断上调标准,但是对于罹患罕见病或重病的依赖者而言,若医疗开支超出基本医疗保险药品目录、诊疗项目、医疗服务设施范围和支付标准目录这三大目录,那么发生的费用将超出政策范围导致无法报销。例如,南京市于 2018 年 1 月起调整困难居民医疗救助标准,规定对低保人员"经基本医疗保险、大病保险及其他各类补充医疗保险报销后的个人负担部分,救助比例从 85% 提高到 90%"。但是有研究发现,罕见病医疗费用支出的致贫率超过 35%,由家庭罕见病医疗负担导致的支出型贫困水平较高。② 这正是由于罕见病的部分医疗开支超出了报销目录,使得高昂的治疗成本不得不自行承担。

此外,由于有关医疗救助的优惠政策、办法规定较多并且更新较快,但是政策解读未能跟上,因此非典型福利依赖者对医疗救助政策不熟悉,既无从获知救助额度,也无从感受救助力度,因而导致获得感并不强烈。

2. 教育救助未覆盖投资性和竞争性教育支出

从非典型福利依赖者的整体生命过程来看,当家庭遭遇重大事件冲击时,家庭经济资源的分配会进行明显的调整。例如,当贫困个体健康受损时,劳动收入急剧下降,资源配置更倾向于当期消费,能力投资与生产性支出都会下降。③ 当就业出现障碍时,则会导致短期内家庭资源有限,进而使子女教育进程出现延迟,形成了对教育的负面影响。④ 这意味着生命历程的变迁将对接受教育的时期和时长产生重大影响,依赖者遭受的重大冲击会导致家庭产生对教育救助的需求。此外,教育市场化使得教育投资如军备竞赛一般愈发激烈,投资性教育支出和竞争性教育支出与日俱增,无疑增加了家庭的教育支出负担。⑤⑥

---

① 王超群:《因病支出型贫困社会救助政策的减贫效果模拟——基于 CFPS 数据的分析》,《公共行政评论》,2017 年第 3 期。
② 阳义南、肖建华:《罕见病医疗负担对支出型贫困的影响研究》,《中国卫生政策研究》,2019 年第 1 期。
③ 邹薇、方迎风:《健康冲击、'能力'投资与贫困脆弱性:基于中国数据的实证分析》,《社会科学研究》,2013 年第 4 期。
④ 赵颖:《员工下岗、家庭资源与子女教育》,《经济研究》,2016 年第 5 期。
⑤ 田北海、王连生:《支出型贫困家庭的贫困表征、生成机制与治理路径》,《南京农业大学学报》,2018 年第 3 期。
⑥ 周渝霜:《教育支出与贫困脆弱性——基于 CHFS 微观数据的实证思考》,《区域治理》,2019 年第 52 期。

从目前教育救助对生命历程的回应看,教育救助仍处于消极滞后的地位,既对生命历程变迁带来的家庭经济结构的变化缺乏敏感性,也未能缓解依赖者家庭与日俱增的教育开支需求。更重要的是,在投资性教育支出和竞争性教育支出方面,教育救助发挥的作用极为有限。具体而言:学前教育阶段属于早期人力资本积累阶段,该时期接受的教育属于投资性教育。随着进入小学、初中等义务教育阶段和高中等非义务教育阶段,学费等开支并非是教育资金压力的主要来源,校外兴趣班、培训辅导班等课业与技能辅导费才是教育开支的主要内容。随着激烈的入学竞争不断白热化,竞争性教育支出的课外学费逐渐成为新的经济负担。

就投资性教育支出而言,教育救助未能覆盖到位。这是由于目前实施的学前教育救助仅面向公办幼儿园和普惠性民办幼儿园,而大部分依赖者家庭子女就读的幼儿园并不在政策覆盖范围内。即使部分民办幼儿园能够实施教育救助,也因为宣传不到位而未能被非典型福利依赖者所熟知,因此学前教育阶段的教育救助更多地流于形式。

就竞争性教育支出而言,当前的教育救助仅辅助依赖者家庭的子女免除了学杂费、社会实践费、住宿费等开支,同时帮助其获得了生活补贴,但是在补课费方面,现行的教育救助并未能进行覆盖,无助于缓解依赖者家庭的教育负担。在这样的背景下,依赖者或者选择进一步压缩其他方面的开支,或者选择减少乃至放弃课外辅导,前者将极大地增加依赖者家庭的生活压力,后者将影响家庭成员人力资本的积累,长期来看将使家庭难以摆脱贫困。

(三)未结合生命历程回应需求导致救助服务缺位

1. 日常照料服务缺位,影响依赖者的劳动参与

前文的分析显示,部分处于劳动年龄且具有劳动能力的非典型福利依赖者其劳动水平偏低,很大程度上是受到其家庭照料者角色的影响。通过展示其所在家庭的照料需求发现,此类依赖者所在家庭中有因病因残长期住院或卧床、生活无法自理的家庭成员和0—3岁需要哺育照料的婴幼儿的不在少数,甚至有的依赖者需要同时照料年幼、年老和病残成员。但是现实中依赖者无法转嫁或分担照料责任,是由于当前的救助制度忽视了依赖者所在家庭的生命周期,对家庭成员的照料需求估计不足,导致当前照料服务发展滞后,照料服务不仅覆盖面较小,而且服务类型较少,服务质量偏低。

具体而言,当前照料服务仅在部分城市、部分社区提供,未能推出常规

性的、标准化的救助项目。其次,照料服务类型也并不丰富,难以全面覆盖婴幼儿照料、儿童照料、老年照料、病患照料和残疾人照料,所提供的服务内容也过于偏重家政服务和日常照料,忽视了康复护理和医疗咨询,故未满足不同群体的照料与看护需求。再者,照料服务的质量被认为并不尽如人意,无法解决后顾之忧,因此仍需家人自行实施照料。可见,无论是从照料服务面向的对象而言,还是从照料服务的项目而言,当前的照料服务被认为忽视了 0—3 岁的婴幼儿、3 岁以上的儿童、残疾人士以及长期患病群体。

在这样的背景下,非典型福利依赖者为了照料家庭成员,要么缩减工作时间,要么放弃工作机会。对于前者而言,由于要同时维持劳动参与和家庭照料,因此容易陷入"时间贫困"。依赖者既要在工作的同时自行安排一系列照料事宜,防止工作和照料事务产生时间冲突,又要挤占闲暇时间来照料家人。一旦未能有效分配时间,将陷入工作—生活冲突的境地。对于后者而言,若放弃工作全身心陪伴家人,那么会由于长期脱离劳动力市场而导致重返劳动力市场变得遥遥无期,此外,依赖者所在家庭将失去重要的经济来源,导致家庭的经济状况进一步恶化。更重要的是,《社会救助暂行办法》规定,"低保家庭中有劳动能力但未就业的成员应当接受职业介绍,拒绝三次以上的应当减发或停发其本人的低保金"。这种工作要求与照料服务缺位的现实相矛盾,容易令需要照料家人的依赖者无所适从。若照料服务始终缺位,那么要求依赖者重返劳动力市场的努力都将付诸东流。

2. 能力发展型服务与支持融合型服务匮乏

2017 年,《关于积极推行政府购买服务 加强基层社会救助经办服务能力的意见》将社会救助服务的建设推上了新的台阶。意见指出,"以保障困难群众基本生活权益为根本,以强化社会参与、创新服务机制、拓展服务内容、统筹救助资源、提升服务效能为重点,积极推行政府购买服务,采取有力措施加强基层社会救助经办服务能力,努力为社会救助对象提供及时、高效、专业的救助服务"。就社会救助服务的内容而言,主要包括对社会救助对象开展的照料护理、康复训练、送医陪护、社会融入、能力提升、心理疏导、资源链接等服务。有研究将上述服务划分为"三类七项":安老服务、康复服务、儿童托管服务、就业促进服务、有条件现金援助、青少年课业辅导服务、支持小组服务,进一步可分为日常照顾型服务、能力发展型服务和支持融合型服务。[①]

从非典型福利依赖者所获得的救助服务来看,当前依赖者及其家庭所

---

① 林闽钢:《关于政府购买社会救助服务的思考》,《行政管理改革》,2015 年第 8 期。

获得的救助服务极为有限,并且多数服务属于专项救助的附加内容,与医疗、教育、就业等项目绑定,难以向其他服务领域拓展。仅有部分依赖者获得了日常照顾型服务,如依托社区实现日间照料,但绝大多数依赖者尚未获得更丰富、更具有针对性的救助服务。可以认为,非典型福利依赖者在不同的生命阶段拥有不同的服务需求,例如生育期前后对婴幼儿照料服务产生需求、子女未成年时期对儿童托管服务产生需求、家中处于老年期的成员则需要安养服务。然而,生命历程中涌现的多重服务需求仅有生活照料型服务易被满足,而能力发展型服务和支持融合型服务较为缺乏。例如,儿童课业辅导服务是为了辅助依赖者家庭中的子女顺利完成人力资本积累,但是此类服务项目尚未全面铺开。类似地,防止社会排斥的、促进社会融合的社会服务也未能大面积推开。

三、救助结构与规则缺陷形成福利依赖诱因

(一) 叠加救助结构形成负面激励

目前,我国的救助制度采用的是"低保+专项"的叠加结构,除"特困供养人员和县级以上人民政府规定的其他特殊困难人员"外,申请并获得享受最低生活保障的资格是进入社会救助制度的第一道关卡,也是唯一一道关卡。一旦成为低保制度受助者,将自动获得申请其他救助项目的资格(临时救助的申请资格更加宽泛),享受低保待遇是享受专项救助待遇的前提。例如,《社会救助暂行办法》规定,可以申请相关医疗救助、住房救助等专项救助项目的包括最低生活保障家庭成员、特困供养人员和县级以上人民政府规定的其他特殊困难人员。从这个角度上来看,低保与专项救助是叠加在一起的,低保是基础,专项救助在此基础上得以扩展。但是,这样的救助结构具有一定的缺陷,就是容易对退保形成负面激励,诱导非典型福利依赖者"主动滞留"在救助制度中。

1. 叠加结构增加了退保成本

"低保+专项"的叠加结构显示,最低生活保障制度具有的筛选功能可以扩展到专项救助上,简单而言就是符合低保资格标准成为获得全部救助项目的前置条件,一旦获得低保资格,就能申请专项救助,只要不符合低保标准,那么即使在专项救助上存在需求,也无法申请教育、医疗、就业、住房

等专项救助。可以看出,叠加结构令低保资格的"含金量"增加了①,是由于专项救助成了低保的附加福利,无形中使低保项目包含了更多隐性权利。这样一来,获得了低保的依赖者同样获取了申请其他救助项目的资格,退保的成本被提高了,退保在某种程度上被妖魔化了,这使依赖者不敢轻易放弃低保户的身份。

2. 叠加结构下专项救助覆盖面有限

在目前的规定下,专项救助致力于缓解低保制度受助者在教育、医疗、就业、住房等方面的压力,但是该项目以低保制度为申报基础,而非作为独立的救助项目存在的。由于专项救助默认的服务对象仅为低保户,那么当未享受低保的贫困者突然受到重大事件冲击时,无法在第一时间获得专项救助制度的支持,因此需要独自承担风险事件带来的系列损失,最终使得个体的生命历程被重大事件深深改变。

此外,由于专项救助叠加在低保制度之上,其并不需要单独设置申请资格条件,而是沿用了低保制度的申请资格条件,但是后者的申请包含经济审核环节,需要进行严格的收入财产审查,这会导致受助门槛较高。若不满足收入和财产规定,那么具有专项救助需求的贫困者仍无法获助。可以认为,叠加结构让专项救助的覆盖面缩小了,影响了社会救助制度抗风险功能的发挥。

(二) 救助金计发模式导致消极后果

1. 未保护劳动收入导致劳动参与水平降低

有研究认为,经济/财政激励可以积极地改变受助者的行为,其中运用最为普遍的就是税收抵免政策,诸如美国的劳动所得税收抵免项目(EITC)和英国的工作家庭税收抵免项目(Working Families' Tax Credit,WFTC)都被认为有助于控制福利依赖,而且"增强了低工资就业的吸引力,扩大了底层劳动力的存量"。②③ 换言之,对劳动收入的保护能够激励福利依赖者逐步退出救助制度,而且有利于提高依赖者的劳动参与状况。

在我国,不仅相关的经济激励措施较为缺乏,而且基本的劳动收入都无法得到保护。具体而言,低保金的计算方法为补差法,即将受助者加总的各项收入与当地低保标准进行对比,低于低保标准的部分由低保金补齐,受助

---

① 胡思洋:《低保制度功能定位的制度变迁与合理取向》,《社会保障研究》,2017年第1期。
② 肖萌、梁祖彬:《社会救助就业福利政策研究》,《社会保障研究》,2010年第1期。
③ 张浩淼:《就业救助:国际经验与中国道路》,《兰州学刊》,2018年第10期。

者的收入越少,获得的低保金就越多。在计算各项收入时,所有的收入来源都会被考虑进去,包括劳动收入,这会导致劳动收入越多,最终获得的低保金越少,随着劳动收入与低保金相互抵销,受助者的劳动行为就无法得到鼓励,因此很多依赖者出于成本—收益的考虑不得不放弃劳动。可以认为,这种补差发放低保金的计算方式非但不利于改善受助者的生活,而且对改善福利依赖的局面毫无帮助,甚至还因为减少劳动参与而出现了负面激励。

2. 均等化金额强化相对剥夺感

在贫困者群体中,非典型福利依赖者特指处于劳动年龄具有劳动能力的受助者。从受助者获得的救助金额看,当前救助金的计算并未体现出差异性,忽略了具有劳动能力者与不具有劳动能力者之间、就业者与未就业者之间的区别。

一般而言,不具有劳动能力者是"值得救助者",由于缺乏其他经济来源,救助金对其而言是最后一道保护线,因此需要足额发放。相比之下,具有劳动能力者被认为能够通过市场获得部分收入,救助金对其的意义是补缺,因此该群体领取的救助金金额应当体现出差异性,需要低于无劳动能力者所领取的全额救助金。再者,在具有劳动能力的群体中,部分依赖者的劳动参与水平较高,部分依赖者较低,前者获取了一定的劳动收入,而后者完全依靠救助金生活。但是目前低保金的补差法会将劳动收入抵扣低保金,这使得依赖者群体中劳动者与非劳动者之间的收入差距被抹除了,意味着无论是否工作,其最终的生活水准都差不多,甚至"干得越多,拿得越少"。对于受助者而言,其劳动行为不仅未得到鼓励,甚至隐含了惩罚的意味,无形中使积极就业者产生了相对剥夺感。依赖者越勤恳卖力、劳动所得越多,最终获得的低保金越少,越不"划算",因此相对剥夺感越强烈。为了避免体会这种剥夺感,非典型福利依赖者往往会选择减少工作乃至放弃工作。若当前的救助金计发方式充分地保护劳动收入且实施救助金额的差异化,那么积极就业者的心理不平衡感和相对剥夺感将被大大削弱。可以认为,当前低保金的计发模式具有强烈的消极意味。

(三)动态管理规定催生惜退心理

目前,多数城市结合本地实际情况制定了最低生活保障的动态管理制度,规定"低保对象家庭成员、收入和财产等情况发生变化,需要申报以提高、降低或停发低保待遇"。然而当前的动态管理规定存在一定的缺陷,促使受助者形成福利依赖。

第九章 生命历程与制度支持不匹配：催生非典型福利依赖的制度原因

1. 叠加结构下退保机制不健全

从调查结果看，当前多地颁布的低保制度实施细则中皆提出了动态管理，例如《芜湖市城乡居民最低生活保障实施细则》的动态管理制度规定，"低保对象家庭成员、收入和财产等情况发生变化的，户主应在1个月内主动告知村（居）委会或镇（街道）。由村（居）委会或镇（街道）按审批程序，及时为其办理提高、降低或者停发城乡低保待遇的变更手续，并在其《最低生活保障证》和低保档案中进行相应登记"。但是在目前的规定下，最低生活保障的退出机制依托于对低保家庭人口、收入和财产状况变化的主动申报和定期核查，但是专项救助并未设置明确的退出机制，导致出现以下问题：一方面，动态管理未明确规定退保的情境与标准，使退保要求缺乏依据，导致基层管理人员和受助者难以判断是否应该退保；另一方面，对于具有劳动能力的非典型福利依赖者群体，通过受助恢复其自立能力是社会救助制度的设计初衷，因此该群体不能无限期地接受救助，但是当前未设置明确的退保机制，也就难以控制非典型福利依赖者的受助时长，无法通过设置时间限制对依赖者的受助时长进行管理。

究其原因，是由于专项救助以低保制度为申报基础，致力于缓解低保制度受助者在教育、医疗、就业、住房等方面的压力，而非作为独立的救助项目而存在。由于专项救助默认的服务对象仅为低保户，那么其并不需要设置完整的申请和退出流程，这就导致非典型福利依赖者退出救助时缺乏标准和依据。若打破专项救助与低保制度的叠加结构，使两项制度"脱钩"，就能够分别设置不同项目的退出机制，方便各个项目单独进行动态管理。

2. 渐退规定提供的保护期较短

相比之下，部分地区则详细规定了退保标准与适用情境，例如《江苏省居民最低生活保障工作规程》规定，"因灵活就业、自谋职业或自主创业使家庭人均收入达到或者高于当地最低生活保障标准，并且主动申报退保的，可以采取缓退方式退出最低生活保障，鼓励最低生活保障对象实现劳动自立"，并结合渐退过程详细设置了退保标准："家庭人均收入达到或者高于当地最低生活保障标准、低于当地最低生活保障标准2倍的，自收入发生变动起的3个月内保留原最低生活保障待遇，第4个月退出最低生活保障，退保后3个月内不得再次申请最低生活保障。"

尽管详细的退保标准有助于落实退保工作，当前规定的渐退时间尚短，仅为3个月，这对于就业状态尚不稳定、收入处于波动中的受助者而言保护期过短。此外，即使家庭收入超过当地低保障标准2倍但仍未脱贫，受助者仍然需要一定的制度保护。基于此,南京市规定:"就业或自谋职业后家庭月人均收入低于当地低保标准2倍的,自实际收入发生变动起的6个月内保留原低保不变,第7个月退出低保,出保后6个月内不受理低保申请;就业或自谋职业后家庭月人均收入高于当地低保标准2倍的,自实际收入发生变动起的3个月内保留原低保不变,第4个月退出低保,出保后3个月内不受理低保申请。"可以说,南京市的渐退期更长,提供的缓冲更加充分。

然而从非典型福利依赖者的生命历程看,失业、工作不稳定、劳动能力受损等重大事件带来的冲击会延续很长一段时间,尤其是就业的波动会导致家庭整体经济状态时好时坏。国外相关研究发现,受助者退出救助制度后有19.5%至20.5%会在5.6个月后重返救助制度[1],15.3%的人不出三个月就得重返救助,而35%的人在退保一年内又会重新申请救助。[2] 即使依赖者在劳动参与方面略有起色,其偏低的薪资水平、艰苦的工作环境、缺乏上升通道的职业前景、松散的劳动契约都不利于其维持长期、稳定的劳动回报。在这样的背景下,即使其当下的劳动收入有所提升,后续时期内的经济状况也不足以支撑家庭"安全着陆"。即使退保后会有诸如渐退等辅助措施,这些措施的实施时长也是有限的,除非延长渐退期或者实施相关配套措施防止返贫,否则不足以让受助者安心退出。

3. 退保规定的震慑性远大于鼓励性

从某种意义上讲,退保意味着受助者及其所在家庭的处境有了明显的改善,能够独立于救助制度生活,因此受助者退保是脱离贫困、实现自立的象征,因而值得鼓励。然而当前退保被普遍认为是惩罚措施,非典型福利依赖者对退保心生惧意,使得退保的震慑性远大于鼓励性。

对于通过增加劳动收入等途径改善了经济状况的依赖者而言,新增加的劳动收入既要维持家庭基本消费,又要抵抗潜在的风险,同时还要应对低保金的扣减,因此依赖者在退保前后这段时期内尤为脆弱。在这样的情况下,依赖者不仅未能缓解其经济压力,其退保的意愿反而被并不明朗的前景所抑制。此时退保规定成了此类依赖者新的压力源,由于降低了依赖者的安全感,最终反而对依赖者脱离救助制度产生了逆向激励效应。

对于逐步脱离重大事件负面影响的依赖者而言,尽管致贫因素已被消

---

[1] Blank, R. M., & Ruggles, P. (1994). "Short-term recidivism among public-assistance recipients." *The American Economic Review*, 84(2), 49–53.

[2] Gurmu, S., Smith, W. J. (2006). "Recidivism among Welfare Recipients: The Role of Neighborhood and Access to Employment." *Atlantic Economic Journal*, 34, 405–419.

除，且由此导致的经济负担已逐步减轻，但是从非典型福利依赖者的生命历程看，重大事件带来的负面影响仍需较长时间来化解，受到影响的依赖者在后续的生命过程中仍处于恢复期，对潜在风险因素的防范远远不足。对于此类依赖者而言，经济上的劣势与能力上的缺陷并非朝夕之间就能得以弥补的，若重大事件结束后就要求其退保，又会将其重新推向无保护状态，既无法通过自立进行自我保护，又无法通过制度支持获得援助，因此依赖者对于退保往往持抵抗的态度。

4. 退保后再次申请救助存在显性时间限制

目前，部分城市对于退出低保后重新申请的时间进行了规定。例如，《南京市城乡居民最低生活保障条例实施细则》规定："就业或自谋职业后家庭月人均收入低于当地低保标准2倍的，自实际收入发生变动起的6个月内保留原低保不变，第7个月退出低保，出保后6个月内不受理低保申请；就业或自谋职业后家庭月人均收入高于当地低保标准2倍的，自实际收入发生变动起的3个月内保留原低保不变，第4个月退出低保，出保后3个月内不受理低保申请。"这意味着非典型福利依赖者一旦选择退保，其将面临3个月至6个月的时间限制，在此期间不得重新申请低保。

众所周知，对于很多低收入群体而言，完全依靠劳动收入实现自立仍然是十分困难的，因此家庭对低保金的增减、有无极为敏感。若规定退保后短期内不能申请低保，将对家庭整体的经济状况形成巨大的挑战，一旦无法维持现有的收入水平，依赖者及其家庭将陷入"既无劳动收入，又无低保金"的双重无保护状态。可以认为，对退保后再次申请救助设置时间限制，将使依赖者更加抗拒退保。

5. 申请救助的隐性时间限制导致阶段性贫困

在调查中发现，非典型福利依赖者遭受重大事件打击后会优先通过社会网络获取援助，随后才会转向寻求救助制度的援助，究其原因是由于低保金的计算方式隐含了申请救助的时间限制，使贫困者未能及时获得救助的支持。

根据《社会救助暂行办法》，低保金的计算涉及家庭月人均收入，而后者需要向前追溯6个月，即按提出低保申请之日前不少于6个月收入的平均值计算。对于面临突发事件、重大事件的贫困者而言，高额开支是从事件发生时才出现的，若追溯事件未发生期的月收入，很有可能并不满足救助标准。换言之，贫困者在遭遇困境的初期，家庭月收入尚未低于低保标准，因此无法申请低保或临时救助。只有当收入降低至低保标准时且维持6个月后,才满足低保金的计算要求,进而才能获得救助。在这样的前提下,贫困者只能在无保护的情况下独立坚持6个月,这势必强化了受助者惜退的心理定势。

四、激活措施无助于恢复劳动自立能力

(一) 未能结合生命历程实施有效的就业培训

1. 未结合生命历程组织人力资本的再积累

由于早年生命历程中经历过诸如遭受意外伤害、罹患重大疾病、未成年辍学、劳动教养和劳动改造等重大事件打击,因而劳动能力毁损和人力资本积累失败的情况很普遍,同时下岗失业又使失意者劳动状况进一步恶化,因此数量众多的非典型福利依赖者需要重新积累人力资本。

在人力资本积累的途径中,学历提升是最直接的方式,而且对于年纪较轻的非典型福利依赖者而言,即使获得技术培训,没有正规学历背景也于事无补。可以说,学历提升是青年依赖者再就业的重要途径,也是其重返劳动力市场的必经之路。从当前劳动力市场的要求来看,除非参加自考或专升本考试,否则夜校、函授等文凭并不被劳动力市场认可,然而目前就业援助项目所提供的服务集中于技能培训,并未涵盖学历提升,因此对再就业的帮助比较有限。

2. 未考虑不同生命阶段依赖者对培训"成本—收益"的衡量

访谈中处于不同生命阶段的依赖者对就业培训的态度不同,其中,青年依赖者的参与态度较为积极,而超过50岁的依赖者和部分中年非典型福利依赖者表示"不愿参加职业培训"。对于青年依赖者而言,其所处的生命阶段是参与劳动的最佳时间阶段,接受培训后劳动收入提升的预期将吸引其参加培训,因此接受培训对其而言"划得来"。对于年龄较大的尤其是超过50岁的依赖者而言,由于其所从事的劳动岗位对技能要求不高,因此通过技能在劳动力市场中获取回报的可能性较低,故其参与培训的积极性不高。对于中年依赖者而言,其之所以不愿意参加职业培训,很大一部分原因是当前就业培训的组织者未能站在受助者的角度考虑培训的成本与收益,导致受助者遭受了时间和经济损失。具体而言,当前街道或人社部门组织的技能培训往往安排在工作日,导致依赖者的劳动时间被挤占,影响其当天的劳

第九章　生命历程与制度支持不匹配：催生非典型福利依赖的制度原因

动收入，同时参加培训会增加依赖者的交通费等开支，增加其经济负担。由于因培训产生的时间成本和经济成本未得到补偿，因此依赖者参加培训的积极性不高。

当前就业培训服务的开展依托于社区、街道，或人社部门开展，但是培训服务的时间设置与隐性成本往往未被充分考虑到，导致部分接受培训者产生不满。从根源上分析会发现，缺乏对"成本—收益"的衡量是当前培训工作开展不畅的重要原因。对于青年依赖者而言，由于其参与积极性较高，组织方可以从扩大培训内容方面入手吸引更多依赖者参与，并且注重展示以往接受过培训者所获得的收入提升，以此激励青年依赖者提升技能水平。若培训主管部门将非典型福利依赖者视为理性的经济人，那么就需要结合劳动力市场提供的小时工资以及个体劳动的价值为受助者提供一定的补偿，或将培训安排在闲暇时段，以弥补其消耗的时间成本和经济成本。

(二) 就业援助项目与就业需求"错配"

1. 就业培训未对接劳动力市场的需求

从就业服务项目的覆盖面来看，当前各类劳动服务都在该类型依赖者群体中实施过。但是从就业服务供需匹配的角度来看，依赖者的就业服务需求并没有得到满足，不仅在于部分服务项目的获得率偏低，而且在于服务内容偏离了次级劳动力市场要求。

获得了就业培训的非典型福利依赖者普遍认为，就业服务项目中技能培训太难了，而且这些劳动就业服务并不是其所需要的，因此依赖者对技能培训的评价并不高。由于非典型福利依赖者往往在次级劳动力市场中搜寻工作，因此需要根据次级劳动力市场的岗位特征进行培训设计，然而就当前技能培训的内容来看，项目设置要么侧重于基础性技能的习得，如打字和office软件操作，要么针对初级劳动力市场中的技能要求进行授课，如PS制图和中医理疗。前者的问题在于，基础技能往往要依托于学历和经验，在岗位搜寻的过程中并不能单独存在，若只掌握基础技能，但是人力资本达不到岗位要求，同样无助于获得工作。后者的问题在于，初级劳动力市场中的技能要求对于依赖者而言过高，容易引发对技能学习的排斥，此外培训内容脱离二级劳动力市场，导致所学技能难以在当前的就业环境中施展，因此对在次级劳动力市场中就业帮助不大。

2. 就业服务项目面临选择性提供问题

当前，简单易行且效果明显的服务项目得到了推广，而更具针对性且受众较少的项目则被放在次要地位,甚至出现部分服务过度提供、部分服务流于形式的问题,这导致劳动服务项目的发展不够均衡,进而影响其发挥"激活"依赖者的功能。研究发现,我国各地实施的职业推介和培训作用不大①,部分就业激励措施如参加公益服务甚至存在负面效应②,因此就业服务的效果仍然存疑。

究其原因,技术支持、就业指导、结对帮扶这些项目所涉及的人力、物力和财力较多,相关管理成本偏高,而且项目实施效果与社区、街道、人社部门和第三部门等的协调沟通能力息息相关,因此在实务操作过程中并不受服务供给方的青睐。相比之下,技能培训、提供岗位信息和职业介绍等项目简单易行且具有规模效应,并且援助效果立竿见影,因此在就业援助实务中被更多地采用和推广。这就造成了就业援助服务"过度提供与流于形式并存"的局面。还有研究认为,当前就业机会援助或就业服务提供都是以零散的行政行为为主的,没有形成稳定的制度化安排,同时职业技能培训等能够提高救助对象就业能力的项目也十分缺乏。③ 就业救助服务匮乏,职业推介与培训这两种最为常用的工作福利政策工具虽然已出现于地方的救助政策文本层面,但由于资金支持不足,只能选择压低低保标准这种低成本的就业激励措施来取代就业援助。④

3. 就业资金帮扶与劳动就业服务"错配"

在当前实施的就业帮扶措施中,资金和服务是主要的两种形式。其中,资金帮扶包括自主创业启动资金、税费优惠、贷款贴息等,服务帮扶则包括技术支持、技能培训、职业介绍和就业指导。结合非典型福利依赖者的类型发现,不同类型的依赖者对帮扶的需求并不相同:劳动参与水平较高的辛勤者和边缘式依赖者对技能提升和职业指导方面的需求更强烈,其不满足于当前的低技能岗位,希望结合职业前景从能力上获得提升。相比之下,失意者、完全式依赖者等劳动参与水平不高的依赖者对自主创业、自雇等就业形式更感兴趣,例如女性依赖者希望在照顾家人的空闲时间做微商,或者"两劳"人员租用店面做低成本生意。对于这些依赖者而言,创业带来的资金缺

---

① 肖萌、陈虹霖、李飞跃:《低保对象为何退保难? 动态分析策略下的退保模式及其变迁趋势研究》,《社会》,2019年第4期。
② 侯斌:《从救助到就业:发展型救助视角下城乡失业贫困人口的再就业影响研究》,《哈尔滨商业大学学报》,2019年第1期。
③ 苑晓美:《发展型社会救助的理念、实践及其启示》,《中州学刊》,2018年第5期。
④ 肖萌、陈虹霖、李飞跃:《低保对象为何退保难? 动态分析策略下的退保模式及其变迁趋势研究》,《社会》,2019年第4期。

口和技能提升所造成的成本是主要的援助诉求,因此其对培训补贴、自主创业启动资金和贷款贴息的需求较多。

但是从目前依赖者获得的就业援助项目来看,劳动参与水平较高的依赖者所获得的就业援助整体较少,而劳动参与水平偏低的依赖者基本上获得的也多是服务项目,因而出现了资金帮扶与就业服务的错配。从中国的现实来看,各类资金帮扶仍然缺位,未能形成广泛的影响力。

(三) 尚未贯通"正式"与"非正式"就业通道

1. 公益性岗位供给不足,"正式"就业通道受阻

从当前就业援助体系所提供的援助内容来看,直接提供就业岗位的项目并不多,此类援助多集中于提供公益性岗位。目前,公益岗位面向的对象基本上是难以通过其他就业措施实施再就业的群体,特征是年龄偏大、性别多为女性且健康状况不良。然而从次级劳动力市场对劳动者的要求来看,除了年龄、性别和健康状况外,体力、技能、经验、家庭照料负担乃至通勤距离都是工作岗位衡量就业者的标准。在非典型福利依赖者中,那些长期患有慢性病、因遭受意外伤害致残者由于在精神或身体上无法胜任工作,明显不符合劳动力市场要求,但是除此类依赖者之外,因体力下降、经验不足、家庭照料负担重、通勤距离过长等原因被用人单位拒之门外的依赖者比比皆是。

由于公益岗位数量有限,因此解决此类依赖者再就业问题的途径包括扩大公益性岗位的供给量,以及通过链接外部资源,精准对接劳务市场以安排再就业岗位。但是从现实情况来看,公益岗位的扩容能力有限,同时外部就业通道尚未被打通,故难以辅助无法自行就业的依赖者重返劳动力市场。

2. 忽视特殊生命历程者的再就业需求

众所周知,部分因病因残导致劳动能力受损的依赖者,以及部分接受过劳动教养、劳动改造的依赖者在再就业上会遭遇更多挫折,但是由于其人力资本受损或经历过特殊的负面事件,并且缺乏有效的社会支持网络,该群体难以再通过正规的招聘渠道获取职位。因此对于此类依赖者而言,打通再就业的"非正式"渠道是有必要的,例如通过熟人介绍、自雇等帮助"两劳"者重新获取再就业资格,或者通过安排公益岗位就业等帮助劳动能力受损者重返劳动力市场。

但是从实际来看,社区、街道和社会组织开发公益性岗位的能力有限,同时基于社会网络的工作搜寻不属于就业援助体系中的内容,因此此类拥有特殊生命历程的依赖者在劳动力市场中不断被边缘化,其再就业进程频

频受阻。

(四) 忽视零就业家庭所处的生命阶段

1. 过度强调"零就业"与现实相悖

《社会救助暂行办法》规定:"最低生活保障家庭有劳动能力的成员均处于失业状态的,县级以上地方人民政府应当采取有针对性的措施,确保该家庭至少有一人就业。"根据该规定,当前就业援助工作实务中不允许零就业家庭长期存在,因此往往会加大政策干预力度,甚至以减发或停发低保金作为不就业的惩罚。但是,若忽视零就业家庭所处的生命阶段,无视其家庭处境与劳动困境,一味强调消灭零就业,反而会导致依赖者陷入更深的困境。

具体而言,部分依赖者所在家庭面临多重困境,或者本人劳动条件较差,或者面临沉重的照料负担,尤其是被家庭所牵绊的辛勤者家庭情况更加复杂,强制其参与劳动会与家庭现实相冲突,导致依赖者无所适从。若无视家庭所处的生命阶段而强制依赖者劳动,将大大影响再就业援助的效果。

2. 象征性的就业要求与处罚流于形式

根据相关规定,实务部门需要为零就业家庭中有劳动能力但未就业的成员介绍与其健康状况、劳动能力相适应的工作。若该成员连续拒绝工作机会,会受到减发或停发本人低保金的处罚。但在现实中,非典型福利依赖者表示身边没有人被处罚过,究其原因,是由于目前非典型福利依赖者中失业者众多,大部分依赖者的劳动就业障碍与个人经历、家庭关联密不可分,其劳动参与会受到意外伤害、罹患重病、辍学、劳动教养、劳动改造、家人拖累等事件影响,往往处于不得已的境地才会失业,远非媒体报道的"主动放弃劳动而成为懒汉"。再者,随着劳动力市场竞争日趋激烈,高薪职位对人力资本、社会资本的要求不断提高,非典型福利依赖者更难重返劳动力市场。考虑到这些因素,实务部门对失业者并不会过于苛责,故更倾向于采用正面激励而非"大棒"政策。从这个角度而言,当前有关零就业家庭的工作要求和处罚措施只是象征性的措施,并未真正发挥处罚的功能。

(五) 未回应差异化的劳动参与需求

1. 忽视劳动参与致因差异,简化失业应对措施

在劳动参与水平不高的依赖者中,由于其陷于失业困境的原因不尽相同,因此对就业援助的诉求也各不相同。但是由于当前救助制度对非典型福利依赖的类型有所忽视,因此依赖者不同的劳动参与水平未被重视,导致

相应的激励措施并未结合依赖类型体现出差异化,难以满足不同依赖者的劳动参与需求。

在非典型福利依赖者中,劳动参与水平较低者是就业援助的重点干预对象,其中,失意者和完全式依赖者失业的原因并不相同。从整体生命历程来看,失意者多是由于本人遭遇重大事件,致使后续的竞争力受挫,因此在劳动力市场中处于劣势地位。相比之下,完全式依赖者主要是在生命历程早期遭受社会变迁的打击,且后续的人生受困于家庭的羁绊而难以实现再就业。此外,处于劳动年龄的依赖者中还有相当比例仍是在校学生,其对就业援助的需求则不同于前两者。

反观当前的就业援助制度,尽管已经区分了现金和服务两大类型,但是就业援助项目仍未能贴合不同的失业原因,不仅对重大事件的回应不够,而且对牵涉到的家庭因素束手无策。再者,对于在校学生而言,当前的就业援助项目并未能延伸至该群体,因而对于其选择职业和开展长期职业规划的需求无法得到满足。

2. 未回应已就业者的就业救助需求

在非典型福利依赖者中,有部分依赖者的劳动参与水平并不低,其中边缘式依赖者和辛勤者以灵活就业为主要就业形式,多从事临时工、钟点工、个体、私营、公益岗位等工作。对于此类依赖者而言,尽管他们并非就业援助制度的重点关注对象,但是由于其就业质量不高,不稳定的就业、较差的薪资水平和劳动环境使之随时会转化为失业者,因此其需要通过就业援助得到提升,以此来维持较高的劳动参与水平。

从目前实施的就业援助来看,救助项目重点围绕"帮助失业者再就业"展开,并且重点关注群体也是失业者,可见当前公共就业服务的重点领域仍是促就业,而非提升就业质量。换言之,目前在劳动力市场中就业的依赖者并未得到应有的关注,其不稳定的劳动状态也未能引起就业帮扶部门的关注,因此其劳动技能始终未得到进一步提升,就业能力也只能维持在"及格线"附近。

五、忽视生命历程导致依赖预防机制缺位

(一)未能结合差异化的生命历程实施前干预

1. 错失最佳干预时间节点

研究发现,若要使依赖者重整旗鼓脱离救助,基本上需要长达2年的时

间。① 经过24个月的调整和缓冲,依赖者才可能摆脱重大事件的负面影响,将生命历程重新拉回正轨。本书同样以24个月、84个月作为重要的时间节点,既可以判断受助者是否产生了依赖,又可以在此基础上讨论不同类型依赖者间的区别,结合依赖者所处的生命阶段提供针对性的反依赖措施。

具体而言,当受助者接受救助时间短,不超过24个月时,意味着受助者仍存在脱离救助制度的可能性,此时尚未形成依赖。但是超过24个月意味着受助者生命历程已经偏离了正常的轨道,难以在短时间内回到正轨,其难以依靠救助制度以外的力量支持日常生活,因此其对救助制度的依赖开始形成。同样,在非典型福利依赖者中,边缘式依赖者和失意者受助时间尚短,若接受救助的时间不超过84个月,就意味着其对救助制度的利用程度较浅,因此受助尚未成为长期化和固定化的行为。相比之下,若完全式依赖者和辛勤者受助已经超过84个月,则表明接受救助已成为生命历程的一部分,依赖性逐渐形成。

然而,当前的救助制度对24个月、84个月这些重要的时间节点并不敏感,对于依赖者受助时长的差异也不敏感,意味着救助制度将难以有意识地在重要时点前进行干预。一旦错过这些关键时点,将无法阻止受助者转化为依赖者,也无法阻止依赖者从依赖程度较浅的类型转化为依赖程度较深的类型。

2. 未及时阻断连锁事件的发生

就非典型福利依赖者遭遇的重大事件而言,这些重大事件通常集中且连续发生,部分事件持续时间较长,并且会重复发生。更重要的是,非典型福利依赖者所遭遇的事件具有连锁反应,例如意外伤害使得依赖者劳动收入锐减的同时还会面临大额医疗开支,若肢体伤害无法恢复如初甚至落下残疾,那么依赖者不仅劳动能力受损,而且会陷入失业风险中。一旦遭遇失业,依赖者所在家庭的整体经济水平下滑且容易陷入短期贫困,若未能得到及时干预和帮扶,则会演变为长期贫困。可以说,负面事件很有可能是环环相扣的,当某项重大事件开启了"潘多拉魔盒",就会导致不利因素逐步积累,最终引发生命历程的向下滑落。

然而,当前实施的救助制度对非典型福利依赖者的生命历程缺乏整体的考量,对不同依赖者生命历程之间的差异性也缺乏关注,这就导致救助制度支持缺乏宏观的视野,只能聚焦于单独的、孤立的事件,对事件之间的关

---

① Pavoni, N., Setty, O., Violante, G. L. (2016). "The design of 'soft' welfare-to-work programs." *Review of Economic Dynamics*, 20, 160–180.

联缺乏思考,进而使得救助措施碎片化。这样的后果就是对连锁事件缺乏前干预能力,并且在前期事件发生后未能阻断后续事件的发生,因而救助制度的预防能力极为有限。

3. 未采用差异化的激活措施

在非典型福利依赖者中,边缘式依赖者和失意者受助时间尚短,完全式依赖者和辛勤者受助时间已长,但是当前的救助制度未进行时间维度上的考量,故未能结合受助时长采取差异化的激活措施。在这样的背景下,短期依赖者和长期依赖者未能获得各有侧重点的救助,并且救助措施未能防止长期贫困的形成。

对于受助时间较长的完全式依赖者和辛勤者而言,长期接受救助导致其所在家庭的经济结构已发生变化,低保金与专项救助金成为家庭的固定收入,同时受制于家庭多项困境,此两类依赖者已形成受助惯性,短时间内无法独立于救助制度生活。再者,长期依赖者已处于多维度沦陷的境地,不仅家庭财政状况吃紧,而且在社会支持网络和社会资本方面的劣势也较为明显。但是,救助制度所提供的辅助局限性较强,而且实施力度不够,导致长期依赖者不断陷入长期贫困状态。

相比之下,受助时间尚短的边缘式依赖者和失意者的经济收入结构和劳动参与尚未定型,显然更易于被救助制度"激活",因此需要立刻进行干预以防止其转变为长期依赖,同时激活的手段可以更加多元。但目前实施的救助制度未能以短期依赖者群体为切入点,也未对短期依赖者提供差异化的激活措施。

(二) 忽视后续生命历程中自我保障能力的重建

1. 未提供完整的风险防护

从非典型福利依赖者参加社会保险的现状来看,依赖者及其家人的参保集中于养老保险和医疗保险,其他社会保险的参保率极低。这是由于各地政府为减轻低保户参保缴费导致的经济负担,规定救助制度为其参加基本养老保险、基本医疗保险的个人缴费部分进行全额资助,因此低保户会积极参加受到了资助的养老保险和医疗保险,对于未受到资助的社会保险项目则参保热情大打折扣,例如非典型福利依赖者中参加失业保险、工伤保险的人寥寥可数。

然而从风险社会的角度来看,非典型福利依赖者所从事的行业危险性较高,因而其在工伤、失业等方面的脆弱性远大于普通民众,随着风险因素不断聚集，依赖者极有可能陷入此类风险中。但是当前救助制度仅对养老和医疗的参保缴费进行了资助，而参加工伤保险、失业保险的费用需要依赖者自行承担，为了避免增加开支，依赖者往往选择不参保。另外，由于低保金的计算会考虑失业保险金收入，若依赖者领取低保金，其低保金就要进行相应的扣除。由于失业保险金累计领取时长被限制为 24 个月，防护时间偏短，因此依赖者往往会选择不参加失业保险。这会导致依赖者的生命历程暴露在诸多风险之中。可以认为，非典型福利依赖者未得到完整的风险防护，其被风险防护制度边缘化了，因而自我保障的能力被削弱了。

2. 对自我责任的培育不足

目前，美国等国家的社会救助制度多为分类救助，即按照群体对受助者进行类型划分，不同类型的贫困者享受不同的救助。其制度的分类依据是根据有无劳动能力来判断"受助者是否值得救助"，救助资源的分配也按此规则实施，因此值得被救助者所享有的救助远优于不值得被救助者。可以说，美国等所实施的社会救助制度在制度定位上就限制了有劳动能力者的受助，若受助者劳动能力健全、身体健康、具有完备的劳动条件，那么其受助行为是严格受限制的。

相比之下，我国申请和享受社会救助是以家庭为单位开展的，低保家庭中的任何成员都有资格享受低保，无论其年龄、性别、健康状况、劳动能力以及就业状态。在这样的模式下，接受救助者并未经过劳动能力层面的筛选，导致不少处于劳动年龄、具有劳动能力者也获得了救助。可以认为，与分类救助相比，这种全员受助的模式无形中减轻了非典型福利依赖者受助的心理压力，其依托于家庭获得救助，既在一定程度上避免了被公众质疑，又在一定程度上转嫁了自立的责任。而且由于家庭的经济状况比单独个体的经济状况更加稳定，因此一旦贫困家庭获得救助，其将在很长一段时期内受助，这会令非典型福利依赖者"搭便车"行为长期化。可以认为，以家庭为单位接受救助削弱了非典型福利依赖者的道德压力，不利于激发依赖者的内生动力，也不利于依赖者重建自我保障能力。

下 篇

非典型福利依赖的干预机制

随着市场经济和市场机制的出现,资源配置与机会分布不断变动,市场化不仅增加了社会异质性,而且导致社会不平等的程度不断扩大。这些社会变迁引起个人生活乃至生命轨迹发生巨大的变化,为数众多的城市贫困者脱离了原本设定好的发展道路,在新的风险与机会中改写了人生轨迹。此外,人口结构、家庭形态、劳动雇佣等方面的变化无一不在冲击传统的生命周期,同样引发个体生命过程发生变迁。对于城市贫困人口而言,其所接受的社会救助支持对生命历程中重大事件风险因素的识别、判断和应对是滞后且消极的,对家庭成员生命历程间的关联以及劣势传递链条也多有忽视,并且对经济社会变迁中生命安排的动态性和脆弱性缺乏考量。由于救助理念滞后、救助项目设置未能应对生命历程的变迁、救助结构与制度规则形成负面激励、激活措施无助于劳动自立并且缺乏预防机制,最终导致社会救助制度与生命历程无法有效匹配,进而催生出了非典型福利依赖。

在生命历程不断变迁的背景下,非典型福利依赖者暴露在多重风险之下,而且家庭成员间的关联使劣势不断在成员间传递和累积,极大地增加了贫困家庭的脆弱性。若社会救助制度无法结合差异化的生命历程提供层次化的、区别化的待遇与服务,无法提供与生命历程相匹配的救助理念、结构、规则与机制,那么当前的非典型福利依赖将难以被有效监测、化解和预防,非典型福利依赖者的生命历程将难以返回正轨,最终将陷入长期贫困而无法自拔。

在下篇部分,本书将围绕"怎么办",重点分析如何通过建立追踪与响应机制、依赖消解机制和长效预防机制等一系列非典型福利依赖的干预机制,最终消除非典型福利依赖的制度因素。

第十章 建立非典型福利依赖的追踪与响应机制

一、建立全生命周期的追踪跟进救助机制

从催生非典型福利依赖的制度因素来看,忽视受助者生命历程是目前救助制度反应滞后、救助不利的重要因素。由于救助制度并未关注受助者的生命历程,未能结合生命周期考量依赖者所面临的困境,因而未能根据生命历程的变迁及时调整救助的思路、方向和手段,对其形成有效支持与正向激励,致使依赖者的贫困程度不断加深,最终无法脱离救助制度。因此,救助制度迫切需要引入生命历程的视角,通过对接救助制度与个体生命历程,提高制度与生命的契合度,建立全生命周期层面的动态跟进策略,积极实施全过程干预,将救助延伸至贫困者的全部生命阶段中,借助生命历程的回溯和追踪以摸清困境的"来路"与"归途",为非典型福利依赖者提供有效的制度支持。

(一)提高救助制度与个体生命周期的契合度

1. 救助资源向早期生命历程倾斜

目前,对贫困个体或家庭实施早期干预已成为福利改革议事日程中一项重要的任务,福利国家主张加大对婴幼儿、儿童、青少年等群体的投入,防止其未成年阶段的贫困状态影响其后续的发展。类似地,埃斯平-安德森也提出以儿童为中心的人力资本投资策略,并且主张福利的供给应当更多地倾向于儿童与青年。① 类似的福利项目包括为低收入家庭提供营养计划、启蒙教育项目(如美国的 Head Start 项目)、社区教育项目〔如哈莱姆儿童地

---

① Esping-Andersen, G., Gallie, D., Hemerijck, A. & Myles, J. (2002). *Why We Need a New Welfare State*. New York: Oxford University Press.

带项目（Harlem Children's Zone）]、防虐待项目等。①②③

对于非典型福利依赖者而言，对早期生命历程的重点干预将尽可能地抚平后续生命历程的波折，也更容易切断负面事件的连锁效应。更重要的是，对早期生命历程的资源倾斜将使人力资本积累顺利实现，使依赖者的自立能力和抗风险能力得以形成，有助于未来依靠自身的力量摆脱贫困。因此，年龄尚轻的依赖者及依赖者家庭的未成年子女应当是救助制度的重点关注对象，救助资源应当向此类群体倾斜：

（1）提升0—3岁婴幼儿的养育质量。首先，为拥有0—3岁婴幼儿的非典型福利依赖者设置营养哺育计划，免费提供儿童营养食谱，发放营养食物、保健食物等，帮助婴幼儿获得健康的体魄。其次，提升非典型福利依赖者的养育能力，可以在当前的教育救助中设置"婴幼儿养育指导服务"，由社区或街道链接外部资源，通过养育知识讲座和照料培训来提升依赖者对子女照顾的科学性。最后，引入早期教育资源，辅助依赖者免费或低价享受亲子活动，并指导依赖者参与子女的认知发展、情绪管理等过程。

（2）辅助未成年人进行人力资本的积累。首先，对非典型福利依赖者家庭3至12岁的学龄儿童设置"启智津贴"，该津贴仅限于购买图书绘本、文具、益智玩具、教辅资料等，以弥补其在投资性教育开支方面的缺失。其次，为依赖者家中13岁以上的未成年人提供"课业津贴"，用于支付兴趣课程、培训课程的费用，以减轻家庭在竞争性教育开支方面的经济负担。最后，利用社区和街道的文化娱乐资源、人文景观、自然环境等，为社区内依赖者家庭的子女提供多种形式的社区教育。

（3）将教育服务和就业服务延伸至青年依赖者。一方面，在教育救助项目中设置服务内容，包括课业成绩提升服务、求学深造咨询服务等，目的在于阻止和预防青年依赖者过早放弃学业，并鼓励其进行学历提升。前者可采用政府向培训机构购买服务的方式实现，后者可通过与学校等救助主体合作，由学校相关部门组织实施。另一方面，将就业援助引入受教育阶段，增设职业规划、实习指导、实习岗位介绍等服务项目，对从"就学"阶段向

---

① Wang, J. S. (2015). "TANF coverage, state TANF requirement stringencies, and child well-being." *Children and Youth Services Review*, 53, 121-129.
② Olds, D., Sadler, L., Kitzman, H. (2007). "Programs for parents of infants and toddlers: Recent evidence from randomized trial." *Journal of Child Psychology and Psychiatry*, 48, 355-391.
③ Lorentzen, T., Dahl, E., & Harsløf, I. (2012). "Welfare risks in early adulthood: A longitudinal analysis of social assistance transitions in Norway." *International Journal of Social Welfare*, 21(4), 408-421.

"就业"阶段转换的青年依赖者提供指导和辅助。此外,对就学于职业学校的依赖者,可以引导其考取与职业相关的资格证书,以增加其在劳动力市场中的竞争力。

(4) 面向年龄尚轻的依赖者开设经验课堂。对于青年依赖者而言,其正处于人生的十字路口,个体生命历程中至关重要的求学、就业、婚嫁、哺育等环节皆集中于此时期。然而从非典型福利依赖者的生命历程来看,不少依赖者在关键期缺乏指引,导致在人生大事上决策失误。通过开设经验课堂,由拥有成功或失败经验的亲历者进行历程分享,可以辅助青年依赖者提前了解生命历程中的各类重大事件,帮助贫困家庭中处于青春期的子女顺利完成社会化过程,帮助其顺利过渡为工薪阶层[①],防止其走歪路、走弯路,最终降低负面事件发生的可能性。

2. 增加中年生活机遇,营造老年安养环境

在后工业化社会中,贫困具有身世性的特点,家庭背景、早期机遇与后期的发展密不可分。对于很多非典型福利依赖者而言,家庭经济社会地位低下和早期遭遇破坏性经历都会对其产生不可逆的影响。当这种负面效应累积到一定程度时,就会造成一系列消极后果,因此政策干预应当侧重于阻止早期的劣势向后期传递。

对于已然脱离了标准发展轨道的依赖者而言,由于在中年期面临多重事件的冲击,其生活境况不断恶化,只有通过寻找重新振奋的契机才能勉强延缓生活"走下坡路"的趋势,因此为处于生命历程中段的依赖者增加生活机遇,能在一定程度上改善后期生命历程的质量。对于年龄偏大的依赖者而言,随着年岁渐长,当相应的制度支持逐步退出,仅维持基本生计的保障将难以应对渐增的老年需求。为了防止依赖者陷入老年贫困,需要将救助制度适当向生命后期延伸,弥补老年救助的空白。

(1) 增强对生命历程中期的重视程度,为依赖者创造机会窗口。一方面,重点提升45岁以下男性依赖者的竞争力,主要通过学历提升和技能习得实现,具体包括:推荐具有高中学历者报名成人高考、具有专科学历者参加专升本考试,对考试费用进行报销;对依赖者希望掌握的技能进行调研,组织专家进行可行性论证,对符合实施条件的技能项目由相关部门统筹后组织实施培训。另一方面,为依赖者自主创业提供场地、资金、生产工具、证件办理等方面的便利条件,或者引导依赖者前往新兴行业、人力资源匮乏的

---

① Andrén, T., Gustafsson, B. (2004). "Patterns of social assistance receipt in Sweden." *International Jorunal of Social Welfare*, 13(1), 55-68.

行业从业,如养老服务行业、家政行业等。通过这些举措,能够在一定程度上提供新的生活机遇,为依赖者改善现状提供有效途径。

(2)强化老年期保障,为老年生命周期创造安养环境。针对老年生命历程中劳动能力减弱、身体健康状况转差等现实问题,需要从两方面入手:一方面,提高进入老年期依赖者的基本生活保障力度,确保基本低保金随着年龄的增加自然上涨,并依据年龄段发放梯度化高龄津贴,高龄津贴不计入家庭总收入。对于已按月领取离退休养老金、退养退职生活费的老年人,可允许部分养老金收入从家庭收入中抵扣,抵扣部分在计算时不计入家庭总收入。此类措施既能解除老年人因劳动能力减弱而产生的后顾之忧,又能缓解其他家庭成员的经济压力。另一方面,由于生命历程后期对医疗的需求较为强烈,因此医疗开支将成为老年期的主要经济负担之一。为防止过重的医疗负担降低家庭整体生活水平,可适当提高老年对象的医疗救助水平,并开通高龄老年医疗救助绿色通道,加快报销进度,缩短个人垫资时长。

3. 系统整合救助资源以匹配全生命周期

生命历程是由一个个紧密衔接、环环相扣的生命阶段组成的完整系统,非典型福利依赖者当下的境遇取决于以往的经历,而当下的经历也决定着未来的走向。在这个生命系统中,每一事件并不是孤立存在的,它既是以往事件的结果,也将是未来事件的原因。在这个系统中,前期历程会影响和干扰后续历程,产生连锁效应。此外,风险也具有系统性,并与生命阶段相匹配、相依存。在不同的生命阶段,依赖者所面对的风险并不完全相同,部分风险集中于某个时期,还有部分风险则分散在整个生命历程之中。对于依赖者而言,其陷入的困境并不是由单一风险造成的,而是一系列风险因素交互影响的结果。

为了应对生命系统和风险系统,救助项目也需要融入更宏观的视角和统筹性的思路,通过整合当前的资源,系统地适配于依赖者的生命历程,确保救助制度能够全面识别风险因素,准确提取、辨识和判断依赖者所遭遇事件间的联系,厘清纷繁复杂表象下掩盖的因果关系,并改变以往碎片化的、彼此孤立的救助供给模式,最终使依赖者的全生命周期与救助制度紧密契合:

(1)跳出当前的具体困境,放眼于整体生命历程。这意味着当前的救助制度需要改变以往"头痛医头、脚痛医脚"的做法,转而采用更加宏观的视角对待具体的困境,将非典型福利依赖者遭遇的问题放置于整个生命历程中进行考量,通过回顾前期聚集的风险因素,对导致困境形成的系统因素进行挖掘,并结合依赖者未来的发展前景进行救助,使救助措施彻底消除依赖者的"痛点",并与后续发展更加贴合。

(2) 结合依赖类型整合救助资源。由于不同类型的依赖者之间存在异质性,而同类型依赖者内部的同质性较强,因此需要结合依赖类型分析救助资源的整合方式,例如对边缘式依赖者,需要将救助资源汇聚于劳动参与期,帮助其尽快通过就业摆脱贫困;对于完全式依赖者,救助资源需要重点用于拆解其面临的层层障碍,消减重大事件造成的负面影响。对于处于变动期的失意者和辛勤者而言,救助资源则要侧重于阻止其境况进一步恶化,并在此基础上寻找着力点,将其拉出贫困。

(二) 建立基于生命周期的动态跟进救助策略

1. 主动实施前干预政策

大量研究指出,对贫困者实施前期干预是有必要的,这有助于消除隐性风险,防患于未然。①② "在一个人们醉心于探求新生活方式的机会的世界里,借国家之手来替公民对抗风险是消极的",因为其提供的救助往往是"事后性"的,只能"收拾残局"③。因此,为了扭转救助制度消极滞后的干预局面,需要使救助制度在重大事件的形成环节注意到风险因素的聚集,通过救助制度介入来阻止重大事件形成,提前化解依赖者面对的风险,从源头上控制非典型福利依赖的形成。

(1) 形成"前干预"的政策导向。以"干预主义"(interventionist)或"抢先性"(preemptive)的理念为导向重新整合救助资源,将问题消灭在源头上。④ 例如,救助制度需要归纳不同类型的伤害,反思各类伤害的成因并总结规律,以防后续的依赖者遭受伤害。此外,对于低技能水平的受助者,需要建设投资性项目⑤,提前对其进行劳动技能的提升或人力资本的再积累,

---

① Pellissery, S. (2017). "Social investment and poor families in India: the role of early childhood and employment programmes." In Midgley, J., Dahl, E., Wright, A. C. (Ed.). *Social Investment and Social Welfare*. Cheltenham: Edward Elgar Publishing, pp.70 – 86.
② Wright, A. C. (2017). "Social investment in early childhood in Australia." In Midgley, J., Dahl, E., Wright, A. C. (Ed.). *Social Investment and Social Welfare*. Cheltenham: Edward Elgar Publishing, pp.33 – 51.
③ 吉登斯:《全球时代的欧洲》,潘华凌译,郭忠华校,上海:上海译文出版社,2015年版,第90 – 91页。
④ 吉登斯:《全球时代的欧洲》,潘华凌译,郭忠华校,上海:上海译文出版社,2015年版,第90 – 91页。
⑤ 林闽钢:《中国社会福利发展战略:从消极走向积极》,《国家行政学院学报》,2015年第2期。

以防其陷入失业境地。可以说,前干预就是要在事件"上游"驱散风险因素,在各类事件的形成阶段扫除负面因素,防止事件发生或进一步恶化。

(2) 制定"前干预"的行动方案。例如,美国约翰逊总统在提出"向贫困开战"时提出了"社区行动方案"(Community Action Program, CAP),意在调用公私部门资源和城乡地方性资源,经由发展就业机会、提升技能、动机和生产力,营造更好的生活社区环境。更重要的是,CAP将社区行动的决定权转移给贫困者,让贫困者也参与进来以改变维持贫困的体制结构,最终解决制度性匮乏的问题。① 通过让受助者了解福利制度的结构功能和运行方式,有助于其从自身需求出发引导救助制度进行调适,最终实施与本人生命历程相结合的救助方式。在这样的前提下,CAP具有了提前干预的性质,能够帮助受助者结合自身情况"定制"救助服务,最终提升救助制度的效果。

2. 实施"困境回溯+全程跟进"的行动策略

近年来,考虑到个体生命历程的变迁,福利国家做出了一系列调整,使更多有需要的人被平等地赋予接受援助的机会,主流的行动策略就是在回溯困境的基础上全程跟进。

(1) 借助回溯过往来预测困境的后续走向。根据相关研究,贫困者形成了六条受助轨迹,包括不接受救助、暂时性受助、缓慢退出、偶尔受助、受助增强、依赖救助。最终有4%的青年贫困者会走上福利依赖的道路。② 还有研究发现,不同国家贫困者的受助轨迹不同,在挪威和瑞典,贫困者单次受助期都很短,但是容易重返救助制度,受助轨迹呈现出"断断续续"且"少量+多次"的特点。而在卢森堡和荷兰,贫困者单次受助期普遍较长,但是一旦退出救助制度就不容易返贫,受助轨迹更多地呈现出"不间断+次数有限"的特点。③ 通过对不同的受助轨迹进行对比,可以在一定程度上归纳出差异性的致贫因素,并结合具体的轨迹预测其后续发展。对于非典型福利依赖者而言,由于其分属于不同的依赖类型,因此同样可以追溯不同类型依赖的困境成因,并根据其以往的人生经历判断当前困境的深层成因,对比不

---

① Neil Gilbert, Paul Terrell:《社会福利政策引论》,沈黎译,上海:华东理工大学出版社,2013年版,第176-178页。
② Ilmakunnas, I., & Moisio, P. (2019). "Social assistance trajectories among young adults in Finland: What are the determinants of welfare dependency?" *Social Policy and Administration*, 53(5), 693-708.
③ Königs, S. (2017). "Micro-level dynamics of social assistance receipt: Evidence from four European countries." *International Journal of Social Welfare*, 27(2), 146-156.

同困境的性质和程度。在此基础上,可以结合依赖者所在家庭的具体情况,分析不同处理方式可能的效果,对困境的发展趋势进行预测,以此作为救助决策的依据。

(2) 采用"全程跟进"的行动策略提供动态救助。研究发现,近年来贫困风险大大增加了,与早先世代的贫困群体相比,当前世代中越来越多人会在成年后的任何阶段面临贫困。[①] 因此采取"全程跟进"是有必要的。"全程"指非典型福利依赖者遭遇重大事件冲击的全过程,以及非典型福利依赖者的生命全过程。"全程跟进"既是指救助制度针对重大事件及其后续影响进行救助,又是指对遭遇过重大事件冲击的依赖者进行全生命周期的追踪。当前的救助制度对非典型福利依赖者遭遇的重大事件并未提供后续追踪,因而对重大事件的后续影响缺乏考量,导致依赖者在恢复期未能得到有效防护。为了让非典型福利依赖者在重大事件后期归于平稳状态,需要在事件结束后不定期地进行追踪和回访,及时发现救助不到位的情况以及潜在的风险因素。具体而言,对于处于重大事件发生期的依赖者,救助制度要立刻介入,尽量通过援助缩短后续的影响期。面对仍处在事件后续影响期的依赖者,救助资源不能过早撤出,以防重大事件出现负面逆转。在这一时期,救助制度需要效仿医疗手术后的留观制度设置"观察期",及时监测到依赖者可能出现的不良反应、不适症状以及突发新状况等,第一时间作出回应,以巩固救助措施的效果。对于曾经遭遇过重大事件冲击的依赖者,需要纳入重点关注对象范围,对其后续的人生历程进行动态追踪,关注受助者的后续发展,对关键时期提前干预、重点干预。

3. 重点关注生命阶段转换期的风险因素

在人的生命历程中,诸如生育、失业、离婚、健康严重受损等特定生活事件或关键期往往与贫困有关[②][③],然而不同生命阶段的转换时期同样是脆弱的。在生命阶段转换的独特时期,资源衔接、心理调适与时间分配等都容易让个体陷入认知与行为的困境,而且可能成为转换期的风险因素。与传统的风险因素不同,这些因素具有过渡性、隐蔽性和不确定性,即使处于转换

[①] Sandoval, D. A., Rank, M. R., Hirschl, T. A. (2009). "The increasing risk of poverty across the American life course." *Demography*, 46(4), 717-737.

[②] Vandecasteele, L. (2011). "Life course risks or cumulative disadvantage? The structuring effect of social stratification determinants and life course events on poverty transitions in Europe." *European Sociological Review*, 27(2), 246-263.

[③] Fuchs, B. (2017). "Risk factors of social assistance transitions: a case-control study for Germany." *International Journal of Sociology and Social Policy*, 37(13-14), 714-728.

期的非典型福利依赖者遭遇此类风险,也很难引起救助制度的注意。为了应对资源衔接风险、心理调适风险与时间分配风险,救助制度需要及时介入。

具体而言,当非典型福利依赖者面临进入劳动力市场、组建家庭、分居或退休等人生转折,救助制度需要在以下方面为其提供救助,以防止风险因素形成负面后果:(1)提供多元资源、辅助资源衔接。对于处于两个不同生命阶段交接时期的依赖者而言,进入新的生命阶段所需要的资源需要更新,例如结束受教育阶段进入劳动力市场,受助者需要就业指导和职业规划,生育期需要照料资源,中年期进入老年期需要更多养老资源,而贫困者不良的经济状况与社会网络往往很难提供相应的资源。因此,救助制度需要结合受助者即将进入的生命阶段筹集资源,辅助其顺利转入新的人生周期;(2)提供心理调适指导。与经济上的窘境相比,非典型福利依赖者心理上的困境更容易被忽视。为了辅助依赖者从心理上接受新生命阶段的到来,救助制度需要链接外部资源,为其提供心理咨询、情绪疏导和情感支持,帮助依赖者顺利适应新阶段;(3)解决时间分配困境。当依赖者进入新的生命阶段,日常生活安排的改变将引发生活节奏的改变,其将在时间分配上陷入困局。为了解决依赖者面临的时间冲突,救助制度需要提供相应的救助服务,借助外部力量调整时间分配,例如为进入生育期的依赖者提供照料服务,以此减轻其在时间上的压力。

4. 促进生命历程连续性的恢复

对于经过救助暂时脱离了困境的依赖者,由于仍处在重大事件冲击后的恢复期,其经济状况和心理状况尚不稳定,因此脆弱性仍较强。此外,依赖者仍处于返贫的边缘,其生命历程已偏离正常路径。为了辅助其回归正轨,救助制度需要恢复其生命历程的连续性。

(1)对于因社会变迁和经济转型导致的困境而使生命历程偏移或中断的依赖者,需要依托制度的力量恢复其生命历程。例如对于因下岗失业导致依赖者职业生涯的中断的,救助制度可以为其参加工伤保险和失业保险提供资助,使其重新进入社会保险体系,令后续的生命历程得到"再保险";(2)对于因遭受重大事件打击而使生命历程偏移或中断的依赖者,需要借助专项救助制度及时介入,将重大事件的负面效应控制在一定范围内,防止其产生"次生灾害",同时消除重大事件发生的根源,确保后续生命历程中不再遭受同一事件的打击。在此基础上,需要挖掘依赖者的优势资源,集中力量培育能力"长板",使其通过自身优势弥补劣势;(3)对于因家庭资源有限、社会网络破损而使生命历程偏移或中断的依赖者,鼓励依赖者重拾社会资本积累,维护和扩大既有的社会网络,防止被进一步边缘化。同时,对接相关资源,重建非典型福利依赖者的人力资本,将中断的劳动参与、个人提升等进行接续,为后续发展铺平道路。

(三) 基于家庭关联实施多路径追踪

1. 基于家庭成员生命周期追踪重点人群

除了非典型福利依赖者本人外,其所在家庭的其他成员也应当被作为救助制度的重点追踪群体。救助制度需要全面关注家庭成员的生命周期,以减轻家庭整体负担水平,缓解依赖者本人的经济、人力与时间压力。对于贫困家庭而言,婚姻状况、家庭总人口数、未成年子女和高龄老人数量、家庭成员健康状况等都是家庭经济状况的重要影响因素。[1][2] 因此,家庭中年幼子女、处于升学期的学龄成员、高考备考成员、预备就业的成员、孕产期成员、健康受损的成员、高龄老人等群体应当成为重点关注对象。

(1) 家庭中重点关注对象数量越多,越需要多路径追踪。"多路径"既是指救助形式的多头并进,又是指资源供给的多管齐下,更是指救助主体的多元参与。从救助形式而言,"现金+服务"的模式将更为适用,其中服务包括产育儿带薪假期、儿童照料等旨在实现工作—家庭平衡的服务,居家养老、机构养老等保健安老服务以及教育、技能培训等人力资本投资服务[3]。从资源供给而言,既要调动救助资源,还要调动社会福利等相关资源,为家中处于不同生命阶段的成员综合提供儿童、老人和妇女福利。从救助主体的角度而言,既需要民政系统的组织实施,又需要社区与街道的积极推动,同时还需要志愿组织的参与与社会资本的介入。

(2) 在多位成员的重大事件集中发生的时期,需要加大干预力度。从非典型福利依赖者所在家庭的情况来看,部分家庭成员也在经济转型和社会变迁的背景下受到多重冲击。当依赖者与家人同时遭遇困境时,困境的叠加会极大地增加家庭的负担。为了防止重大事件同时期爆发使依赖者压力骤增,需要同时提供多重防护,并在此基础上加大干预力度。例如,需要

---

[1] Smith-Carrier, T. (2017). "Reproducing Social Conditions of Poverty: A Critical Feminist Analysis of Social Assistance Participation in Ontario, Canada." *Journal of Women, Politics and Policy*, 38(4), 498-521.

[2] McLanahan, S. S. (1988). "Family structure and dependency: Early transitions to female household headship." *Demography*, 25(1), 1-16.

[3] 刘璐婵:《从"保险"到"服务":福利制度导向转型》,《社会福利》(理论版),2014年第8期。

在计算救助金时,对同时遭遇疾病、生育、退休、就学等事件的群体酌情考虑增加上浮额度。

2. 切断负面因素在家庭成员间的传递

由于家庭成员间的生活关联较强,来自家人的劣势会产生连锁效应,因而负面影响会被传递至依赖者,导致依赖者的劣势不断累积。此外,面对家庭成员处境的变化,依赖者不得不调整自身的生活安排与长期规划来适应其需求,因而依赖者本人后续的生命阶段将持续受到影响。可以认为,非典型福利依赖者被当前的家庭环境所禁锢,既无法通过自我改善来调整后续的生命历程,又无法借助家庭内外部的力量跳出当前的泥潭。为了使依赖者摆脱来自家庭成员的负面影响,切断劣势在成员间的传递,需要从解决经济、时间和情感困境等几个方面入手:

(1)发放非劳动人口补贴,减轻依赖者经济压力。对于家庭经济负担集中于成年家庭成员的现象,需要结合家庭抚养比,适当增加对非劳动人口的补贴。具体而言,可增设婴幼儿照料费,以弥补成年成员因生育而减少或中断的收入;发放儿童津贴和高龄老人津贴,并增加对残障成员的补贴力度;对家庭购买专业照料和医疗服务的费用进行报销或补贴。(2)对于受制于家庭成员的时间需求、不得不压缩或完全取消劳动时间的非典型福利依赖者,需要重点维护其劳动参与,同时辅助其在工作和生活间寻求平衡点。具体需要重视劳动就业的经济价值,鼓励依赖者重返劳动力市场,对于家庭照料负担可通过政府购买的方式或对家庭购买的照料服务进行报销的方式解决,以借助外部力量照料家庭中生活无法自理的成员或分担体力性工作。(3)提供情感支持,防止焦虑情绪传递和蔓延。当家庭成员遭遇困境后,可借助志愿组织等第三方提供情绪疏导和心理支持,指导依赖者及其家人正确面对压力,防止消极情绪带来的负面影响在家庭中蔓延。

二、建立重大事件救助以完善救助响应机制

(一)建立重大事件救助,统合响应常规与突发事件

非典型福利依赖者的生命历程显示,重大事件是多数依赖者难以顺利通过的关口。在以往的生命历程中,依赖者及其家人面临过各种类型、不同程度的重大事件,部分事件的负面影响极其深远,对依赖者陷入长期贫困产

生了重要的助推作用。如今,社会救助制度对惯常发生的重大事件已经设置了制度化的应对措施,包括教育救助、医疗救助、就业援助等,但是仍有很多重大事件未被囊括进来,尤其是发生在生命历程早期以及生命阶段转换期的事件。因此,需要建立重大事件救助,以应对贫困者生命历程中的多重挑战。

根据事件的内容属性与时间属性,重大事件需要划分为常规和突发两类。常规事件发生的频率较高,并分布在生命历程的各个阶段,与特定的生命周期相吻合,例如升学、就业、婚育、退休等。突发事件发生的频率较低,多集中于人生阶段转换时期,部分突发事件则因其不可预知性而可能出现在任何生命阶段,例如意外伤害、遭遇重大疫情等。为了对应常规事件和突发事件,重大事件救助需要分别建立阶段救助和应急救助。其中,阶段救助不仅涵盖当前救助制度中的教育、医疗、住房、就业等救助,还需要包括求职资金、单亲家长、退休过渡期以及家庭照料等救助项目。应急救助则包括临时救助、突发公共事件救助等。(参见图10-1)

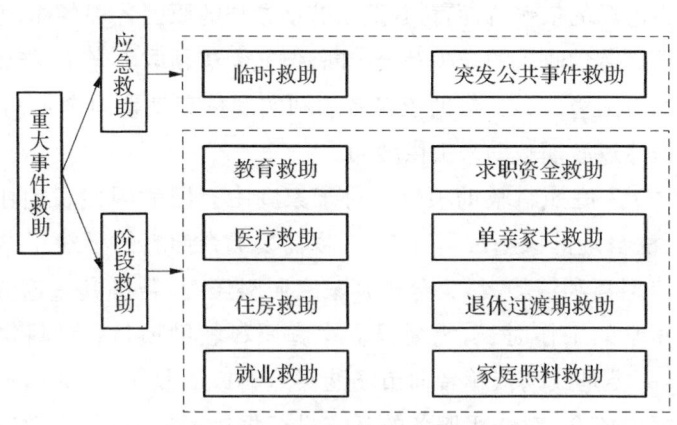

图 10-1 重大事件救助的结构

1. 依托生命周期设立阶段救助,响应常规事件

众所周知,诸如升学、就业、婚育、退休等常规事件分布在生命历程的各个阶段,不同的生命周期对应着不同的重大事件,因此需要结合生命周期设置救助项目。具体而言,需要在现有专项救助的基础上积极扩展项目,根据非典型福利依赖者的生命阶段需求设立新的救助项目,包括求职资金救助、单亲家长救助、退休过渡期救助和家庭照料救助,以满足常规性的救助诉求。

(1) 设立求职资金救助项目。有研究针对青年期的贫困状况进行了分析,发现多数青年从校园进入劳动力市场时会经历一段经济困难期。[①] 随着个体受教育年限的增加,其在本应获得劳动收入的年龄仍处于无收入状态,因此会产生一定的救助需求。此外,就业准备期还会涉及一系列开支,包括通勤、材料打印、服装购置、租房以及前往外地面试的交通住宿等费用,因此该时期的经济会更加窘迫。为了辅助非典型福利依赖者顺利转化为职场人,救助制度中需要设立求职资金援助,用于应对工作寻觅阶段的开支。

(2) 设立单亲家长救助项目。美国的抚养未成年子女家庭援助项目正是 20 世纪中期为单亲家长设立的援助项目,该项目认为单亲家庭具有经济脆弱性和被边缘化的风险,单亲家长因照料需要而难以外出工作的困境较为普遍,因此项目旨在为家有未成年子女的单亲家长提供一系列补贴,以帮助家长将子女抚养成人。与此类似,单亲家长救助项目可以作为阶段救助中的重要项目之一,为家有未成年子女的单亲家长提供经济补贴,补贴数额需结合子女年龄和人数呈现梯度化,以满足单亲家长的养育需求。

(3) 设立退休过渡期救助项目。对于尚未达到法定退休年龄但又即将退出劳动力市场的依赖者而言,其退出劳动参与的原因各种各样,但是此阶段普遍会面临劳动收入的减少乃至中断,但又无法领取养老金,导致此阶段容易陷入经济困境。为了帮助依赖者顺利实现从劳动期向老年期的转换,可以设立退休过渡期救助来提供缓冲。

(4) 设立家庭照料救助项目。对于家庭中有因病因残长期住院或卧床、生活无法自理的家庭成员和 0—3 岁需要哺育照料的婴幼儿、3 岁以上儿童的非典型福利依赖者,为分担其家庭照料压力,帮助其重返劳动力市场或恢复正常的工作时长,需要设立家庭照料救助项目。项目供给方式分为两类:一类是鼓励依赖者向市场购买照料或康复服务,并由家庭照料救助项目提供资金,对购买服务的开支进行报销;另一类是由政府向相关服务供给方购买服务,提供给有需要的依赖者,费用仍然由家庭照料救助项目提供。

2. 设立应急救助全面响应突发事件

常规性事件与个体的生命历程紧密结合,其发生时间往往是可预知的,相比之下,突发事件则具有偶然性、临时性、紧急性等特点,不仅难以被提前预知,而且往往因其破坏性造成较大的损失。在非典型福利依赖者的生命

[①] Ilmakunnas, I., & Moisio, P. (2019). "Social assistance trajectories among young adults in Finland: What are the determinants of welfare dependency?" *Social Policy and Administration*, 53(5), 693–708.

历程中,遭遇自然灾害、重大疫情、事故灾难等公共事件往往可能使其陷入身体伤害、财产损失与正常生活扰乱的境地,而突发重病、交通事故等个体事件则可能使本人受到意外伤害,并因各种后续影响而陷入多重打击。当前的救助制度中设置的临时救助在"救急难"方面发挥了一定的作用,但是由于该项目具有一定局限性且未覆盖突发公共事件,因此需要建立包括临时救助和突发公共事件救助在内的应急救助项目。

(1)调整临时救助,集中应对个体化突发事件。第一,强化临时救助的应急功能,剥离支出型救助对象。目前各地的临时救助普遍将救助对象划分为急难型对象和支出型对象,前者专门面向因紧急情形而陷入生活困难者,后者则面向家庭必要支出大于收入的支出型贫困者。但是就临时救助设立的"救急难"初衷而言,应对因突发事件导致的生活困境才是临时救助的题中之意,而支出型贫困者的境况并不具有急迫性,无须应急处理,故需要从临时救助对象群体中剥离出去。因此,临时救助需要回归应急本位,仅需就紧急情形提供救助即可。第二,简化申请流程,使临时救助快速介入。对于遭遇个体突发事件者,为了防止事件负面效应扩大和失控,导致依赖者陷入生活困境,救助制度需要简化申请程序并立即采取措施。例如,江苏省泗阳县民政局构建的"急诊救助"模式模仿医院急诊响应模式:遇到急难问题先看"急诊",即临时救助应急响应,随后根据致困原因转入相应"门诊科室",即转介专项救助,若持续困难的则办理"住院",即纳入低保兜底。为实施有效监督,联通了多部门的20项数据,家庭经济状况信息核对平台,对救助家庭收入财产状况进行大数据比对,并对失信行为制定了惩戒办法。① 第三,设置备用金,根据突发事件的性质和严重程度预付小额救助金。由于部分事件急难程度更高、造成的损失更重并且在后续时期内还会造成一定的损失,因此临时救助可以设置备用金②,以对此类事件造成的可预见的损失提前进行转移支付。例如,当非典型福利依赖者突发重病时,由于后续治疗会导致大额开支,救助制度可以先行支付部分临时救助金,以防止依赖者在最佳治疗期出现医疗资金不足的境况,也防止医疗开支过度挤占生活开支。

(2)设立突发公共事件救助以应对公共性突发事件。与个体性突发事件不同,自然灾害、公共卫生、事故灾难、社会安全等公共事件的波及面更

---

① 张思明:《江苏省泗阳县民政局创新"急诊救助"模式显成效》,《中国民政》,2019年第3期。
② 北京市人民政府:《北京市民政局 北京市财政局关于进一步做好临时救助工作的通知》,http://www.beijing.gov.cn/zhengce/zhengcefagui/202009/t20200909_2042924.html,2020-07-08。

广、造成的人身伤害和财产损失更普遍。通过设立突发公共事件救助,当非典型福利依赖者在遭遇公共性突发事件冲击时,可以通过申请获得相应的救助金,保障家庭生活不致陷入极度困难。例如,遭受自然灾害、重大疫情时期,依赖者可以通过救助金和物资维持基本生活。

从办理流程看,由于突发公共事件救助面临的是突发性、紧迫性、临时性的重大公共事件,因此此类救助需要整合救助资源进行快速响应。如果审批手续繁杂,管理部门"多龙治水",基层审批机构权限有限,那么就会影响救助应急功能的发挥。第一,简化突发公共事件救助的审批流程。一改当前"申请、受理、审核、审批"的普遍流程,可依据申请事项的紧急程度酌情合并"受理"与"审核"环节,压缩审批时限,确保救助资金及时发放到位,待急难情况缓解后补办手续。第二,实施归口管理,具体事务由各级民政部门统筹,区民政部门和街道办事处负责组织实施,社区党组织、群众性自治组织共同参与。突发公共事件出现后,由区民政部门和街道办事处对重大事件进行整体评估,包括进行事件性质的判断、救助程度的评估与可能性负面后果的预防,并在基础上汇总资源诉求,由上级民政部门负责联系交通、消防、公安、卫生等系统,统筹调集多方资源实施援助。第三,适当下放应急救助审批权限,赋予基层自由裁量权。可以将突发公共事件救助的审批权放在区民政部门一级,并允许街道办事处开展小额救助的审核与审批。例如,江苏省泗阳县"将救助标准500元以下的小额临时救助放权给乡镇(街道)审批,要求三个工作日办结"。[①] 再者,鼓励基层管理人员发挥能动性,从街道层面链接相关资源,提升应急的时效性。

(二)结合生命历程强化重大事件的救助力度

设立重大事件救助能够统合响应常规事件与突发事件,但是只有结合了非典型福利依赖者的生命历程,才能有的放矢地强化救助力度,最终提升救助的支持效果。本书认为,可以通过设置梯度资助额度、调整资助范围、全程资助三个途径达到强化救助力度的目标。

1. 重大事件救助额度梯度化

无论是遭遇个体突发事件还是公共突发事件,非典型福利依赖者的收入、财产损失都是存在差异的,这些差异化的损失叠加在参差不齐的家庭收入上,最终使基本家庭生活水平呈现出明显的差异化。此外,依赖者所处的生命阶段不同,其面临的常规重大事件也不同,因此所需的救助额度也不一

[①] 张思明:《江苏省泗阳县民政局创新"急诊救助"模式显成效》,《中国民政》,2019年第3期。

致。再者,经济周期不同,或者在重大灾害、疫情的背景下,重大事件的救助额度也需要适当调整。基于上述原因,重大事件救助的额度需要进行梯度化设置。

(1) 结合多项因素确定应急救助的资助额度。目前,各地对突发事件的救助标准往往依托于最低生活保障线制定,并结合困难者人数、困难延续时长等要素综合确定救助金额。例如,甘肃省规定临时救助金的计算公式为"临时救助标准＝城市居民最低生活保障标准×临时救助人数×困难延续时间(以月为单位)"。最高封顶线为2.5万元。马鞍山市则规定,"临时救助金额为城市低保月保障标准的2到10倍"。相比之下,南京市建邺区的规定则提出了要结合困难情形和损失程度:"对符合急难型救助条件的,根据救助对象困难情形和程度实施分档救助,分别按1—12个月最低生活保障标准给予救助。"为了让资助额度呈现梯度,让不同的非典型福利依赖者获得与其境况最符合的救助金额,就需要综合考虑多项因素,包括低保标准、救助人数、困难延续时长、困难类型以及损失数额。

(2) 结合生命周期确定阶段救助的资助额度。与应急救助保障基本生活的目的不同,阶段救助更多的是对特定情境下的开支进行弥补,因此资助额度的确定无须考虑低保标准、救助人数、困难延续时长等因素,而需要结合困境类型、困难程度来确定。例如,医疗救助往往用于资助参保参合,或者对医疗开支进行补助,因此,救助标准要根据医疗费用中个人分担部分的数额来确定。但是从非典型福利依赖者的生命历程来看,处于不同年龄段的依赖者对医疗、教育、就业等救助的需求程度不同,再叠加家人各异的救助需求,就导致不同家庭对救助的项目数量、救助时长、资金额度等需求各有不同。因此,在确定阶段救助的资助额度时还需要结合依赖者及其家人的生命周期进行综合考虑。

(3) 结合经济周期和社会环境动态调整资助额度。重大事件救助的额度并不是一成不变的,而是会受到经济周期和社会环境的多重影响。当经济处于下行期或者通货膨胀较严重的时期,需要适当提高资助额度。但是由于救助水平具有刚性特征,资助水平往往"只升不降",因此可以采用诸如价格补贴等更灵活的方式实施动态调整。

2. 适时调整重大事件的资助范围

除了动态调整重大事件救助的资助额度外,调整重大事件的资助范围也能够有效提升重大事件救助的力度。其中,资助范围既是指受益群体的范围,又指救助项目的范围,还指救助的时间范围。

(1) 适当放宽或收紧重大事件救助的资格认定条件。例如,2020年我国受到新冠疫情的冲击,为做好疫情防控期间困难群众兜底保障工作,安徽省民政厅制定了《困难群众兜底生活保障政策指引》,要求适当放宽低保认定条件,延长特困人员救助供养覆盖的未成年人年龄,及时将受灾、受疫情影响陷入困境的人员纳入救助范围。此举有效地保证了遭遇重大事件冲击的对象能够及时被救助制度发现和支持。随着新冠疫情进入常态化阶段,同时受到汛期影响,民政部和财政部印发了《关于进一步做好困难群众基本社会保障工作的通知》,明确要适度扩大救助范围:"受疫情影响严重地区,可适当放宽低保认定条件;对受疫情影响无法返岗复工、连续3个月无劳动收入、生活困难且失业保险政策无法覆盖的农民工等未参保失业人员,未纳入低保范围的,经本人申请,由务工地或经常居住地发放一次性临时救助金,帮助他们渡过生活难关。对其他基本生活受到疫情影响陷入困境,相关社会救助和保障制度暂时无法覆盖的家庭或个人,要及时纳入临时救助范围。"可见,当个体遭遇自然灾害、公共卫生、事故灾难、社会安全等公共事件时,需要适当放宽重大事件救助的资格认定条件,以帮助个体渡过难关。

(2) 结合生命历程适当增设或优化救助项目。针对教育救助无法覆盖投资性教育支出和竞争性教育支出的情况,需要做到以下方面:第一,扩大学前教育救助资助范围。学前教育救助需从公办幼儿园和普惠性民办幼儿园向全体幼儿园扩展,并在广泛宣传的基础上简化办理流程,确保依赖者家庭的子女凭低保证可减免相关费用。第二,覆盖课业与技能辅导费等竞争性教育支出。除减免学费、杂费外,教育救助需对依赖者子女在校外兴趣班发生的课外学费进行资助,资助额度结合当地培训市场价格的均值来确定,对义务教育阶段的费用资助不超过年度总费用的40%,对高中教育阶段的费用资助不超过年度总费用的60%。通过适应生命历程变迁带来的家庭经济结构的变化,教育救助能够减轻依赖者家庭的生活压力,并辅助家庭成员进行人力资本积累。针对医疗救助中医保目录限制医疗费用报销的情况,需要适当扩大基本医疗保险药品目录、诊疗项目、医疗服务设施范围和支付标准目录,提高对罕见病或危重症的报销力度,由基本医疗保险制度、大病保险制度和医疗救助制度共同发挥援助作用。此外,需要不定期地对非典型福利依赖者进行医疗救助办法和规定的政策解读,辅助其了解政策、熟悉政策、最终能够运用政策,感受到救助的力度,以提升其获得感。

(3) 对重大事件实施全过程救助,取消受助次数限制。结合重大事件的发展过程,需要改变临时救助"原则上一个家庭或个人同一事由一年内只能申请享受一次救助。在不同时间段因不同原因导致基本生活困难的家庭或个人重复申请临时救助,一年内不得超过两次"的规定,取消受助的次数限制,对重点事项进行全过程防范,在事件发生初期和后期可结合损失的严重程度提供多次救助,并在事件结束后的恢复期持续救助。

第十一章　建立非典型福利依赖的多重消解机制

一、消除非典型福利依赖的制度诱因

从催生非典型福利依赖的制度因素来看，救助制度结构与规则上的缺陷是催生非典型福利依赖的重要因素。由于叠加的救助结构增加了退保成本且退保机制不健全，导致依赖者对退出救助制度心生惧意。同时，当前动态管理的渐退规定与时间限制"保护不足、震慑有余"，催生了惜退心理。再者，救助金的计发模式对劳动收入不甚友好，导致产生相对剥夺感和劳动参与下降的后果，故而对受助者形成负面的激励。因此，救助制度需要完善当前救助制度的结构，结合非典型福利依赖者的生命历程重新设定救助规则，尽可能地减少因救助制度漏洞而产生的福利依赖诱因。

（一）调整救助项目结构，消除负面激励

1. 以平行救助结构取代叠加救助结构

由于"低保+专项"的叠加结构容易对受助者形成负面激励，诱导非典型福利依赖者主动滞留在救助制度中，因此改变救助项目的结构，建立平行救助结构就是化解负面激励的途径之一。

平行救助结构是指改变以往以最低生活保障制度为基础、专项救助叠加在低保之上的结构，通过调整、重设和新增部分项目，建立"日常生活+重大事件"双线并行的结构，其中，重大事件救助包括应急救助和阶段救助，日常生活救助包括类别救助和基础救助（参见图 11-1）。其中，日常生活救助将发挥原本最

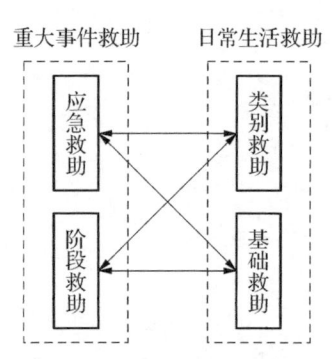

图 11-1　基于平行结构的城市社会救助制度

低生活保障制度的兜底作用,重大事件救助则结合受助者的生命历程满足其多样化的救助诉求。

为了让专项救助制度与低保制度脱钩,即让城市贫困人口获得救助不再以获得低保作为先决条件,就需要实现重大事件救助和日常生活救助相剥离。具体做法是,单独设置重大事件救助和日常生活救助的申请条件,满足前者条件的贫困者即使未申请生活救助也能够获得重大事件救助。换言之,在平行救助结构下,重大事件的发生同样是救助的触发条件,与生活救助享有同等的地位。在这样的救助结构下,若有贫困者在生命历程中遭遇了急难事件和阶段性事件并产生了救助需求,那么即使其并未获得基本生活保障,也同样能够申请临时救助、突发公共事件救助、教育救助、医疗救助、求职资金救助、退休过渡期救助等项目,这就大大降低了低保资格的含金量,使基本生活保障回归了其本来的定位。

2. 单独设置项目资格条件,扩大救助覆盖面

(1)设立重大事件救助的资格条件。重大事件救助是为了应对贫困者生命历程中的多重挑战,其中突发事件多集中于人生阶段转换时期且发生的频率较低,部分突发事件则因其不可预知性而可能出现在任何生命阶段,而常规事件分布在生命历程的各个阶段且发生的频率较高,因此需要针对应急救助和阶段救助分别设置资格条件。一方面,应急救助需要以突发事件的出现为触发条件,对自然灾害、重大疫情、事故灾难等公共事件和突发重病、交通事故等个体事件造成的困境进行防范与救助。救助对象为具有本地户籍的家庭和个人,资格条件需要满足:第一,发生突发事件;第二,造成明显损失、大额支出或收入来源中断。考虑到遭受冲击者会动用储蓄、亲属网络间的转移性支付等来维持开支,因此重大事件对基本生活的影响将会出现迟滞,导致事件初期基本生活水平的下降并不明显,因此"基本生活出现严重困难"并不能被作为主要的资格条件。另一方面,阶段救助需要以生命历程中常规重大事件的出现为触发条件,包括在教育、医疗、住房、求职、离婚、退休、照料等方面产生救助需求。救助对象同样为具有本地户籍的家庭和个人,资格条件需要满足:第一,发生上述重大事件;第二,单项或多项重大事件导致的家庭刚性开支占家庭可支配收入的比重共计达到50%及以上。与应急救助类似,阶段救助同样无须过多考虑家庭财产状况,只要公民陷入上述困境,即可申请救助。

(2)设立日常生活救助的资格条件。与应对生命历程中重要事件的重大事件救助不同,日常生活救助更多地面向基本生活保障需求,为在当地无

法维持基本生活的贫困者提供日常生活资金,因而资格条件与收入和资产状况息息相关,需要满足:第一,家庭人均收入低于当地最低生活标准;第二,家庭财产状况符合要求。针对"家庭月收入的计算要求延伸至申请前的6个月"这一规定,由于部分负面事件的影响具有滞后性,其对家庭收入的影响出现得较迟,那么遭遇突发重大事件,但又不满足临时救助申请条件的人将面临长达一年的无保护期。若等到申请家庭的人均收入降低至救助标准再提供援助,则已错过最佳干预时间,因此建议缩短月收入的计算月数要求,改为3个月。

当分别设置重大事件救助和日常生活救助的资格条件时,满足重大事件救助资格条件者不再需要经由其他项目的申请就能获得救助,使申请者无须再经过低保制度的筛选,增强了重大事件救助项目的独立性。此外,日常生活救助的申请保留了经济审核的环节,而重大事件救助审核时无须再进行严格的收入财产审查,经济审核这一过滤器的取消大大降低了受助门槛,这意味着后者的福利性大大增强了。由于受助的资格范围被扩大,更多遭遇风险事件的公民都能在第一时间获得制度支持,这使得个体生命历程尚未被重大事件过度干扰,有效地阻止了生命历程的进一步下滑。可见,单独设置救助项目资格条件,更能够充分发挥社会救助制度抵抗风险的功能。

(二) 采用激励型救助金发放模式

当前低保金计算采用"补差"模式,不仅未能保护积极就业者的劳动收入,使依赖者劳动参与的积极性削弱,而且均等化的救助金出现了"奖懒罚勤"的效果,使工作者产生了相对剥夺感。为了使救助金产生激励效应,需要对救助金的计发模式进行以下调整:

1. 通过"收入豁免+税费优惠"保护劳动收入

在西方福利国家,为鼓励受助者维持劳动行为,政府通常采用一系列经济或财政激励政策保护劳动收入。例如,美国自1986年实施的劳动所得税收抵免项目(Earned Income Tax Credit,EITC)是针对低收入家庭的联邦现金转移项目。[1] 与其他救助项目相比,EITC项目曾相当于高达劳动收入40%的收入补贴,是一种"工作红利"(work bonus)。1990年,联邦政府对TANF项目和EITC项目的投入分别是2 360万美元和960万美元,到了

---

[1] Mink, G., O'connor, A. (2005). *Poverty in the United States: an encyclopedia of history, politics, and policy*. Santa Barbara: ABC-CLIO, pp.249-253.

1999年，联邦政府在两个项目上的投入已经倒挂，分别是1 340万美元和3 190万美元。① 2019年，已婚并育有一孩的夫妇劳动收入不高于46 884美元/年且投资收益低于3 600美元/年时，能够享受3 526美元的税费优惠并在2020年2月收到这笔退税。② 有研究认为，劳动收入的税费优惠确实对劳动供给有促进作用，对劳动收入的鼓励激励了人们重返劳动力市场。③ 这是由于根据EITC的规定，退税收入在申请社会救助项目时不能被视为收入来源，意味着这些收入不用抵扣救助金。若一个贫困家庭保持工作状态，其不仅能够获得来自救助制度的援助，而且劳动收入不用抵扣救助金，甚至劳动收入还能以退税的形式得以部分返还，自然会增强就业的吸引力。④⑤

在我国，对于有工作的依赖者而言，当前的劳动收入被计入家庭收入，用于抵扣救助金，这样的做法非但不利于改善受助者的生活，而且对改善福利依赖的局面毫无帮助，甚至还因为减少劳动参与而出现了负面激励。通过借鉴EITC项目，可以采用两种途径对劳动收入进行保护：

（1）对劳动收入进行部分豁免。对于有劳动收入的依赖者而言，在计算家庭总收入时其劳动所得中的一定比例可不被计入，确保部分劳动收入不会被救助金的减少而抵销，以此实现劳动收入豁免。换言之，依赖者在领取救助金的同时还能保留部分劳动收入，既有助于其改善生活水平，又赋予了依赖者持续提高劳动收入的动力。根据必要的劳动成本、人力资本投资费用、家庭抚养比等因素，豁免比例可进行相应的调整：当贫困家庭中抚养比越高，即老龄人口和未成年人口占劳动年龄人口的比重越大，就业涉及的通勤、服装等劳动成本较高，并且维持工作需要不断进行自我技能提升时，工作者的劳动收入豁免的比例就越高；当家中抚养比越低，就业成本越低，并且无须进行人力资本投资时，劳动收入的豁免比例就越低（参见表11-1）。

---

① Bane, M., Mead, L. (2003). *Lifting up the poor: a dialogue on religion, poverty, and welfare reform*. Washington, D.C.: The Brookings Institution Press. p.35.
② IRS. Do I qualify for the EITC? https://www.irs.gov/credits-deductions/individuals/earned-income-tax-credit/do-i-qualify-for-earned-income-tax-credit-eitc.
③ Eissa, N., Hoynes, H. W. (2006). "Behavioral Responses to Taxes: Lessons from the EITC and Labor Supply." *Tax Policy and the Economy*, 20, 73-110.
④ 肖萌、梁祖彬：《社会救助就业福利政策研究》，《社会保障研究》，2010年第1期。
⑤ 张浩淼：《就业救助：国际经验与中国道路》，《兰州学刊》，2018年第10期。

表 11-1 贫困家庭工作者的劳动收入豁免比例

家庭抚养比[a]	需要人力资本投资		无须人力资本投资	
	劳动成本高	劳动成本低	劳动成本高	劳动成本低
0.00	60%	50%	40%	30%
0.01—0.34	70%	60%	50%	40%
0.35—0.67	80%	70%	60%	50%
0.68—1.00	90%	80%	70%	60%
>1.00	100%	90%	80%	70%

注:a 家庭抚养比＝家中无劳动能力者数量/家中有劳动能力者数量,其中家中无劳动能力者包括未成年人、60 岁及以上老年人、残疾人、重病患者等。家庭抚养比越高,家庭经济、照料等方面的压力越大,成年家庭成员的负担越重,抚养比超过 1.00 则意味着家中被抚养人数量超过抚养人数量。

(2)对劳动收入提供年度税费优惠。随着重大事件救助扩大了救助的覆盖面,部分拥有中低劳动收入但是受到重大事件冲击的贫困者将被纳入救助范围。对于这类群体而言,其在重大事件上的开支导致收不抵支,陷入支出型贫困。因此可以借助 EITC 项目的思路,对受助者的劳动收入进行一年一次的税收抵免。具体而言,对于获得了重大事件救助资格的受助者,若其劳动收入超过个税起征点一定比例,则可按税收年度由受助者在个税 App 上进行填报,由税务系统根据申报进行计算并退税,超过起征点的劳动收入越多,获得的退税越多,但不得超过一定的限额。

2. 日常生活救助实施梯度待遇标准

在均等化的救助待遇标准下,救助金并未体现出明显的区别,未能在具有不同劳动能力的群体之间拉开差距,也未能根据不同的就业状态调整金额,不仅无法体现出激励性,而且隐含了惩罚的意味,无形中使积极就业者产生了相对剥夺感。本书认为,在平行救助结构下,救助项目结构实现了新的调整,以往未区分劳动能力的局面得以改善,有助于实施差异化的救助标准。从图 11-2 可以看出,城市贫困者按"是否具有劳动能力"划分为有劳动能力者和无劳动能力者,前者包括具有健全劳动能力者和具有部分劳动能力者,其可享受基础救助,后者包括老年人、未成年人、残疾人、重病患者与特困人员,其可享受类别救助。

随着日常生活救助依据劳动能力划分为"基础救助"和"类别救助",救助金将能够在有无劳动能力者之间实施救助金额的差异化。再者,在享受基础救助的群体中,还可以结合劳动能力的程度以及就业状态对救助标准进行梯度化处理。

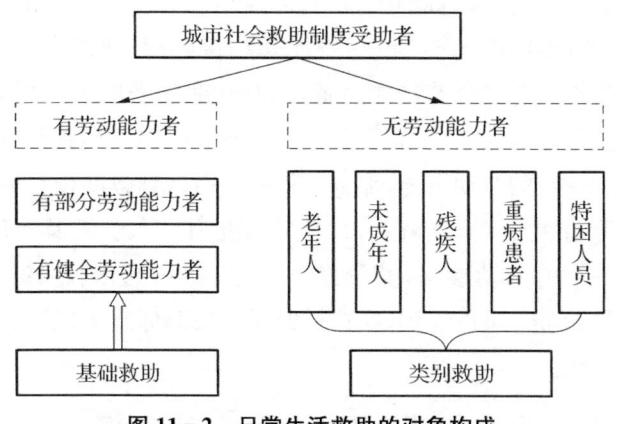

图 11-2 日常生活救助的对象构成

（1）基础救助项目和类别救助项目的救助标准差异化。当前，各地在实践中采用的差异化救助手段主要是在低保金的基础上对因病、因残、因年老、因就学等群体实施了救助金额的上浮，例如兰州市规定重残、重病者本人的低保金分别上浮20%和10%，南京市规定重残、重病者本人的低保金上浮30%，其他人结合年龄、学龄等因素上浮10%至20%。即使此举一定程度上体现了差异化的思路，但是这种以低保金为基准进行上浮的做法将疾病、残疾、年老等因素作为特殊情况对待，既忽略了此类群体享受受助的正当性，又无法充分地提供经济援助和服务，并且对具有多重情形的受助者设置了诸多限制。更重要的是，若没有针对无劳动能力者设置专门的救助，没有将不具有劳动能力者从全体受助者中剥离出来，也会为非典型福利依赖者"搭便车"创造条件，致使非典型福利依赖者的受助水平无法与无劳动能力者拉开差距。

在平行救助结构中，日常生活救助将为无劳动能力者设置类别救助，为有劳动能力者设置基础救助。类别救助面向老年人、未成年人、残疾人、重病患者与特困人员提供援助，援助力度可适当提高，以彰显该类群体受助的正当性。对于不同类型的受助者，还可以结合其生命周期，联合阶段救助项目共同提供救助服务。再者，若此类受助者同时属于多个类别，其可享受叠加的类别救助金，例如残疾受助者进入老年期后罹患重病，由于其同时属于老年人、残疾人和重病患者，因此可以叠加享受不同的救助。基础救助则面向有劳动能力者提供援助，救助力度需低于类别救助，既可以在有无劳动能力者之间实施救助金额的差异化，又可以遏制非典型福利依赖者搭便车的心理。

（2）结合劳动能力程度与就业状态实施基础救助标准的梯度化。在为有劳动能力者设置的基础救助项目中,需要结合劳动能力状况和就业状况设置梯度化的资助额度。表 11-2 显示,具有部分劳动能力的受助者其资助额度整体高于具有健全劳动能力者,同时就业的受助者获得的资助额度也高于未就业者。具体而言,若受助者因病残等原因仅具有部分劳动能力,但其仍保持了一定的劳动参与,那么其将能获得基础救助项目的全额资助;若具有部分劳动能力者未能就业,其救助额度为 90%。若具有健全劳动能力者保持了一定的劳动参与,其资助额度是 80%,若未就业,则只能得到 70% 的基础救助金。可以看到,在这样的梯度救助标准下,受助者的所得将拉开一定的差距。

表 11-2 基础救助项目受助者的资助额度

	具有部分劳动能力	具有健全劳动能力
就业	100%	80%
未就业	90%	70%

以南京市为例。南京市自 2019 年 7 月起城乡最低生活保障标准调整为 900 元/月,若以此金额作为基础救助项目的救助基准,那么具有部分劳动能力者每月将会获得 810 元至 900 元的基础救助金,具有健全劳动能力者每月将会获得 630 元至 720 元的基础救助金。从是否就业的角度来看,若受助者积极参与劳动,则每月能够获得 720 元至 900 元的基础救助金,若未能就业,则只能获得 630 元至 810 元的救助金。

(三) 结合生命历程进行受助时间管理

1. 对基础救助项目设置总时长限制

根据社会救助制度的设计初衷,具有劳动能力的贫困者需要通过受助恢复其自立能力,最终通过自身的力量摆脱贫困,并彻底地离开救助制度,因此有劳动能力者不能无限期地接受救助。但是目前社会救助制度并未设置受助的时间限制,受助长期化的现象普遍存在,导致有劳动能力者缺乏脱离救助的动力。相比之下,美国 TANF 项目对贫困家庭设置了 60 个月即 5 年的受助期限,要求贫困家庭一生中最多只能接受 5 年的救助。[①] 莫菲特对比了美国各州对接受救助设置的时间限制,发现不少州政府制定的时间

---

① U.S. Department of Health and Human Services. (1998). *Temporary Assistance for Needy Families Program: First annual report to Congress*. Washington, D.C.: Administration for Children and Families.

限制比联邦政府制定的还严格(一生中受助时长不得超过 60 个月),而部分州则结合受助者本人和家庭的情况对受助时限进行了差异化处理(例如伊利诺伊州规定,家中没有 13 岁以下的儿童且没有劳动收入的家庭,受助不超过 24 个月),还有部分州则根据受助者的就业状况进行了时限的调整(例如加州规定,若受助者找不到工作且在社区提供服务,受助可延长至 60 个月,否则只能享受 24 个月)。[①] 通过增设受助时间限制,将给受助者带来一定的脱贫压力,有效地提升救助制度的效果。对于非典型福利依赖者群体而言,通过设置时间限制,对依赖者的受助总体时长进行管理,同样会增强依赖者脱贫的动力,鼓励其早日实现自立。

具体而言,重大事件救助以常规事件和突发事件的持续时长为施助依据,并根据事件的严重程度、事件影响的持续性进行受助时长的评判,而日常生活救助则需要根据受助群体的特征制定。其中,享受类别救助的受助者为无劳动能力者,其在受助期缺乏自立能力,故领取救助没有时间限制。对于接受基础救助项目的受助者而言,需要设置时间门槛,使基础救助恢复暂时性、条件性的制度属性。

前文中非典型福利依赖者的受助时长显示,在我国城市贫困者群体中,累计受助 84 个月是一条明显的分界线,超过 84 个月受助者将转化为长期依赖,因此可尝试以此时间为基准,结合劳动能力水平、就业状况以及家庭负担给出基础救助项目的时间限制。

表 11 - 3 基础救助项目的总时间限制(m＝month,月数)

家庭抚养比[a]	具有部分劳动能力		具有健全劳动能力	
	就业	未就业	就业	未就业
0.00	<48 m	<36 m	<36 m	<24 m
0.01—0.34	<60 m	<48 m	<48 m	<36 m
0.35—0.67	<72 m	<60 m	<60 m	<48 m
0.68—1.00	<84 m	<72 m	<72 m	<60 m
>1.00	无限制	<84 m	无限制	<72 m

从表 11 - 3 看出,基础救助项目的总受助时长最短为 24 个月,上不封顶。受助时间随家庭抚养比的增高、劳动能力的弱化和就业状况的恶化而延长。当受助者具有健全的劳动能力但未就业时,若其家庭负担较轻(家庭

---

① Moffitt, R. A. (2003). "The Temporary Assistance for Needy Families Program." In Moffitt, R. A (Ed). *Means-Tested Transfer Programs in the United States*. Chicago: University Chicago Press, p. 302.

抚养比为0),那么受助者本人接受基础救助的时间累计不得长于24个月,当受助者仅具有部分劳动能力,但仍在积极就业且家庭负担较重(家庭抚养比大于1)的,则接受基础救助没有时间限制。

2. 制订关键时点计划,实施弹性时间管理

(1) 设定关键时间节点,重点实施制度干预。在本研究中,一旦有劳动能力的成年受助者领取救助金超过2年,就会转化为非典型福利依赖者,一旦领取救助金超过7年,就会转化为长期依赖者,因此在个体的受助生涯中,2年、7年分别是关键节点。再者,根据鲁思来和莱布弗里德的研究,受助4年至5年为长期受助,5年以上为超长期受助①,因此5年也是需要注意的时间节点,这一点在美国TANF项目中也得到了印证。综合各项研究发现,救助制度在应对城市贫困者的长期受助状况时,需要针对2年、5年和7年制订优先干预计划,防止受助者进一步延长受助,即在贫困者受助时长即将达到48个月、60个月和84个月时提前汇总受助者及其家庭所面临的困境,尽可能调集各项资源并安排"攻关"活动,并提醒和敦促受助者参加关键时点专项活动,以集中化解重点对象的困境。

(2) 实施弹性时间管理,结合生命历程设置差异化时间限制。从依赖者及其家人的生命历程来看,相当一部分人经历过重大事件的集中和重复发生,甚至部分事件还会持续很长一段时间。一旦遭遇这种情况,依赖者将在很长一段时期内难以获得喘息。因此,结合生命历程的特殊情况,需要进行弹性化的时间管理,即各项救助的受助时长结合依赖者所面临的困境数量进行适当延长,确保其脱离困境或困难程度减轻后再结束受助。

(四) 执行柔性动态管理,弱化惜退心理

1. 结合平行救助结构独立设置退出标准

在目前的相关规定下,救助制度的退出机制依托于对低保家庭人口、收入和财产状况变化的主动申报和定期核查,故各项救助制度并未独立设置明确的退出标准。在平行救助结构下,需要独立设置退出标准,以方便各救助项目分别进行动态管理。总体而言,当依赖者刚性支出减少或停止时,或经过救助后收入与财产标准超过当地救助标准的,启动退保程序。

(1) 设立重大事件救助的退出标准。对于接受了重大事件救助的依赖者而言,退出标准不应以本人收入与当地救助标准的差距来确定,而应以重

---

① Leisering, L., Leibfried, S. (1999). *Time and Poverty in Western Welfare States: United Germany in Perspective*. Cambridge: Cambridge University Press, p.66.

大事件支出的减少、停止或基本生活水平恢复来确定。对应急救助项目而言,退出救助的标准是:因自然灾害、重大疫情、事故灾难等公共事件和突发重病、交通事故等个体事件造成的大额支出已基本结束,或者中断的收入来源得以接续。对阶段救助项目而言,退出救助的标准是:受助者及其家庭通过受助走出生命历程中的特定阶段或进入新的生命周期后,不再具有教育、医疗、住房、求职、照料等方面的需求,或在上述方面的刚性开支占家庭可支配收入的比重低于50%,则可以停止受助者对该项救助金的领取。

(2)日常生活救助的退出标准。对于接受了日常生活救助的依赖者而言,接受类比救助者无须退保,因此只需设置基础救助项目的退出标准。由于接受基础救助与受助者家庭的人口和经济状况相关,故退出标准仍以此情况的变动为衡量准则。具体来说,当受助者经过救助后,其收入或财产标准超过当地救助标准的,或因家庭人口状况发生变化导致不再符合救助标准的,需要退出基础救助项目。此外,在退出救助的后续环节,受助者仍有可能因家庭人口或经济状况的恶化而再次进入救助,故当前救助制度的"退出低保制度后3—6个月内不能申请救助"的规定需要调整或取消,不再进行时间限制,以防止时间门槛置受助者于无保护的境地。

2. 依托渐退期实施快进慢出的柔性退出

对于满足退出条件的非典型福利依赖者,需要执行"快进慢出"的柔性管理,即在依赖者遭遇困境的第一时间就完成制度介入,当其真正度过困难时期后,并不要求其立刻退出救助制度,而是在其脆弱时期通过渐退措施持续提供救助,帮助依赖者进入稳定期后再完全停止救助。这就需要根据不同情形设置层次化的渐退期和渐退待遇标准。

对于重大事件救助而言,由于重大事件的负面效应存在迟滞,因此该群体尤其需要"慢退",并且渐退期的时长设置与所遭遇困境的性质、程度等相关。如表11-4所示,可分别设置12个月、9个月、6个月和3个月的渐退期,其中应急救助渐退期最多不超过12个月,阶段救助不超过9个月。渐退期间同样享受各项救助服务和优惠减免政策,救助金逐月递减,当月发放金额为上月发放金额的80%,渐退期满,待遇停止发放。

在日常生活救助中,类别救助无须设置退出机制,基础救助则需要根据家庭人口或经济状况进行设置,具体而言:当家庭人口、收入或财产标准超过当地类别救助标准但低于类别救助标准2倍的,自变动发生起,给予12个月的渐退期;对超过类别救助标准2倍的,给予6个月的渐退期。渐退期间同样享受各项救助服务和优惠减免政策,救助金逐月递减,当月发放金额为上月发放金额的80%,渐退期满,待遇停止发放。多种情形重合的,需要按最长的渐退期实施。

表11-4 不同救助项目的渐退期时长与渐退期待遇标准

救助项目	救助项目	情 形	时 长	待 遇
重大事件救助	应急救助		3—12个月	上月80%
	阶段救助		3—9个月	上月80%
日常生活救助	类别救助		/	/
	基础救助	超标2倍以内	12个月	上月80%
		超标2倍以上	6个月	上月80%

二、结合依赖类型制定个性化救助方案

非典型福利依赖具有不同类型,不同依赖类型的受助者对救助制度的需求并不相同。然而,现有的救助制度较为消极,未根据类型的不同选择不同的应对方式,导致每种类型的依赖者都难以得到与需求相匹配的救助,进而难以成功"激活"依赖者,促使其实现自立。为了应对非典型福利依赖问题,不能仅提供统一的、无差别化的救助,而是应当根据依赖者的类型制定具有针对性的"激活"方案,制定个性化的就业扶助策略,以此提高救助的效率,提升救助的效果。

(一)助推边缘式依赖者优先脱离救助制度

在非典型福利依赖的三种类型中,边缘式非典型福利依赖在时间和劳动两维度上具有良好表现,因而被视为最容易摆脱依赖的子群体。但是该类型依赖者过往的生命历程显示,即使本人与家人的生命历程较少被重大事件干扰,并且家人间的负面影响较小,其也处于较弱的受保护状态,难以独立改善生活处境,不得不转向社会救助制度寻求帮助。通过回顾边缘式依赖者在宏观社会变迁中的沉浮与挣扎发现,边缘式非典型福利依赖者承担了宏观社会变迁的成本,不仅在劳动力市场转型中失去优势地位,而且难以负担市场经济下的高生活成本。在失去单位保障之后,该类型依赖者为获得社会保障所要承担的参保缴费负担偏重,也给依赖者带来了显著的经济压力。由于难以适应宏观劳动力市场的变迁和全面市场化改革,且未能及时搭乘经济发展的高速列车,因而在宏观社会变迁中不断遭遇失败。所

以,边缘式非典型福利依赖者的诉求集中于提升劳动就业质量,恢复自身的抗风险能力。

然而从该类型依赖者获得的制度支持来看,由于当前的就业援助未考虑生命历程因素,而且该项目的"补缺"定位局限了帮扶的方向和力度,致使边缘式依赖者的就业困难被忽视。即使部分边缘式依赖者获得了就业服务,也由于供需的错配而效果不佳。此外,其通过积极参与劳动所获得的劳动收入并未受到保护,也无法改善家人的生活水平,并且在退出机制不健全的前提下,边缘式依赖者对"断崖式退保"抱有一种恐惧心理。可见,尽管边缘式依赖者劳动参与水平较高、累计受助时间还不长,存在脱离救助制度的可能性,但是各项救助支持面临着理念滞后、结构错位、机制不完善等问题,未能缓解其所背负的社会变迁成本,令边缘式依赖者不敢轻易退出救助制度。因此,对于有工作且负担较轻的边缘式依赖者而言,消解依赖的关键在于分担其所承担的社会变迁成本,消除现行救助制度结构对其的限制,增强其独立抵御风险的能力。

1. 与重大事件救助对接,逐步脱离日常生活救助

由于边缘式依赖者的贫困程度较低,因此其对救助制度的依赖程度并不高,但是该类型依赖者受到传统救助制度的限制,难以自主脱离救助。基于此,需要将边缘式依赖者重新纳入"日常生活/重大事件"的平行救助结构,并优先以重大事件救助与其对接,使之逐渐与基础救助项目相剥离。此外,若边缘式依赖者遭遇了突发性重大事件,需要第一时间就提供应急性的临时救助,若该类依赖者遭遇了常规性重大事件,则需要提供相应的阶段救助。在突发事件或常规事件造成的重大困难得以缓解后,并不要求其立刻退出救助制度,而是在其脆弱时期仍提供一定时期的救助,帮助依赖者进入经济状况的稳定期。

因此,在"日常生活/重大事件"的平行救助结构中,边缘式依赖者应当主要与重大事件救助对接,通过接受临时救助或阶段救助来缓解暂时性的贫困状况,而非转入长期性的日常生活救助。对于已经接受日常生活救助的此类依赖者而言,通过对其劳动收入进行补贴,其最终所得将大幅提升,并逐渐超过领取基础救助金的标准,因而也将逐步脱离日常生活救助。

2. 侧重于技能水平的提升,全面提高就业质量

边缘式依赖者的身体健康状况基本良好,且未因意外伤害等事件丧失劳动力。不仅如此,家庭经济负担的增加反而会刺激此类依赖者劳动供给,有依赖者更是增加了兼职工作的数量,甚至部分身体情况稍差的此类依赖

者也坚持参与劳动。因此,边缘式依赖者存在通过劳动就业改善经济状况的可能,这就需要通过积极的就业救助提升其就业质量,帮助其逐步依靠就业实现自立。

针对边缘式依赖者就业质量不高的问题,救助制度需要着力提升其技能水平,以真正地、持续地改善其就业状况。通过提供技能型就业服务,包括就业技能培训、技术支持、就业指导等,帮助其学习新技术、掌握新技能,以适应劳动力市场的要求。此外,边缘式依赖者还需不断进行人力资本的再积累,例如参加学历提升考试,资格技能水平考试等,增加劳动力市场竞争筹码。

3. 保护劳动收入,维持边缘式依赖者劳动积极性

2019年,美国劳动所得税收抵免项目(Earned Income Tax Credit, EITC)规定,当已婚并育有一孩的夫妇劳动收入不高于46 884美元/年且投资收益低于3 600美元/年时,将能够享受3 526美元的税费优惠并在2020年2月收到这笔退税。对于育有两孩、多孩的夫妇,若其劳动收入不高于52 493美元/年(两孩)和55 952美元/年(多孩),所能享受到的退税额分别是5 828美元(两孩)和6 557美元(多孩)。单身要享受EITC,则劳动收入不得高于15 570美元/年,最高能享受到的税费优惠是529美元。①

借鉴EITC的做法,可在计算家庭总收入时将一定比例的劳动所得除外,确保部分劳动收入不会被救助金的减少而抵销,以此实现劳动收入豁免。具体的豁免额度根据必要的劳动成本、人力资本投资费用、家庭抚养比等因素制定。在表11-1中,劳动收入豁免的比例从低到高为30%至100%,为了鼓励边缘式依赖者维持其劳动收入,可在此豁免比例的基础上增加10%,即40%至110%。这意味着即使边缘式依赖者家庭负担较轻、无须再进行人力资本投资,并且所从事的工作无须支付过多的劳动成本,边缘式依赖者仍然能够获得40%的劳动收入豁免比例,其通过劳动所获取的收入中有四成将不被计入家庭总收入。

4. 延长救助享受期,提升抗风险能力

对于满足退出条件的边缘式依赖者,为了减轻其对退出救助的恐惧心理以及对未来的不确定感,救助制度一方面需要提高其抗风险能力,另一方面需要借助渐退制度,既让边缘式依赖者走得稳,又让其不再走"回头路"。

对于已满足退出救助条件的边缘式依赖者,尽管其所面临的重大事件

---

① IRS. Do I qualify for the EITC? https://www.irs.gov/credits-deductions/individuals/earned-income-tax-credit/do-i-qualify-for-earned-income-tax-credit-eitc.

已结束,或其所在家庭的人员、经济变动已不再影响日常生活,但是依赖者的心理状态仍需调试,而且风险防范能力尚未得到巩固。在这样的背景下,需要适当延长边缘式依赖者的受助状态,为其提供缓冲期,待依赖者心理重建完毕且抗逆力得以强化后,再要求其退出救助制度。

此外,对于曾经遭遇过重大事件冲击的依赖者,需要纳入重点关注对象范围,对其后续的人生历程进行动态追踪,关注受助者的后续发展,对关键时期提前干预、重点干预。为防止边缘式依赖者在后续生命历程中因再次遭受冲击而重返救助制度,还需要不定期地进行回访,及时发现潜在的风险因素,必要时可安排救助服务进行早期介入。

(二) 分解完全式依赖者面临的叠加困境

从完全式依赖者的生命历程来看,其遭受了多重重大事件的打击,这些重大事件类型多样化,涉及生活的方方面面,部分事件一旦发生,后续较难采取弥补措施,就成了生命历程中不可逆的破坏力量。此外,依赖者的劣势积累从生命早期就已开始,并在一生中释放负面影响。就完全式依赖者与家庭成员的生活关联而言,完全式依赖者背负着经济与照料等多重负担,其既面临自身健康与机能的衰退和工作职业发展的压力,又要回应子代与父代的陪伴教育与照料需求,因此时刻处于身体亚健康和严重的心理压力之下,若再叠加失业、离婚、意外伤害等事件,那么个人所受到的冲击将远超出承受范围之外。此外,部分完全式依赖者还面临失去家人的冲击,这不仅意味着家庭结构的破坏和家庭经济支柱的缺失,而且意味着依赖者本人精神支柱的倒塌和家庭归属感的流失。再者,完全式依赖者后续的生命阶段还不断受到社会变迁的冲击,下岗失业与丧失劳动力市场竞争力使其深刻地体会到了经济社会转型带来的被剥夺感和被抛弃感。

作为多重困境打击下的顺应者,完全式依赖者的贫困程度较高,对救助制度的依赖程度较其他类型更高,脱离救助制度的可能性较低。就其所得的救助而言,该类型依赖者所需的救助包括专项救助、高额救助金以及照料服务等,但是所获得的专项救助与其所面对的重大事件匹配不良,对相应的需求缺乏回应,同时救助资金水平偏低导致救助力度不够,照料需求也未得到满足。若要结合此类依赖者的情况制定个性化的救助方案,则需要将其所面对的叠加困境依次分解,渐次减轻依赖者的沉重负担,并在此基础上逐步恢复其劳动参与。

1. 优先分解家庭负担,减轻依赖者经济与照料负担

为分解完全式依赖者所面临的叠加困境,需要从其与家庭成员的生活

关联入手,优先分解家庭成员为其造成的经济与照料双重负担。就家庭成员因年龄、患病、伤残等造成的照料需求而言,需要推进社区照料服务来解除此类依赖者的后顾之忧,通过提供儿童托管、老年人日间照料等服务,有效分担依赖者的照料任务,使其重新获得进入劳动力市场的机会或者增加劳动时间。

就家庭成员因失业等原因丧失经济来源,或因遭遇突发事故、教育支出增加等导致大额支出等情况而言,需要借助重大事件救助提供有效的资金救助,既包括应对突发事件的临时救助金,又包括应对常规事件的阶段救助金。对于家庭成员丧失劳动能力或家庭丧失主要劳动力的情况,还需要将丧失劳动能力者转入类别救助,而且对丧失劳动力的家庭提供单亲家长救助。对于家庭成员同时遭遇多项重大事件的家庭而言,还应当适当增加救助力度,鼓励完全式依赖者充分借助救助渡过难关。

2. 借助重大事件救助巩固依赖者生命历程

(1) 利用扩充的救助项目完善依赖者生命历程保护。随着重大事件救助根据个人的生命历程扩充了常规救助项目,并逐步完善了临时救助的施助范围,完全式依赖者能够借助新扩充的救助项目实现生命历程的全阶段保护。例如,在进入劳动力市场前能够获得求职资金救助、在身体健康状况出现问题时能够通过门诊获得治疗且不因门诊费用增加负担、在失去家庭成员的情况下还能够享受单亲家长救助等。通过此类扩充性救助项目,该类型依赖者所遭遇的阶段性贫困能够有效得到缓解。

(2) 消除早期重大事件的影响,巩固依赖者的中后期生命历程。由于完全式依赖者曾在生命历程早期就经历了重大事件的打击,负面影响一直持续,甚至人生都被改写,而生命历程中后期遭遇的重大事件往往再一次冲击了依赖者,因此该类型依赖者长期处于竞争劣势地位。在重大事件救助中,阶段救助项目往往根据生命历程设立,令此类型依赖者可以在生命历程的各个阶段得到充分保护,一定程度上消除了早期遭遇带来的负面影响。不仅如此,完全式依赖者还应借助临时救助巩固后期生命历程,通过及时应对突发事件来消除中后期生命历程受到的打击。

(3) 进行提前干预,切断重大事件间的连锁效应。由于重大事件会产生强烈的负面效应,完全式依赖者在遭遇一项重大事件后往往会陷入新的困境,如在劳动力市场上受到意外伤害导致劳动能力受损,进而陷入失业的境地。在重大事件救助介入的同时,应当第一时间对此类依赖者的状况进行判断,调用救助资源预先进行干预,防止其进一步陷落。例如,对于尚未完成学业就辍学的此类依赖者,需要预先对其进行劳动就业方面的辅导,提升其劳动技能,防止其长期流转于体力劳动岗位。通过预先进行干预,将提前预防依赖者陷入困境,降低其在未来转向救助的可能性。

3. 弱化竞争劣势,渐次分解就业障碍

在劳动参与的障碍上,完全式依赖者因以下几方面原因陷入竞争劣势地位:首先,数量众多的此类型依赖者曾在生命历程早期遭受过重大事件打击,如意外伤害、罹患过重大疾病、经历过未成年辍学或劳动教养与劳动改造等;其次,传统就业市场中的低技能水平劳动者在向新型劳动力市场转移时面临更高的技术门槛,导致经历过下岗大潮的完全式依赖者被新的劳动力市场排斥;最后,此类依赖者自身健康状况不佳、学历较低、年龄偏大。因此,完全式依赖者人力资本积累往往较为薄弱,而且其劳动能力受到了一定程度的削弱,导致这些依赖者经历长期缺乏工作机会、频繁失业、工作不稳定、劳动收入偏低等就业困境。基于此,在为完全式依赖者制定激活方案时,需要弱化其竞争劣势,并针对其劣势提供有效的辅助机制。

(1) 对于早期曾遭遇重大事件打击,并对后期就业造成负面影响的,需要根据重大事件的性质调整就业服务内容。例如,对于因意外伤害、罹患重病导致劳动能力被削弱的依赖者,就业救助不应当强调依赖者个人通过寻找工作实现再就业,而是应当侧重于提供公益性就业岗位,吸纳这些劳动力受损者。对于因辍学、"两劳"等社会性事件导致依赖者人力资本积累发生中断的,需要由社区或街道进行吸纳,安排自主创业或从事强度稍大的公益性劳动。对于开展自主创业的依赖者,就业救助还需要提供一定的创业启动资金和技术支持等,确保依赖者通过自雇的形式真正改善就业质量。

(2) 提升技能水平。对于因缺乏劳动技能而难以进入新型劳动力市场的此类依赖者,救助制度应当侧重于提供与更高的技术门槛相适应的劳动技能培训,如初级电脑使用培训课程、医疗护理培训等,帮助依赖者提升技能水平,以满足劳动力市场的需要。此外,为了鼓励此类依赖者进入劳动力市场,就业救助在进行技能培训的同时还需要提供更多岗位信息和就业资讯,以实现培训与就业的良好衔接。

(3) 提供公益性岗位。对于年龄较大、身体较差的完全式依赖者,由于其人力资本难以实现进一步的积累,因此就业救助无须为其安排较多的培训资源,而是需要为其提供公益性岗位以维持其与社会的联系,防止其与劳动力市场脱节。

(三）减少家庭牵绊，解除辛勤者后顾之忧

除边缘式依赖者外，阶段式依赖者中的辛勤者同样具有较高的劳动参与水平。但是与边缘式依赖者相比，辛勤者的受助时间更长，其所遭遇的困难程度更深。这是因为辛勤者受到了更多来自家庭成员的影响，家庭牵绊过多导致其难以改善家庭经济状况并脱离救助制度。具体而言，辛勤者及家人面临的困境在时间段上存在交叠，而且从文化程度和就业状况上来看，辛勤者及其家人本人均不具有竞争优势，较低的学历和堪忧的就业状况无法使彼此相互帮助与提升。这种在个人人力资本积累和职业方向上的劣势不仅为个人职业发展设置了障碍，而且长期来看难以改善家庭整体经济状况。更重要的是，家人较低的收入水平将增加辛勤者本人的经济压力，同时会对依赖者形成过重的心理负担。如果家中有成员需要长期照料，甚至会挤占辛勤者的劳动时间和劳动机会。由于家庭整体负担较重，多头开支导致劳动收入难以弥补支出缺口，这使得本就不高的劳动收入无法形成积蓄。

由于辛勤者主要受到家庭牵绊，因而其对救助制度的需求往往与改善家庭状况相关。辛勤者不仅需要照料服务来增加个人的劳动时间，而且需要教育救助来缓解相关的支出压力，此外还需要参加工伤保险、失业保险来防范劳动就业中的失业、工伤风险。但是，辛勤者当前所获得的救助支持并未能达到其预期，难以帮助其缓解各项压力。因此，为了帮助此类型依赖者脱离救助制度，需要减少家庭对其的牵绊，并全面消除其后顾之忧。

1. 切断劣势在家庭成员间的传递

由于辛勤者所在的家庭其成员普遍遭遇重大事件，因此重大事件救助需要及时跟进，以防止某位成员引发的负面效应在其他家庭成员间传递。例如，对于家庭成员长期患慢性病的，应当适当提高对门诊费用的报销比例，并取消门诊费用年度累计救助金额的封顶线，对于罹患重病的，同样应当提高对个人负担部分的救助比例，并适当提高封顶线。通过提高医疗救助力度，一方面能够缓解依赖者的经济压力，另一方面能够防止导致家庭中其他开支被过度削减，如子女的教育开支不被过度占用，进而保证了依赖者的子女在人力资本积累阶段不受家庭状况限制，顺利完成学业并实现就业，这又从另一层面防止了父代的劣势向子代传递。

除现金救助外，救助服务的提供同样能够阻断劣势的积累与传递。例如，家庭成员中需要长期照料者通过接受社区或街道提供的日间照料服务或托管服务，能够有效减少其对依赖者的照料需求，进而减少对依赖者劳动

时间的占用或劳动机会的剥夺,有助于辛勤者重返劳动力市场。可以说,服务的提供同样发挥了积极的作用,能够防止辛勤者被家庭成员的照料需求所牵绊,进一步阻断负面影响的传递。

2. 维持劳动参与,提升就业质量,保护劳动收入

由于辛勤者的劳动参与水平较高,意味着该类型依赖者保持了就业能力,因此存在一定的自立基础。然而,低保金的补差模式未保护劳动收入,使辛勤者陷入了"劳碌无收、劳碌少收"的局面。此外,灵活就业的就业质量不高,限制了辛勤者通过就业改善经济状况的可能性。

为了维持该类型依赖者的劳动参与,首先应当确保其劳动收入不被救助金的减少所抵消,即实现收入豁免,对辛勤者通过劳动获得的收入不进行扣除。只有更新救助金的发放模式,才能够真正实现对劳动收入的保护。其次,在进行收入豁免的同时还需要对辛勤者的劳动收入进行补贴,既改善了其经济状况,又进一步鼓励其通过劳动获得收入,因此解决其后顾之忧。

3. 提供照料服务,消除后顾之忧

对于具有劳动能力的辛勤者而言,其往往会陷入照料家庭成员和参与劳动之间的两难境地,因此,救助制度在进行干预时往往需要鼓励其进入劳动力市场,同时提供照料服务来解除依赖者的后顾之忧。可以说,鼓励辛勤者重回劳动力市场是消解依赖的重中之重,而提供配套服务有利于该目标的实现,具体做法是提供家庭照料救助项目。

对于家庭中有因病因残长期住院或卧床、生活无法自理的家庭成员和0—3岁需要哺育照料的婴幼儿或3岁以上儿童的辛勤者,可通过申请获得家庭照料救助项目。项目的实施方式分为两类:一类是由辛勤者向市场购买照料或康复服务,家庭照料救助项目提供资金,对购买服务的开支进行报销;另一类是辛勤者向救助制度提出购买申请,由政府向相关服务供给方购买服务,费用仍然由家庭照料救助项目提供。

(四)激励失意者,阻断劣势积累

与受到家庭牵绊的辛勤者相反,失意者受助时间短,但是其劳动参与水平普遍不高。从其生命历程来看,该类型的依赖者在进入最低生活保障制度之前曾经靠自己的努力维持生计,然而早年经历的求学的失败、身体健康的损毁以及个体生活机遇的丧失导致其后续的就业面临较多障碍。更严重的是,部分失意者还遭遇过劳动教养或改造、未成年辍学等破坏性较强、影响深远的负面事件,这使其难以正常融入劳动力市场。再者,失意者脆弱的

生命历程中已积累了大量风险因素，一旦遭遇新的风险事件将会受到严重冲击。当家庭的劣势积累到一定程度，最终不得不寻求制度保障。从这个角度来看，为了防止失意者积累更多的劣势，需要预先防止其由阶段性贫困转入长期贫困。

1. 阻断重大事件负面效应积累，防止转入长期贫困

由于失意者普遍遭遇重大事件，甚至遭遇多重事件打击，其生命历程存在较多波折。从遭遇重大事件的内容来看，辍学、"两劳"等经历导致依赖者丧失工作机会，使其陷入从业上的不利地位。此外，该类型的依赖者患病或者遭受过意外伤害，意味着依赖者不仅遭受了身体上的伤害，导致其劳动能力被削弱，既是对个人人力资本的削弱，又使其陷入了较艰难的就业处境中。从这个层面上来看，失意者自立的可能性较低，往往易于转化为长期贫困，因此需要在失意者尚未积累更多劣势前进行预先干预，以阻止其陷入更深的贫困之中。

（1）针对失意者已经遭遇的重大事件实施全程追踪，以确保后续生命历程的稳定。具体而言，失意者遭遇重大事件后往往需要一个较长的过渡期，其即使接受了救助的帮扶，仍难以立刻恢复到正常状态。如果救助资源过早地撤出，通常会导致依赖者的生命历程出现波动，甚至重新陷入困境。因此，弹性救助制度需要对"失意者"进行全过程跟踪，并主动调用多项救助资源，确保重大事件的负面影响不会带来更大的生活变动。

（2）对于曾遭遇过重大事件的失意者，需要根据其以往的经历形成提前干预的救助自觉，即对重大事件可能产生的负面后果进行预判，并提前采取措施降低负面后果出现的可能性。例如，对于遭遇了重大疾病、失业等事件的失意者，救助制度应当防止其因负担大额支出而举债度日，进而遭遇负债难以偿还等新的事件。又如，对于家庭开支激增的失意者，如果家中有学龄儿童，救助制度需要提前关注该失意者对子女的教育支出，以防家庭开支的增加过度挤占了教育开支，导致其子女陷入新的困境。

2. 引导失意者分阶段退出日常生活救助

（1）由于失意者受助时间尚短，未形成固定的受助模式，因此需要引导其逐步脱离日常生活救助。具体而言，由于失意者具有劳动能力，因此其可以通过参加基础救助项目获得日常生活救助。然而，此类依赖者能够通过劳动获得一定的收入，由于劳动收入可以获得补贴，因此其月收入所得将逐渐超过领取基础救助金的标准。随着劳动收入获得保护，其能够在领取一定时期的基础救助后巩固自立能力，并逐步脱离基础救助项目。

(2) 按年龄阶段与劳动能力设计社会保护方案。从失意者的年龄层次和劳动能力看,部分失意者年龄较大并且劳动能力被削弱,而部分失意者年龄尚轻并具有健全劳动能力,故需要制定不同的救助方案。

首先,对于年纪尚轻的失意者,尤其是劳动能力健全者,救助制度需要将救助与就业挂钩,实现接受救助与劳动参与的全面联动。换言之,为此类依赖者提供救助应当成为短暂的、临时的举措,而帮助其重返劳动力市场则是首要目标。其次,对于年龄较小但仅具有部分劳动能力的失意者,救助制度可以降低对其的就业要求,但需要鼓励其参与社会保险,即通过参保来为自己未来的经济状况背书,以部分实现自立。最后,对于年龄较大的失意者,由于其再次进入劳动力市场的可能性较小,因此需要保障其顺利进入老年期。但是,相当数量的失意者由于身体原因或单位效益不好而选择了提前"内退",其退休后尚未满足领取养老金的年龄要求,又由于未到退休年龄而无法转入老年人救助,因此在一定时期内将遭遇收入锐减的困境。为了应对其在劳动期与老年期之间的无保护状态,需要提供阶段性的退休前过渡救助。

第十二章　建立非典型福利依赖的长效预防机制

一、恢复自我保障与抗风险能力

在生命历程研究视角下,传统社会制度对个体的日常安排与未来发展不断进行规划,制度的力量渗透在个体生命中,并无时无刻不在提供制度保护。① 然而在后工业社会中,新的风险层出不穷,个体将不得不面对更为复杂的生存环境。②③ 更加严峻的是,由于传统俾斯麦式保障制度的抗风险能力被严重削弱,个体所获得的制度化保护已不再能使其平稳地渡过后续的生命历程。因此,个体与制度间的关系在宏观社会变迁过程中不断得到调整④,如何提高个体自我保障能力又成了福利国家改革的核心议题之一。对于城市贫困人口中的非典型福利依赖者而言,通过社会救助制度获得生活辅助,改变个体的行动规律与生活策略,并在此基础上恢复或重建个体的抗风险能力,将有助于应未来生命历程中的挑战,最终形成对福利依赖的长效防御机制。

(一) 实施"分类+分层"的日常生活救助

自城市居民最低生活保障制度在全国范围内实施以来,城市贫困人口的基本生活获得了保障。然而,该制度以家庭为单位提供保障,并未对受助

---

① Kohli, M. (2007). "The institutionalization of the life course: looking back to look ahead." *Research in Human Development*, 4(3-4), 253-271.
② 埃斯平-安德森:《转型中的福利国家:全球经济中的国家调整》,杨刚译,北京:商务印书馆,2010年版,第12页。
③ Kwon, H. C. & Meyer, D. R. (2011). "How do economic downturns affect welfare leavers? A comparison of two cohorts." *Children and Youth Services Review*, 33, 588-597.
④ Bonke, J., Koch-Weser, E. (2004). "The welfare state and time allocation in Sweden, Denmark, France and Italy." *Advances in Life Course Research*, 8, 231-253.

者进行群体上的区分。为打破有劳动能力者与无劳动能力者享受均等化低保救助的局面,就需要对低保制度进行结构上的重组,实施"分类救助"与"分层救助"相结合的日常生活救助,以提升依赖者的自我保障能力。

1. 以群体为面向施行分类救助

与现行的未考虑救助对象内部差异、采用统一救助标准"统合救助"①模式不同,日常生活救助需要对接受救助的受助者进行群体上的划分,划分的标准是"是否具有劳动能力",以此为基础提供差别化的救助项目,实施分类救助。

(1)为无劳动能力者提供"类别救助"。对于无劳动能力者,应当依据其群体类型提供相应的救助,包括老年人救助、未成年人救助、残疾人救助、重病患者救助以及特困人员供养。这些救助统称"类别救助",只有无劳动能力者才能享受,援助力度可适当提高,以彰显该类群体受助的正当性。

(2)为有劳动能力者提供"基础救助"。对于具有劳动能力的受助者,由于其具有自立能力,能够通过参与劳动获得收入,因此其接受救助的正当性弱于无劳动能力者,故不能获得面向无劳动能力者的类别救助,只能申请基础救助项目。对于此类有劳动能力者而言,接受救助需要设定一系列核定标准,且救助力度需低于类别救助,这样既可以在有无劳动能力者之间实施救助金额的差异化,又可以遏制非典型福利依赖者搭便车的心理。

从对"类别救助"和"基础救助"的分析看出,面向群体的"分类救助"能够将有劳动能力者从全体受助者中剥离出来,有利于救助资源精准定位至不同的群体,提高救助的效率。此外,"分类救助"要求个人的经济状况直接与接受救助的资格挂钩,不再受家庭中其他成员经济状况的影响,还能有效地防止有劳动能力者"搭便车"。

2. 依托劳动能力层次形成分层救助

由于无劳动能力者需要申请类别救助,而有劳动能力者需要申请基础救助,因此处于劳动年龄、具有劳动能力的非典型福利依赖者只能接受基础救助项目的救助。但是在具有劳动能力的非典型福利依赖者中,由于年龄和健康状况等原因,依赖者的劳动能力并不完全一致,而是存在多个能力水平。例如,长期患有慢性病者不能承担较繁重的工作,已经丧失了一定的劳动能力。因此,根据年龄与健康状况的差异,非典型福利依赖者的劳动能力可以被分为两个层次:具有部分劳动能力和具有健全劳动能力。与具有健

---

① 李迎生、韩央迪、肖一帆等:《超越统合救助模型:城市低保制度改革中的分类救助问题研究》,《学海》,2007年第2期。

全劳动能力的依赖者相比,仅具有部分劳动能力的依赖者由于其身体状况等原因在劳动力市场中处于劣势地位,因此其受助行为所招致的谴责将少于拥有健全劳动能力的依赖者,故救助制度需要对两者进行区别对待,形成分层救助。

(1) 进行再就业能力评估,对非典型福利依赖者的劳动能力层次评级。在非典型福利依赖者获得基础救助受助资格的同时,救助制度需要根据依赖者的年龄、性别、学历、身体健康状况等因素进行严格的再就业能力评估,对依赖者的劳动能力层次进行评定。例如,拥有较高学历的健康男性青年所拥有的人力资本远大于学历较低并且身体状况堪忧的女性,因此前者再就业能力等级较高,属于劳动能力层次较高的依赖者,拥有健全劳动能力,而后者再就业能力等级较低,劳动能力层次较低,仅拥有部分劳动能力。

(2) 依据劳动能力层次级别,形成差别化的分层救助。通过对非典型福利依赖者进行再就业能力评估,对其劳动能力层次形成分级,依赖者被区分为具有健全劳动能力者和具有部分劳动能力者。在此基础上,救助制度需要针对不同劳动能力的依赖者制定不同的救助策略,以实现分层救助。

3. 将分类救助与分层救助相结合

从上述分析可以看出,城市贫困人口中不仅有无劳动能力者,而且还有很多有劳动能力者,即使有劳动能力者其劳动能力层次也不同。以往的救助以家庭为单位,并未对受助者进行区分,导致其不仅忽视了有劳动能力与没有劳动能力受助者在救助需求上的差异,而且对拥有健全劳动能力和部分劳动能力的依赖者也缺乏区别对待。

通过实施日常生活救助,首先以群体为面向进行受助者的分类,通过判断受助者是否具有劳动能力将其划分为有劳动能力者和无劳动能力者,并在此基础上施行分类救助。其次对有劳动能力者进行进一步的分析,在再就业能力评估基础上将之区分为具有健全劳动能力者和具有部分劳动能力者,形成分层救助。只有将分类救助与分层救助相结合,在分类的基础上实现分层,才能提供更加有效的日常生活救助,以促进有劳动能力者实现自立。

(二) 运用多重保障增强自我恢复能力

1. 提供"现金+服务"双重保障

随着社会救助制度的不断完善,非典型福利依赖者在各个救助项目上都获得了现金救助。然而,目前的救助项目待遇偏低,未能对依赖者形成有效支持,且未能应对多样化的救助需求。尽管目前各地都在探索社会救助服务的供给方式,但是由于受助者对象及其所在家庭的复杂性,仍难以提供全面的、多样化的救助服务。因此,需要根据依赖者的服务需求设立救助服务体系,通过提供"现金+服务"的双重保障,为非典型福利依赖者增强自我恢复能力。

(1) 根据家庭成员需求增设服务项目,重点人群重点关注。依赖者所在家庭中往往有多位成员不具备劳动能力,部分是未成年人,尚未进入劳动力市场,部分是老年人,已经退出劳动力市场,还有部分是残疾人或重病患者,已经丧失了劳动能力。由于成员的类型不同,其所需要的救助服务的类型也各有侧重点。具体而言,对于难以承担民办幼儿园学费的依赖者,可为其子女提供儿童托管服务。对于劳动时间与子女上下学时间冲突的依赖者,可由社区提供接送服务,并提供类似"四点半课堂"之类的课后辅导服务。对于家中有残疾人的依赖者,可为其提供日间托管服务和残疾人复健服务。对于家中有生活无法自理的老年人的依赖者,需要社区提供低价的养老服务。对于家中子女处于学龄的依赖者而言,为了防止劣势由父代向子代传递,还需要通过接受课业辅导来提升子女成绩,辅助子女进行人力资本积累,因此救助制度还需要提供课业辅导服务来满足依赖者的需求。

(2) 全面开发能力发展型与支持融合型服务。除日常生活服务外,救助制度还需要全面开发能力发展型服务和支持融合型服务。一方面,为了帮助依赖者恢复自立能力,改善其就业能力,救助制度需要提供能力发展型服务,从源头上增进依赖者的发展能力。另一方面,由于非典型福利依赖者处于社会的边缘,容易陷入社会排斥,因此为其提供支持与融合服务能够有效形成支持网络,增加社会融合与互动①。因此,救助制度需要全面开发能力发展型服务和支持融合型服务,从根本上强化依赖者走出救助制度的信心与能力。

(3) 救助服务"先行+后撤",弥补制度空白。当遭遇重大事件者的家庭经济状况尚不满足救助标准时,可以实施"服务先行"的做法,即虽然不能发放相应的救助金,但是可以优先提供救助服务,帮助贫困者救急,待经济状况符合标准后再申请救助项目的全面介入。此外,若贫困者经过救助后顺利渡过难关并摆脱困境,救助制度将启动渐退程序,辅助受助者缓慢过渡至没有救助介入的状态。即使渐退期满,救助金停止发放,还需要实施"服务后撤"的做法,保留相关的救助服务至一定期限,此后还需定期追踪,防止

---

① 林闽钢:《为城市低保家庭提供社会救助服务》,《中国社会报》,2015年5月11日,第002版。

受助者返贫返困。

2. 优化社会保险缴费受益机制

随着社会保险制度的日益完善,本应分享制度红利的非典型福利依赖者不仅没有获得应有的制度保障,反而承担了制度转轨的成本。为了防止非典型福利依赖者被社会保险制度边缘化,进一步丧失自我保障的能力,需要强化社会保险体系与社会救助体系的衔接,积极整合保障资源。例如,社会救助制度应当与工伤保险、失业保险等制度进行全面衔接,防止两个保障制度出现脱节。具体而言,为鼓励非典型福利依赖者参与工伤保险制度,救助制度可对个人缴费部分进行全额资助或部分资助,以提高依赖者参保的积极性。同样,为了鼓励依赖者参与失业保险,救助制度同样可以对个人缴费部分进行资助。

3. 恢复或培育依赖者自立意识

由于福利国家的一系列福利措施效果不佳,有研究者分别提出了"积极社会政策""第三条道路""新福利""社会投资国家"等说法,意指福利国家的改革新动向。在众多改革思路中,有关"自食其力"的提法得到了大部分国家的赞成。该主张认为福利国家需要由福利的提供者(provider)转变为赋能者(enabler)[1],"从原来的一旦受益人有需求便立即提供经济援助的形式转向建立一个把受益人融入初级劳动力市场的机制"[2],这种对工作伦理的强调使依赖者不得不重拾工作,极大地增加了受助者对劳动力市场的参与度。

对于非典型福利依赖者而言,最重要的是将依赖者的责任感重新找回来,使其通过自己的能力进行自我保障,而非完全依靠救助制度,否则无法积极培育非典型福利依赖者的自主意识与自立能力。具体而言,要在确保依赖者生活境况不再恶化的情况下缓步将其送入劳动力市场,首先需要提高依赖者对工作的认同度,保护其工作伦理不被扭曲,此后再着力培育自立意识,强化自我责任观念。

4. 引导依赖者进行人力资本再积累

吉登斯提出,传统的福利国家过多地注重福利支出、无条件现金转移以及福利服务的提供,而社会投资国家更能重视教育与技能培训带来的人力

---

[1] Midgley, J. (2017). "Social investment: concepts, uses and theoretical perspectives." In Midgley, J., Dahl, E., Wright, A. C. (Ed.). *Social Investment and Social Welfare*. Cheltenham: Edward Elgar Publishing, p.16.

[2] 吉尔伯特、沃黑斯编《激活失业者——工作导向型政策跨国比较研究》,王金龙译,北京:中国劳动社会保障出版社,2004年版,第264页。

资本的提升,这将帮助人们主动参与劳动力市场竞争,而非消极地依靠救助。① 对于非典型福利依赖者而言,由于其处于劳动年龄并且具有劳动能力,因此借助救助制度重回劳动力市场既是可能的,也是可行的。基于此,救助制度需要转变观念,改变以往只顾维持依赖者基本生活的思路,重新对依赖者的劳动能力进行考察,并积极展开能力建设,通过人力资本的投资来提高其抵御风险的能力。

(1) 借助对现有救助资源的重组,提升救助项目"增能"的能力。在教育救助制度上,不仅需要提供现金救助,还需要强化其与劳动力市场的关联,积极将接受教育救助者转化为储备劳动力。在就业救助上,更要与劳动力市场紧密对接,积极引入雇主资源,改善工作条件与职位提升机会。同时对于已经实现就业的依赖者而言,还需要通过更优质的就业服务来维持或提升其就业状况。在这样的条件下,教育救助与就业救助的"发展性"被大大增强,进而超越了以往的救助效果,一定程度上提升了依赖者的自立能力。

(2) 根据依赖者的需求开发新的救助项目,重新培育依赖者的人力资本。对于目前从事灵活就业的依赖者而言,未雨绸缪的需求较为强烈。考虑到这类群体的就业状况并不稳定,因此需要在其陷入失业境地前提供再就业帮助。这一点在国外已经实现,例如美国开设了"抢先再就业计划"(preemptive reemployment schemes),通过为受威胁行业中的工人提供再培训,提前帮助其积累新的人力资源,以防止被动离开工作岗位。此外,"学习银行"项目(learning bank)同样为尚未失业者提供提前培训的机会,以允许其在未陷入变故的情形下从容再更换职业或行业。对于已经失业的依赖者而言,帮助其维持就业能力是第一步,因此通过公益岗位安置来保持其与社会的联系是必要的。在此基础上,还需要根据次级劳动力市场的岗位需求重新设立培训项目,比如为依赖者提供护理基础课程,以便使依赖者掌握一定的护理知识与技能后进入养老院,获得服务行业的新的岗位。再次,提升依赖者的信息化能力,强化其信息收集、信息筛选、信息掌握能力,辅助其掌握手机 App、电脑软件等的使用。

二、激活依赖者,开辟"向上竞争"的通道

随着积极福利的指向被越来越多的福利国家采纳,改变传统的消极福

---

① Giddens, A. (2000). *The Third Way and its Critics*. Cambridge: Polity Press.

利被提上了议事日程。在救助领域,积极的救助导向在倡导风险的预先防范和进行社会投资的同时,还强调受助权利与劳动义务并重,即强化工作伦理,要求受助者通过劳动实现自立。

自我国建立社会救助制度以来,传统的救助理念与制度设计并未将受助者的劳动参与问题考虑进来,因此救助制度往往被认为是消极的制度,由于单纯消耗社会资源而被公众指责。在这样的背景下,处于劳动年龄、具有劳动能力的非典型福利依赖者由于未被"激活"而长期接受救助,同样受到了舆论的谴责。在城市低保制度中,有劳动能力者本应当依靠劳动参与维持生活,但是其生活境况的恶化不仅增加了各项负担,导致其陷入竞争的劣势地位,而且救助制度并未积极辅助受助者重新参与劳动力市场竞争,甚至并未强调工作的义务与积极生活的责任。基于此,若要帮助非典型福利依赖者脱离救助制度并最终实现自立,一方面应当强化依赖者的劳动意识,重新树立其对工作的认同感,另一方面应当建立再就业激活体系,帮助依赖者开辟"向上竞争"的通道。

(一) 在维护工作伦理的基础上强化劳动意识

鼓励非典型福利依赖者恢复自立能力,首先需要做到的就是从态度与动机上对其进行帮助,然而并非所有的依赖者都没有参与劳动,仍有部分依赖者劳动参与水平并不低,因此在劳动意识的恢复与强化上需要对不同的依赖者进行差异化的帮助。

1. 维护积极工作伦理,营造劳动力市场归属感

对于已经就业的非典型福利依赖者而言,其已经具备了基本的劳动参与意识,因此对其的救助需要侧重于维护工作伦理,并积极帮助其进一步融入劳动力市场。一方面,此类已经工作的依赖者对工作具有较强的认同感,其工作伦理未产生扭曲,因此需要对积极的工作伦理进行保护,继续维护其劳动参与意识。另一方面,大部分有工作的非典型福利依赖者都是从事灵活就业,此类依赖者往往处于工作不稳定、就业质量低的困境中,流转于次级劳动力市场中的低层次职位,因而属于较为边缘化的劳动者群体。为了促使其更深入地融入劳动力市场,就需要强化其与劳动力市场间的联系,培养稳定的就业环境,提高依赖者对工作的掌控程度,进而营造依赖者对劳动力市场的归属感,为其真正回归劳动力市场奠定心理基础。

2. 强化劳动参与意识,重新树立工作认同感

在社会救助主体责任关系中,个人自救处于第一位阶,这是个体自负其

责的体现。① 对于尚未实现再就业的非典型福利依赖者而言,由于其长期处于脱离劳动力市场的状态,因此要重新建立其与劳动力市场的关联,首当其冲的是要重新树立依赖者对工作的认同感。这就需要救助制度帮助依赖者重新认识工作的价值与劳动的意义,并改变依赖者对工作的认知,进而重新唤起依赖者重返劳动力市场的意愿。同时,对于此类长期脱离工作岗位的依赖者,需要在心理上扭转其对救助制度的依赖,引导其对失业原因进行深度剖析,通过归纳自身竞争劣势,有针对性地强化劳动参与优势,进而恢复依赖者重新进入劳动力市场的信心。

(二)完善就业救助制度设置

针对目前就业救助制度缺少"激活"机制的状况,应当根据依赖者的就业需求提供具有针对性的就业救助项目,同时更新就业培训制度、打通再就业的"非正式"通道,并增加公益性岗位来安置就业困难群体,以此强化非典型福利依赖者与劳动力市场的联系。

1. 更新就业培训制度

为了解决目前培训课程难度较大、课程设置与次级劳动力市场岗位缺乏对接、参与者积极性不高等问题,需要从以下两个方面入手:

(1)重新设计再就业培训课程体系。根据非典型福利依赖者的知识水平、接受能力等状况,应当设置更为基础性的再就业培训课程。例如,以往的电脑类课程并未考虑依赖者的电脑水平,因此往往忽视了基础课程的讲授,直接开设了编辑排版等专业化过强的课程。但是,在电脑类课程中应当侧重于对打字、网页浏览、各类办公软件的运用等基础功能的讲授,致力于帮助依赖者熟悉电脑及相关软件,此后再循序渐进地增加课程难度。此外,针对培训内容脱离二级劳动力市场,或者难以将学习的内容付诸实践等问题,需要根据再就业岗位的职位要求进行具有针对性的课程设置,比如依赖者往往通过进入服务业来实现再就业,那么就需要根据服务业的招聘要求提供相关课程。目前养老院等机构急需照护人员,因此可以对未就业者提供基础护理课程,帮助其获得相关护理知识与经验,以便于进入养老院实现再就业。

(2)对培训引发的成本进行补贴。为了增加培训课程的吸引力,增强依赖者接受培训的意愿,首先,应当对因培训而引发的开支进行报销,包括相关的交通费、餐费等开支。其次,应当对培训进行补贴,例如按当地最低

---

① 林闽钢:《论社会救助多主体责任的定位、关系及实现》,《社会科学研究》,2020年第3期。

工资标准发放培训期工资，以强化依赖者参与培训的积极性。再次，需要对人力资本投资的相关成本进行补贴，包括学历提升考试的报名费、考取职业资格证书过程中的各项费用等。最后，再就业培训的时间应当被安排在非工作日，这样有利于已经就业的依赖者利用闲暇时间通过上课进行自我提升，防止依赖者的劳动时间被占用，进而保护其劳动收入。

2. 根据就业需求提供具有针对性的就业救助项目

目前救助项目与就业需求出现"错配"，不仅出现了面向技能的就业服务与面向岗位的就业服务"错配"，而且出现了就业资金帮扶与劳动就业服务的"错配"。由于就业救助项目的提供需要以就业需求为导向，因此根据依赖者个人的具体情况提供具有针对性的救助措施。

（1）对于需要提升技能水平来改善就业状况的非典型福利依赖者，应当集中提供技能型就业服务，包括就业技能培训、技术支持、就业指导等项目，而对于直接需要就业服务的依赖者而言，应当直接提供岗位信息、进行职业介绍，或者由社区或街道提供公益岗位或结对帮扶。

（2）对于需要就业资金帮扶的依赖者，应当为其提供自主创业启动资金、税费优惠、贷款贴息等资金支持，而对那些并不满足于获得低劳动技能水平的工作、不想继续兜转于低层次就业机会之间，而是希望通过参加培训来提升就业能力的依赖者，需要为其提供技术支持以及在职业方向上进行指导。

3. 打通特殊群体再就业的"非正式"通道

对于非典型福利依赖者中面临特殊再就业困难的群体，由于其曾经接受过劳动教养或劳动改造，或者曾在未成年时期辍学，目前无法通过雇主与用人单位的审核，因此难以再通过正规的招聘渠道获取职位。对于此类依赖者，需要为其打通再就业的"非正式"通道，即帮助其实现自雇，或者通过社区或街道出面辅助其进入劳动力市场。

（1）帮助有劳动能力者实现自雇。对于寄希望于自雇的依赖者，救助制度需要帮助其实现自主创业来提升就业质量、改善不稳定的就业局面，这就需要救助制度为其提供更多资金支持，包括自主创业启动资金、贷款贴息、税费优惠等。由于该类群体有过"两劳"经历，其接受就业资金援助需要得到家人担保，创业资金的发放也应当分批进行。

（2）间接安排特殊群体就业。对于仍希望进入劳动力市场但在再就业的过程中受到歧视的依赖者，救助制度需要辅助其进入劳动力市场，具体措施包括由街道或社区出面为依赖者与用人单位进行协商，并对雇佣此类依赖者的用人单位进行补贴。此外,还可以将此类依赖者安置于劳动强度稍大的公益岗位中,帮助其就业。

4. 增加公益劳动岗位,安置特殊困难群体

对于年龄较大、身体状况较差的非典型福利依赖者,由于其通过接受培训实现再就业的可能性较小,因而对公益岗位的需求较多。此外,对于曾经患病或遭受过意外伤害的依赖者,尽管其目前具有一定的劳动能力,但是曾经经历的重大疾病或意外伤害削弱了其劳动能力,因此这些依赖者同样在精神或身体上无法胜任工作,难以承担较重的工作任务,因而同样对公益岗位有着较为强烈的需求。基于此,救助制度既需要在公共服务领域增设公益性岗位,又要保证公益岗位的数额。例如,可以安排上述依赖者在社区内部提供照料服务的机构就业,既能够解决就业问题,保持依赖者与劳动力市场的联系,又缓解了社区提供照料服务的压力。

(三) 强化就业救助与多项救助的联动

除了对就业救助制度设置进行完善以外,就业救助制度还需要与其他救助项目紧密衔接,多项联动,以全面建立对依赖者的"激活"机制。

1. 与基础救助联动,对依赖者分层次"激活"

由于非典型福利依赖者在再就业能力评估后,其劳动能力层次形成分级,被区分为具有健全劳动能力者和具有部分劳动能力者,因此救助制度需要针对不同劳动能力的依赖者制定不同的就业促进策略,以实现分层次激活。

(1) 优先"激活"具有健全劳动能力者。具有健全劳动能力的非典型福利依赖者需要在接受救助一段时间内,通过实现就业或改善就业状况来逐步退出救助制度。对于劳动能力层次较高的依赖者,救助制度需要加强对其劳动能力的开发与利用,适当通过减少受助金额来激励依赖者赚取劳动收入,并将接受救助与参与劳动紧密联系起来,如规定每周工作的小时数,以此作为获得救助金的前提条件。

(2) 适当鼓励具有部分劳动能力者参与劳动。对于仅具有部分劳动能力的非典型福利依赖者而言,较弱的劳动能力使之在劳动力市场中处于劣势地位,因此一味强调其参与劳动是不现实的,故保障此类依赖者基本生活的要求应当优于对其参与劳动的要求。尽管如此,由于此类依赖者仍然具有一定的劳动能力,救助制度还是应当鼓励其适当参与劳动,例如选择工作量较小的公益岗位就业等。

2. 与教育救助衔接，提升依赖者人力资本

目前教育救助与就业救助是最具有社会投资性质的救助项目，然而两项目间并未有效衔接，导致就业资源与教育资源难以互通。基于此，教育救助应当与就业救助紧密衔接，共同提升非典型福利依赖者的人力资本。

一方面，教育救助面向高等教育阶段仅提供了助学金、生活补助、助学贷款以及勤工俭学等教育方面的救助，然而高等教育阶段结束后立刻面临着就业的需求，就业救助由于拥有大量岗位信息、职业介绍、就业指导等方面的资源，可以与教育救助联合辅助贫困家庭子女实现从就学到顺利就业的转变，如优先为接受教育救助者提供实习机会等。另一方面，目前接受就业救助的受助者往往学历不高，导致找工作受限，因此可以在就业救助中引入学历提升计划，由教育主管部门开设入学考试辅导课程，帮助有升学需要的受助者获得更为专业的指导。

参考文献

一、中文著作

(1) Neil Gilbert,Paul Terrell:《社会福利政策引论》,沈黎译,上海:华东理工大学出版社,2013年版。

(2) T.H.马歇尔、安东尼·吉登斯:《公民身份与社会阶级》,郭忠华、刘训练编,南京:江苏人民出版社,2008年版。

(3) G.H.埃尔德:《人萧条的孩子们》,田禾、马春华译,南京:译林出版社,2002年版。

(4) 埃斯平-安德森:《转型中的福利国家:全球经济中的国家调整》,杨刚译,北京:商务印书馆,2010年版。

(5) 芭芭拉·艾伦瑞克:《我在底层的生活》,林家瑄译,北京:北京联合出版公司,2014年版。

(6) 诺曼·巴里:《福利》,储建国译,长春:吉林人民出版社,2005年版。

(7) 齐格蒙特·鲍曼:《工作、消费、新穷人》,仇子明、李兰译,长春:吉林出版集团有限责任公司,2010年版。

(8) 乌尔里希·贝克:《风险社会:新的现代性之路》,张文杰、何博闻译,南京:译林出版社,2018年版。

(9) 皮埃尔·布尔迪厄:《世界的苦难:布尔迪厄的社会调查》,张祖建译,北京:中国人民大学出版社,2017年版。

(10) 曹艳春:《我国城乡社会救助系统建设研究》,上海:上海人民出版社,2009年版。

(11) 陈映芳:《城市中国的逻辑》,北京:生活·读书·新知三联书店,2012年版。

(12) 慈勤英:《福利依赖:事实抑或建构》,武汉:武汉大学出版社,2013年版。

(13) 戴斯蒙德:《扫地出门:美国城市的贫穷与暴利》,胡䜣谆、郑焕升译,桂林:广西师范大学出版社,2018年版。

(14) 迪尼托:《社会福利:政治与公共政策》,第五版,何敬、葛其伟译,杨伟民校,北京:中国人民大学出版社,2007年版。

(15) 蒂特马斯:《蒂特马斯社会政策十讲》,江绍康译,长春:吉林出版集团有限责任公司,2011年版。

(16) 冈特·施密特等:《劳动力市场政策评估国际手册》,杨伟国等译,北京:中国人民大学出版社,2014年版。

(17) 高功敬:《城市贫困家庭可持续生计:发展型社会政策视角》,北京:社会科学文献出版社,2018年版。

(18) 格尔茨、马奥尼:《两种传承:社会科学中的定性与定量研究》,上海:格致出版社:上海人民出版社,2016年版。

(19) 国际劳工组织编:《世界社会保障报告:2017—2019》,华颖等译校,北京:中国劳动社会保障出版社,2019年版。

(20) 哈克:《风险大转移:新经济无保障和美国梦的幻灭》,刘杰等译,北京:中国社会科学出版社,2013年版。

(21) 哈特利·迪安:《社会政策学十讲》,岳经纶、庄文嘉、温卓毅译,上海:格致出版社:上海人民出版社,2015年版。

(22) 韩克庆:《中国城市低保访谈录》,济南:山东人民出版社,2012年版。

(23) 胡晓义:《新中国社会保障发展史》,北京:中国劳动社会保障出版社:中国人事出版社,2019年版。

(24) 吉登斯:《全球时代的欧洲》,潘华凌译,郭忠华校,上海:上海译文出版社,2015年版。

(25) 吉尔伯特、沃黑斯编:《激活失业者——工作导向型政策跨国比较研究》,王金龙译,北京:中国劳动社会保障出版社,2004年版。

(26) 吉尔德:《财富与贫困:国民财富的创造和企业家精神》,蒋宗强译,北京:中信出版社,2019年版。

(27) 吉尔德:《财富与贫困》,储玉坤等译,上海:上海译文出版社,1985年版。

(28) 金斯伯格:《福利分化:比较社会政策批判导论》,姚俊、张丽译,杭州:浙江大学出版社,2010年版。

(29) 赖德胜主编:《中国就业70年:1949—2019》,北京:中国劳动社会保障出版社:中国人事出版社,2019年版。

(30) 兰剑:《反贫困视域下社会救助依赖问题的解构及其治理》,北京:

科学出版社,2018年版。

(31) 李骏:《中国城市劳动力市场的变迁与分层》,北京:社会科学文献出版社,2018年版。

(32) 李强:《当代中国社会分层》,北京:生活书店出版有限公司,2019年版。

(33) 李正东:《贫困何以生产:城市低保家庭的贫困状况研究》,北京:中国社会出版社,2016年版。

(34) 刘易斯:《桑切斯的孩子们:一个墨西哥家庭的自传》,李雪顺译,上海:上海译文出版社,2014年版。

(35) 罗思坦:《正义的制度:全面福利国家的道德和政治逻辑》,靳继东、丁浩译,北京:中国人民大学出版社,2017年版。

(36) 门仓贵史:《穷忙族》,袁森译,北京:中信出版社,2009年版。

(37) 米尔斯:《社会学的想象力》,陈强、张永强译,北京:生活·读书·新知三联书店,2005年版。

(38) 莫家豪、丘经纶、黄耿华:《变迁中的社会政策:理论、实证与比较反思》,北京:社会科学文献出版社,2013年版。

(39) 彭华民:《福利三角中的社会排斥:对中国城市新贫困社群的一个实证研究》,上海:上海人民出版社,2007年版。

(40) 皮尔逊:《拆散福利国家:里根、撒切尔和紧缩政治学》,徐绍福译,长春:吉林出版集团有限责任公司,2007年版。

(41) 皮尔逊:《福利制度的新政治学》,汪淳波、苗正民译,北京:商务印书馆,2004年版。

(42) 尼尔·吉尔伯特、芮贝卡·A.范·沃黑斯编:《激活失业者——工作导向型政策跨国比较研究》,王金龙译,北京:中国劳动社会保障出版社,2004年版。

(43) 瑟勒博-凯泽编著:《福利国家的变迁:比较视野》,文姚丽主译,北京:中国人民大学出版社,2020年版。

(44) 孙立平、郭于华:《制度实践与目标群体:下岗失业社会保障制度实际运作的研究》,北京:社会科学文献出版社,2010年版,第25页。

(45) 泰勒-顾柏编著:《新风险 新福利:欧洲福利国家的转变》,马继森译,北京:中国劳动社会保障出版社,2010年版。

(46) 托马斯、兹纳涅茨基:《身处欧美的波兰农民——一部移民史经典》,张友云译,南京:译林出版社,2000年版。

(47) 万斯:《乡下人的悲歌》,刘晓同、庄逸抒译,南京:江苏凤凰文艺出版社,2017年版。

(48) 威尔逊:《当工作消失时:城市新穷人的世界》,成伯清、王佳鹏译,上海:上海人民出版社,2016年版。

(49) 威尔逊:《真正的穷人:内城区、底层阶级和公共政策》,成伯清、鲍磊、张戌凡译,上海:上海人民出版社,2007年版。

(50) 韦伯:《新教伦理与资本主义精神》,康乐、简惠美译,桂林:广西师范大学出版社,2010年版。

(51) 沃特金斯、布鲁克:《平等不公正:美国被误导的收入不平等斗争》,启蒙编译所译,上海:上海社会科学院出版社,2019年版。

(52) 吴要武等:《中国城镇非正规就业问题研究》,北京:中国社会科学出版社,2014年版。

(53) 伍伦韦伯:《反社会的人》,李欣译,北京:光明日报出版社,2014年版。

(54) 张浩淼:《转型期中国最低生活保障制度发展研究》,上海:上海交通大学出版社,2010年版。

(55) 郑功成等:《从饥寒交迫走向美好生活:中国民生70年:1949—2019》,长沙:湖南教育出版社,2019年版。

(56) 郑功成主编:《中国社会保障改革与发展战略(救助与福利卷)》,北京:人民出版社,2011年版。

(57) 周晓虹等:《中国体验:全球化、社会转型与中国人社会心态的嬗变》,北京:社会科学文献出版社,2017年版。

(58) 周雪光:《国家与生活机遇:中国城市中的再分配与分层1949—1994》,郝大海等译,北京:中国人民大学出版社,2014年版。

(59) 祝建华:《缓解城市低保家庭贫困代际传递的政策研究》,杭州:浙江大学出版社,2015年版。

二、中文论文

(1) 安华、赵云月:《福利叠加与悬崖效应:如何让低保对象走出福利依赖?》,《中国民政》,2018年第9期。

(2) 白维军:《城市居民最低生活保障制度中的"贫困陷阱"研究——目标定位制下的负激励分析》,《西北人口》,2010年第2期。

(3) 边恕:《解决城市低保制度就业负激励问题的方案探讨——基于"补差制"与"负所得税制"的分析》,《中国软科学》,2014年第10期。

(4) 边燕杰、郭小弦、李晓光:《市场化与社会资本的变迁:1999—

2014》,《开放时代》,2020年第4期。

(5) 曹艳春、陈翀:《从低保标准到家庭运行标准——社会救助改革的革新与设计》,《现代经济探讨》,2016年第4期。

(6) 曾崇碧:《中国低保福利依赖的成因及干预对策》,《重庆交通大学学报》,2009年第4期。

(7) 陈成文:《对贫困类型划分的再认识及其政策意义》,《社会科学家》,2017年第6期。

(8) 陈元刚、李雪:《农村最低社会保障的福利依赖及防范研究——以重庆市涪陵区、湖北恩施市屯堡乡为例》,《科学发展》,2012年第10期。

(9) 陈泽群:《"低保养懒人!":由指控低保户而显露出的福利体制问题》,《社会保障研究》,2007年第1期。

(10) 慈勤英、兰剑:《"福利"与"反福利依赖"——基于城市低保群体的失业与再就业行为分析》,《武汉大学学报》,2015年第4期。

(11) 慈勤英、李芹:《低保救助资源的有效分配检验——基于贫困家庭收入水平门槛效应模型的分析》,《四川理工学院学报》,2018年第3期。

(12) 戴卫东:《农村最低生活保障制度的财政支出分析——基于负所得税法和差额补助法的比较》,《河南社会科学》,2010年第5期。

(13) 邓锁:《城镇困难家庭的资产贫困与政策支持探析——基于2013年全国城镇困难家庭调查数据》,《社会科学》,2016年第7期。

(14) 都阳、Albert Park:《中国的城市贫困:社会救助及其效应》,《经济研究》,2007年第12期。

(15) 方旭东:《过度单身:一项时间社会学的探索》,《中国青年研究》,2016年第10期。

(16) 冯帆:《福利给予、就业促进与低保人群的再就业》,《南京社会科学》,2019年第11期。

(17) 甘晓成、帕丽旦木·布尔汗:《农村低保"福利依赖"现状调查与分析——基于对库车县农村低保群体的调查》,《新疆社科论坛》,2018年第4期。

(18) 高功敬、陈岱云、崔恒展:《资产积累与低保救助制度——基于城市低保家庭资产状况的调查与比较研究》,《南通大学学报》,2013年第2期。

(19) 高功敬、高灵芝:《城市低保的历史性质与福利依赖》,《南通大学学报》,2009年第3期。

(20) 戈艳霞、李强:《疾病照料负担对困难家庭劳动力就业的影响》,

《人口与经济》,2018年第1期。

(21) 贡森、李秉勤:《新时代中国社会政策的特点与走向》,《社会学研究》,2019年第4期。

(22) 关信平:《关于全面建立临时救助制度应当注意的几个问题》,《中国民政》,2015年第7期。

(23) 关信平:《论现阶段中国社会救助制度目标提升的基础与意义》,《社会保障评论》,2017年第4期。

(24) 郭继强:《中国城市次级劳动力市场中民工劳动供给分析——兼论向右下方倾斜的劳动供给曲线》,《中国社会科学》,2005年第9期。

(25) 郭熙保、周强:《长期多维贫困、不平等与致贫因素》,《经济研究》,2016年第6期。

(26) 郭于华、常爱书:《生命周期与社会保障——一项对下岗失业工人生命历程的社会学探索》,《中国社会科学》,2005年第5期。

(27) 韩克庆、郭瑜:《"福利依赖"是否存在?——中国城市低保制度的一个实证研究》,《社会学研究》,2012年第2期。

(28) 侯斌:《从救助到就业:发展型救助视角下城乡失业贫困人口的再就业影响研究》,《哈尔滨商业大学学报》,2019年第1期。

(29) 胡思洋:《低保制度功能定位的制度变迁与合理取向》,《社会保障研究》,2017年第1期。

(30) 黄薇:《保险政策与中国式减贫:经验、困局与路径优化》,《管理世界》,2019年第1期。

(31) 蒋南平、邹宇:《人工智能与中国劳动力供给侧结构性改革》,《四川大学学报》,2018年第1期。

(32) 晋利珍:《国内外学者劳动力市场分割理论研究述评——兼论对研究反福利依赖的启示》,《生产力研究》,2011年第1期。

(33) 凯特·贝德福德:《新自由主义时代的社会权利和性别正义:对话南希·弗雷泽》,戴雪红译,《国外理论动态》,2014年第2期。

(34) 兰剑、慈勤英:《促进就业抑或强化"福利依赖"?——基于城市低保"反福利依赖政策"的实证分析》,《西南大学学报》,2016年第3期。

(35) 兰剑、慈勤英:《后脱贫攻坚时期农村"争当低保户"现象的症结及其治理》,《农村经济》,2019年第4期。

(36) 李春根、陈文美:《现阶段我国社会救助财政支出规模适度吗?——基于"巴洛法则"与柯布-道格拉斯生产函数的分析》,《华中师范大学学报》,2018年第4期。

(37)李骏:《中国城镇劳动力市场分割:一个整合与比较分析》,《江海学刊》,2016年第3期。

(38)李黎明、许珂:《人力资本、社会资本与收入差距——基于中国城市居民收入的分位回归模型分析》,《复旦教育论坛》,2017年第1期。

(39)李棉管:《技术难题、政治过程与文化结果——"瞄准偏差"的三种研究视角及其对中国"精准扶贫"的启示》,《社会学研究》,2017年第1期。

(40)李棉管:《社会救助如何才能减少贫困?——20世纪末至今的中国社会救助研究》,《社会建设》,2018年第4期。

(41)李鹏、张奇林:《兼得公平效率——家庭规模和结构视阈下城乡低保标准与救助对象精准识别》,《宁夏社会科学》,2017年第1期。

(42)李实、John Knight:《中国城市中的三种贫困类型》,《经济研究》,2002年第10期。

(43)李威、毕向阳:《城市低保对象福利依赖问题的实证研究——基于倾向得分匹配法的分析》,《社会建设》,2016年第5期。

(44)李迎生、韩央迪、肖一帆等:《超越统合救助模型:城市低保制度改革中的分类救助问题研究》,《学海》,2007年第2期。

(45)林丛:《城市居民低保制度"福利依赖"问题研究》,《学习与实践》,2019年第12期。

(46)林闽钢、梁誉、刘璐婵:《中国贫困家庭类型、需求和服务支持研究——基于"中国城乡困难家庭社会政策支持系统建设"项目的调查》,《天津行政学院学报》,2014年第3期。

(47)林闽钢、祝建华:《我国城市低保家庭脆弱性的比较分析》,《社会保障研究》,2011年第6期。

(48)林闽钢:《关于政府购买社会救助服务的思考》,《行政管理改革》,2015年第8期。

(49)林闽钢:《缓解城市贫困家庭代际传递的政策体系》,《苏州大学学报》,2013年第3期。

(50)林闽钢:《激活贫困者内生动力:理论视角和政策选择》,《社会保障评论》,2019年第1期。

(51)林闽钢:《论社会救助多主体责任的定位、关系及实现》,《社会科学研究》,2020年第3期。

(52)林闽钢:《我国社会救助体系发展四十年:回顾与前瞻》,《北京行政学院学报》,2018年第5期。

(53)林闽钢:《新历史条件下"弱有所扶":何以可能,何以可为?》,《理论探讨》,2018年第1期。

(54) 林闽钢:《中国社会福利发展战略:从消极走向积极》,《国家行政学院学报》,2015年第2期。

(55) 刘嘉慧、黄黎若莲:《英、美两国及大中华地区社会救助制度发展的反思》,《社会保障研究》,2009年第2期。

(56) 刘岚、齐良书、董晓媛:《中国城镇中年男性和女性的家庭照料提供与劳动供给》,《世界经济文汇》,2016年第1期。

(57) 刘丽娟:《精准扶贫视域下的城乡低保瞄准机制研究》,《社会保障研究》,2018年第1期。

(58) 刘璐婵、林闽钢:《"养懒汉"是否存在?——城市低保制度中"福利依赖"问题研究》,《东岳论丛》,2015年第10期。

(59) 刘璐婵:《从"保险"到"服务":福利制度导向转型》,《社会福利》(理论版),2014年第8期。

(60) 刘璐婵:《福利体制视域中的"福利依赖":三条路径与五个面向》,《社会建设》,2019年第2期。

(61) 刘璐婵:《基于二元Logistics回归的城市低保受助者劳动参与研究》,《公共治理评论》,2018年第1期。

(62) 刘璐婵:《中国贫困家庭的困境差异性分析——基于"中国城乡困难家庭社会政策支持系统建设项目"的分析》,《甘肃理论学刊》,2015年第2期。

(63) 刘璐婵:《福利依赖》概念的建构逻辑——兼论中国《福利依赖》概念的选择,《天府新论》,2016年第1期。

(64) 刘瑞明、亢延锟、黄维乔:《就业市场扭曲、人力资本积累与阶层分化》,《经济学动态》,2017年第8期。

(65) 刘欣:《致贫原因、贫困表征与干预后果——西方贫困研究脉络中的"精神贫困"问题》,《中国农业大学学报》,2019年第6期。

(66) 刘新波、文静、刘轶芳:《贫困代际传递研究进展》,《经济学动态》,2019年第8期。

(67) 刘一伟、汪润泉:《收入差距、社会资本与居民贫困》,《数量经济技术经济研究》,2017年第9期。

(68) 刘一伟:《"错位"还是"精准":最低生活保障与农户多维贫困》,《现代经济探讨》,2018年第4期。

(69) 刘玉兰:《西方抗逆力理论:转型、演进、争辩和发展》,《国外社会科学》,2011年第6期。

（70）刘祖云、林景:《社会转型与贫困蜕变——基于香港与内地城市微观数据的比较研究》,《江苏社会科学》,2019年第2期。

（71）罗楚亮、李实:《人力资本、行业特征与收入差距——基于第一次全国经济普查资料的经验研究》,《管理世界》,2007年第10期。

（72）宁亚芳:《北京市城市最低生活保障制度就业激励机制的优化——基于负所得税视角》,《社会保障研究》,2013年第2期。

（73）潘胜文、孙玉璟:《低收入行业职工收入分析及调控对策——基于江苏省细行业工资数据》,《西部学刊》,2015年第6期。

（74）彭大松、陈友华:《初婚解体风险变化趋势及其影响因素——基于CFPS2010数据的分析》,《人口与社会》,2016年第3期。

（75）彭继权、吴海涛、汪为:《家庭生命周期视角下农户多维贫困测度及分解》,《统计与决策》,2019年第12期。

（76）彭宅文:《最低生活保障制度与救助对象的劳动激励:"中国式福利依赖"及其调整》,《社会保障研究》,2009年第2期。

（77）乔世东:《城市低保退出机制中存在的问题及对策研究——以济南市为例》,《东岳论丛》,2009年第10期。

（78）任晓敏、崔恒展:《城市低保救助制度的发展瓶颈及路经研究——以济南市为例》,《山东社会科学》,2014年第3期。

（79）施世骏:《生命历程研究对社会政策效果的探讨》,《社会政策与社会工作学刊》,2002年第1期。

（80）唐钧、刘蔚玮:《城市低保标准偏低了》,《中国社会保障》,2011年第12期。

（81）唐钧:《慎言"福利依赖"》,《社会观察》,2015年第12期。

（82）唐淑平、范燕宁:《低保对象福利依赖心理及反福利依赖的社会工作介入路径研究——基于对北京市海淀区的实地调查》,《社会政策研究》,2018年第3期。

（83）田北海、王连生:《支出型贫困家庭的贫困表征、生成机制与治理路径》,《南京农业大学学报》,2018年第3期。

（84）田奇恒、孟传慧:《城市低保社会福利受助者"就业意愿"与社会救助研究》,《人口与经济》,2008年第1期。

（85）涂丽、乐章:《城市工作贫困及其影响因素研究——来自CFPS数据的实证》,《人口与经济》,2018年第5期。

（86）汪三贵、殷浩栋:《资产与长期贫困——基于面板数据的2SLS估计》,《贵州社会科学》,2013年第9期。

(87) 王超群:《因病支出型贫困社会救助政策的减贫效果模拟——基于 CFPS 数据的分析》,《公共行政评论》,2017 年第 3 期。

(88) 王汉生、刘亚秋:《社会记忆及其建构——一项关于知青集体记忆的研究》,《社会》,2006 年第 3 期。

(89) 王锦花:《福利悖论:中国社会保护中的社会排斥——基于广州市的实证研究》,《武汉大学学报》,2016 年第 2 期。

(90) 王鹏、吴愈晓:《初婚年龄的影响因素分析——基于 CGSS2006 的研究》,《社会》,2012 年第 3 期。

(91) 王强:《社会资本的反贫困机制——基于农村困难家庭全国性调查的实证研究》,《学习与实践》,2019 年第 6 期。

(92) 王燊成:《人工智能时代我国就业公平的挑战及其应对》,《经济体制改革》,2020 年第 1 期。

(93) 王天夫、崔晓雄:《行业是如何影响收入的——基于多层线性模型的分析》,《中国社会科学》,2010 年第 5 期。

(94) 王盈怡、涂罡:《低保与城乡反贫困:一个多维贫困和多维不平等的视角》,《公共财政研究》,2018 年第 6 期。

(95) 王增文、邓大松:《倾向度匹配、救助依赖与瞄准机制——基于社会救助制度实施效应的经验分析》,《公共管理学报》,2012 年第 2 期。

(96) 文雯:《城市低保与家庭减贫——基于 CHIPS 数据的实证分析》,《人口与经济》,2015 年第 2 期。

(97) 吴和成、万里洋、卢维学:《多维视角下城市家庭贫困脆弱性实证研究》,《统计与信息论坛》,2020 年第 9 期。

(98) 习近平:《扎实推动共同富裕》,《求是》,2020 年第 20 期。

(99) 向运华、赵羚雅:《基于扩展线性支出的城市低保标准研究——以武汉市为例》,《调研世界》,2018 年第 10 期。

(100) 肖萌、陈虹霖、李飞跃:《低保对象为何退保难?动态分析策略下的退保模式及其变迁趋势研究》,《社会》,2019 年第 4 期。

(101) 肖萌、丁华、李飞跃:《对贫困决定因素的性别比较研究——基于 2014 年中国家庭追踪调查城乡非农业人口的实证分析》,《妇女研究论丛》,2019 年第 1 期。

(102) 肖萌、李飞跃:《低保依赖的影响因素及对策——一个综合解释模型探讨》,《南开学报》,2017 年第 2 期。

(103) 肖萌、李飞跃:《工作还是依赖?——低保对象就业行为的影响因素分析》,《人口学刊》,2017 年第 1 期。

（104）肖萌、梁祖彬:《社会救助就业福利政策研究》,《社会保障研究》,2010年第1期。

（105）熊江尧、张安全、杨继瑞:《老年照料对已婚子女劳动供给的影响:基于CFPS的经验证据》,《财经科学》,2020年第4期。

（106）徐静、徐永德:《生命历程理论视域下的老年贫困》,《社会学研究》,2009年第6期。

（107）徐小言:《我国农村贫困成因动态认知的维度构建分析——基于家庭生命周期理论的结构性扩充》,《理论学刊》,2018年第5期。

（108）许敏波、李实:《中国城镇劳动参与率的结构和趋势——基于家庭微观调查的证据》,《安徽师范大学学报》,2019年第1期。

（109）荀丽丽:《悬置的"贫困":扶贫资金资本化运作的逻辑与问题》,《文化纵横》,2016年第6期。

（110）阳义南、肖建华:《罕见病医疗负担对支出型贫困的影响研究》,《中国卫生政策研究》,2019年第1期。

（111）杨晶、邓大松、申云:《人力资本、社会保障与中国居民收入不平等——基于个体相对剥夺视角》,《保险研究》,2019年第6期。

（112）杨娟、Sylvie Démurger、李实:《中国城镇不同所有制企业职工收入差距的变化趋势》,《经济学(季刊)》,2012年第1期。

（113）杨琨、黄君:《福利国家青年人福利态度的比较研究》,《中国青年研究》,2017年第12期。

（114）杨琨、袁迎春:《共识与分化:福利国家公民的福利态度及其比较研究》,《公共行政评论》,2018年第3期。

（115）杨立雄、陈玲玲:《欧盟社会救助政策的演变及对我国的启示》,《湖南师范大学社会科学学报》,2005年第1期。

（116）杨立雄:《低收入家户人力资本的反贫困效应——基于2015年CLIFSS数据的实证研究》,《黑龙江社会科学》,2016年第3期。

（117）杨立雄:《贫困理论范式的转向与美国福利制度改革》,《美国研究》,2006年第2期。

（118）杨艳东、张铭哲:《不确定风险下新就业形态劳动者养老保险研究》,《浙江工业大学学报》,2020年第2期。

（119）杨宜勇、吴香雪:《中国扶贫问题的过去、现在和未来》,《中国人口科学》,2016年第5期。

（120）姚建平:《养老社会保险制度的反贫困分析——美国的实践及对我国的启示》,《公共管理学报》,2008年第3期。

(121) 殷俊、谢沁怡:《贫困是"被迫的"还是"选择的"?——基于农村低保群体的就业意愿分析》,《新疆社会科学》,2017年第6期。

(122) 尹海洁、关士续:《经济转型与城市贫困人口生活状况的变化》,《中国人口科学》,2004年第2期。

(123) 尹利民、黄学琴:《"央—地"协作与贫困治理——对Y县精准扶贫实践的扩展性讨论》,《江西社会科学》,2020年第1期。

(124) 袁小平、姜春燕:《福利递送中的文化、制度与福利依赖——关于A村精准扶贫的观察与分析》,《学习论坛》,2020年第6期。

(125) 苑晓美:《发展型社会救助的理念、实践及其启示》,《中州学刊》,2018年第5期。

(126) 臧其胜:《政策的肌肤:福利态度研究的国际前沿及其本土意义》,《公共行政评论》,2016年第4期。

(127) 张海东、袁博:《双重二元劳动力市场与城市居民的阶层认同——来自中国特大城市的证据》,《福建师范大学学报》,2020年第1期。

(128) 张浩:《分类施保也需精准——"兜底一批"政策中的一个问题》,《中国发展观察》,2016年第17期。

(129) 张浩淼、仲超:《工作福利在我国社会救助改革中的适用性分析——基于典型福利国家实践的比较与启示》,《经济社会体制比较》,2019年第4期。

(130) 张浩淼:《救助、就业与福利依赖——兼论关于中国低保制度"养懒汉"的担忧》,《兰州学刊》,2014年第5期。

(131) 张浩淼:《就业救助:国际经验与中国道路》,《兰州学刊》,2018年第10期。

(132) 张浩淼:《事实抑或建构:当代美国福利依赖问题探析》,《社会科学战线》,2017年第7期。

(133) 张浩淼:《新业态、新风险与社会保障的适应性改革》,《改革与战略》,2019年第9期。

(134) 张康之:《论全球化、后工业化中的生活》,《人文杂志》,2018年第8期。

(135) 张明皓、豆书龙:《深度贫困的再生产逻辑及综合性治理》,《中国行政管理》,2018年第4期。

(136) 张强、慈勤英:《"成家"会促使"就业"吗?——婚姻对城市低保对象就业行为的影响》,《南方人口》,2019年第1期。

(137) 张世伟、周闯:《中国城镇居民不同收入群体的劳动参与行为——基于参数模型和半参数模型的经验分析》,《管理世界》,2010 年第 5 期。

(138) 张思明:《江苏省泗阳县民政局创新"急诊救助"模式显成效》,《中国民政》,2019 年第 3 期。

(139) 张文武,欧习,徐嘉婕:《家庭视角下的劳动参与和多维贫困——来自 CHNS 连续追踪面板的证据》,《当代经济科学》,2020 年第 1 期。

(140) 张盈华:《工作贫困:现状、成因及政府劳动力市场政策的作用——来自欧盟的经验》,《国际经济评论》,2016 年第 6 期。

(141) 章晓懿:《"救急难"托底保障的机制构建与地方实践》,《中国民政》,2017 年第 16 期。

(142) 赵淑兰:《低保救助实践中的负激励效应研究》,《理论界》,2007 年第 12 期。

(143) 赵颖:《员工下岗、家庭资源与子女教育》,《经济研究》,2016 年第 5 期。

(144) 郑春荣、郑启南:《新世纪以来德国民众福利态度的变化及其影响因素分析》,《公共行政评论》,2018 年第 3 期。

(145) 郑功成:《从国家—单位保障制走向国家—社会保障制——30 年来中国社会保障改革与制度变迁》,《社会保障研究》,2008 年第 2 期。

(146) 郑功成:《中国社会救助制度的合理定位与改革取向》,《国家行政学院学报》,2015 年第 4 期。

(147) 郑作彧、胡珊:《生命历程的制度化:欧陆生命历程研究的范式与方法》,《社会学研究》,2018 年第 2 期。

(148) 周文斌:《机器人应用对人力资源管理的影响研究》,《南京大学学报》,2017 年第 6 期。

(149) 周怡:《贫困研究:结构解释与文化解释的对垒》,《社会学研究》,2002 年第 3 期。

(150) 周渝霜:《教育支出与贫困脆弱性——基于 CHFS 微观数据的实证思考》,《区域治理》,2019 年第 52 期。

(151) 祝建华:《城市居民家庭贫困脆弱性的测度、因素识别与消减策略》,《河北大学学报》,2019 年第 3 期。

(152) 邹薇、方迎风:《关于中国贫困的动态多维度研究》,《中国人口科学》,2011 年第 6 期。

(153) 邹薇、方迎风:《健康冲击、"能力"投资与贫困脆弱性:基于中国数据的实证分析》,《社会科学研究》,2013 年第 4 期。

(154) 左停、徐小言:《农村"贫困-疾病"恶性循环与精准扶贫中链式健康保障体系建设》,《西南民族大学学报》,2017年第1期。

三、英文著作

(1) Bane, M., Mead, L. (2003). *Lifting up the poor: a dialogue on religion, poverty, and welfare reform*. Washington, D.C.: The Brookings Institution Press.

(2) Banfleld, E. C. (1974). *The Unheavenly City Revisited: A Revision of the Unheavenly City*. Boston: Little, Brown Company.

(3) Besharov, D. J., Germains, P., Hein, J., Jonas, D. K., Sherman, A. L. (2001) *Ending Dependency: Lessons from Welfare Reform in the USA*. London: CIVITAS: Institute for the Study of Civil Society.

(4) Clark, K. B. (1964). *Dark Ghetto: Dilemmas of Social Power*. New York: Harper and Row.

(5) Deacon, A. (Ed.) (1996). *Stakeholder Welfare*, London: Institute of Economic Affairs.

(6) Edin, K., Lein, L. (1997). *Making ends meet: How single mothers survive welfare and low-wage work*. New York: Russell Sage Foundation.

(7) Ellwood, D. (1988). *Poor support*. New York: Basic Books.

(8) Esping-Andersen, G., Gallie, D., Hemerijck, A., Myles, J. (2002). *Why We Need a New Welfare State*. New York: Oxford University Press.

(9) Taylor-Gooby, P. (Ed.) (2000). *Risk, Trust and Welfare*. Basingstoke: Palgrave Macmillan.

(10) Gans, H. J. (1995). *The War against the Poor: The Underclass and Antipoverty Policy*. New York: Basic Books.

(11) Gao, Q. (2017). *Welfare, Work, and Poverty: Social Assistance in China*. New York: Oxford University Press.

(12) Saraceno, C. (Ed.) (2002). *Social assistance dynamics in Europe: National and local poverty regimes*. Bristol: The Policy Press.

(13) Giddens, A. (2000). *The Third Way and its Critics*. Cambridge: Polity Press.

(14) Goldberg, G. S. (Ed.) (2010). *Poor Women in Rich Countries:*

The Feminization of Poverty over the Life Course, Oxford: Oxford University Press.

(15) Handler, J. F. (2004). *Social citizenship and workfare in the United States and western Europe: The paradox of inclusion*. Cambridge University Press.

(16) Harrington, M. (1962). *The Other America: Poverty in the United States*. New York: Scribner.

(17) Katz, M. B. (2013). *The Undeserving Poor: America's Enduring Confrontation with Poverty*. New York: Oxford University Press.

(18) Mortimer, J. T., Shanahan, M. J. (Ed.) (2003). *Handbook of the Life Course*. New York. Kluwer Academic Publishers.

(19) Leisering, L., Leibfried, S. (1999). *Time and Poverty in Western Welfare States: United Germany in Perspective*. Cambridge: Cambridge University Press.

(20) Lewis, J., Surender, R. (2004). *Welfare State Change: Towards a Third Way?* Oxford: Oxford University Press.

(21) Lødemel, I., Trickey, H. (2000). *An offer you can't refuse: workfare in international perspective*. Bristol: The Policy Press.

(22) MacDonald, R. (Ed.) (1997). *Youth, the 'underclass' and social exclusion*. London: Routledge.

(23) Mead, L. M. (1997). *The New Paternalism: Supervisory Approaches to Poverty*. Washington, D.C.: Brookings Institution Press.

(24) Midgley, J., Dahl, E., Wright, A. C. (Ed.) (2017). *Social Investment and Social Welfare*. Cheltenham: Edward Elgar Publishing.

(25) Mink, G., O'connor, A. (2005). *Poverty in the United States: an encyclopedia of history, politics, and policy*. Santa Barbara: ABC-CLIO.

(26) Moffitt, R. (1998). *Welfare, the family, and reproductive behavior: research perspectives*. National Academies Press.

(27) Moffitt, R. A (Ed). (2003). *Means-Tested Transfer Programs in the United States*. Chicago: University Chicago Press.

(28) Murray, C. A. (1984). *Losing ground: American social policy, 1950—1980, tenth-anniversary edition*. New York: Basic Books.

(29) Murray, C. A. (1990).*The Emerging British Underclass*. London:

Institute of Economic Affairs.

（30）Murray, C. A. (2006). *In Our Hands: A Plan to Replace the Welfare State*. Washington, D.C.: American Enterprise Institute Press.

（31）Myrdal, G. (1963). *Challenge to Influence*. New York: Pantheon.

（32）Mason, W. M., Fienberg, S. E. (Ed.) (1985). *Cohort Analysis in Social Research*. New York: Springer.

（33）Skoufias, E. (Ed.) (2012). *The poverty and welfare impacts of climate change: Quantifying the effects, identifying the adaptation strategies*. Washington, D.C.: The World Bank.

（34）Slack, P. (1990). *The English poor law*, 1531—1782. London: Macmillan.

四、英文论文

（1）Achdut, N., Stier, H. (2020). "Welfare-use accumulation and chronic dependency in Israel: The role of structural factors." *Journal of Social Policy*, 49(1), 81–101.

（2）Aisami, R. S. (2010). "Welfare dependency as a performance problem that requires a performance improvement approach." *Performance Improvement*, 49(7), 17–21.

（3）Allard, S. W., Danziger, S. (2002). "Proximity and opportunity: How residence and race affect the employment of welfare recipients." *Housing Policy Debate*, 13(4), 675–700.

（4）Andersen, D. (2020). "Stuck! Welfare state dependency as lived experience." *European Societies*, 22(3), 317–336.

（5）Andrén, T., Gustafsson, B. (2004). "Patterns of social assistance receipt in Sweden." *International Journal of Social Welfare*, 13(1), 55–68.

（6）Antuñano, E. D. (2019). "Mexico City as an Urban Laboratory: Oscar Lewis, the 'Culture of poverty' and the Transnational History of the Slum." *Journal of Urban History*, 45(4), 813–830.

（7）Ayala, L., Rodríguez, M. (2006). "The Latin model of welfare: Do 'insertion contracts' reduce long-term dependence?" *Labour Economics*, 13(6), 799–822.

（8）Ayala, L., Rodríguez, M. (2007). "Barriers to employment and welfare dynamics: Evidence from Spain." *Journal of Policy Modeling*, 29(2), 237-257.

(9) Ayala, L., Rodríguez, M. (2010). "Explaining welfare recidivism: What role do unemployment and initial spells have?" *Journal of Population Economics*, 23(1), 373-392.

(10) Bane, M. J., Ellwood, D. T. (1986). "Slipping into and out of poverty: The dynamics of spells." *The Journal of Human Resources*, 21(1), 1-23.

(11) Bargain, O., Doorley, K. (2011). "Caught in the trap? Welfare's disincentive and the labor supply of single men." *Journal of Public Economics*, 95, 1096-1110.

(12) Barr, N. A., Hall, R. E. (1981). "The Probability of Dependence on Public Assistance." *Economica*, 48(190), 109-123.

(13) Blank, R. M., Ruggles, P. (1994). "Short-term recidivism among public-assistance recipients." *The American Economic Review*, 84(2), 49-53.

(14) Blank, R. M., Ruggles, P. (1996). "When Do Women Use Aid to Families with Dependent Children and Food Stamps? The Dynamics of Eligibility Versus Participation." *The Journal of Human Resources*, 31(1), 57-89.

(15) Boisjoly, J., Harris, K. M., Duncan, G. J. (1998). "Trends, Events, and Duration of Initial Welfare Spells." *Social Service Review*, 72(4), 466-492.

(16) Bonke, J., Koch-Weser, E. (2004). "The welfare state and time allocation in Sweden, Danmark, France and Italy." *Advances in Life Course Research*, 8, 231-253.

(17) Bonoli, G. (2007). "Time matters: Postindustrialization, new social risks, and welfare state adaptation in advanced industrial democracies." *Comparative Political Studies*, 40(5), 495-520.

(18) Boris, E. (2007). "On cowboys and welfare queens: Independence, dependence, and interdependence at home and abroad." *Journal of American Studies*, 41, 599-621.

(19) Brady, D., Burroway, R. (2012). "Targeting, universalism, and single-mother poverty: a multilevel analysis across 18 affluent

democracies." *Demography*, 49(2), 719–746.

(20) Brady, D., Finnigan, R. M., Hübgen, S. (2017). "Rethinking the risks of poverty: A framework for analyzing prevalences and penalties." *American Journal of Sociology*, 123(3), 740–786.

(21) Brown, G. W., Moran, P. M. (1997). "Single mothers, poverty and depression." *Psychological Medicine*, 27(1), 21–33.

(22) Bruckmeier, K., Wiemers, J. (2018). "Benefit Take-Up and Labor Supply Incentives of Interdependent Means-Tested Benefit Programs for Low-Income Households." *Comparative Economic Studies*, 60, 583–604.

(23) Bruckner, H., Mayer, K. U. (2005). "De-standardization of the life course: What it might mean? and if it means anything, whether it actually took place." *Advances in Life Course Research*, 9, 27–53.

(24) Bush, I. R. Kraft, M. K. (2001). "Self-Sufficiency and Sobriety." *Journal of Social Work Practice in the Addictions*, 1(1), 41–64.

(25) Cain, L. D. (1975). "The young and the old: coalition or conflict ahead?" *American Behavioral Scientist*, 19(2), 166–175.

(26) Carpentier, S., Neels, K., Bosch, K. (2017). "Exit from and re-entry into social assistance benefit in Belgium among people with migration background and the native-born." *International Journal of Social Welfare*, 26(4), 366–383.

(27) Chan, C.K., & Ngok, K. (2015). "Workfare in the undemocratic states: The case of China." *International Social Work*, 59(4), 479–493.

(28) Cheng, T. (2002). "Welfare recipients: How do they become independent?" *Social Work Research*, 26(3), 159–170.

(29) Cheng, T. (2010). "Financial self-sufficiency or return to welfare? A longitudinal study of mothers among the working poor." *International Journal of Social Welfare*, 19, 162–172.

(30) Cheung, K. C. K., Chou, K. L. (2016). "Working poor in Hong Kong." *Social Indicators Research*, 129(1), 317–335.

(31) Collins, S. B., Carrier, T. S., Gazso, A., Smith, C. (2020). "Resisting the Culture of Poverty Narrative: Perspectives of Social Assistance Recipients." *Journal of Poverty*, 24(1), 72–93.

(32) Cook, K. E. (2012). "Social support in single parents' transition

from welfare to work: Analysis of qualitative findings." *International Journal of Social Welfare*, 12(4), 338–350.

(33) Cooke, M. (2009). "A welfare trap? The duration and dynamics of social assistance use among lone mothers in Canada." *Canadian Review of Sociology*, 46(3), 179–206.

(34) Danziger, S., Haveman, R. Plotnick, R. (1981). "How Income Transfers Affect Work, Savings, and the Income Distribution." *Journal of Economic Literature*, 19 (3), 975–1028.

(35) Duncan, G. J., Hill, M. S., Hoffman, S. D. (1988). "Welfare dependence within and across generations." *Science*, 239(4839), 467–471.

(36) Edin, K. (1991). "Surviving the welfare system: How AFDC recipients make ends meet in Chicago." *Social Problems*, 38(4), 462–474.

(37) Edin, K., Reed, J. M. (2005). "Why Don't They Just Get Married? Barriers to Marriage among the Disadvantaged." *The Future of Children*, 15(2), 117–137.

(38) Eissa, N., Hoynes, H. W. (2006). "Behavioral Responses to Taxes: Lessons from the EITC and Labor Supply." *Tax Policy and the Economy*, 20, 73–110.

(39) Elder, G. H. (1994). "Time, human agency, and social change: Perspectives on the life course." *Social Psychology Quarterly*, 57(1), 4–15.

(40) Ellwood, D. T. (2000). "Anti-Poverty Policy for Families in the Next Century: From Welfare to Work-and Worries." *Journal of Economic Perspectives*, 14(1), 187–198.

(41) Fitzgerald, J. M., Ribar, D. C. (2004). "Welfare reform and female headship." *Demography*, 41(2), 189–212.

(42) Fraser, N., Gordon, L. (1994). "A genealogy of dependency: Tracing a keyword of the U. S. welfare state." *Journal of Women in Culture and Society*, 19(2), 309–336.

(43) Friedberg, L. (2000). "The Labor Supply Effects of the Social Security Earnings Test." *Review of Economics and Statistics*, 82(1), 48–63.

(44) Fuchs, B. (2017). "Risk factors of social assistance transitions: a case-control study for Germany." *International Journal of Sociology and Social Policy*, 37(13 – 14), 714 – 728.

(45) Gluckman, P., Hanson, M. A., Beedle, A. S. (2007). "Early life events and their consequences for later disease: a life history and evolutionary perspective." *American Journal of Human Biology*, 19(1), 1 – 19.

(46) Gordon, L. (2001). "Who Deserves Help? Who Must Provide?" *The Annals of the American Academy of Political and Social Science*, 577(1), 12 – 25.

(47) Gottschalk, P., Moffitt, R. A. (1994). "Welfare dependence: Concepts, measures, and trends." *The American economic review*, 84(2): 38 – 42.

(48) Gough, I. (2001). "Social assistance regimes: A cluster analysis." *Journal of European Social Policy*, 11(2), 165 – 170.

(49) Gough, I. (2016). "Welfare states and environmental states: a comparative analysis." *Environmental Politics*, 25(1), 24 – 47.

(50) Gough, I., Bradshaw, J., Ditch, J., Eardley, T., Whiteford, P. (1997). "Social assistance in OECD countries." *Journal of European Social Policy*, 7(1), 17 – 43.

(51) Graaf, W. D., & Maier, R. (2017). "The welfare state and the life course: examining the interrelationship between welfare arrangements and inequality dynamics." *Social Policy & Administration*. 51(1), 40 – 55.

(52) Grossbard, S. (2005). "Women's labor supply, marriage, and welfare dependency." *Labour*, 19, 211 – 241.

(53) Gunnarsson, E. (2002). "The vulnerable life course: poverty and social assistance among middle-aged and older women." *Ageing & Society*, 22(6), 709 – 728.

(54) Gurmu, S., Smith, W.J. (2006). "Recidivism among Welfare Recipients: The Role of Neighborhood and Access to Employment." *Atlantic Economic Journal*, 34, 405 – 419.

(55) Hansen, H-T. (2009). "The dynamics of social assistance recipiency: Empirical evidence from Norway." *European Sociological*

Review, 25(2), 215 – 231.

(56) Harris, K. M. (1993). "Work and Welfare Among Single Mothers in Poverty." *American Journal of Sociology*, 99(2), 317 – 352.

(57) Harris, K. M. (1996). "Life after Welfare: Women, work, and repeat dependency." *American Sociological Review*, 61(3), 407 – 426.

(58) Haveman, R., Blank, R. M., Moffitt, R. A., Smeeding, T. M., Wallace, G. L. (2015). "The War on Poverty: Measurement, Trends, and Policy." *Journal of Policy Analysis and Management*, 34(3), 593 – 638.

(59) Heawood, S. (2008). "The world around baby P is wrong, why are we afraid to say so." *The Independent on Sunday*, 16, 42 – 43.

(60) Hernandez, D. C., Ziol-Guest, K. M. (2009). "Income volatility and family structure patterns: Association with stability and change in Food Stamp Program participation." *Journal of Family and Economic Issues*, 30(4), 357 – 371.

(61) Hill, M. S., Duncan, G. J. (1987). "Parental family income and the socioeconomic attainment of children." *Social Science Research*, 16(1), 39 – 73.

(62) Hoynes, H. W. (2000). "Local labor markets and welfare spells: Do demand conditions matter?" *The Review of Economics and Statistics*, 82(3), 351 – 368.

(63) Hoynes, H. W., Schanzenbach, D. W. (2012). "Work incentives and the Food Stamp Program." *Journal of Public Economics*, 96(1 – 2), 151 – 162.

(64) Huang, C., Kunz, J., Garfinkel, I. (2002). "The effect of child support on welfare exits and re-entries." *Journal of Policy Analysis and Management*, 21(4), 557 – 576.

(65) Ilmakunnas, I., Moisio, P. (2019). "Social assistance trajectories among young adults in Finland: What are the determinants of welfare dependency?" *Social Policy and Administration*, 53(5), 693 – 708.

(66) Jayakody, R., Danziger, S., Pollack, H. A. (2000). "Welfare reform, substance use, and mental health." *Journal of Health Politics Policy and Law*, 25(4), 623 – 651.

(67) Joseph, R. (2019). "Poverty, Welfare, and Self-Sufficiency: Implications for the Social Work Profession." *Journal of Poverty*, 23(6),

505－520.

（68）Kauppinen, T. M., Angelin, A., Lorentzen, T., Bäckman, O., Salonen, T., Moisio, P., Dahl, E. (2014). "Social background and life-course risks as determinants of social assistance receipt among young adults in Sweden, Norway and Finland." *Journal of European Social Policy*, 24(3), 273－288.

（69）Kelly, R. F. (1983). "Welfare dependency under depressed labor market conditions: Lessons from the 1970s for the 1980s." *Journal of Urban Affairs*, 5(4), 331－348.

（70）Kelly-Irving, M. et al. (2013). "Adverse childhood experiences and premature all-cause mortality." *European Journal of Epidemiology*, 28, 721－734.

（71）Kimenyi, M. S. (1991). "Rational choice, culture of poverty, and the intergenerational transmission of welfare dependency." *Southern Economic Journal*, 57(4), 947－960.

（72）Kohli, M. (1987). "Retirement and the moral economy: An historical interpretation of the German case." *Journal of Aging Studies*, 1, 125－144.

（73）Kohli, M. (2007). "The institutionalization of the life course: looking back to look ahead." *Research in Human Development*, 4(3－4), 253－271.

（74）Königs, S. (2017). "Micro-level dynamics of social assistance receipt: Evidence from four European countries." *International Journal of Social Welfare*, 27(2), 146－156.

（75）Koning, P. (2015). "Making work pay for the indebted? Assessing the effects of debt services on welfare recipients." *Labour Economics*, 34, 152－161.

（76）Kwon, H. C., Meyer, D. R. (2011). "How do economic downturns affect welfare leavers? A comparison of two cohorts." *Children and Youth Services Review*, 33, 588－597.

（77）Lei, J., Chan, C. K. (2019). "Does China's public assistance scheme create welfare dependency? An assessment of the welfare of the Urban Minimum Living Standard Guarantee." *International Social Work*, 62(2), 487－501.

(78) Lemieux, T., Milligan, K. (2008). "Incentive effects of social assistance: A regression discontinuity approach." *Journal of Econometrics*, 142(2), 807-828.

(79) Lichter, D. T., Graefe, D. R., Brown, J. B. (2003). "Is Marriage a Panacea? Union Formation among Economically Disadvantaged Unwed Mothers." *Social Problems*, 50(1), 60-86.

(80) Lindhorst, D. T., Mancoske, R. J., Kemp, A. A. (2000). "Is welfare reform working? A study of the effects of sanctions on families receiving temporary assistance to needy families." *Journal of Sociology and Social Welfare*, 27(4), 185-201.

(81) Lorentzen, T., Dahl, E., Harsløf, I. (2012). "Welfare risks in early adulthood: A longitudinal analysis of social assistance transitions in Norway." *International Journal of Social Welfare*, 21(4), 408-421.

(82) Macdonald, R., Shildrick, T., Furlong, A. (2014). "In search of 'intergenerational cultures of worklessness': Hunting the yeti and shooting zombies." *Critical Social Policy*, 34(2), 199-220.

(83) Macnicol, J. (1987). "In Pursuit of the Underclass." *Journal of Social Policy*, 16(3), 293-318.

(84) Mayer, K. U. (2004). "Whose lives? How history, societies and institutions define and shape life courses." *Research in Human Development*, 1(3), 161-187.

(85) Mayer, K. U. (2009). "New Directions in Life Course Research. *Review of Sociology*," 35(1), 413-433.

(86) McLanahan, S. S. (1988). "Family structure and dependency: Early transitions to female household headship." *Demography*, 25(1), 1-16.

(87) McLanahan, S. S. (2009). "Fragile families and the reproduction of poverty." *Annals of the American Academy of Political and Social Science*, 621(1), 111-131.

(88) McLaughlin, D. K., Lichter, D. T. (1997). "Poverty and the marital behavior of young women." *Journal of Marriage and Family*, 59(3), 582-594.

(89) Mead, L. M. (1986). "The real crisis." *Society*, 23(2), 12-15.

(90) Mead, L. M. (1989). "The logic of workfare: The underclass and work policy." *The Annals of the American Academy of Political and

Social Science, 501, 156–169.

(91) Melkersson, M., Saarela, J. (2004). "Welfare participation and welfare dependence among the unemployed." *Journal of Population Economics*, 17, 409–431.

(92) Metzler, M., Merrick, M. Klevens, J. Ports, K. A., Ford, D. C. (2017). *Children and Youth Services Review*, 72, 141–149.

(93) Misra, J., Moller, S., Karides, M. (2003). "Envisioning Dependency: Changing Media Depictions of Welfare in the 20th Century." *Social Problems*, 50(4), 482–504.

(94) Mittelstadt, J. (2001). "Dependency as a problem to be solved: Rehabilitation and the American liberal consensus on welfare in the 1950s." *Social Politics*, 8(2), 228–257.

(95) Moffitt, R. (1992). "Incentive Effects of the U. S. Welfare System: A Review." *Journal of Economic Literature*, 30(1), 1–61.

(96) Moffitt, R. A. (2015). "The Deserving Poor, the Family, and the U.S. Welfare System." *Demography*, 52(3), 729–749.

(97) Moles, O. (1971). "The relationship of family circumstances and personal history to use of public assistance." *Social Work*, 16(2), 37–46.

(98) Mood, C. (2011). "Lagging behind in good times: Immigrants and the increased dependence on social assistance in Sweden." *International journal of social welfare*, 20, 55–65.

(99) Moore. K. (1978). "Teenage childbirth and welfare dependency." *Family Planning Perspectives*, 10(4), 233–235.

(100) Morris, P., Bloom, D., Kemple, J., Hendra, R. (2003). "The effects of a time-limited welfare program on children: the moderating role of parents' risk of welfare dependency." *Child Development*, 74(3), 851–874.

(101) Neugarten, B. L. (1976). "Adaptation and the life cycle." *The Counseling Psychologist*, 6(1), 16–20.

(102) Nguyen, H. T., Connelly, L. B. (2014). "The Effect of Unpaid Caregiving Intensity on Labour Force Participation: Results from a Multinomial Endogenous Treatment Model." *Social Science & Medicine*, 100(1), 115–122.

(103) Nielsen, M. J., Juon, H. S., Ensminger, M. (2004). "Preventing long-term welfare receipt: The theoretical relationship between health and poverty over the early life course." *Social Science and Medicine*, 59(11), 2285–2301.

(104) O'Connor, B. (2001). "The Intellectual Origins of 'Welfare Dependency'." *Australian Journal of Social Issues*, 36(3), 221–236.

(105) Olds, D., Sadler, L., Kitzman, H. (2007). "Programs for parents of infants and toddlers: Recent evidence from randomized trial." *Journal of Child Psychology and Psychiatry*, 48, 355–391.

(106) Pavoni, N., Setty, O., Violante, G. L. (2016). "The design of 'soft' welfare-to-work programs." *Review of Economic Dynamics*, 20, 160–180.

(107) Rank, M. R., Cheng, L.-C. (1995). "Welfare Use Across Generations: How Important Are the Ties That Bind?" *Journal of Marriage and the Family*, 57(3), 673–684.

(108) Rank, M. R., Hirschl, T. A. (1999). "The economic risk of childhood in America: Estimating the probability of poverty across the formative years." *Journal of Marriage and the Family*. 61(4), 1058–1067.

(109) Rank, M. R., Hirschl, T. A. (1999). "The likelihood of poverty across the American adult lifespan." *Social Work*, 44(3), 201–216.

(110) Rank, M. R., Williams, J. H. (2010). "A Life Course Approach to Understanding Poverty among Older American Adults." *Families in Society*, 91(4), 337–341.

(111) Ryder, N. B. (1965). "The cohort as a concept in the study of social change." *American Sociological Review*, 30(6), 843–861.

(112) Sandefur, G. D., Cook, S. T. (1998). "Permanent exits from public assistance: The impact of duration, family, and work." *Social Forces*, 77(2), 763–787.

(113) Sandoval, D. A., Rank, M. R., Hirschl, T. A. (2009). "The increasing risk of poverty across the American life course." *Demography*, 46(4), 717–737.

(114) Saunders, P. (2004). "Only 18%? Why ACOSS is wrong to be complacent about welfare dependency." *Issue Analysis*, 51(2), 2–8.

(115) Schmidt, L., Dohan, D., Wiley, J., Zabkiewicz, D. (2002). "Addiction and Welfare Dependency: Interpreting the Connectio." *Social Problems*, 49(2), 221-241.

(116) Schmidt, L., Weisner, C., Wiley, J. (1998). "Substance abuse and the course of welfare dependency." *American Journal of Public Health*, 88(11), 1616-1622.

(117) Schneider, S., & Jacoby. W. (2003). "A culture of dependence? The relationship between public assistance and public opinion." *British Journal of Political Science*, 33(2), 213-231.

(118) Seefeldt, K. S., Orzol, S. M. (2005). "Watching the clock tick: Factors associated with TANF accumulation." *Social Work Research*, 29(4), 215-229.

(119) Smith-Carrier, T. (2017). "Reproducing Social Conditions of Poverty: A Critical Feminist Analysis of Social Assistance Participation in Ontario, Canada." *Journal of Women, Politics and Policy*, 38(4), 498-521.

(120) Solinger, D. J. (2002). "Labor market reform and the plight of the Laid-off proletariat." *The China Quarterly*, 170, 304-326.

(121) Specht, J., Egloff, B., Schmukle, S. (2011). "Stability and Change of Personality across the Life Course: The Impact of Age and Major Life Events on Mean-Level and Rank-Order Stability of the Big Five." *Journal of Personality and Social Psychology*, 101(4), 862-882.

(122) Stenberg, S. Å. (2000). "Inheritance of welfare recipiency: An intergenerational study of social assistance recipiency in postwar Sweden." *Journal of Marriage and the Family*, 62(1), 228-239.

(123) Surender, R., Noble, M., Wright, G., & Ntshongwana, P. (2010). "Social assistance and dependency in South Africa: An analysis of attitudes to paid work and social grants." *Journal of Social Policy*, 39(2), 203-221.

(124) Tach, L., Edin, K. (2017). "The Social Safety Net after Welfare Reform: Recent Developments and Consequences for Household Dynamics." *Annual Review of Sociology*, 43(1), 541-561.

(125) Taylor, M. J., Barusch, A. S. (2004). "Personal, family, and multiple barriers of Long-Term Welfare Recipients." *Social Work*, 49(2),

175 – 183.

（126） Vandecasteele, L. (2011). "Life course risks or cumulative disadvantage? The structuring effect of social stratification determinants and life course events on poverty transitions in Europe." *European Sociological Review*, 27(2), 246 – 263.

（127） Velsor-Friedrich, B. (1997). "Welfare reform: will it break the cycle of dependency?" *Journal of Pediatric Nursing*, 12(1), 55 – 56.

（128） Wang, J. S. (2015). "TANF coverage, state TANF requirement stringencies, and child well-being." *Children and Youth Services Review*, 53, 121 – 129.

（129） Wilson, W. J. (1996—1997). "When work disappears." *Political Science Quarterly*, 111(4), 595.

（130） Wilson, W. J. (1998). "Inner-City Dislocations." *Society*, 35(2), 270 – 277.

（131） Wong, C., Lou, V. W. (2010). "'I wish to be self-reliant': Aspiration for self-reliance, need and life satisfaction, and exit dilemma of welfare recipients in Hong Kong." *Social Indicators Research*, 95, 519 – 534.

（132） Wu, L., Huang, Y. (2015). "Work barriers perceived by welfare recipients of a community employment program in Beijing, China." *Asia Pacific Journal of Social Work and Development*, 25(1), 2 – 12.

（133） Yay, G. G., Aksoy, T. (2018). "Globalization and the welfare state." *Quality & Quantity*, 52, 1015 – 1040.

附　录

一、调查问卷

"中国城市低保制度福利依赖研究"调查问卷

> 尊敬的住户：
> 　　您好！我是"中国城市低保制度福利依赖研究"调查员，现正在进行有关"福利依赖"问题的调查研究。感谢您的积极参与！请您客观、真实反映您的实际情况。对于您提供的一切信息，我们会严格遵守《中华人民共和国统计法》予以保密；您的姓名、地址、电话记录仅作为日后随访调查之用，请您无须有任何顾虑。感谢您的配合！
>
> "中国城市低保制度福利依赖研究"调查组

【填写说明】

请根据被访者真实信息填答问卷，填写时注意事项如下：

1. 问卷中问题类型分为单选、多选、填空，如果没有特别注明的问题都是单选题；
2. 单选题、多选题，请在相应选项上打"√"；
3. 填空题请在空白横线位置上，填写数字或文字；
4. 请注意，被调查者如选"其他"项，请在选项后面的空白横线处填写详细说明；
5. 请注意跳答、箭头等提示，注意问题的跳答、先后逻辑；
6. 请注意，如果某项问题不适用于被调查者，则该问题不用填答。

调查员填写：

调查地址：＿＿＿＿市＿＿＿＿区＿＿＿＿街道

调查时间：＿＿＿＿月＿＿＿＿日＿＿＿＿

附　录

A. 家庭基本情况

A1. 您和共同生活的家庭成员的基本情况(请将选择的数字填到对应家庭成员一列)。

		01(本人)	02	03	04	05	06
1	与户主关系 家庭成员编号：家庭成员最多填6人信息；01为被访者 1.户主；2.配偶；3.子女；4.孙子女；5.父母；6.祖父母；7.其他						
2	性别 1.男；2.女						
3	年龄 周岁(数字)						
4	婚姻状况 1.已婚；2.未婚；3.离婚；4.丧偶						
5	文化程度 1.小学及以下；2.初中；3.高中/中专；4.大专；5.本科；6.硕士及以上						
6	健康状况 1.良好；2.一般但未患病；3.长期患慢性病；4.患有重大疾病(恶性肿瘤、尿毒症、血病、器官移植及其他特殊病种)；5.患有精神疾病；6.轻度残疾(持有三级、四级残疾人证)；7.重度残疾(持有一级、二级残疾人证)						
7	劳动能力 1.有健全劳动能力；2.丧失部分劳动能力；3.完全丧失劳动能力						
8	就业状况 1.学龄前儿童；2.在校学生；3.未成年辍学；4.单位正式员工；5.临时工、钟点工；6.个体私营；7.公益岗位；8.登记失业；9.未登记失业；10.离退休(年老无业)；11.其他						
9	从业行业 1.农林牧渔业；2.采矿业；3.制造业；4.电力、热力、燃气及水生产和供应业；5.建筑业；6.批发和零售业；7.交通运输、仓储和邮政业；8.住宿和餐饮业；9.信息传输、软件和信息技术服务业；10.金融业；11.房地产业；12.租赁和商务服务业；13.科学研究和技术服务业；14.水利、环境和公共设施管理业；15.居民服务、修理和其他服务业；16.教育；17.卫生和社会工作；18.文化、体育和娱乐业；19.公共管理、社会保障和社会组织；20.未就业						

301

B. 受助者及其家庭成员的生命历程

B1. 在您以往的经历中,是否发生过如下事件?(可多选)

1. 遭受意外伤害;2. 罹患重大疾病(包括恶性肿瘤、尿毒症、白血病、器官移植及其他特殊病种);3. 未成年辍学;4. 接受劳动教养或劳动改造;5. 未婚生子或离婚;6. 下岗或失业;7. 以上全无

B2. 请填写上述事件的发生时间与发生次数。(若无请跳至下一题)

事　件	初次发生的时间	累计发生次数	事　件	初次发生的时间	累计发生次数
1. 遭受意外伤害			4. 接受劳动教养或劳动改造		
2. 罹患重大疾病			5. 未婚生子或离婚		
3. 未成年辍学			6. 下岗或失业		

B3. 目前您是否正在经历如下事件?(可多选)

1. 工作不稳定;2. 失业;3. 被长期拖欠工资;4. 负债难以偿还;5. 劳动收入大幅降低;6. 负担大额支出;7. 全职照料家庭成员;8. 再次生育;9. 其他(请注明:_____);10. 以上全无

B4. 请填写上述事件的开始时间。(若无请跳至下一题)

事　件	开始时间	事　件	开始时间
1. 工作不稳定		6. 负担大额支出	
2. 失业		7. 全职照料家庭成员	
3. 被长期拖欠工资		8. 再次生育	
4. 负债难以偿还		9. 其他(_____)	
5. 劳动收入大幅降低			

B5. 对您本人而言,在以往遭遇的事件和目前遭遇的事件中,哪些对您产生了较大的负面影响?

_____

B6. 在对您有较大负面影响的事件中,哪件导致您初次走上"下坡路"?

_____

B7. 在对您有较大负面影响的事件中,哪件对您影响最大?

B8. 在负面影响最大的事件发生后,还有哪件令您持续走"下坡路"?

_____

B9. 您以往遭遇的事件和目前遭遇的事件对您产生的负面影响包括以下哪些?(可多选)

1. 增加经济负担;2. 负债;3. 挤占劳动时间;4. 放弃就业;5. 没有工作机会;6. 削弱劳动能力;7. 其他(请注明:_____);8. 以上全无

B10. 上一年度您和您的家人经历过以下哪些突发事件?(可多选)

1. 火灾;2. 溺水;3. 交通事故;4. 人身伤害;5. 突发重大疾病;6. 自然灾害;7. 事故灾难

8. 其他(请注明:_____);9. 以上全无

B11. 目前您所在的家庭是否正在经历如下事件?(可多选,单人户可不填)

1. 家庭丧失主要劳动力;2. 家庭成员患重病;3. 家庭劳动力丧失劳动能力;4. 家庭成员结婚;5. 家庭成员生育;6. 家庭成员需要长期照料;7. 家庭成员劳动收入大幅降低;8. 家庭成员失业;9. 家庭成员教育支出大幅增加;10. 家庭成员接受劳动教养或劳动改造;11. 遭受重大财产损失;12. 买房或修建房;13. 突发事故导致大额支出;14. 以上全无;15. 其他(请注明:_____)

B12. 请填写上述事件的开始时间。(若无请跳至B15)

事　件	开始时间	事　件	开始时间
1. 家庭丧失主要劳动力		8. 家庭成员失业	
2. 家庭成员患重病		9. 家庭成员教育支出大幅增加	
3. 家庭劳动力丧失劳动能力		10. 家庭成员接受劳动教养或劳动改造	
4. 家庭成员结婚		11. 遭受重大财产损失	
5. 家庭成员生育		12. 买房或修建房	
6. 家庭成员需要长期照料		13. 突发事故导致大额支出	
7. 家庭成员劳动收入大幅降低		15. 其他(请注明:_____)	

B13. 在您家目前遭遇的事件中,哪些事件对您本人产生了较大的负面影响？

_____

其中,哪件事对您本人影响最大？

_____

B14. 您家目前遭遇的事件对您本人产生的负面影响包括以下哪些？（可多选）

1. 增加经济负担；2. 挤占劳动时间；3. 放弃就业,专职照料家庭成员；4. 没有工作机会；5. 负债；6. 其他（请注明：_____）；7. 以上全无

B15. 目前,您和您所在的家庭需要在哪些方面获得救助？

1. 低保金；2. 生活物资；3. 医疗救助；4. 教育救助；5. 住房救助；6. 临时救助（家中突发重大事故）；7. 水电、燃料、取暖费减免；8. 税费减免；9. 就业帮扶（提供公益岗位、就业培训、就业资讯）；10. 创业扶持（提供低息贷款或生产资金）；11. 社区照料服务（儿童看护、老人看护）；12. 丧葬服务；13. 法律援助与司法调解；14. 节假日一次性救助；15. 其他（_____）；16. 不需要

B16. 您本人和所在家庭的情况是否符合下列说法？（请在每行相应选项上打"√"）

1. 坏事总是一件接一件	1. 很同意	2. 较同意	3. 不太同意	4. 不同意	5. 说不清
2. 人生中一步走错,步步走错	1. 很同意	2. 较同意	3. 不太同意	4. 不同意	5. 说不清
3. 个人容易被家庭拖累	1. 很同意	2. 较同意	3. 不太同意	4. 不同意	5. 说不清
4. 靠自己难以改善家庭整体境况	1. 很同意	2. 较同意	3. 不太同意	4. 不同意	5. 说不清
5. 自己一直在走下坡路	1. 很同意	2. 较同意	3. 不太同意	4. 不同意	5. 说不清
6. 家庭情况一年不如一年	1. 很同意	2. 较同意	3. 不太同意	4. 不同意	5. 说不清
7. 未来没有希望	1. 很同意	2. 较同意	3. 不太同意	4. 不同意	5. 说不清

C. 受助者的劳动参与状况

C1. 您本人目前的就业状态是？

1. 在职人员；2. 灵活就业人员；3. 登记失业；4. 其他（请注明：_____）

C2. 若您目前是在职人员,您是通过哪些途径找到工作的?

1. 通过职业介绍机构;2. 参加各种招聘会;3. 直接到用人单位应聘;4. 亲友介绍就业;5. 社区介绍就业;6. 自主创;7. 其他途径(请注明:_____)

C3. 若您目前是灵活就业人员,您是通过哪些途径找到工作的?

1. 通过职业介绍机构;2. 参加各种招聘会;3. 直接到用人单位应聘;4. 亲友介绍就业;5. 社区介绍就业;6. 自主创业;7. 政府提供公益岗位;8. 其他途径(请注明:_____)

C4. 若您目前是灵活就业人员,您选择灵活就业的原因有哪些?(可多选)

1. 学历太低;2. 年龄太大;3. 缺乏劳动技能;4. 需要照料其他家庭成员;5. 收入可观;6. 其他原因(请注明:_____)

C5. 若您目前是登记失业人员,您此次失业的原因有哪些?(可多选)

1. 学历太低;2. 年龄太大;3. 缺乏工作机会;4. 缺乏劳动技能;5. 身体或精神状况难以胜任工作;6. "两劳"人员等边缘群体;7. 工资太低;8. 工作引发额外支出;9. 工资收入会抵消低保金;10. 需要长期照料家中其他成员;11. 其他原因(请注明:_____)

C6. 若您目前是登记失业人员,您目前的状态是?

1. 接受再就业培训;2. 在家休息;3. 正在重新寻找工作;4. 自主创业;5. 升学或进修;6. 其他(请注明:_____)

D. 接受社会救助的情况

D1. 您家此次进入低保是_____年?

D2. 您家此次进入低保的原因有哪些?(可多选)

1. 家庭主要劳动力没有工作;2. 家庭主要劳动力丧失劳动能力;3. 家庭丧失主要劳动力;4. 家庭成员工作不稳定;5. 家庭成员疾病负担重;6. 子女教育负担难以承受;7. 家庭成员需要长期照料;8. 突发事件导致大额支出;9. 被长期拖欠工资;10. 其他(请注明:_____)

D3. 从第一次享受低保至今,您家累计享受了_____月;此次,您家已经连续享受_____月低保?

D4. 上个月您家领取了_____元低保金?去年一年您家领取了_____元低保金?

D5. 您认为您家领取的低保金水平如何?

1. 水平较低;2. 水平略低;3. 水平适中;4. 水平略高;5. 水平较高;6. 不好说

D6. 您是否同意下列说法?(请在每行相应选项上打"√")

1. 现有的低保金只能维持基本生活	1. 很同意	2. 较同意	3. 不太同意	4. 不同意	5. 说不清
2. 低保金对家庭支出而言只是杯水车薪	1. 很同意	2. 较同意	3. 不太同意	4. 不同意	5. 说不清
3. 低保金难以应对大额支出	1. 很同意	2. 较同意	3. 不太同意	4. 不同意	5. 说不清
4. 目前的低保金水平应当适当提高	1. 很同意	2. 较同意	3. 不太同意	4. 不同意	5. 说不清

D7. 上一年度您家是否享受了医疗救助？

1. 是　2. 否

D8. 去年一年您家的门疗费用中，除按基本医疗保险比例报销外，个人支付部分再次获得的医疗补助约＿＿＿＿元，其后由于个人负担仍然偏重所获得的定向重点救助约＿＿＿＿元。

D9. 去年一年，您和家人的医疗支出给家庭带来的经济负担如何？

1. 非常重；2. 较重；3. 一般；4. 较轻；5. 很轻；6. 说不清

D10. 您认为，医疗救助对您家的作用如何？

1. 作用很大；2. 作用较大；3. 一般；4. 作用较小；5. 完全无作用；6. 说不清

D11. 上一年度您家接受教育救助的情况：（若无请跳至下一题）

教育阶段	人　数	教育花费金额	费用减免金额	政府救助金额（助学金、生活补助、助学贷款、勤工助学）
1. 学前教育阶段				
2. 义务教育阶段				
3. 高中教育阶段				
4. 普通高等教育阶段				
5. 校外辅导				
6. 继续教育阶段				

D12. 上一年度您家是否享受了住房救助？

1. 是　2. 否

D13. 目前您家住房来源属于以下哪一类？

1. 自购普通商品房；2. 自购经济适用房或限价商品房；3. 自建房；4. 拆迁安置房；5. 政府补贴建房；6. 工作单位提供免费住房；7. 租住单位住房；

8. 租住廉租房;9. 租住公租房;10. 市场租房;11. 借房;12. 其他(请注明：_____)

D14. 您家目前住房建筑面积为_____平方米(不包括附带的院落)，该房建于_____年。

D15. 您家目前在住房方面的花费大概为_____元/月。(包括月供、月租等,若无填"0")

D16. 您家获得的住房救助的形式是?
1. 分配廉租房;2. 分配经济适用房;3. 房屋租赁补贴(请注明补贴金额:_____元/月)

D17. 您认为,目前的住房救助对解决您家的住房问题作用如何?
1. 作用很大;2. 作用较大;3. 一般;4. 作用较小;5. 完全无作用;6. 说不清

D18. 上一年度您家是否享受了临时救助?
1. 是   2. 否

D19. 您和家庭成员遭遇的哪些突发事件获得了临时救助?(可多选)
1. 火灾;2. 溺水;3. 交通事故;4. 人身伤害;5. 突发重大疾病;6. 自然灾害;7. 事故灾难;8. 其他(请注明:_____)

D20. 上述突发事件导致的支出总计_____元。

D21. 您家上一年度获得的各项临时救助金总计_____元。

D22. 您认为,临时救助应对突发事件的作用如何? 1. 作用很大;2. 作用较大;3. 一般;4. 作用较小;5. 完全无作用;6. 说不清

D23. 上一年度您家是否享受了就业救助?
1. 是   2. 否

D24. 目前您和您的家人需要哪些就业方面的救助?(可多选)
1. 培训补贴;2. 职业技能鉴定补贴;3. 社会保险补贴;4. 自主创业启动资金;5. 税收优惠 6. 贷款贴息;7. 技术支持;8. 结对帮扶;9. 就业技能培训;10. 就业岗位信息;11. 公益岗位安置;12. 职业介绍;13. 就业指导;14. 其他(_____)

D25. 以下政府提供的就业资金帮扶中,您家得到过哪些?(可多选)
1. 培训补贴;2. 职业技能鉴定补贴;3. 社会保险补贴;4. 自主创业启动资金;5. 税收优惠 6. 贷款贴息;7. 以上都没有

D26. 以下政府提供的劳动就业服务中,您家得到过哪些?(可多选)
1. 技术支持;2. 结对帮扶;3. 就业技能培训;4. 提供就业岗位信息;5. 公益性岗位安置;6. 职业介绍;7. 就业指导;8. 以上都没有

D27. 您是否同意下列说法？（请在每行相应选项上打"√"）

1. 现有的就业资金帮扶落实不到位	1. 很同意	2. 较同意	3. 不太同意	4. 不同意	5. 说不清
2. 现有的劳动就业服务项目太少了	1. 很同意	2. 较同意	3. 不太同意	4. 不同意	5. 说不清
3. 现有的就业技能培训太难了	1. 很同意	2. 较同意	3. 不太同意	4. 不同意	5. 说不清
4. 现有的劳动就业服务不是我所需要的	1. 很同意	2. 较同意	3. 不太同意	4. 不同意	5. 说不清

D28. 您家是否有成员需要长期照料？

1. 是　2. 否

D29. 需要长期照料的成员有＿＿＿＿位？其中老年人有＿＿＿＿位？儿童有＿＿＿＿位？病人有＿＿＿＿位？残疾人有＿＿＿＿位？

D30. 若请人照料或机构照料，您家去年一年花费的照料费用共计＿＿＿＿元。

D31. 若家人专门照料，由哪位家庭成员负责？（可多选）

1. 您本人；2. 您的配偶；3. 您的父母；4. 您的子女；5. 您的其他亲属

D32. 您家对需要长期照料的家庭成员的主要照料方式为：

主要照料方式	生活能自理				生活不能自理			
	儿童	老人	残疾人	病人	儿童	老人	残疾人	病人
1. 家人专门照料								
2. 社区居家照料								
3. 聘请保姆照料								
4. 送往专门机构照料								
5. 其他（＿＿＿＿）								
6. 无专门照料								

D33. 您家所在的社区是否提供了照料服务？

1. 是　2. 否

D34. 社区提供的照料服务包括：（可多选）

1. 生活照料；2. 家政服务；3. 康复护理；4. 医疗咨询；5. 其他（＿＿＿＿＿＿）

D35. 您认为社区提供的照料服务能否满足您家的照料需要？

1. 完全满足;2. 基本满足;3. 不太满足;4. 十分不满足;5. 不好说

D36. 去年一年社区照料服务的费用共计_____元,费用减免_____元。

D37. 您认为社区照料服务的收费水平如何?

1. 太高;2. 有点高;3. 正好;4. 不太高;5. 很低;6. 不好说

D38. 上一年度您家是否享受了以下哪些救助或优惠项目?享受的额度是多少?(若无,在"等值金额"项填"0")

项　目	上一年度是否享受 (1. 有　2. 没有)	等值金额(元) (上一年度全年)
1. 生活物资		
2. 水电、燃料、取暖费减免		
3. 税费减免		
4. 丧葬服务		
5. 法律援助		
6. 节假日一次性救助		
7. 其他(_____)		

D39. 从第一次领取低保开始至今,您家是否曾经退出过低保?

1. 是　2. 否

D40. 期间共退出过次,累计共退出了____月。

D41. 您家曾经退出低保的原因是什么?(可多选)

1. 家庭主要劳动力找到工作;2. 家庭成员劳动能力恢复;3. 家庭成员找到固定工作;4. 家庭成员疾病负担减轻;5. 家庭成员不需要长期照料;6. 子女教育负担减轻;7. 非工资性收入大幅提升;8. 家庭增加劳动力;9. 其他(_____)

D42. 您家退出后再次申请低保的原因是什么?(可多选)

1. 家庭主要劳动力没有工作;2. 家庭丧失主要劳动力;3. 家庭主要劳动力丧失劳动能力;4. 家庭成员需要长期照料;5. 家庭成员疾病负担重;6. 子女教育负担难以承受;7. 家庭成员工作不稳定;8. 被长期拖欠工资;9. 买房、租房或修建房;10. 遭受重大自然灾害;10.其他(_____)

D43. 您和您的家庭成员是否有过退出低保制度的想法?

1. 是　2. 否

D44. 哪些原因导致您家曾考虑退出低保制度?(可多选)

1. 家庭经济负担减轻；2. 家庭其他负担减轻；3. 收入核查太麻烦；4. 难以忍受歧视性对待；5. 害怕受到歧视；6. 低保金太少；7. 其他(_____)

D45. 想退出又未退出的原因是什么？（可多选）

1. 工资太低；2. 工作不稳定；3. 担心退出后难以重新进入；4. 担心退出后无法享受低保的其他优惠；5. 其他(_____)

D46. 您是否同意下列说法？（请在每行相应选项上打"√"）

1. 接受政府救助是无奈之举	1. 很同意	2. 较同意	3. 不太同意	4. 不同意	5. 说不清
2. 基本不可能靠救助脱贫	1. 很同意	2. 较同意	3. 不太同意	4. 不同意	5. 说不清
3. 除低保金外的其他补贴太少了	1. 很同意	2. 较同意	3. 不太同意	4. 不同意	5. 说不清
4. 与配套优惠政策相比，低保金更吸引我	1. 很同意	2. 较同意	3. 不太同意	4. 不同意	5. 说不清

E. 参加社会保险的情况

E1. 您目前参加了哪些社会保险？

1. 城镇职工基本养老保险；2. 城乡居民基本养老保险；3. 城镇职工基本医疗保险；4. 城镇居民基本医疗保险；5. 工伤保险；6. 失业保险；7. 生育保险；8. 其他（请注明：_____）；9. 没有参加任何社会保险

E2. 您的家人目前参加了哪些社会保险？

社会保险项目	配偶		子女		父母	
	1. 是 2. 否	参加年份	1. 是 2. 否	参加年份	1. 是 2. 否	参加年份
1. 城镇职工基本养老保险						
2. 城乡居民基本养老保险						
3. 城镇职工基本医疗保险						
4. 城镇居民基本医疗保险						
5. 工伤保险						
6. 失业保险						
7. 生育保险						
8. 其他社会保险						
9. 没有参加任何社会保险						

E3. 去年一年您家的门诊费用共计_____元,住院费用共计_____元。城镇居民医疗保险报销了门诊费用约_____元;报销了门诊大病约_____元;报销了住院费用约_____元。

E4. 若您所在的家庭中有成员处于登记失业状态,其生育期间的费用来源是?

　　1. 家中积蓄;2. 借钱;3. 亲友无偿资助;4. 政府救助;5. 其他(请注明:_____)

E5. 您是否参加了基本养老保险?

　　1. 是　 2. 否

E6. 去年一年您缴纳了基本养老保险_____元?

E7. 您认为基本养老保险缴费水平如何?

　　1. 太高;2.有点高;3.正好;4.不太高;5.很低;6.不好说

E8. 您未参加基本养老保险的原因是什么?

　　1. 收入太低难以负担;2. 自己储蓄就够了;3. 养老金预期收益太低;4. 其他(请注明:_____)

E9. 您家人是否参加了基本养老保险?

　　1. 是　 2. 否

E10. 去年一年全家缴纳了基本养老保险共计_____元?

E11. 您认为您家对基本养老保险缴费的负担程度如何?

　　1. 完全难以承受;2. 有点难以承受;3. 基本能够承受;4. 完全能承受;5. 不好说

E12. 您家人未参加基本养老保险的原因是什么?

　　1. 收入太低难以负担;2. 自己储蓄就够了;3.养老金预期收益太低;4. 其他(请注明:_____)

F. 家庭经济状况

F1. 去年一年,您的家庭总支出是_____元?

F2. 去年一年,您的家庭总收入是_____元? 其中,

项　目	金额(元/年)
(一) 工资性收入总计 包括:工资、奖金、津贴、补贴、福利及其他劳动服务所得的报酬	
(二) 经营性净收入总计(营业利润)	

续 表

项　目	金额(元/年)
(三)财产性收入总计 包括:土地和房屋出租收入、存款利息、有价证券股息红利、保险受益、其他投资收入、知识产权收入、财产出售收入(含房屋拆迁补差收入)等	
(四)转移性收入总计 包括:政府各部门救助收入、养老金或离退休金、失业保险金、遗属补助费、赔偿收入、社会捐赠收入、遗产收入、赡养(抚养、扶养)收入、住房公积金、一次性安置费和经济补偿金、亲友赠送等	
(五)其他收入(请注明:_____)	

调查到此结束,谢谢您的合作!

二、访谈提纲

"中国城市低保制度福利依赖研究"访谈提纲

Q1. 访谈对象姓名：_____ 户主姓名_____ 联系电话_____
Q2. 家庭详细地址：_____市_____县\区_____街道\路\乡\镇_____社区/村_____小区_____楼_____单元_____门牌号
Q3. 访问员姓名：_____ 访问员电话：_____ 访问日期：_____月_____日
Q4. 访问时间：_____时_____分到_____时_____分

一、基本情况部分

1. 请您介绍一下自己的情况

（包括您的年龄、身体健康状况、劳动能力、工作等情况）

2. 请您介绍一下您家庭的情况

（包括家庭成员数、各成员年龄、性别、劳动能力、健康状况、工作等）

3. 家中哪些成员需要长期照料？主要照料方式具体为？

（包括家人专门照料、社区居家照料、聘请保姆照料、送专门机构照料、无专门照料等）

二、低保受助部分

1. 您家最初申请低保是何时？当时家中面临哪些困难？
2. 当时家中收入状况如何？
3. 在初次申请低保前，是否存在顾虑？
4. 初次领取低保金时，全家每月能够拿到多少元低保金？
5. 当时除了低保金外，是否还接受了其他救助项目？请具体谈谈。
6. 自接受救助后，曾面临的困难哪些得到了解决？哪些并未解决？
7. 从第一次受助以来，是否退出过低保？

（1）为何没有退出过？请详细说说。

（2）如果退出过，退出的具体原因是什么？此后又在何种情况下重新进入低保？

8. 自领取低保以来，您家出现了哪些新的困难？您家是何时向低保工作人员反映情况的？领取的低保金是否因此得到调整？您家是否还得到其他项目的救助？
9. 所获得的救助在多大程度上帮助您家解决了困难？对您及您的家人

而言,低保金更重要还是其他救助项目更重要?

10. 您家此次申请低保,是否被告知领取期限有了限制?比如只能领1年。

11. 领取低保的同时,是否需要履行一定的义务,如公益劳动?

12. 社区公示低保户名单,您的感觉是什么?

13. 低保受助者的身份是否给您和家人带来压力?

14. 在申请低保后,您和家人对低保户的看法有何改变?

15. 您认为您家目前能否离开低保制度?您是否还有什么担忧和顾虑?

16. 如果离开低保制度后同样能够接受其他救助项目,您是否会考虑退出低保?

17. 您对低保制度的实际执行过程有何意见?

三、劳动参与部分

1. 您家有工作的家庭成员目前的就业情况怎么样?

(1) 请介绍一下有固定工作的家庭成员的情况,包括工作性质、收入、入职途径等。

(2) 请介绍您家有工作但不是固定工作的成员目前的工作情况。

(3) 这些有工作的家庭成员是否曾经接受过就业救助?您认为他们目前的工作状况与接受救助有关系吗?

(4) 这些成员的收入能否缓解家庭的经济压力?

2. 您家目前失业的家庭成员的情况如何?

(1) 该成员初次失业前的职业是什么?单位性质是什么?初次失业前月收入是多少?

(2) 截至目前,该成员共失业过几次?累计失业了几个月?曾导致其失业的原因有哪些?

(3) 该成员以往失业后平均几个月内重新找到工作?两份工作之间最多间隔几个月?

(4) 该成员此次失业已几个月?原因是什么?其目前的状态是什么?其对未来工作的薪酬预期是多少?

3. 您家处于劳动年龄但已经退出劳动力市场的家庭成员的情况如何?

(1) 这些成员退出劳动力市场的原因是什么?

(2) 您认为有哪些因素阻碍了这些家庭成员再次进入劳动力市场?

(3) 这些成员是否曾经接受过就业救助?救助效果如何?他们还需要哪些就业方面的救助?

4. 您家最初申请低保时,家庭成员的劳动状况如何?请具体谈谈家庭成员就业经历的变化。

5. 您认为您的家庭在劳动参与方面所面临的最大障碍是什么?

6. 劳动就业服务相关问题:

(1) 除领取低保金外,您是否知道相关的劳动就业服务?(1. 自主创业启动资金;2. 税收优惠;3. 小额低息贷款;4. 技术支持;5. 结对帮扶;6. 就业技能培训;7. 就业资讯等)

(2) 您如何评价这些就业服务?

(3) 您家是否接受过类似的救助?您认为这些救助起到了哪些作用?

(4) 除这些服务外,您家需要哪些劳动就业服务?

访谈到此结束,谢谢您的合作!

附:访谈对象个案编号

T1-1 谢女士,39 岁,南京市
T1-2 张女士,40 岁,南京市
T1-3 陈先生,44 岁,南京市
T1-4 刘先生,46 岁,南京市
T1-5 史先生,51 岁,南京市
T1-6 周先生,57 岁,南京市

P1-1 翟女士,45 岁,南京市
P1-2 杨先生,42 岁,南京市
P1-3 朱女士,39 岁,南京市
P1-4 张先生,54 岁,南京市
P1-5 郑女士,51 岁,南京市
P1-6 李先生,47 岁,南京市
P1-7 吉女士,33 岁,南京市

S1-1 宦女士,35 岁,南京市
S1-2 叶先生,26 岁,南京市
S1-3 金女士,45 岁,南京市
S1-4 李女士,44 岁,南京市
S1-5 汤先生,55 岁,南京市
S1-6 王先生,52 岁,南京市
S1-7 王女士,43 岁,南京市

S1-8 徐先生,35 岁,南京市
S1-9 姚先生,54 岁,南京市

GL-1 金先生,49 岁,兰州市
GL-2 齐女士,38 岁,兰州市
GL-3 杨女士,55 岁,兰州市
GL-4 徐先生,50 岁,兰州市
GL-5 王先生,57 岁,兰州市

GT-1 毛先生,55 岁,天水市
GT-2 马女士,43 岁,天水市
GT-3 杨先生,58 岁,天水市
GT-4 何女士,39 岁,天水市
GT-5 李先生,57 岁,天水市

AW-1 李先生,47 岁,芜湖市
AW-2 王女士,38 岁,芜湖市
AW-3 胡奶奶,65 岁,芜湖市
AW-4 王先生,45 岁,芜湖市
AW-5 赵女士,40 岁,芜湖市

AM-1 张女士,52 岁,马鞍山市
AM-2 谢爷爷,77 岁,马鞍山市
AM-3 翟先生,55 岁,马鞍山市
AM-4 温先生,48 岁,马鞍山市
AM-5 李女士,53 岁,马鞍山市

G1 康先生,天水市秦州区民政局城市最低生活保障办公室科员
G2 程女士,南京市玄武区锁金村街道锁一社区社保专干